윤리적 잡년

THE ETHICAL SLUT-Third Edition-Updated & Expanded:

**A Practical Guide to Polyamory, Open Relationships, and Other Freedoms In Sex and Love
by Janet W. Hardy and Dossie Easton**

This Korean edition was published by Happy Book Media in 2020 by arrangement with Ten Speed Press, an imprint of the Crown Publishing Group, a division of Penguin Random House LLC through KCC(Korea Copyright Center Inc.), Seoul.

이 책은 (주)한국저작권센터(KCC)를 통한 저작권자와의 독점계약으로 해피북미디어에서 출간되었습니다. 저작권법에 의해 한국 내에서 보호를 받는 저작물이므로 무단전재와 복제를 금합니다.

자유로운 사랑에 대한
실용 지침서

The Ethical Slut

윤리적 잡녀

재닛 하디 · 도씨 이스턴 지음

금경숙 · 곽규환 옮김

해피북미디어

The Ethical Slut

연습

Bisexual

Non-binary

Gay

Transgender

Genderless

Lesbian

Intersex

Other gender

Hetero

일러두기

1. 이 책은 2017년에 발행된 *THE ETHICAL SLUT* Third Edition을 번역한 것이다.
   책의 1판과 2판은 각각 1997년, 2009년에 출간되었다.
2. 모든 각주는 옮긴이의 것이다.

1부

환영합니다

Welcome

1 윤리적 잡년이란?

Ethical slut

많은 사람이 사랑과 **섹스**와 우정이 풍성한 삶을 꿈꾼다. 어떤 사람들은 그런 삶이 불가능하다고 지레짐작한다. 그렇게 항상 조금씩 외로워하고 약간은 낙담하면서 원하는 것보다 부족한 사랑과 섹스와 우정에 만족해버린다. 그리고 어떤 사람들은 자신의 꿈을 이루려고 애쓰다가 사회적 압력 혹은 자신에게 내재된 정서라는 벽을 넘어서지 못한다. 그런 꿈은 환상의 영역에 머물러야 한다고 성급하게 결론 내리면서 말이다. 그러나 사랑과 친밀감과 섹스를 보다 많은 사람들과 당당하게 즐기면서 지내는 일이 가능할 뿐만 아니라 생각보다 더 가치 있다는 사실을 발견해낸, 포기를 모르는 사람들도 존재한다.

이 사람들은 수세기 동안 자유연애를 누려왔다. 팡파르 소리 없는 고요함 속에서. 우리는 이들의 기법, 기술, 이상理想을 이 책에서 나누고자 한다.

그렇다면 윤리적 **잡년**ethical slut은 누구인가? 우리들이다. 수많은 다른 사람들이다. 어쩌면 당신 역시. 자유를 꿈꾼다면, 열정적이면서도 깊은 친밀감을 바란다면, 친구와 유혹과 애정으로 넘쳐나는 욕망이 자신을 어디까지 데려갈지 보고 싶다면, 당신은 이미 첫발을 내디딘 셈이다.

왜 '윤리적 잡년'인가?

이 책을 펼치는 그 순간, 여러분은 몇 가지 용어가 익숙했던 의미와 다르다는 사실을 알아차렸을 것이다.

어떤 사람들이 자신을 잡년이라고 부르며 즐거워하는가? 그리고 그들은 왜 자신들의 윤리가 인정받아야 한다고 끈질기게 주장하는가?

세상 대부분의 곳에서, **잡년**slut은 성욕이 왕성하고 성적으로 문란한 여성을 묘사할 때 쓰는 매우 모욕적인 단어다. 반면 성욕이 넘치는 남자를 묘사할 때 종종 등장하는 종마stud나 선수player 같은 단어에 인정과 부러움이 묻어 있다는 사실은 흥미롭다. 남자의 도덕에 대해 물어보면 분명 정직, 의리, 성실, 높은 신조 같은 답을 듣게 될 것이다. 그러나 여자의 도덕이 무엇인지 물어본다면 그 여자가 누구와 어떤 상황에서 섹스를 하는가에 대한 이야기를 듣게 될 가능성이 높다. 이게 문제다.

그래서 우리는 잡년을 긍정의 단어, 나아가 사랑스러운 호칭으로 **재생**reclaim할 수 있어서 자랑스럽다. 우리에게 잡년은, 섹스가 멋진 것이며 즐거움은 좋은 것이라는 과감한 명제를 예찬하는 모든 **젠더**gender의 사람을 뜻한다. 잡년은 섹스를 전혀 하지 않을 수도 있고 온갖 사람들과 어울려 지낼 수도 있다. 잡년은 이성애자, 동성애자, **무성애자**asexual, 양성애자, 급진적 사회운동가, 평범한 주민일지도 모른다.

당당한 잡년인 우리는, 섹스와 성애가 친밀한 유대를 강화하고 삶을 개선하며 영적 인식을 열어 세상을 바꿀 수도 있는 잠재력을 가진 좋은 힘이자 활동이라고 믿는다. 나아가 합의로 이루어진 모든 친밀한 관계에 이러한 잠재력이 존재하고, 자신의 선택에 기반하는 모든 에로스가 개인과 공동체의 창조적 힘이라는 사실까지도.

잡년들은 박애주의자들이 돈을 공유하는 방식으로 자신의 섹슈얼리티를 공유한다. 나눌 것이 많기 때문에, 나누면 행복해지기 때문에, 나누면 세상이 더 좋은 곳이 되기 때문이다. 잡년들은 사랑과 섹스가 나눌수록 더 커진다는 사실을 발견했다. 모두에게 더 많이 주려는 욕심과 아량이 함께하는 오병이어의 기적인 셈이다. 성적으로 풍성한 삶을 상상해보라!

여러분

어쩌면 당신은 여러 명과 장기적으로 성적이고 친밀한 관계를 유지하기를 꿈꿀지도 모른다. 어쩌면 당신은 섹스를 포함하거나 포함하지 않는 우정이 넘치기를 바랄지도 모른다. 어쩌면 당신은 삽입섹스에는 관심이 없어도 따뜻하고 애정 어린 동반자 관계는 하나… 또는 그이상이기를 원할지도 모른다. 어쩌면 당신은 모노가미 관계를 인정하면서도, 그 모노가미 관계가 사회적 문화가 아니라 서로의 욕망에 따라 창조한 관계이기를 소망할지도 모른다. 어쩌면 당신은 독립적인 상태로, 원하는 장소에서 원하는 방식으로 사람과 연결되며 독신을 유지하려는지도 모른다. 어쩌면 당신은 서로를 원하는 제3자와 이따금 같이 자거나, 가끔 모노가미에서 벗어나 계획된 하룻밤을 보내는 커플의 일부가 되고 싶은지도 모른다. 어쩌면 당신은 3인, 4인, 또는 난교/혼음을 갈망할지도 모른다. 어쩌면 당신은 고독을 소중하게 여기면서 간혹 친구나 연인의 도움을 받으며 스스로 자신의 욕구를 충족하는 방법을 모색할지도 모른다.

당신은 다른 길을 탐험하고 싶을 수 있다. 그리고 그 길이 어떤 느낌인지 알기 위해 몇 가지 시도를 해보고 싶을 수 있다. 나아가 당신의 분주하고 흥미로운 삶에 얼마나 많은 형태의 관계가 적합한지 알고 싶을 수 있다.

수백 가지가 넘는 이 모든 가능성은 윤리적 잡년이 될 수 있는 정당한 방식이다. 당신은 이 책을 읽으면서 우리가 제시하는 생각 일부가 당신이 원하는 삶의 방식에 부합한다는 사실, 그리고 일부는 그렇지 않다는 사실을 발견하게 될 것이다. 원하는 것은 취하고 나머지는 내버려두라. 당신과 당신이 아끼는 사람들이 동의하고 성장하며 스스로와 주변을 잘 보살피고 있다면, 이미 윤리적 잡년의 생활을 훌륭하게 영위하고 있는 셈이다. 다른 누군가의 의견 때문에—우리의 의견을 포함하여—당신이 자신의 생각과 다르게 말할 필요는 없다.

우리들(이 책의 저자인 재닛과 도씨)

우리끼리 하는 얘기지만, 우리는 성적 다양성이라는 파이에서 꽤 큰 조각 하나를 대표한다.

도씨Dossie는 대안적 섹슈얼리티, 비전통적인 관계, 트라우마 생존자 전문 치료사다. 샌프란시스코에서 개업한 후 자신의 양성애 경험, 그리고 여성 및 게이 남성 커뮤니티와의 소통에 근거해서 자신의 정체성을 **퀴어**^{queer}로 인식한 지 30년이 넘었다. 도씨는 딸이 갓난아기였던 1969년에 자유로운 성생활 방식에 따라 살기로 결심했다. 1973년에는 질투 극복에 관한 첫 번째 워크숍을 열었다. 그녀는 성인으로 살아온 기간의 절반 정도를 동거인, 연인, 그리고 여러 친밀한 사람들로 구성된 가족과 함께하며 일종의 독신으로 지냈다. 지금 그녀는 샌프란시스코 북쪽의 산기슭에서 머물고 있다.

많은 독자가 재닛을 이 책의 초판 저자 캐서린 A. 리스트^{Catherine A. Liszt}로 기억할지도 모르겠다. 리스트는 그녀의 아들들이 미성년자였을 때 썼던 필명이다. 아들들이 모두 독립적인 성인이 되자 그녀는 본명으로 되돌아갔다. 재닛은 잡년적인 청소년이었으나 십 년 이상 이성애적 결혼생활을 하며 전통적인 모노가미를 시도했다. 그러나 이혼한 뒤로는 모노가미로 살지 않았다. 사람들은 대부분 그녀를 양성애자로 부르겠지만, 그녀는 자신을 젠더 **벤더**^{gender bender} 즉 고정되지 않은 젠더라고 정의한다. 그녀는 자신이 때로는 남성이고 때로는 여성일 때 성적 **지향**^{sexual orientation}이 어떻게 작동돼야 하는지 잘 알지 못한다. 재닛은 바이오 가이^{bio-guy}*와 결혼했다. 그의 젠더는 그녀의 젠더만큼 유연하며 생각만큼 복잡하지 않다. 그녀는 오리건주의 유진에서 작가, 출판인, 교사로 살고 있다.

우리는 25년 동안 다채로운 관계를 유지했다. 집과 프로젝트 안팎에서 연인, 소중한 친구, 공저자, 그리고 공모자였다. 우리 모두 장성한 자녀가 있는 부모다. 둘 다 **BDSM/레더**^{leather}/**킹크**^{kink} 공동체에서 활동한다. 둘 다 창조적인 작가다. 우리 관계는 모든 관계가 '죽음이

---

*   생물학적 남성. 트랜스젠더를 일컫는 말

우리를 갈라놓을 때까지' 모델, 즉 모노가미 관계여야 한다고 억지로 밀어붙이지 않는다면 어떤 일이 벌어질 수 있는지를 보여주는 좋은 사례다.

성적인 모험가

잡년에 대한 세상의 통념은, 천박하고 타락했으며 문란하고, 난잡하고, 닳아빠지고, 부도덕한 모험가라는 것이다. 파괴적이고 제멋대로이며 건강한 모노가미 관계를 맺지 못하게 방해하고, 특정한 정신병리학적 증상을 보이는 누군가가 잡년이라는 이야기다.

오, 그렇지. 게다가 확실히 비윤리적이고.

우리는 우리 자신을, 섹스와 관계가 있는 건전한 장소를 추구하고, 각자에게 적합한 여러 방식으로 섹스와 성애를 즐기기 위해 자기 해방에 전념하는 사람이라고 여긴다. 시도하지 않으면 자신에게 적합한 방식이 무엇인지 알 수 없다. 그래서 우리는 호기심이 많고 모험적이다. 호기심을 자극하는 누군가를 볼 때, 우리는 자유롭게 반응하고 싶다. 그리고 이 반응을 탐색하면서, 새롭고 매혹적인 이 사람의 특별한 점을 무엇이라도 알려고 한다. 우리는 다른 종류의 사람들과 관계 맺기를 즐긴다. 수세기 동안 사람들은 소리없이 자유연애를 해왔다. 이들의 기법, 기술, 이상을 이 책에서 나누고자 한다.

그러면 누가 윤리적 **잡년**ethical slut인가? 우리, 그리고 수많은 사람들이다. 어쩌면 당신도. 자유를 꿈꾼다면, 열정적이면서도 심오한 친밀감을 꿈꾼다면, 유혹과 애정과 친구 관계를 풍성하게 누리고자 한다면, 욕망이 이끄는 곳으로 가보기를 꿈꾼다면, 당신은 이미 첫발을 내디딘 셈이다.

잡년이라고 해서 성적으로 왕성할 필요는 없다. 물론 우리 중 많은 이들은 대부분의 다른 사람보다 더 많은 성적 훈련을 하는 편이다. 우리는 대부분 섹스를 중시한다. 우리의 섹스는 기록을 세우는 방식이 아니다. 우리가 섹스를 좋아하는 건 섹스가 우리에게 주는 즐거움 때문이다. 게다가 멋진 사람들과 아름다운 시간을 나눌 수도 있다.

우리는 모험을 사랑한다. 모험적인 사람이라는 단어는 미성숙하거나 진정성이 없고, '어른'이 되어서도 모노가미적인 생활 방식에 '정착'할 의사가 별로 없음을 암시하는 경우가 잦다. 때로 '모험가'라는 단어는 경멸적으로 쓰이기까지 한다. 모험이 무슨 잘못인가? 모험을 하면서도 아이를 키우고 집을 사고 인생의 중대사를 처리하면서 살아갈 수는 없을까? 물론 할 수 있다. 잡년들에게도 남들처럼 주택자금 대출 자격이 있으니 말이다. 우리 잡년들은 복잡다단한 삶을 선호하는 경향이 있다. 새로운 사람과 생각을 발견하면서 동시에 안정된 직장과 가정 생활을 유지하려는 도전이야말로 우리가 흥미를 잃지 않고 살아가는 데 필요한 일이다.

열린 성생활 방식에서 배울 수 있는 아주 소중한 가치가 있다. 바로 우리에게 이미 내재된 사랑과 친밀감과 성에 대한 내용을 새로 쓸 수 있다는 점이다. 그래야만 한다고 들어왔던 그 방식들에 의문을 제기하는 그 순간, 우리는 이미 녹슨 테이프를 편집하고 다시 쓸 수 있다. 규칙을 어기면 우리는 자유롭고 힘 있는 존재가 된다.

우리는 권태를 싫어한다. 우리는 삶이 선사

"우리는 권태를 싫어한다. 우리는 삶이 선사하는 모든 것을 경험하고 싶어 안달하는 사람들이다. 동시에 우리는 기꺼이 우리를 나눈다."

하는 모든 것을 경험하고 싶어 안달하는 사람들이다. 동시에 우리는 기꺼이 우리를 나눈다. 우리는 모두가 즐겁기를 바란다.

개정판의 새로운 내용

『윤리적 잡년The Ethical Slut』의 지난 개정판이 출판(2009년)된 지 8년이 지났다. 그동안 **폴리아모리**polyamory는 눈에 띄게 확산됐다. 이는 모든 인종, 젠더, 성적 지향, 배경을 불문한 다양한 사람들이, 문화적으로 강제된 모노가미를 넘어서는 관계의 가능성에 흥미를 가지기 시작했다는 의미다. 우리는 이 개정판에서 가능한 한 넓은 범위의 잠재적 독자들을 대상으로 이야기하고자 최선을 다했다. 따라서 독자들은 우리가 유색 인종, 무성애 및 무로맨틱 사람들, 십 대와 이십 대 초반의 청년, 논바이너리 젠더nonbinary gender(이분법적 성별에 속하지 않는 사람), 그리고 **성 긍정주의**sex-positive 공동체로부터 자주 무시당하곤 하는 다른 그룹들에 더 많은 관심을 쏟았다는 사실을 알 수 있을 것이다.

최근 성적 동의sexual consent의 본질과 뉘앙스에 관한 오래된 토론이 문화적 논의의 최전선으로 이동했다. 우리는 이 중요한 주제를 별도의 장을 편성해서 다뤘다. 그리고 현재의 대안적 섹슈얼리티 형성을 도운 사람들과 아이디어의 역사를 짤막하게 덧붙였다.

이 책의 언어

섹스와 관련된 책을 쓰려고 앉으면―언젠가 여러분이 그러기를 바라면서―, 수백 년 동안 이어진 검열 때문에 섹스의 환희와 고민을 논할 수 있는 언어가 아주 적게 남았다는 사실을 실감한다. 우리에게 남은 언어에는 어떤 판단이 스며 있다. 가령 섹슈얼리티를 정중하게 이야기하는 유일한 방법이 라틴어 의학 용어—외음Vulvas과 음부pudenda, 음경penes과 고환testes—사용이라면? 섹스 이야기는 의사들에게만 허용되는가? 섹스란 그저 질병에 관한 주제인가? 원래의 영어 단어 대부분—좆/자지cock과 보지cunt, 씹fucking, 그리고 역시나 잡년slut—은 종종 부정적이거나 상스러운 느낌을 준다. 나아가 이 단어들은 특정 사람들과 그들의 섹슈얼리티를 비하하는 모욕적 언사로 쓰인다. 완곡한 표현—거시기, 옥문, 기둥 같은 단어—으로 에둘러 말하면 마치 우리가 쩔쩔매는 것처럼 보인다. 어쩌면 그럴지도 모르겠다.

우리는 원래의 영어 단어를 재생하는 방식으로 성 긍정적sex-positive 언어에 접근한다. 그 단어들을 도리어 긍정적인 키워드로 사용해서 새롭게 만드는 방법이다. 그래서 '잡년'이라는 단어를 선택했다('잡년'은 **잡년 행진**slut walks과 **잡년 낙인찍기**slut-shaming 거부 등으로 이미 언어에 스며들었다. 이렇게 말할 수 있어서 자랑스럽다). 또한 독자 여러분들은 이 책에 나오는 **씹**fuck, 좆/자지cock, 보지cunt 같은 단어가 모욕이 아니라는 점을, 그리고 이 단어들이 실제로 무엇을 뜻하는지를 알게 될 것이다.

우리는, 보다 건강하고 행복하며 **안전한** 세상을 위해 일하고 있다고 믿으면서, 성 긍정적 입장에서 이 책을 썼다. 또한 우리는 많은 이들의 삶에서—문화적 또는 종교적인 망신주기 때문에, 성폭력에 노출됐기 때문에, 때로는 삽입섹스를 원하지 않았기 때문에—섹스가 행복과 긍정이 아니었다는 점 역시 인식하고 있다.

우리가 가장 선호하는 유토피아적 전망은 다음과 같다. 섹스와 사랑과 친밀함이 우리 삶과 세상에 진짜 자유와 긍정적인 힘으로 인식

되는 것. 그리고 이 인식이 강간, 성적 괴롭힘, 조롱하기, 억압과 같은 문제를 더 잘 해결할 것이라는 점. 우리는 이 책이 세상에 도움을 줄 수 있기를 진심으로 바란다. 그리고 당신이 그 무엇보다 사랑과 자유에 기반한 성생활을 누리기를 희망한다.

문화적 사각지대는 커플 중심주의, 이성애 중심주의, 유럽 중심주의 등의 **중심주의**centrisms에서 빚어진다. 비모노가미, 혼외 섹스, **열린 관계**open relationship는 모두 무엇이 '아니다'라는 방식으로 자신을 규정한다. '정상적'인 사람들이 맺는 '정상적' 관계의 예외라는 뜻을 내포한다는 이야기다.

폴리아모리는 1992년에 탄생한 신조어로 현재 옥스포드 영어 사전에 등재되어 있다. 이렇게 말할 수 있어 너무나도 감격스럽다. 폴리아모리는 '다수를 사랑하는'이라는 뜻의 라틴어와 그리스어에서 유래한 단어다. 많은 잡년들이 자신의 삶을 설명할 때 자주 쓰며, '나는 **폴리예요**'처럼 종종 '**폴리**poly'라는 줄임말로도 사용한다. 어떤 사람들은 폴리아모리를 그룹 결혼group marriage의 형태, 즉 서약에 기반하는 다자 동거 관계의 의미로 쓴다. 반면 다른 누군가들은 폴리아모리를 전통적 모노가미의 외부에서 이뤄지는 섹스, 사랑, 가정 생활의 모든 형태를 포함하는 포괄적 개념으로 삼는다. 폴리아모리라는 단어는 우리의 언어 속으로 빠르게 진입했다. 언어가 이 단어를 아주 오랫동안 기다린 것처럼.

지금은 섹스와 관계의 새 시대다. 사람들이 끊임없이 변화하는 새 삶의 스펙트럼을 묘사할 때, 혹은 묘사하려고 시도할 때 신조어가 탄생한다. 혹시 이 책을 읽다가 이해가 되지 않은 용어를 만나면, 이 책의 주요 용어를 설명한 '용어집'을 활용하라.(426쪽) 용어집에 실린 용어가 처음 나올 때는 **굵게** 표기했다.

사람들은 왜 섹스 이야기를 그렇게 많이 하느냐고 우리에게 묻는다. 우리는 섹스가 방 안의 코끼리를 못 본 척하는 것과 같은 주제라고 생각한다. 거대하고 많은 공간을 차지하지만, 관계에 관한 담론에서는 거의 다뤄지지 않는다. 그래서 우리는 이 책에서 사랑의 여러 유형과 관련된 모든 성적 표현을 이야기할 것이다.

끝으로 우리는 이 책에서 최선을 다해 **범성애적**pansexual이고 젠더 중립적gender-neutral인 언어를 사용했다. 이 책은 모두를 위한 책이기 때문이다. 앞 개정판에서는 대명사 '그'와 '그녀'를 번갈아 썼다. 하지만 이번 개정판은 규정되지 않는 젠더 가시성이 증가했다는 사실을 고려하여 가급적 젠더 중립적 대명사 **그들, 그들을, 그들의**로 표기했다. 또한 **범성애**는 모든 성적 존재 즉, 이성애자, 양성애자, 레즈비언, 게이, 무성애자, 논바이너리, **트랜스젠더**, 퀴어, 노인, 젊은이, 장애인, 변태, 남성, 여성, 퀘스처닝questioning[*], 성전환transitioning을 포함한다는 의미다. 이 책에 실린 사례와 인용문은 합쳐서 80년에 달하는 우리 두 사람의 잡년생활이 부닥쳤던 방대한 경험에서 가져온 것이다. 섹슈얼한 삶에는 무한한 '올바른' 길이 있다. 그 모든 길에 올라선 모든 이들을 우리는 기꺼이 응원한다.

---

[*] 자신의 젠더와 지향에 의문을 갖고 있는 상태

폴리아모리의 선구자:
앨프리드 킨제이Alfred Kinsey와 킨제이 연구소

우리는 이 책 전반에서 비혼 섹스, 자위, 동성애, BDSM 등 여전히 누군 가들은 '죄악' 혹은 '변태적'으로 여기는 행동이 실제로는 삶을 더 낫게 만 들어준다고 주장한다. 나아가 그 행동들이 윤리적인 잡년의 생활을 수행 하는 하나의 방법이 될 수 있다고 제안할 것이다. 만일 이 주장과 제안이 당신에게 충격을 주지 않았다면, 당신은 앨프리드 킨제이Alfred Kinsey 박사 와 그의 동료들에게 감사해도 된다.

킨제이는 억압적인 가부장제 가정에서 자랐다. 그는 보이 스카우트의 최고 계급인 이글 스카우트이기도 했다. 킨제이의 아버지는 독실한—과 도한—신앙의 독재적인 가부장이었다. 하지만 킨제이는 아버지가 원했 던 엔지니어의 길을 걷지 않고 곤충 생물학을 전공했다. 저 나름의 저항이 었다. 그는 인간의 성을 다루기 전에 세계적인 흑벌 전문가로 손꼽혔다. 흑 벌을 다뤄 학계의 큰 호평을 받은 논문 두 편과 생물학 및 자연에 관한 여 러 텍스트를 썼을 정도였다.

인디애나대학교가 킨제이에게 인간의 섹슈얼리티에 관한 수업을 요 청하면서 미국인 성행위에 대한 킨제이의 전방위적인 조사가 시작됐다. 그는 학생들의 질문에 답변하지 못하는 자신의 모습을 보며 이 문제에 흥 미를 가졌다. 당시에는 사람들이 실제로 어떻게 섹스하는지에 관한 과학 적 연구가 존재하지 않았기 때문이다. 이에 대해 사회적 불만이 있었던 킨제이는 개인적 차원에서 실험을 시작한다. 그는 영리하고 털털한 성격 의 화학과 대학원생 클라라 맥밀란Clara McMillan을 만나 사랑에 빠졌고 결혼했다. 당시 많은 젊은 부부처럼 프로크Prok(학생들이 그에게 붙여준 평생 동안의 별명. 'Professor K'의 약자)와 맥 역시 동정이었다. 그들이 부족한 경험을 극복할 때 겪은 어려움은 본격적으로 성을 연구하려는 킨제이의 결심을 북돋웠다.

수만 개의 흑벌 정자를 채집했던 킨제이의 완벽주의자 정신은 그를 이 서사적 프로젝트의 선두주자로 이끌었다. 그는 성별과 인종과 계급을 불문한 수만 명의 미국인을 인터뷰해서 그들의 성 경험과 성에 대한 견해를 들었다. 킨제이는 거액의 후원금을 모아서 동료들을 훈련하고 고용할 수 있었다. 이들은 킨제이가 인정받는 성 연구자로 자리매김하고 나아가 이 막대한 임무를 수행할 때 그를 계속해서 보조할 사람들이었다.

그들은 킨제이가 직접 수행한 8,000여 건의 인터뷰로 12,000항목이 넘는 매우 상세한 성 역사를 수집할 수 있었다. 킨제이는 소수자 공동체, 교회, 작은 마을들의 학부모회 등 그간 제대로 알려지지 않았던 사람들에게 다가갔다. 그는 이 인터뷰를 수줍어하거나 거북해하는 사람들을 배제시키지 않기 위해 관련 커뮤니티에 100% 참여하는 캠페인을 벌였다. 비록 지금의 통계 기법이 당시보다 훨씬 정교하지만, 킨제이의 연구와 그의 결론은 여전히 훌륭한 참고로 쓰인다. 이 주제와 관련한 모든 후속 연구는 킨제이와 그의 팀이 수행했던 연구에 막대한 빚을 지고 있다.

이 연구원들과 그들의 파트너들은 오늘날의 용어로 보면 **폴리큘**polycule 또는 별자리constellation였다. 섹스를 공개적으로 논의하면 사람들은 보다 자유롭게 자신의 욕망에 따라 행동할 수 있다고 느낀다. 아니나 다를까, 프로크와 맥은 연구원들 몇몇과 성관계를 맺었고, 그들은 다시 서로의 파트너들과 섹스했다. 이 과정에서 불거진 난관들은 동료와 성관계를 맺는다는 문제 못지않게 성적인 질투심과도 관계있었던 듯하다. 킨제이의 무신경

함도 분명 그 요인이었다. 그러한 작은 소용돌이 속에서도 킨제이 그룹은 1956년 킨제이가 사망할 때까지, 동료 때로는 정부情婦 사이로 남았다. 창립 멤버들은 1982년까지 '성, 젠더, 생식 킨제이 연구소Kinsey Institute for Sex, Gender, Reproduction'의 대표직을 유지했다.

킨제이는 사망한 지 반세기가 넘은 지금도 논란을 부르는 인물이다. 그의 저서『남성의 성적 행동Sexual Behavior in the Human Male』(1948)과『여성의 성적 행동Sexual Behavior in the Human Female』(1953)은 수십만 부가 팔렸다. 그가 진행한 인터뷰와 수집한 통계에서 밝혀진 사람들의 자위, 혼외정사, 동성 간 성적 연결 등의 성적 활동 빈도 결과는 전 세계에 충격을 줬다.

하지만 이 중요한 작업은 1950년대 자행됐던 공산주의자에 대한 마녀사냥에 휩쓸렸고, 킨제이는 후원금과 건강을 잃었다. 지금도 현대의 성적 자유에 반대하는 이들은 획기적인 킨제이의 연구를 폄하한다. 그 근거는 킨제이의 양성애 성향, 비모노가미, 킹크 취미, 비심판적 태도 등이다.

하지만 이미 세상 밖으로 나와버린 성지식 요정을 그 작은 병 속으로 다시 밀어 넣을 수는 없다. 혼전 또는 혼외 섹스의 용인, 동성애와 양성애, BDSM, 그리고… 그렇다. 폴리를 포함하는 오늘날의 해방된 성 문화는 킨제이 박사의 작업에 빚지고 있다. 프로크, 맥, 그리고 킨제이 그룹은 윤리적 잡년생활의 수호성인들인 셈이다. 선구적이었던 그들의 섹스나 관계 형태 때문만이 아니다. 인간의 다양한 성적 경험을 밝혀내기 위해 그들이 수행한 작업 때문이다.

---

2 신화와 현실

MYths and Realities

새로운 형태의 관계와 새로운 생활의 방식을 탐험하는 사람들은 사회가 규정하는 방식, 인간관계가 노정하는 방식, 사람들이 상정하는 방식에 관한 믿음—자신의 것과 타인의 것 모두—에 가로막히는 자신을 종종 발견하기도 한다. 이 믿음은 사회에 뿌리처럼 깊게 박혀 있어서 마치 원래 그랬던 것처럼 여겨진다.

우리는 모두 한 가지 방식의 관계—평생 동안의 모노가미에 준하는 이성애 결혼—가 유일하고 옳은 관계라고 배웠다. 사람들은 모노가미가 '정상'이고 '자연'이라고 말한다. 만일 우리의 욕망이 그들의 조건에 부합하지 않는다면, 우리는 도덕적 결함과 심리적 문제가 있는 사람들이다. 자연을 위반했기 때문이다.

우리 중 많은 사람은 이 상황이 잘못됐다고 본능적으로 느낀다. 하지만 인지조차 못했던 믿음을 어떻게 파고들어 검토할 수 있을까? 관계의 유일한 목표로 상정돼 있는 평생 동안의 모노가미라는 이상향은 우리 문화에 너무 자연스럽게 녹아 있어서 거의 보이지도 않는다. 우리는 이 이상향을 믿고 있다는 사실조차 인식하지 못한 채 그저 살아간다. 이 믿음은 항상 우리의 발밑에서 우리의 가정, 가치, 욕망, 신화, 예상의 토대를 이룬다. 우리는 거기에 걸려 넘어질 때까지 그것들을 알아차리지도 못한다.

이러한 신념은 어디에서 시작됐을까? 대개, 이제는 존재하지 않는 조건을 충족시키기 위해 진화해왔다.

전통적 결혼에 대한 우리의 믿음은 농경 문화에서 비롯한다. 먹고 입고 사용하는 모든 것을 만들고, 대가족이 이 과업을 도와 아무도 굶주리지 않았으며, 결혼이 실질적으로 하나의 먹고사는 수단이었던 곳에서 말이다. '전통적인 가족의 가치'를 말할 때 일반적으로 이야기하는 가족은 조부모와 숙모·이모와 사촌으로 확장된 가족, 즉 생존을 위해 구성된 조직을 뜻한다. 우리가 현재 보는 대가족은 미국의 전통적 대가족이나 최근 다른 국가에서 이식된 문화에 기반한 대가족, 또는 경제적으로 취약한 도시나 농촌 사회에서 기본적인 상부상조 시스템으로서의 대가족이다.

산업혁명 이전까지만 해도 부유층 바깥에서는 성적 행동을 통제하는 데 별다른 관심을 보이지 않았다. 하지만 산업혁명이 시작되면서 성 부정주의의 새로운 시대가 열렸다. 이는 중산층의 성장과 아동을 위한 공간이 부족했던 당시의 도시 환경 때문일 것이다. 18세기 후반의 의사들과 목사들은 가장 순수한 성적 배출구인 자위 행위가 건강을 해치고 죄를 짓는 행위라고 주장하기 시작했다. 이 시대는 섹스에 대한 욕망을 넘어 자위를 못하게 할 심산으로 남성 할례는 흔한 일이 되었다. 성에 대한 자기 자신의 욕망마저도 수치스러운 비밀이어야 했던 시대다.

그러나 인간의 본성은 승리할 것이다. 우리는 꼴리는 생명체다. 문화가 성을 억압할수록—빅토리아 시대 포르노의 팬이라면 알 수 있 듯—은밀한 성적 생각과 행동은 더 요란해지리라.

독일 심리학자 빌헬름 라이히Wilhelm Reich는 히틀러와 나치가 등장했 던 시기, 독일의 젊은 공산주의자들을 대상으로 한 강연에서 권위주의 적 정부에 섹슈얼리티의 억압은 필수적이라는 이론을 제기했다. 라이 히는 반反성적인 도덕관념을 관철시키지 않으면 사람들이 수치심에서 자유로워지고, 옳고 그름에 대한 스스로의 감각을 신뢰할 것이라고 여겼다. 사람들이 그랬다면, 그 누구도 자신의 욕망에 반하는 전장으 로 나아가지 않았을 것이다. 죽음의 수용소를 운용하는 일 따위는 더 더욱 없었을 게 분명하다.

대가족에 비해 상대적으로 고립되어 부모와 자녀만으로 구성되 는 핵가족은 20세기 중산층의 유산이다. 이제 아이들은 농장이나 가 족 사업장에서 일하지 않는다. 아이들은 흡사 애완동물처럼 키워진다. 오늘날 결혼은 더는 생존의 필수 요소가 아니다. 이제 사람들은 위로, 안전, 섹스, 친밀감 및 감정적 연결을 추구하려 결혼한다. 보수 세력이 맹렬하게 비난하는 이혼의 증가는 대부분의 사람들이 행복하지 않은 관계는 정리할 수도 있는 경제적 현실을 반영하는 것일지도 모른다. 그래도 굶어 죽지는 않을 것이다. 반면, 지금도 현대적 청교도들은 성 적 수치심을 가르치면서 핵가족과 모노가미 결혼 제도를 강화하려고 노력한다.

우리는 '그래야만 하는 것'의 현재 추세, 나아가 관련한 그 어떤 경 향도 자연 법칙이 아니라 문화적 인공물이라고 여긴다. 사실 자연이 제공하는 가능성은 무한하고 놀랍도록 다양하다. 우리는 결혼 50주년 을 맞은 부부를 존중하는 것처럼 잡년들의 선택을 존중하는 문화 속에서 살고 싶다. (그러고 보니 우리는 어째서 저 부부를 모노가미라고 가정하는가?)

우리는 새로운 영역을 가로질러 새 도로를 포장하는 중이다. 여기에는 개방적인 성적 생활에 대한, 문화적으로 승인된 각본이 없다. 그렇다. 스스로 자신의 각본을 써야 하는 것이다. 자신의 각본을 쓰는 일은 많은 노력과 정직함을 요구한다. 많은 보상을 주지만 그만큼 쉽지 않은 일이기도 하다. 당신은 본인에게 어울리는 길을 찾을 수 있다. 혹은 3년 후에는 지금과는 다른 방식으로 살고 싶다고 결정할지도 모른다. 괜찮다. 당신은 각본을 쓰고 선택하는 과정에서 마음을 바꿀 수도 있다.

• 연습 •

우리가 알고 사랑하는 잡년들

공인을 포함하여 TV, 영화, 책의 등장 인물, 기타 영역에서 모노가미적이지 않다고 생각되는 사람들을 목록으로 작성해본다. 그 사람들에 대해 어떤 느낌이 드는가? 긍정적인 면과 부정적인 면에서 무엇을 배울 수 있는가? 당신이 되고 싶은 잡년과 피하고 싶은 잡년의 모습에 대해 그들은 무슨 말을 하고 있는가?

잡년에 대한 판단

자신의 길을 찾으려 애쓸 때 다른 이들이 당신의 삶에 가하는 가혹한 판단에 숱하게 부딪힐지도 모른다. 세상 대부분에서 잡년생활은 존중받지 못한다. 잡년을 좋게 보지 않는다는 점은 말할 필요조차 없다.

이러한 판단 중 몇 가지가 당신에게도 녹아 있다는 사실을 발견하게 될지도 모른다. 머릿속 깊숙이 파묻혀 있어서 미처 깨닫지 못했던 것들이다. 사람들이 당신을 포함한 실재하는 인간들보다, 행동을 조장하는 문화에 관해 더 많이 말한다는 사실을 기억하자.

"문란하다"

우리가 너무 많은 성적 파트너와 즐긴다는 말이다. 또한 그들은 우리의 성적 생활이 '무분별하다'고 말해서 우리를 분개하게 만든다. 우리는 무분별하지 않다. 우리는 항상 우리의 연인들을 구분할 수 있다.

우리는 선택이 능력을 초과할 때 주어지는 특정한 행복을 제외하면, 너무 많은 섹스란 존재한다고 믿지 않는다. 또한 우리의 윤리는 절제 또는 금욕과 상관이 없다. 킨제이는 '색정광'을 '당신보다 섹스를 더 많이 하는 사람'으로 정의했다. 과학자인 그는 통계로 자신의 주장을 증명해냈다.

드문 섹스가 잦은 섹스보다 더 도덕적이란 말인가? 우리는 그렇게 생각하지 않는다. 훌륭한 잡년들의 윤리는 그들의 파트너 수가 아니라 파트너들을 대하는 그들의 태도와 보살핌을 기준으로 측정해야 한다고 생각한다.

"비도덕적이다"

우리 문화는 잡년들을 사악하고 무정하며 비도덕적이고 파괴적이라고 일컫는다. 또한 잡년이 늘 파트너로부터 무언가—미덕, 돈, 자존감—를 훔치려 한다고 말한다. 이런 발상은 섹스를 상품으로 여기기 때문에 가능한 것이다. 그들에게는 섹스가 다른 무언가—안정성, 자녀, 결혼 반지—와 교환 가능한 화폐와 다름없다. 이 외의 모든 거래는 기만과 배신이 난무한다는 인식이 기저에 깔린 것이다.

우리는 우리 커뮤니티에서 이세벨Jezebel들이나 카사노바들을 거의 보지 못했다. 만일 도둑이라면 그냥 자유롭게 주어지는 것들을 훔치는 데 만족할 수 없으리라. 우리는 함께 쾌락을 나누는 이들이 우리의 성적 가치를 앗아갈까 봐 전전긍긍하지 않는다.

"죄악이다"

어떤 사람들의 윤리 의식은 신앙과 교회, 부모와 문화에 기반한다. 그들은 그 윤리 의식을 기준으로 삼아 자신이 알아나가는 것들의 옳고 그름을 따진다. 그들은 자신보다 훨씬 거대한 어떤 큰 힘이 세운 율법에 순종함으로써 선함을 달성할 수 있다고 믿는다.

우리는 종교가 신념이 주는 위안과 공동체의 안전 등 많은 좋은 것들을 사람들에게 제공할 수 있다고 생각한다. 하지만 신이 섹스를 싫어한다고 믿는 것은 신이 당신을 좋아하지 않는다고 믿는 것과 같다. 이 믿음 때문에 헤아릴 수 없을 정도로 많은 사람들이 완벽하게 자연스러운 자신의 성적 욕망과 활동을 수치스럽게 여기게 된다.

우리는 일전에 만났던 한 여성의 신앙을 선호한다. 근본주의적 신앙을 가진 헌신적인 신자인 그녀는 다섯 살 무렵 가족과 함께한 장거리 여행 중, 자동차 뒷자석에서 담요를 뒤집어쓴 채 자위 행위의 즐거움을 발견했다. 그녀의 이야기를 듣고서 우리는 기뻤다. 그녀가 클리토리스를 하나님이 자신을 사랑하는 증거라고 결론지었기 때문이다.

"병적이다"

19세기 후반에 인간 행동에 대한 심리학적 연구가 유행했다. 당시 리하르트 폰 크라프트-에빙Richard von Krafft-Ebing과 지그문트 프로이드Sigmund Freud는 잡년들은 나쁜 게 아니라 아픈 것이라는 이론을 내세웠다. 잡년들에게는 약간 더 관용적인 이야기다. 그들의 주장은 이렇다. 잡년들의 신경증은 배변 훈련 시기 부모가 섹슈얼리티를 왜곡하면서 생긴 것이다. 그러므로 잡년들은 잘못을 저지른 게 아니라 정신병리학적인 고통을 겪는 존재들이다. 그러므로 잡년들을 더 이상 화형에 처하지 말고, 오히려 정신병원에 보내 성적 표현을 전혀 허용하지 않는 환경에서 치료해야 한다.

보이는 '병'을 '치료'하기 위해 청소년들을 정신병자로 진단하고 감금하는 일이 흔했다. 게이나 레즈비언처럼 성적 위화감을 주는, 그러니까 젠더 관련 문화적 규범을 어기는 사람, 또는 처녀로서 자신의 시장 가치를 손상시킬 위험에 처한 여성이라면 특히(섹스를 즐기는 여성들을 모욕하는 문화적 가정을 전제한 '싸구려'라는 말을 생각해보라. 그들은 여성의 섹슈얼리티를 상품으로 상정하고, 모든 상품과 마찬가지로 희소성이 그 상품을 더 가치 있게 만든다고 여긴다. 그래서 여성이 섹스를 즐기면, 그 여성이 스스로의 시장 가치를 축소한다고 간주하는 것이다). 이런 어처구니없는 일은 지금도 생각보다 더 자주 일어난다. 최근에는 섹스 중독자, 친밀감 회피, 서약 공포증 및 애착 장애에 관한 이야기가 많다. 탐험적인 성적 행동을 **병**

리화patholigizing하는 것은 성적 자유와 관련한 윤리 전쟁에서 무기로 사용된다. 그것도, 너무나 자주.

섹스 중독sex addiction을 둘러싼 여러 생각들은 논란의 여지가 있다. 많은 이들은 '중독'이라는 단어가 섹스와 같은 행동을 다루기에 적합하지 않다고 생각한다. 하지만 섹스로 다른 요소들을 대체하는 것(예를 들어 불안 완화나 자존감 확립)이 문제적이라는 점에는 대부분 동의하는 듯하다.

오직 당신만이 당신의 성 행위의 강박과 변화를 결정할 수 있다. 어떤 사람들은 자신이 매력적이거나 사랑스럽지 않다고 여긴다. 그래서 지속적을 안도감을 얻기 위해 섹스를 활용한다. 자신의 성적 매력을 확인하고 혹은 확인하려고 애쓰는 것이다. 섹스는 관심과 인정을 받게 해주는 유일한 동전처럼 느껴지기도 한다.

중독 모델을 지지하는 일부 단체 및 치료사들은 가장 보수적인 영역에 속하지 않는 모든 성적 행동을 잘못된 것으로, 혹은 건강하지 않고 중독적인 질병의 예후라고 말할지도 모른다. 우리는 당신이 자신의 신념을 신뢰하고 지지해주는 환경을 찾기를 바란다. 어떤 12단계 프로그램* 그룹은 건강한 성생활을 직접 정의하기를 권장한다. 당신의 목표가 모노가미라면, 그 역시 좋다. 또는 당신의 목표가 우정 대신 섹스를 갈망하는 상태를 멈추거나 다른 행동 대신 섹스를 추구하는 상태를 재조정하는 것이라면, 그 또한 괜찮다. 우리는 섹스 중독을 치유하는 방법이 반드시 모노가미적이어야 한다고 생각하지 않는다. 그들이 모노가미적인 방법을 원한다면 몰라도.

---

* 익명의 알코올 중독자들(AA)의 중독 치료 프로그램

"쉽다"

어려움에 어떤 미덕이 있는지 궁금하다.

잡년에 관한 신화

윤리적 잡년이 직면하는 난제 중 하나는, '다들 알고 있다'는 단순한 이유로 그것을 사실이라고 단언하는 우리의 문화다. '다들 알고 있는데…' 또는 '상식적으로…'라고 시작하는 모든 문장을 회의적인 태도로 보기를 촉구한다. 이러한 문구는 대개 반섹슈얼, 모노가미 중심주의, 그리고 상호의존codependent 등의 문화적 신념 체계를 나타내는 단서다. '모두 그렇게 알고 있는' 것들에 의문을 제기하는 일은 어렵고 혼란스럽기 마련이다. 하지만 이 의문 제기는 보람 있는 일이다. 의문 제기는 새로운 패러다임, 즉 당신의 결정에 관한 자신만의 패러다임을 창출하는 첫걸음이다.

문화적 신념 체계는 문학, 법률, 전형적인 토대 등에 깊이 뿌리 박혀 있다. 개인적 에토스로 이것들을 흔들기 어렵다는 이야기다. 뿌리박힌 무언가들을 탐색하는 첫걸음은 당연히 그것들을 인식하는 일이다. 자, 여기에서 우리는 평생 들어왔던 어떤 신화들이 우리의 관계와 삶에 관한 가장 농후한 거짓이자 파괴적인 주장이라는 점을 알게 될 것이다.

신화 1: 장기간의 모노가미 관계만이 진정한 관계다

일평생 이어지는 모노가미 관계가 이상적인 삶의 방식이라는 개념은, 사실 인류 역사 전체를 놓고 보면 비교적 새로운 것이다. 이 개념이 우리를 독특한 존재로 만든다. 하지만 단지 장기적인 모노가미 관계여야만 실현할 수 있는 것은 없다. 비즈니스 파트너십, 깊은 애착, 안정된 양육, 개인적 성장, 노년기의 돌봄 및 우정 모두, 잡년의 능력 범위 안에서도 잘 이뤄진다.

이 신화를 믿는 사람들은 자신들이 서약으로 맺어진 한 쌍이 아닌 경우에, 무슨 문제가 있는 것으로 느낄 수 있다. 만약 그들이 자유 계약 선수로 남는 쪽을 선호한다면, 자신이 동시에 두 명 이상의 사람을 사랑한다는 사실을 알게 된다면, 전통적인 관계를 한 번 이상 시도했지만 실패했다면…. 그들은 신화에 의문을 제기하는 대신 자신에게 질문한다. 내가 불완전한가? 내 나머지 반쪽은 어디에 있을까? 신화는 그들 자체로는 충분하지 않다고 가르친다. 그래서 사람들은 부부 관계에 대해 매우 비현실적인 시각을 갖게 되고는 한다. 이상적인 배우자가 모든 문제를 해결해주고 간극을 메워주며 삶을 완성시켜주리라는 생각 말이다.

이 신화의 일부는 당신이 사랑에 빠지면 그 즉시 타인에 대한 관심이 없어질 것이라는 믿음이다. 따라서 프라이머리 파트너(제1파트너)가 아닌 누군가에게 성적 또는 로맨틱한 감정을 갖게 된다면, 당신의 사랑은 의심받는다. 이 믿음은 수세기 동안 많은 사람의 많은 행복을 제물로 바치며 이어져왔지만, 어처구니없을 정도로 사실이 아니다. 손가락에 낀 반지가 성기의 신경을 차단하지는 않는다.

반드시 질문해야 한다. 정말로 모노가미만이 수용 가능한 유일한 선택지인지, 나아가 모노가미가 진짜 사랑의 유일한 형태라면 그 사이의 합의사항들이 정말로 서로 동의한 것인지를 말이다. 만약 당신에게 다른 선택의 여지가 없다고 생각한다면, '고지告知에 입각한 사전 동의' 절차를 빠뜨렸기 때문이다. 주변의 많은 친구들이 모노가미를 선택했고, 우리는 그들에게 박수를 보낸다. 하지만 과연 얼마나 많은 사람들이 의식적으로 모노가미를 선택할까?

신화 2: 낭만적인 사랑만이 진정한 사랑이다

인기 가요의 가사나 고전시를 읽어보면, 낭만적인 사랑을 묘사하는 문구들은 사실 그다지 유쾌하게 들리지 않는다. '사랑에 미친', '아픈 사랑', '집착', '찢어지는 가슴'…. 이런 말들은 모두 정신적 또는 신체적 질병에 대한 묘사다.

이런 문화가 이른바 낭만적인 사랑이라고 부르는 감정은 불확실성, 불안감, 심지어 분노나 위험으로 촉발된 욕정과 아드레날린이 뒤섞인 칵테일처럼 보인다. 사실 우리가 열정이라고 인식하는 짜릿한 전율이란, 투쟁–도피 반응*으로 인해 고양이의 등에 털이 곤두서는 것과 같은 물리적 현상이다.

이런 종류의 사랑은 짜릿하고 압도적이며 때로는 죽여주는 즐거움이기도 하다. 하지만 이런 사랑만이 '진짜' 사랑인 것은 아니다. 또한 지속적인 관계의 건강한 기반이 되지도 못한다.

신화 3: 성적 욕망은 파괴적 충동이다

에덴동산까지 거슬러 올라가는 이 신화는 숱한 분란을 일으키는 이중적 기준의 모태다. 일부 종교는 여성의 섹슈얼리티가 사악하고 위

---

* fight-or-flight response. 긴박한 위협 앞에서 자동적으로 나타나는 생리적 각성 상태

험하며 남성을 죽음으로 끌어들이기 위해 존재한다고 주장한다. 빅토리아 시대부터 남자는 가망없이 탐욕스럽고 섹스에 관해서는 약탈적이라고 여겨졌다. 반면 여성은 순수하고 무성애적인 존재로 상정됐다. 그래서 여성의 성욕은 감추고 통제해서 문명화해야 하는 대상이었다. 남성은 가속 페달이며 여성은 브레이크라는 이야기는 엔진에 꽤 큰 피로를 준다고 생각한다. 이러한 생각 중 그 어떤 것도 우리와는 관계가 없다.

많은 사람들은 노골적인 성적 욕망, 특히 두 사람 이상에 대한 욕망이 필연적으로 가족을 파괴할 것이라고 단정한다. 하지만 우리는 이보다 훨씬 더 많은 가정이, 윤리적으로 합의한 비모노가미 때문이 아니라 외도에 의한 이혼으로 파괴됐다는 사실을 알고 있다.

우리는 열린 마음으로 우리의 욕망에 귀를 기울이고 행동을 선택한다.

신화 4: 서약한 관계 사이의 섹스만이 도덕적이다

남자는 섹스하기 위해 연애에 동의하고, 여자는 연애하기 위해 섹스에 동의한다는 오래된 말이 있다. 이런 터무니없는 말을 믿으면, 평생 동안의 모노가미라는 문화적 의무를 다한 이들에게 허용되는 특전, 그리고 경제적 및 육체적 안정성과 사회적 인정에 대한 교환 수단이 섹스라고 생각하게 된다. 이 신화를 믿는다면, 재미, 쾌락, 탐험—두 사람 사이를 다져주는 것 이외의 모든 목적—을 위한 섹스는 부도덕하고 사회적으로 위험하다고 볼 가능성이 있다.

신화 5: 사랑하면 통제해도 된다

이런 사고가 형성된 것은 아마도 사람들이 안정감을 얻기 위해서일 것이다. 하지만 우리는 그 누구도 멀쩡한 다른 성인의 행동을 통제할 권리, 하물며 의무감도 없다고 생각한다. 그리고 이 신화에 입각한 대우를 받는다고 해서 안정감을 느끼진 않는다. 오히려 우리를 분노하게 만들기 십상이다. '으, 그녀가 질투하고 있어. 나를 정말 아끼나 보다'라는 케케묵은 사고는 큰 불행을 야기하는, 개인 간 경계가 매우 혼란스러워졌다는 정황의 징후와 같다.

신화 6: 질투는 불가피하며 극복할 수 없다

질투는 의심할 여지 없이 매우 흔한 감정이다. 그렇다 보니 질투를 느끼지 않는 사람들은 이상하게 취급당한다. 하지만 누군가에게 강렬한 질투를 유발하는 상황이 또 다른 누군가에게는 큰 문제가 되지 않을 수도 있다. 어떤 이들은 애인이 다른 사람의 콜라를 한 모금 마실 때도 질투를 느낀다. 반면 다른 어떤 사람들은 연인이 누군가와 저 먼 곳으로 밀월 여행을 떠나며 손 흔드는 장면을 행복하게 바라본다.

어떤 이들은 질투가 너무 충격적인 감정이기 때문에 굴복할 수밖에 없다고 믿는다. 이런 사람들은 '배신당한' 파트너가 그처럼 힘겨운 감정을 겪지 않게끔, 모든 형태의 비모노가미 관계는 상호 합의할 수 없는 것이며 완전히 비밀'이어야' 한다고 생각한다.

반대로 우리는 질투가 다른 감정들과 다르지 않다는 사실을 발견했다. 기분이 나쁘지만(때로는 매우 나쁘다) 견딜 수 없는 것은 아니다. 질투로 이어지기 마련인 '그래야 마땅한 것들' 중에서 많은 부분은 잊어버릴 수 있다. 그리고 이 망각은 종종 유익하고 심지어 때로는 심오한 치유 과정이기도 하다. 이 책의 뒷부분에서 우리는 많은 시간을 할애해서 질투와, 사람들이 질투에 대처하는 전략을 논할 것이다.

신화 7: 외부 관계가 프라이머리(제1파트너)와의 친밀감을 낮춘다

대부분의 결혼생활 상담사와 TV의 인기 프로그램에 나오는 심리학자들은 행복한 커플의 구성원이 '불륜'에 빠지면, 이는 파트너 간 관계에서 해소했어야 할 갈등이나 충족되지 못한 요구를 나타내는 증상이 틀림없다고 말한다. 때로는 사실이다. 하지만 널리고 널린 '관계 박사'들이 우리에게 믿음을 요구하는 것만큼 잦지는 않다. 이 신화는 다른 사람과 동침하는 일이 자신에게 어떤 의미인지 묻지 않는다. 그저 그 동침이 당신의 파트너에게 무엇인지, 즉 파트너에게 저지르는 최악의 일이라고 말할 뿐이다. 이 신화는 자유로운 성생활이 우리를 성장시키는 건설적인 무언가일 수 있다는 가능성의 여지를 두지 않는다.

불륜을 관계에서의 질병 증상이라고 해석하는 것은 파트너들로 하여금 자신의 부족한 점을 궁금하게 만든다. 잔인하고 둔감하다. 반면 '속이는' 파트너들은 단지 제1의 파트너에게 돌아가려 애쓸 뿐이며, 자신의 연인(제2파트너)을 정말 갈망하는 게 아니라 심지어 연인을 좋아하지도 않았다는 말을 한다.

많은 사람이 자신의 파트너나 관계에 대한 불만과 상관없이 프라이머리가 아닌 사람과 섹스한다. 새로운 관계는 그저 프라이머리 밖의 누군가에게 느끼는 정서적이고 육체적인 매력의 자연스러운 확장일 수 있다. 혹은 이 외부 관계를 통해 프라이머리가 원하지 않는 특정한 연결(킹키kinky 섹스나 축구 관람 같은)을 가능하게 해서, 다루기 힘든 갈등의 해결책이 되기도 한다. 또는 여기서 다루지 않은 다른 요구를 충족시킬지도 모른다. 관계라는 형태로 얽히지 않고 복잡하지 않은 육체적 섹스, 또는 파트너의 젠더와 다른 젠더의 누군가와 하는 섹스, 또는 파트너와의 섹스가 여의치 않을 때(여행 중이거나 파트너가 병에 걸렸을 때 등)의 욕구로 인한 섹스 같은.

당신이 원하지 않는다면, 외부와의 관계 때문에 기존의 파트너와 공유하는 친밀감의 일부를 어떤 방식으로든 깎아낼 필요는 없다. 우리는 진심으로, 당신이 그러지 않기를 바란다.

신화 8: 사랑은 모든 것을 이긴다

할리우드는 '사랑은 미안하다고 말할 필요가 없는 것이다'라고 말하고, 우리는 바보같이 그 말을 믿는다. 이 신화에 따르면, 당신이 정말 누군가를 사랑할 때는 논쟁도 이견도 소통도 협상도 필요 없다. 또한 이 신화는 사랑은 저절로 흥분되는 것이기 때문에 열정을 지피기 위해 일부러 손가락 하나 까딱할 필요가 없다고 말한다. 노력이 필요 없다는 뜻이다. 이 신화를 믿는 사람들은 토론의 타이밍을 잡거나 정중하게(또는 그렇지 못할 때) 이견을 다룰 필요가 있을 때마다 자신들의 사랑이 실패했다고 느낄지도 모른다. 나아가 그들은 또한 '정상적인' 섹스에 관한 자신들의 기준에 적합하지 않은 성적 행동—판타지에서부터 바이브레이터까지—을 '인위적'으로 여기고, 자신들의 사랑에 질적으로 결핍된 무언가가 있다고 지레짐작해버릴 수도 있다.

보다 자유로운 패러다임을 향한 발걸음

그렇다. 여러분의 엄마, 목사, 배우자, 그리고 TV가 당신에게 이제

껏 말해왔던 모든 것들이 아마도 틀렸을 수도 있다. 이렇게 말하는, 조금은 혼란스러운 이 잡년생활 세계에서 새로운 생활 방식을 지탱하게 해주는 새로운 신조를 어떻게 찾아야 할까? 낡은 패러다임을 흘려보내면 당신은 마치 자유 낙하한 것처럼 뱃속이 울렁거리면서 무서운 공허감에 빠지기도 한다. 당신은 낡아빠진 신화가 필요하지 않다. 하지만 그 대신에 무엇을 가질 것인가? 잡년스러운 행복으로 가는 길에서 당신 자신만의 진리를 모색하라고 권하고 싶다. 하지만 혹시나 당신에게 몇 가지 힌트가 필요한 경우를 대비해서, 다음 장부터는 우리가 유용하게 썼던 힌트 몇 가지를 담을 것이다.

> "우리는 당신이 잡년스러운 행복으로 가는 길에서 당신 자신만의 진리를 모색하라고 권하고 싶다."

다음 세대: 잡년의 삶

우리는 이 책의 출판 20주년 기념 개정판 독자 가운데 일부가 그들이 읽고 있는 책보다 젊다는 사실을 알고 있다. 윤리적 잡년의 이 신세대 중 일부는 수십 년 동안 대안적 성애·관계를 실험해온 이들의 자녀 혹은 심지어 손자녀이리라.

우리는 10대·20대와 함께, 그들의 섹슈얼리티가 앞 세대와 어떻게 다른지를 놓고 대화하다가 다음과 같은 반가운 이야기를 들었다.

• 동의는 일종의 언어이고, 우리 세대는 그 언어에 능숙합니다. 우리는 개인적인 면이나 문화 역사적인 면에서 경험한 학대와 트라우마 문제

를 더 터놓고 이야기해요. 그래서 (최근 몇 년간 트라우마라는 신경생리학에 대해 과학적 이해가 향상된 데 힘입어) 트리거trigger와 그 작동 방식을 더 잘 알고 있어요. 우리는 타인을 잘못 자극하지 않도록 주의해요. 다만 그 주의의 측면에서 잘못 판단하기도 하고요.

- 우리는 젠더 가변성과 젠더 실험에 훨씬 더 개방적입니다. 이분법적 젠더binary gender를 그다지 좋아하지 않습니다. 성적 지향 관련 개념은 모호한 면이 많지요. 이제 젠더에 관한 기존의 정의는 '퀴어스러움gueerness'이라는 일반 범주로 변천하고 있습니다.

- 에코섹슈얼리티ecosexuality는 우리 또래의 많은 이에게 새로운 패러다임이에요. 지구를 강력한 연인으로 삼고 그 거대한 에너지를 온유함과 존경심으로 대합니다.

- 우리는 상호교차성intersectionality에 대한 논의를 잘 알고 있습니다. 서로 다른 범주의 역사적 억압이 서로 영향을 미치는 것이지요. 억압에 접근하는 전통적 방식이 문제일 수 있다고 봐요. 예를 들어 전통적인 페미니즘과 게이 해방 운동gay liberation은 유색 인종 문제를 인식하지 못할 수도 있거든요. 우리는 문화적 전유cultural appropriation 사안에도 훨씬 민감합니다.

- 우리는 포스트 에이즈post-AIDS 세대입니다. 그래서 삽입섹스를 '진짜 섹스'의 기준으로 생각하지 않아요. 오히려 간접 성교와 위험이 낮은 성애 기술에 관심을 갖습니다. 에이즈를 견뎌낸 세대를 보면, 그들은 힘겨운 싸움을 통해 더 깊어지고 영적인 존재가 된 듯합니다. 우리는 그럴 필요가 없었지요. 그래서 그들과는 많이 다릅니다.

- 나이 든 정치인들이 낙태 금지, 피임 제한, 성 노동 불법화를 시도하는 모습을 이해할 수 없어요. 우리 몸은 우리 자신의 것입니다. 오로지 자

신만이 스스로의 몸에 일어나는 일을 결정해야 합니다. 우리는 몸에 대한 통제를 자본주의의 근간이라고 생각해요. 몸에 대한 통제권을 되찾으면, 더 인간적인 삶을 위한 가부장제 및 자본주의 극복에 협력할 수 있을 겁니다.

- 우리는 동의 없는 성적 행동 또는 관계 행동을 '잘못'이라고 간주하는 세상에서 자랐습니다. TV와 신문에서 킹키, 퀴어, 폴리 가족들을 봤지요. 그래서 우리는 지금 괜찮은 것들을 유지하면서 미래의 다른 선택지에는 자신을 열어두고 싶습니다. 모든 것을 조금씩 시도할 수 있는 방식으로 살아가고 싶은 거지요.

우리 저자들은 탐구적이고 자기 인식적인 이 신세대가 창조할 멋진 신세계를 기대하며 감격스럽다.

----

3 우리의 믿음
Our Beliefs

우리는 윤리적인 사람들, 윤리적 잡년들이다. 우리는 사람들을 잘 대하고 그 누구에게도 상처 주지 않도록 최선을 다하려 노력한다. 우리의 윤리는 올바름에 대한 우리 자신의 감각, 그리고 주변 사람에 대한 공감과 사랑에서 비롯된다. 우리 역시 사람을 상처 입히는 일은 괴롭다. 그러면 우리도 상처를 입고 우리 스스로도 기분이 나빠지니까. 우리는 사람들이 서로 냉담하게 경시하는 세상에서 살고 싶지 않다.

윤리적 잡년생활은 어려운 길일 수 있다. 우리에게는 정중하고 예의 있게 무엇을 어떻게 해야 할지를 알려주는 폴리아모리적인 미스 매너스Miss Manners*가 없다. 실천하면서 우리의 길을 만들어야 한다. 하지만 잡년으로 산다는 것은 단지 당신이 원하는 모든 것을, 당신이 원하는 언제든지, 당신이 원하는 누구와도 할 수 있다는 뜻은 아니다.

윤리에 대한 우리의 기준은 대체로 실용적이다. 우리 때문에 피해 받는 사람이 있는가? 그 피해를 피할 방법은 없는가? 상처받는 사람

---

* '미스 매너스'라는 신문 칼럼을 쓴 주디스 마틴Judith Martin의 필명. 미국의 대표적인 에티켓 서적 저술가

이 있는가? 우리는 어떻게 그들을 지원하는가? 어떤 위험 요소가 보이는가? 관련된 사람 모두가 위험 요소를 인식하고, 그 요소를 최소화하기 위해 노력하고 있는가?

긍정적인 측면을 보자. 이것은 얼마나 즐거운가? 그것에서 다들 무엇을 배우고 있는가? 누군가가 성장하도록 돕고 있는가? 세상을 더 좋은 곳으로 만드는 데 도움이 되고 있는가?

윤리적 잡년은 **동의**의 가치를 몹시 중시한다는 것이 최우선의 명제다. 우리가 이 단어를 사용할 때는—이 책 전체에 걸쳐 빈번히 사용할 것이다—당사자 모두의 이익과 행복 및 즐거움을 위한 적극적인 협력이라는 의미다. 누군가에게 강요당하거나, 괴롭힘으로 협박당하거나, 으름장에 위협당하거나, 교묘하게 조종당하거나, 거짓말에 속거나, 무시당한다면, 그러는 동안 발생하는 모든 일은 동의에 기초하고 있지 않다는 말이다. 한마디로, 동의 없는 섹스는 비윤리적이다.

윤리적 잡년은 우리 자신과 다른 사람들에게 **정직하다**. 우리는 자신의 감정과 동기를 파악하고, 이 감정과 동기를 더 명확하게 풀어내는 데 시간을 보낸다. 이때 우리를 엄습할 그 어떤 수줍음도 일단 제쳐둔다. 그다음 우리의 정보를 필요로 하는 사람들과 터놓고 공유한다.

윤리적 잡년은 **성적 선택의 파급 효과**를 인식한다. 우리는 우리의 감정, 우리가 받은 교육, 그리고 우리 문화의 기준이 우리의 성적 욕망과 자주 충돌한다는 사실을 안다. 그래서 우리는 이 충돌을 진솔하고 원만하게 관리하면서 우리 자신과 우리 파트너를 지원하리라는 의식적인 **서약**commitment을 한다.

우리는 우리의 성적 선택이, 여기에 참여하지 않는 사람들에게 불필요한 영향을 미치도록 만들지 않는다. 우리는 타인의 감정을 **존중**한다. 누군가가 어떻게 느끼는지 확실하지 않을 때는 물어본다.

윤리적 잡년은 통제할 수 있고 해야 하는 것과, 통제할 수 없는 것 사이의 차이를 인식한다. 때로는 질투나 텃세를 부리고 싶은 감정이 들지도 모르지만, 비난하거나 통제하기보다는 자신이 안정감을 느끼고 보살핌을 받는 데 필요한 도움을 요청하는 일에 최선을 다하면서, 그러한 **감정을 자신의 것으로 귀속**한다.

당황하지 마라. 이 책의 나머지 부분은 멋지고 섹시한 성인으로 자리 잡을 방법에 관한 내용들이다. 우리 저자들은 당신을 돕기 위해 여기에 있다. 다음은 우리가 여기까지 오는 데 도움을 줬던, 그리고 당신에게도 도움이 될지 모르는 몇 가지 생각과 믿음들이다.

섹스 다시 생각해보기

당신은 지금 섹스 중인가? 그렇다. 우리도 마찬가지다.

당황해서 주변을 두리번거리는 중인가? 옷을 입은 채 레스토랑이나 혼잡한 버스에 앉아 있을지도 모르는데 어떻게 섹스 중이냐고?

당신은 언제 섹스하고 있는가? 이와 같은 질문은 사실 큰 의미가 없다. 성적 에너지는 항상, 모든 것에 스며든다. 우리는 그 에너지를 폐 안으로 들이마시고 땀구멍을 통해 내뿜는다. 특정 시점에 특정한 성적 활동—이 글을 읽고 있는 여러분이나 우리나 지금 삽입섹스 중이지는 않을 것이다—을 결정할 수는 있어도, 섹스가 마치 자동차 운전처럼 일상과 따로 분리된 특정 활동이라는 개념은 어불성설이다.

에로틱한 에너지는 모든 곳에 존재한다. 따뜻한 봄날 아침, 발을 내디딜 때 우리의 폐를 채우는 깊은 숨에서, 시냇물의 바위 위로 쏟아지는 차가운 물에서, 그림을 그리거나 이야기를 하거나 음악을 만들거나 책을 쓰게 만드는 창의력에서, 친구, 친척, 아이들을 향해 느끼는 사랑의 부드러움에서. 수십 년 동안 성 관련 서적을 쓰고 성 교육자로 일했다. 우리는 섹스에 관해 더 많이 알게 될수록 섹스를 어떻게 정의해야 할지 알 수 없었다. 그래서 이제는 알고 있는 진실을 그냥 말하기로 한다. 섹스는, 모든 것의 일부이다.

지금 우리는 섹스에 관해 쓰고 있다. 그리고 여러분은 이 글을 읽는 중이다. 기분이 좋은가? 우리는 너무 좋다.

> "여러분은 이 글을 읽는 중이다. 기분이 좋은가? 우리는 너무 좋다."

사실 우리는 굉장한 성감을 느끼게 해주는 무척 친밀한 대화를 오래 나누었다. 그리고 극도의 성감을 느끼지 않고 삽입섹스를 했다. 섹스에 관한 최고의 정의는, 그것을 하는 사람이 섹스라고 생각하는 모든 것이 섹스라는 정의이다. 어떤 사람들에게는 스팽킹spanking(엉덩이를 때리는 것)이 섹스다. 누군가에게는 가터 벨트와 스타킹을 착용하는 것이 섹스다. 만일 당신이 누군가와 선데 아이스크림을 먹을 때 성적인 감정을 느낀다면 그 역시 섹스다. 이런 이야기들이 지금은 멍청하게 들릴지도 모르겠다. 하지만 이 내용들은 우리의 성적 행동에 관한 동의에 대한 이야기를 할 때 유용하게 쓰일 개념이다.

자기 부정 vs 자기 만족

도씨가 쓴 학사 학위 논문의 제목은 「섹스는 멋진 것이며 즐거움은 당신에게 좋은 것이다」다. 많은 이들은 섹스가 주는 기쁨을 잘 알지 못한다. 그렇다 하더라도 동의에 기초한 갖가지 섹스에 수치심을 느끼지 않고 접근할 수 있다면 세상은 조금 더 아름다워질 것이다. 이런 생각은 도씨가 논문을 쓴 1970년대만큼이나 21세기인 지금에도 여전히 급진적이라고 평가받는다.

우리 문화는 자기 부정self-denial을 아주 높게 평가하는데, 어려운 일을 해낼 때는 괜찮은 덕목이다. 하지만 완전히 자유로운 시간에 즐거움을 향한 욕망을 당당하게 충족시키는 사람들을 미성숙하고 역겨우며 심지어 죄인이라고 볼 때가 너무 많다. 우리는 모두 욕망을 지닌 존재다. 그래서 청교도적 가치는 자기 혐오, 몸과 흥분에 대한 증오, 성적 충동에 대한 두려움과 죄책감을 자아낸다.

우리는 상처를 입고 돌아다니는 사람들에 둘러싸여 있다. 예를 들어, 두려움과 부끄러움, 그리고 자신의 성적 자아를 향한 증오에 깊이 상처 입은 사람들. 행복하고 자유롭고 죄책감 없는 관계가 이런 상처들을 치유할 수 있다고 믿는다. 섹스와 친밀감이 사람들의 자존감, 그리고 삶은 가치 있다는 믿음에 긴요하다고 생각하기 때문이다.

이유는 필요 없다

만일 당신이 무작위로 선정된 누군가에게 다가가서 섹스는 멋진 것이며 즐거움은 당신에게 좋은 것이라는 말을 던진다면? 분명 속사포 같은 지껄임이나 반론과 마주하게 될 것이다. 성병, 원치 않는 임신, 강간, 성적 욕망의 상품화 등등을 곁들인 '그래, 하지만'이라는 이야기들. 이들 중 어느 것도 핵심을 바꾸지는 않는다.

만일 누군가가 그렇게 하기로 마음을 먹는다면, 세상에는 남용하지 못할 것이 없다. 가족 관계를 훼손하고 성적 욕망을 조종할 수 있다. 초콜릿도 남용할 수 있다. 남용은 무언가의 결을 바꾸지 않는다. 위험도 마찬가지다. 위험은 남용하는 사람의 문제이지, 그 대상이 문제인 것은 아니다.

성병 같은 것이 없었더라면, 원하지 않는 한 아무도 임신하지 않는다면, 모든 섹스가 상호 동의에 기초한 즐거움이라면 세상은 이에 대해 어떻게 생각할까? 그리고 당신은 이를 어떻게 받아들일까? 자신의 내면을 깊이 들여다보라. 난잡하다, 쾌락적이다, 퇴폐적이다, 생산적이지 않다 같은 비판적인 언어 뒤에 숨어 있는 성 부정주의의 파편들을 발견할지도 모른다.

자신이 성 긍정주의자이고 성적으로 해방됐다고 말하는 사람들조차 다른 함정—섹스를 합리적으로 설명하려는 이성의 간계—에 빠지기 일쑤다. 육체적 긴장을 풀어주고 생리통을 완화한다. 정신 건강을 유지하고 전립선 문제를 예방할 수 있다. 아이를 낳을 수 있고 관계도 탄탄해진다. 이 모두 감탄할 만한 삶의 목표다. 동시에 섹스가 주는 놀라운 혜택이기도 하다. 하지만 이 효용들이 섹스의 목적은 아니다. 사람들이 섹스를 하는 이유는 섹스를 하면 기분이 좋기 때문이다. 자기 자신이 사랑스럽다. 즐거움은 그 자체로 온전하고 가치 있는 목표다. 즐거움에 가치를 부여하는 것. 윤리적 잡년생활의 핵심 가치 중 하나다.

사랑과 섹스는 수단이 아니라 목적이다

모노가미 중심의 문화는 모든 관계, 그리고 모든 섹스의 목적과 궁극적인 목표를 소위 말하는 백년해로에 걸쳐둔다. 그리고 그 목표에 도달하지 못한 관계를 모두 실패로 보는 경향이 있다.

한편으로 당신이 원한다면, 성적 쾌락이 확실히 사랑, 헌신, 장기적인 안정성에 도움이 되기도 한다고 생각한다. 하지만 섹스를 하는 이유가 단지 그것만은 아니다. 우리는 관계 안에서 중시하는 것을 위하는 관계를 중시해야 한다고 생각한다. 동어반복 같지만, 사실 지혜로운 말이다.

어쩌면 관계는, 참여자들에게 즐거움을 주기 때문에 빛나는 것일지도 모른다. 그래서 섹스 그 자체를 위한 섹스는 잘못된 게 아니다. 또한 관계는 다른 사랑스러운 요소들—친밀감, 연결성, 동반자 관계, 사랑까지—로 가는 통로로서 섹스를 포함할 수 있다. 어떤 경우든, 즐거움이라는 섹스의 기본적인 미덕은 달라지지 않는다.

섹스는 한두 시간 정도 이어지리라. 그럼에도, 그것 역시 관계다. 그 상호작용 안에서 참여자들은—섹스 파트너, 벗, 연인으로서—서로 관계를 맺는다.

원나잇 스탠드는 강렬하다. 삶을 고양시키고 성취감을 줄 수 있다. 평생 동안 이어지는 연애도 마찬가지다. 윤리적 잡년은 자유롭게 관계를 맺거나 맺지 않을 수 있다. 하지만 우리는 모든 관계가 우리를 가르치고 우리를 움직이며, 무엇보다 우리에게 즐거움을 줄 잠재력이 있다고 생각한다.

도씨는 1967년에 꽃의 아이들flower child 히피 청년과 했던 인터뷰를 기억한다. 윤리적 잡년에 대해 들어본 것 중에 가장 간명한 설명이었다. '우리는 사랑하는 누구와도 섹스해도 괜찮다고 생각하며, 모든 사람을 사랑하고자 합니다.'

당신은 이미 완전하다

우리는 성적 단위의 기본이 한 사람이라고 생각한다. 이 기본 단위에 사람이 더해지면 친밀하고 재미있고 따뜻해질 수는 있으나, 누군가를 완전하게 만들어주는 것은 아니다. 이 세상에서 당신이 통제할 수 있는 유일한 존재는 당신 자신이다. 당신의 반응, 욕망, 행동. 따라서 윤리적 잡년생활은 근본적으로 자신의 통제권을 자신에게로 가져온다. 이로써 통제 가능한 자신의 영역과 통제 불가능한 타인의 영역 간 차이를 인식한다. 연습을 통해 당신은 자신을 완성할 수 있다. 그래서 우리는 이것을 '온전함integrity'이라고 부른다.

> "이 세상에서 당신이 통제할 수 있는 유일한 존재는 당신 자신이다. 당신의 반응, 욕망, 행동."

당신이 먼저 자신과 흡족한 관계를 구축하면 타인과 나눌 가치가 있는 무언가를 갖게 된다.

풍성하라

많은 사람들이 우리의 사랑, 친밀감, 연결 능력은 유한하고 골고루 나누기에 충분하지 않다고 여긴다. 그들은 우리가 누군가에게 어떤 것을 주면, 다른 이에게서 무언가를 가져오는 중이라고 생각한다.

우리는 그들의 생각을 '굶주림의 경제'라고 부른다. 많은 사람들은 어린 시절, 우리에 대한 애정이나 관심이 부족했던 부모로부터 이런 식의 사고를 배웠다. 한정된 사랑 속에서, 때로는 형제들과 치열한 경쟁을 벌이며, 원하는 것을 얻으려면 그게 무엇이든 싸워야 한다는 사고방식을 말이다.

굶주림의 경제로 삶을 운영하는 사람들은 때로 그들에게 중요한 인물과 사물, 그리고 생각에 대해 매우 강한 소유욕을 보인다. 그들은 제한적인 빛으로 온 세상을 보고 있다. 그래서 얻게 되는 모든 것들이 '충분하지 않은' 작은 공급원에서 나온다고 생각한다. 따라서 다른 누군가에게 빼앗아야 하는 것이라고 생각한다. 다른 누군가가 얻는 모든 것들 역시 마찬가지다.

굶주림의 경제와 실제 세계의 한계를 서로 구별하는 것은 중요하다. 가령 시간은 실제 세계의 한계다. 가장 헌신적인 잡년조차도 하루는 24시간이다. 하지만 사랑은 다르다. 아홉 명의 자녀가 있는 어머니도, 자녀가 하나인 어머니가 자식을 사랑하는 만큼 모든 자녀를 사랑할 수 있다.

우리는 섹스와 사랑과 친밀감에 대한 인간의 능력이 사람들의 생각보다 훨씬 크고, 어쩌면 무한할 수도 있다고 믿는다. 만족스러운 연결이 많아질수록 더 많은 것을 가질 수 있다. 섹스와 사랑 속에서 살면서, 박탈감과 궁핍함에서 벗어나 당신이 원하는 두 가지를 모두 자유롭게 누린다면? 이때 당신이 어떤 기분일지 상상해보라. '사랑의 근육'을 많이 쓰게 된다면 당신이 얼마나 스스로를 강하게 느낄지, 그리고 얼마나 많은 사랑을 주게 될지를 떠올려보라!

개방성이 해결책이다

성적 모험성은 그저 친밀감을 피하기 위한 방법인가? 우리 경험에 비추어보면, 대체로 그렇지 않다. 반려자와의 문제를 회피하고 친밀감을 줄이기 위해 외부 관계를 이용하는 경우도 분명히 있다. 하지만 우리는 이 패턴이 필연적이거나 심지어 공통적이라는 주장에는 동의하지 않는다. 실제로 많은 경우, 외부적인 관계가 프라이머리 관계와 관련된 압박을 줄여줘서 프라이머리 파트너와의 친밀감이 높아지기도 한다.

이 장에는 우리의 신념 일부가 담겨 있다. 당신에게는 당신만의 신념이 있을 것이다. 중요한 것은 우리의 주장에 동의하는 게 아니라, 당신이 지배적 패러다임에 질문을 제기하고 당신의 신념을 스스로 결정한다는 점이다. 당신의 판단을 연습해보라. 연습은 당신을 더 강하게 만들어주는 것이 아닌가? 수많은 윤리적 잡년들이, '다들 그러려니 알고 있는' 오래된 신화가 굳이 사실이어야 할 필요가 없다는 것을 날마다 증명하고 있다.

당신이 자신만의 현실을 탐구하고 자신만의 이야기를 만들기를 권장한다. 당신의 발전에 박차를 가하고, 당신의 성장을 지지하며, 당신의 모든 관계에 자부심과 행복을 반영하는 이야기 말이다.

사랑에 관하여

우리가 맺는 관계가 가능성이라는 무지개 너머로 피어오를 때, 그 관계 하나하나는 제각기 사랑의 다른 감정을 불러일으킬지도 모른다. 성적인 사랑, 가족 같은 사랑, 우정 같은 사랑, 열정적인 사랑, 온화한 사랑, 압도적인 사랑, 보살피는 사랑, 수많은 다른 사랑들. 그것들을 내 마음속에서, 그리고 온갖 경이로운 모습에서 발견하면서 사랑을 인식하고 맞이하는 법을 배울 때, 끊임없이 뒤바뀌는 물줄기 속에서도 우리의 삶을 관통하며 흐르는 자양분의 강을 발견한다.

실제 강처럼, 여기에는 많은 흐름이 포함된다. 쉼없이 변화하는 그 강을 유영할 수 있는 견고함은 자신을 사랑하는 법을 배우는 것에서 나온다. 어떤 사람들은 자신에 대한 사랑을 이기적이라고 말한다. 삶의 일부를 자신에게 집중하면 자기도취라고 여긴다. 이 문제는 생각보다 행동으로 더 쉽게 답할 수 있다. 우리는 자기 돌보기self-nurturing가 당신이 어려운 시기를 헤쳐 나가게 해주고 당신 스스로를 사랑하도록 안내한다고 믿는다. 집에서 만드는 수프로 자신을 위로하거나 애지중지하는 책에 파묻혀 시간을 보낸다. 혹은 아름다운 곳에서 혼자만의 시간을 달콤하게 즐길 수도 있다. 이렇게 간단한 행동으로 자신에게 좀 더 따뜻하자. 그러면 이 질문에 답할 수 있게 된다. '나 자신을 사랑한다는 것은 무슨 말일까?'

자기애를 발견하는 또 다른 방법은 다른 사람을 사랑하는 것이다. 당신이 가치 있다고 말해주는 사람이 아무도 없을 때 누군가에게 소중한 이야기를 해보는 건 어떨까? 주말에 데이트가 없는 불행한 잡년들은 지역 교회에 가서 노숙자들에게 저녁 식사를 제공한다. 돌아오는 길, 그들은 자신들이 나눌 수 있었던 즐거움으로 충만하다.

일단 자신을 사랑하게 되면 그 사랑을 누군가와 나누는 연습을 할 수 있다. 아마 당신은 압도적으로 다정하고 열정적인 느낌을 받을 때 혹은 당신에게 거창한 서약을 한 사람을 위해서만 사랑의 언어를 따로 남겨두라고 배웠을 것이다. 그리고 당신은 L로 시작하는 단어들이 서약을 뜻하는 암시라고 배웠을지도 모른다. 하지만 이런 걱정들보다 누군가를 어떻게 사랑할지를 스스로에게 묻는 편이 낫지 않을까?

만약 당신을 아끼는 모든 사람에게 그렇게 말하는 연습을 했다면 어땠을까? 인생을 바꾸거나 삶을 더 열정적으로 만들지는 않았을 수도 있다. 하지만 우리가 모든 감미로운 감정들을 인식하고 인정하고 소통한다면? 삶을 변화시키거나 특별히 열정적이지는 않아도 삶을 보다 보람차게 만드는 작은 제스처를 우리에게 허락한다면, 세상이 어떻게 변할지 상상해 보라.

----

4   잡년 스타일

Slut Styles

윤리적 잡년생활은 방이 많은 집과 같다. 이 집은 자족하는 금욕주의자부터 황홀경에 젖은 난교주의자, 그리고 그 너머의 모든 사람들을 건사한다. 여기서는 우리, 우리의 지인들, 그리고 역사를 통해 행복한 잡년들에게 효과적이었던 여러 잡년생활 스타일을 이야기할 것이다. 이 시나리오 중 무엇이 당신에게 적합할지는 알 수 없다. 우리는 그저 당신이 어디서부터 탐험을 시작할지 고민할 때, 그리고 이 세상에 당신과 같은 사람들이 존재한다는 사실을 확인할 때 참고할 수 있는 몇 가지 아이디어를 제공하려 한다.

관계 선구자

'윤리적 잡년'이라는 말은 비교적 새로운 문구이지만—도씨는 1995년에 이 말을 만들었다—, 그 실행의 역사는 짧지 않다. 모노가미가 아닌 행위를 문화적으로 받아들이는 정도는 수용부터 철저한 거부까지 다양한 양상을 보인다. 하지만 교회와 국가의 입장과 상관없이 성적인 개방에서 행복과 성장을 발견한 사람들은 항상 존재했다.

고대 문화

고대 바빌론의 신전 매춘에서부터 몰몬교의 일부다처제 그리고 그 이상의 영역까지, 인류가 성적·낭만적·가족적인 관계를 맺는 데 선택한 무수한 방법을 설명하자면 문화인류학자가 되어야 할 판이다. 그러니 이 모두를 열거하기보다는 한 가지만 짚어두고 싶다. 21세기 북미 사회가 유럽으로부터 물려받은 지배적인 문화적 가치관은 로마 제국과 초기 기독교에서 유래했고, 모노가미 결혼을 권장했다는 점이다. 이는 단지 금욕주의라는 이상적인 상태를 감당하지 못하는 사람들을 위한 것이었다. 반면 이런 영향을 받지 않았던 문화에서는 사람들이 결속하는 온갖 종류의 방식이 발전한다. 일부다처polygyny, 일처다부polyandry, 그룹 결혼 등. 결혼은 본질적으로 내부적인 비즈니스 성격을 가진 관계 형태였다. 성적 유희는 다른 곳에서 전개되는 시스템이었다. 그룹 섹스나 인간의 마음과 성기가 자아내는, 당신이 상상할 수 있는 수많은 무언가들처럼.

유토피아적 성적 공동체

역사를 보면 철학 혹은 종교에 기반하여 성적 유토피아를 계획하고 실험하는 일은 흔하다. 더 알고 싶다면 19세기 오네이다Oneida 공동체, 인도(1960년대 후반부터)와 미국 오리건주(1980년대)의 라즈니쉬푸람Rajneeshpuram, 1960년대 초반부터 1990년대까지 뉴욕, 벨리즈, 샌프란시스코에 있었던 케리스타Kerista 공동체 등을 살펴보라. 이러한 공동체는 대개 한 명의 지도자가 건설한다. 그래서 지도자가 부재하면 흔들리기 십상이다. 하지만 이들의 철학은 주류 문화에 새로운 전망과 실천을 덧대면서 생존해나갔다. 예를 들어 오늘날 서양 탄트라의 많은 수행자들은 라즈니쉬푸람의 정신적 지도자인 오쇼Oshō의 가르침에 빚지고 있다.

예술가와 자유로운 영혼

대안적 관계에 있어 계획적 탐색의 언저리에서 자신의 삶을 건설했던 예술가와 작가는 한둘이 아니다. 지금보다 더 엄혹했던 시기에 전개됐던 대안적 관계의 전개 양상이 궁금하다면 20세기 초 영국의 블룸즈버리Bloomsbury 그룹, 비타 색빌웨스트Vita Sackville-West, 해롤드 니콜슨Harold Nicholson, 조르주 상드George Sand, 허버트 조지 웰스H. G. Wells, 시몬 드 보부아르Simone de Beauvoir, 앨프리드 킨제이Alfred Kinsey, 에드나 세인트 빈센트 밀레이Edna St. Vincent Millay와 같은 자유사상가들을 찾아 읽어보라. 얼마나 많은 (예술가가 아닌) 사람들이 자신에게 적합한 성적 개방성의 삶을 건설했는지 알 수 없다. 그들이 삶을 기록하지 않았기 때문이다. 그럼에도 불구하고 결코 적지 않은 사람들이 윤리적인 멀티파트너 생활을 통해 자신들의 갈망을 충족시켰다고 가정한다.

러브 제너레이션Love Generation

도씨는 1960년대 유토피아 개념에 둘러싸인 채 성인이 됐다. 재닛이 바로 그 뒤를 이었다. 우리 둘 다 당시 급진적 탐색의 영향을 많이 받은 셈이다. 그 시대의 여러 이상들—반항, 의식의 변화 상태 탐구, 인종과 젠더의 평등, 생태적 인식, 정치적 행동주의, 섹슈얼리티에 대한 개방성, 그리고 이것, 윤리적이며 사랑스러운 비모노가미의 가능성—

은 더 넓은 문화 영역으로 침투했다. 1950년대였다면 우리가 이 책을 쓸 수 있었을까? 그러니 지금 이 책을 읽고 있는 여러분은 히피들에게 감사를 전해도 되겠다.

오늘날의 잡년

잡년은 인간이 출현하는 모든 형태와 스타일로 등장한다. 모든 문화, 모든 세계, 모든 종교, 모든 생활 방식으로. 부유하거나 가난하거나, 정규 교육을 받았거나 아니거나, 이 모두를 빌려서.

> "1950년대였다면 우리가 이 책을 쓸 수 있었을까? 그러니 지금 이 책을 읽고 있는 여러분은 히피들에게 감사를 전해도 되겠다."

오늘날 우리 대부분은 비잡년 공동체 속에 살고 있으며, 우리의 가치관을 공유하는 다른 이들과는 가끔 혹은 제한적으로만 접촉한다. 하지만 어떤 그룹은 컨퍼런스, 밋업meetup, **먼치**munch, 컨벤션 및 파티를 주최하기도 하는데, 이 모두가 고립을 완화하고 정보 교환과 상호 지원을 더 편하게 해주는 일들이다. 그러면서 회원들의 친밀한 서클이 확장된다. 이런 모임은 성적인 지하 세계를 찾는 사람들을 끌어들이고, 이 구성원들을 더 잘 지원할 수 있는 기관을 지상에 짓는 활동에 매우 중요하다. 잡년들은 가치관을 공유하는 공동체에서 살고자 주류 문화에서 벗어나기 때문이다.

21세기, 모노가미 중심주의인 주류 문화를 살아가는 잡년은 다른 문화와 장소와 시대를 공부하면서 많은 것을 배울 수 있다. 이런 시도를 해본 사람은 당신 혼자가 아니며, 불가능한 일이 아니다. 자신과 연인 및 자녀들에게 아무런 피해를 주지 않고 잡년의 삶을 살아낸 사람들이 있다. 사실 서로 즐기는 것 말고는 남에게 어떤 해로운 행동도 하지 않고서 말이다. 온라인에서 '폴리아모리polyamory'와 당신이 사는 도시 이름을 함께 검색해보라. 보수적인 지역이라고 짐작했던 곳에서 얼마나 많은 폴리아모리 관련 내용들이 등장하는지 깜짝 놀랄 것이다.

광범위한 기록과 미기록된 역사를 가진 선구적인 섹슈얼 하위문화에는 게이 남성과 레즈비언 여성, 트랜스 그룹, 양성애자, 무성애자, 레더 커뮤니티, 스윙 커뮤니티, 그리고 이교도, 현대적인 원시인modern primitive,* 탄트라 사원 및 급진파 요정단Radical Faeries 등이 있다. 이 모두가 미국에 존재한다. 당신이 상술한 성적 지향을 띠는 공동체에 속하지 않아도 된다. 그들의 성적 자기 결정 및 실천과 성적 의사소통, 그리고 그들이 개발한 미국의 **성 부정주의** 전통에 대응하는 대안적인 사회 구조와 가족 구조에서 살아가는 방법. 우리는 여기에서 우리의 선택과 관련한 내용을 배울 수 있고, 이 배움은 그럴 만한 가치가 있다.

1970년에 도씨가 가장 즐겨 찾았던 댄스 클럽은 다양한 도착 행위로 주목받은 미니컬처였다. 그녀의 기억을 따라가 보자:

> '옴니섹슈얼Omnisexual'**의 줄임말인 옴니Omni는 샌프란시스코의 노스 비치North Beach 지역에 있었던 작은 술집인데, 남성과 여성, 이성애자, 게이, 레즈비언, 양성애자, 그리고 트랜스젠더들까지 이 가게의 손님이었다. 자유연애에 미친 히피부터 성 산업 전문 종사자까지 편하게 들락날락할 정도로 성 가치관이 개방적인 공간이었다. 우리 대부분은 그곳에서 야성적인 여성이 되어 춤을 추며

---

*   피어싱, 문신 등 '원시 사회'의 풍습을 현대의 몸에 새기는 것
** 모든 젠더에 성적 끌림을 느끼는 사람

미친 듯 놀았다.

트렌스젠더, 이 큰 범주 덕분에 당신은 특정인을 당신의 욕망 체계에 맞춰 분류할 수 없게 됐다. 매력적인 사람과 춤출 때 그들이 보유한 염색체가 남성인지 여성인지 모를 수도 있다. 플러팅하는 대상자의 젠더를 모르면 레즈비언이나 이성애자 같은 특정한 성적 선호를 고수하기 어렵다.

결과는 놀라웠다. 옴니는 내게 허용된 가장 안전한 환경을 보유한 장소였다. 따라서 나는 옴니의 단골이 됐다. 사람들은 누군가를 단정할 수 없었으므로 서로를 존중할 수밖에 없었다. 그리고 당시의 나 같은 20대의 젊은 여성에게, 존중을 곁들인 접근은 마초 스타일의 유혹으로 남성성을 증명하는 문화의 이성애자 사회에서 정말로 반가운 위안이기도 했다.

고정된 성 역할을 전제하는 문화에서 개인의 섹슈얼리티를 자유롭고 개방적으로 표현하는 단계에 이르는 과정. 여기서 우리는, 남성이나 여성의 의미, 동성 혹은 이성인 파트너 선택, 성기를 넘어서는 섹스에 접근하는 방법 등에 관한 의미 부여의 경계를 바꿔버린 사람들에게서 배워야 한다는 사실을 알 수 있었다. 우리가 남성, 여성, 그리고/또는 그 사이 어딘가에서 살아가는 방법을 바꾸고 싶을 때, 다르게 살고 사랑하는 방식을 참고하면 큰 도움이 된다.

레즈비언 여성

레즈비언 사회를 보면, 자신을 여성으로 인식하는 사람들이 거의 대부분인 세계에서 어떤 일이 일어나는지 알 수 있다. 여성들은 관계 맺기와 자신의 정체성을 혼동하기도 하는데, 지나치게 전통에 얽매인 형태의 문화는 여성이 독립적인 정체성 감각을 갖지 못하게 하기 때문에 특히 그렇다. 그래서 자신의 정체성이 파트너와의 관계에 따라 결정된다고 교육받은 여성들은, 그것 없이는 자아를 전부 상실할 것처럼 행동하고는 한다. 이 관점으로 레즈비언 사회를 들여다보면, 가장 흔히 나타나는 관계의 양상은 연속적 모노가미serial monogamy*라고 알려진 비모노가미 형태다. 흔히 미래 파트너와의 연결은 과거 파트너와의 이별에 선행하며, **드라마**를 동반한다. 단독자인 여성으로 살면서 정체성을 잃어 공허하고 막연하며 두려운 상태가 되기보다는 이 드라마가 더 안전하게 느껴지는 모양이다.

젊은 레즈비언들은 이런 전통에 의문을 제기하며, 종종 비모노가미를 덜 배타적인 관계 형성의 방식으로 상정한다. 레즈비언 폴리아모리의 특징은 동의에 대한 진지한 고민과 관심이다. 그래서 감정의 발달 과정이 매우 개방적이다. 여성 커뮤니티가 탁월한 부분이다.

또한 레즈비언 자매들은 여성의 성적 주도자 역할을 발전시키는 새로운 방법을 우리에게 알려준다. 이성애 문화에서는 남성이 주도자 역할을 수행하며, 성적으로 공세적이어야 한다고 훈련받는다. 하지만 여성과 성적으로 관계 맺는 여성의 세계에서는 이야기가 달라지는데, 자신이 왕자를 기다리는 숲속의 잠자는 미녀라고 가정한다면 백 년은 기다려야 한다는 사실이 명백해지기 때문이다.

여성이 유혹하는 스타일—수줍음이 걸림돌이 되지 않을 때—의 경향은 동의에 대한 존중과 솔직담백함에 걸쳐 있다. 강하게 들이대거나

---

* serial monogamy: 이혼이나 사별 후 재혼하여 다시 모노가미를 맺는 형태. 한 사람이 여러 번 다른 사람과 결혼한다는 점에서는 일부다처제나 일처다부제와 같다.

밀어붙일 가능성은 희박하다. 그 과정에서 폭력을 경험한 여성이 너무 많기 때문이다. 여성들은 안전 여부에 강한 우려를 갖고 있다. 그래서 천천히 움직이며 그들의 의사를 내비치는 경향이 강하다. 그들은 유혹의 단계에서 수줍다가 환대가 결정되면 보다 과감해질지도 모른다. 여성들은 특정 행위 때마다 명시적인 허락을 원하는 경우가 많다. 따라서 그들의 의사소통 방식은 동의에 관한 뛰어난 역할 모델이 될 수 있다.

여성 간 섹스에서 또 다른 점을 강조하고 싶다. 두 여성 간의 성적 접촉에서는 삽입성교에서와 같은 동시적 오르가슴이 일어날 가능성이 드물기에, 이들은 번갈아 하기의 달인이 되었다. 레즈비언들은 페니스 삽입에 의존하지 않는 멋진 섹슈얼리티인 **간접성교**와 관능에 통달한 전문가인 셈이다. 삽입을 원할 때는 파트너가 무엇을 좋아하는지가 주안점이다. 딜도는 제 스스로의 요구에 의해 달려드는 녀석이 아니며, 당신이 원하는 크기와 모양을 고를 수도 있다!

게이 남성

게이 사회는 일부 전통적 남성 섹슈얼리티의 이미지가 강화된 형태를 보이기도 한다. 어떤 게이들은 장기적인 관계와 정착에 관심을 두고, 또 다른 게이들은 세계적 수준의 잡년으로 자리매김했다. 게이 사우나는 그룹 섹스에 친화적인 환경으로, 손쉬운 성적 연결의 궁극적인 역할 모델이다.

무릇 게이 남성의 섹스는 서로 힘이 동등하다는 전제에서 출발하며, 남성과 여성 간 상호작용에 만연한, 밀어붙이고 저지하는 역관계가 없다. 따라서 대개는 상대를 교묘하게 조종하고 압박함으로써 동의를 얻으려고 애쓰지 않는다. 솔직하게 접근하면 쉽게 응답을 얻으며 세 번씩 물어보지 않아도 되는 것이다. 게이들은 서로 거절할 수 있다는 점, 그리고 언어적 거절이 진심이라는 점을 서로 믿는다. 이는 유혹의 과정을 매우 간단하게 해준다. 왜냐하면 누군가에게 몰래 다가가지 않아도 되고, 미묘한 태도를 취할 필요도 없기 때문이다. 거절이 가능하므로 요청도 자유롭다. 동의에 대한 이 엄청나게 간단한 접근법은 아무리 추천해도 지나치지 않다.

일반적으로 남성들은 그들의 누이들보다는 성폭력을 두려워하지 않아도 됐다. 물론 소년들도 성추행을 당한다. 남자들이 강간당하는 것 역시 끔찍한 사실이다. 하지만 여전히 남성들은 여성들보다 자신을 보호할 힘이 더 강한 듯하다. 그리고 남성들은 성적 구현에서 상대적으로 문화적 지원을 많이 받는다. 그러므로 게이 남성들이 의문—그들에게 어떠한 문제가 있는지 없는지, 아니면 다른 형태의 동성애 공포증이 내면화되는 것은 아닌지 하는—을 제기할지라도 동성애 금지가 성기능 장애로 발현되는 경우는 상대적으로 덜 빈번하다. 게이 남성들은 자신들의 선호를 파악하는 데 매우 능하다.

게이 남성들은 더 안전한 섹스에 관해서, 우리가 이해하는 대부분의 내용을 이미 확립한 상태다. 비록 에이즈 전염 같은 문제 때문에 많은 이들이 성 부정주의로 후퇴했을지 모른다. 하지만 게이 사회는 자신들의 기반을 유지하면서, 계속하여 더 뜨겁고 창의적이며 안전한 섹스를 배우고 실천할 수 있는 환경을 조성해나갔다.

양성애자/범성애자
종종 '이성애자의 특권을 포기하지 않으려는 동성애자' 또는 '거친 길을 산책하는 이성애자'라는 낙인이 찍히는 양성애자와 범성애자들은 1970년대부터 강한 목소리를 내는 자기들만의 커뮤니티를 발전시켰다.

어떤 사람들은 두 개의 젠더만을 전제하는 '양성애자'라는 젠더의 어원을 불편해하며 '범성애자'라는 용어를 선호한다. 이 문제에서, 우리는 양성애자 활동가인 로빈 오스Robin Ochs의 정의를 좋아하는 편이다. '나는 자신이 하나 이상의 성별/젠더 사람에게, 꼭 동시일 필요 없이, 꼭 같은 방식일 필요 없이, 꼭 같은 정도일 필요 없이, 로맨틱 그리고/또는 성적으로 슬릴 가능성이 있다는 점을 인정한다. 그래서 나 자신을 양성애자라고 부른다.' 당신이 편안하게 느끼는 용어를 사용하면 된다. 그리고 당신과 다른 결정을 내린 타인의 말을 들을 수 있게 준비하라.

양성애자 생활 방식의 이론과 실제는, 성적 및 낭만적 끌림과 행동의 본질에 관한 우리의 가정을 탐구하는 기회이기도 하다. 어떤 사람들은 하나의 젠더와만 섹스하면서도 자신이 에로틱 혹은 정서적으로 둘 이상의 젠더와 관계할 수 있음을 안다. 그래서 자신을 양성애자로 여긴다. 또 어떤 사람들은 평소 자신이 선택하지 않는 젠더와 활발하게 섹스하면서도 여전히 자신을 이성애자 혹은 동성애자라고 여기기도 한다. 다른 젠더와의 상호작용을 즐기는 양성애자도 있지만, 자신을 젠더 블라인드gender-blind로 여기는 양성애자도 있다. 양성애적 끌림과 선택의 세계는 다양하여, 섹스는 어떤 젠더와도 할 수 있지만 로맨틱한 관계는 특정 젠더와만 맺기도 한다. 양성애자는 젠더에 관한 많은 가정에 도전하는 존재다. 그들은 특정 젠더 혹은 모든 젠더와 하는 섹스와 관계의 차이를 말해준다. 이 흥미롭고 특별한 정보는 우리 모두에게 성과 젠더에 관한 새로운 이야기를 제공한다.

양성애 섹슈얼리티의 증가는 전통적인 섹슈얼 정체성* 정의에 대한 도전으로 이어졌다. 구체적으로 보자. 성적 끌림, 성적 행동, 젠더 정체성**은 제각각 우리를 말해준다. 이런 의문은 성적 정체성을 규정하는 전통적 경계의 일부를 먹어 치우며 모든 청교도들을 당황시키고 있다. 우리 저자들은 이런 유동성을 즐기고 우리가 누구인지에 대한 근본적인 감각을 포기하지 않으면서, 동시에 우리가 선택하는 누구와도 즐길 수 있는 기회를 소중하게 생각한다.

재닛이 양성애자라는 현재 정체성에 도달하는 길은 혼란스러웠다. 그녀는 여성과 섹스한 지 10년 가까운 세월이 지나서야 자신을 설명할 때 이 용어를 편하게 사용할 수 있었다:

나는 '양성애적 시크함bisexual chic'이라는 유행에 관심이 없었다. 동시에 나는 이성애자들과 동성애자들이 양성애자들에 대해 내리는 잔인하고 무지한 판단을 듣고 봤다.

그래서 나는 남녀 모두에게 성적이고 로맨틱한 감정을 느낄 수 있다는 사실을 확실하게 인지한 후에야, 그리고 모든 부정적인 판단 앞에서 양성애 정체성을 주장할 만큼 내가 충분히 강해졌다고 느끼고 나서야 비로소 나 자신을 '양성애자'로 호명할 수 있었다.

내 삶을 되돌아본다. 나는 대개 남성에게 내적 충동을 표현했다. 그러나 사실 내 낭만과 성적인 감정은 남자와 여자 또는 그 사이의

---

* 섹슈얼 정체성sexual identity은 성적 지향을 알려준다.
** 젠더 정체성gender identity은 자신의 젠더에 대한 자각이자 자아의식이다. 남성 정체성, 여성 정체성, 젠더퀴어 정체성 등이 있다.

누군가에게 모두 영감을 받았다. 양성애자 사회는 다소 모호한 내 젠더 표현gender presentation*에 대해 이성애자 세계나 동성애자 세계보다 더 많은 지지를 해준다. 나는 어떨 때는 빨간 립스틱을 바르고 장신구를 달고 싶고, 또 다른 어떤 때는 남자 바지를 입고 옥스포드화를 신고 싶다. 그렇다. '양성애'는 내게 가장 적합하고 내가 머물고자 하는 정체성이다.

이성애자

지난 수십 년 동안, 주류 문화에서 이성애적 상호작용에 관한 역할 모델은 거의 없었다. 모노가미적이고 가부장적인, 가령 순응과 양육에 중점을 둔 〈오지와 해리엇의 모험The Adventures of Ozzie and Harriet〉** 같은 가정이 성적, 낭만적 이상으로 제시됐을 뿐이다. 그 시대를 견디고 보내서 정말로 기쁘다.

현대적인 이성애는 행복한 잡년생활에 많은 선택지를 제공한다. 서로 성적 관계가 아닌 두 사람이 '허브' 파트너 한 사람과만 성관계를 가지는 'V자형' 트라이어드triad에서부터 쾌락에만 집중하는 난교적 섹스까지. 이 둘 사이에는 열린 관계, 트라이어드, 쿼드quad, 폴리 포드poly pod, 그리고 우리가 **폴리큘**polycule이나 **별자리**constellation라고 부르기도 하는 친밀한 대가족을 포함하는 많은 가능성이 있다(아, 여기서 잠깐. 재닛

---

* 특정한 문화적 맥락에서 여성성이나 남성성의 범주와 관련된 사람의 행동, 매너리즘, 관심, 외모를 말한다. 여기에는 성 역할도 포함된다. 이 범주들은 대부분 성에 대한 고정관념에 의존한다.

** 1950~1960년대 미국에서 인기를 끌었던 시트콤이다. 전형적인 미국 중류층 가정 부부와 가족의 모습을 그려냈다. 그 이후 '오지와 해리엇'은 이상적인 부부를 뜻하는 관용어로 쓰인다.

은 남자와 여자로 보이는 커플을 쉽게 이성애자 커플로 단정하지 말라고 당부한다. 그들 중 한 명 또는 둘 다 양성애자, 트랜스 또는 퀴어, 혹은 다른 무엇일지도 모른다. 늘 그렇듯이, 알고 싶다면 물어봐야 한다).

이 책의 마지막 개정판이 나온 (2009년) 이후로 문화적으로 큰 변화가 있었다. 이제는 원한다면 모든 젠더의 사람들이 사랑하는 사람과 결혼하여 가족을 만들 수 있다. 이 변화는 많은 사람들이 자신들의 섹슈얼리티나 관계에 대한 목표와 양육 의무의 조화를 이해하기 위해 이성애자 잡년들의 축적된 지혜로 눈을 돌린다는 사실을 의미하기도 한다.

이성애자들이 우리보다 더 많이 기존 성 역할에 따른 압박을 받는다는 사실도 짚고 넘어가야 한다. 어떻게든 이 국한된 역할을 돌파해낸 이성애자는—여자가 소득 활동을 하고 남자가 가사를 도맡아 아이들과 함께 가정을 꾸리는 데 성공한 사람들, 또는 남자가 화려한 실크와 벨벳 차림으로 치장하고 여자가 짧은 머리 스타일로 무거운 부츠를 신은 발을 굴리고 다니는 커플, 혹은 젠더 표현은 비전형적이지만 아이들을 보호하기 위해 평범한 생활을 영위하는 식으로 삶의 우선순위를 정한 누군가들—공유할 많은 지혜를 갖고 있다.

트랜스와 젠더퀴어

트랜스와 젠더퀴어들은 다양한 커뮤니티를 만들었다. 그들은 고정적인 성 역할 프로그램을 넘어서려는 사람들에게 많은 것을 가르쳐준다. 도씨는 페미니즘을 접했던 초창기에 트랜스 여성 친구와 연인들을 만났다. 그들은 도씨에게 여성이 되는 법을 알려줬다. 또한 정말 극단적으로 기존 여성성과 배치되지만 동시에 자기 주장을 가진 힘 있는 여성이라는 롤 모델이 되어주기도 했다.

　트랜스 친구들은 우리에게 젠더가 바뀌기도 한다는 사실을 가르쳐준다. 남성 또는 여성 젠더를 표현하고자 호르몬을 복용하는 이들에게서 우리는 행동과 정서가 어떻게 호르몬과 관계하는지를 배운다. 생리학적으로나 문화적으로 삶의 일부를 다른 젠더 모드로 살았던 사람들은 호르몬에 따라 변하는 것과 변하지 않는 것, 그리고 내분비 시스템을 불문하고 선택의 문제로 남는 젠더 특징이 무엇인지 우리에게 알려줄 수 있다. 젠더퀴어와 논바이너리들은—일반적인 젠더 역할 사이 어딘가에서 살아가기로 결정한 사람들—젠더의 경계를 물렁하게 하고 이분법적 젠더binary gender를 떠난 삶이 어떤 모습일 수 있는지 보여준다.

> "트랜스 친구들은 우리에게 젠더가 바뀌기도 한다는 사실을 가르쳐준다."

　만일 당신이 위 내용과는 상관없고 자신의 젠더를 확신하며 불변이라고 생각한다면, 아주 많은 사람들이 양쪽 젠더의 특징을 갖고 태어났다는 점을 생각해보기 바란다. 어떤 정의를 적용하는지에 따라 다르겠지만, 1000명 중 2명에서 17명 사이의 아기들이 젠더 연속체gender continuum *의 양극단 사이 어디쯤에 있는 염색체 또는 생식기를 지니고 태어난다. **인터섹스**intersex라고 총칭하는 경우다. 장기간 여러 차례의 수술과 호르몬 치료를 통해 이 아이들을 특정 젠더에 부합시키려는 시도를 막기 위해 인터섹스 지원조직이 생기기도 했다. 어머니 (혹은 아버지?) 자연은 두 가지 젠더 구분을 지지하지 않는 듯한데, 우리도 마찬가지다.

---

*　성별 정체성 인식을 넘어서는 요소들로 젠더를 설명하는 개념. 가령, 성 정체성(여성-젠더퀴어-남성), 젠더 표현(여성-안드로진-남성), 생물학적 성(여성-인터섹스-남성) 등이다.

게다가 성기와 염색체 모두 생물학적 표준에 맞게 정렬된 사람들 중에도 많은 이들은, 출생 당시 의사가 지정한 젠더가 아닌 다른 젠더에서 더 행복하고 잘살 수 있다고 강하게 느끼기도 한다. 그러니 그들이 말하지 않았다면, 당신이 알지 못한다 하더라도, 당신의 친구와 가족 중에 그들이 존재할지도 모른다.

트랜스들은 타인이 당신을 남자 또는 여자로 볼 때, 당신을 얼마나 다르게 대하는지를 소상하게 알려줄 수 있다. 그들은 어쩔 수 없이 자신에게 적대적인 세계에서 살아가기의 전문가가 됐기 때문이다. 그래서 마음이 결연한 이 사람들은 '진짜 남자'와 '진짜 여자'에 관한 우리 문화의 경직성에 과감히 맞선다. 퀴어 배싱queer-bashing*의 형태로 직접적인 신체적 억압으로 고통받을 가능성이 이들보다 더 큰 성소수자들은 없다. 게이 해방 운동을 촉발한 1969년의 그 스톤월 항쟁Stonwall riots에서, 경찰의 무자비한 폭력에 저항한 이들의 대부분은 젠더퀴어—부치 여성과 드래그 퀸—였다.

이 책의 지난 개정판이 나온 이후, 트랜스젠더에 관한 미디어 보도가 많아졌고 젠더 다양성 수용 방면에서도 엄청난 진전이 있었다. 트랜스젠더의 중요한 법적 권리는 점점 인권으로 간주되는 추세다. 주류 소아과 의사들의 지지 덕분에 많은 지역의 아이들은 자신이 감각하는 젠더에 준하는 학교에 다닐 수 있게 됐다. 유명인이 공개적으로 트랜지션transition**을 하고, 영화 및 TV 프로그램이 젠더를 초월한 삶에 관한

---

* 퀴어에게 괴롭힘, 폭력을 가하는 행동

** 젠더 표현gender presentation과 성징sex characteristics을 성별 정체성gender identity과 일치시키는 과정. 즉 트랜스젠더가 자신의 성별 정체성에 맞게 사회적 성별을 변화시키는 과정이다. 트랜지션에는 외모의 변화, 수술 등 신체적 변화, 법적 성별 정정 등이 포함된다.

매력적인 이야기를 풍성하게 편성한다. 그렇다. 이제 트랜스인들은 우리에게 자유의 결정에 관해 많은 것을 알려준다.

탄트라와 영적인 섹스 수행자

금욕Celibacy이 영적 성향을 가진 사람들의 유일한 성적 실천은 아니다. 비모노가미를 기반으로 한 종교 공동체의 초기 사례로는 몰몬 교회, 오네이다 공동체, 탄트라 요가의 마이투나maithuna* 수행, 초기 지중해 여신 숭배자들의 신전 창녀 등도 있다. 현재 우리가 알고 있는 탄트라는 전통적 탄트라 수행이 서구화된 것이다. 높은 수준의 에로틱한 의식 변화 상태를 얻기 위해 호흡과 시선 접촉 및 신체 운동을 사용한다. 미국 주요 도시에서 워크숍이 열리며 여러 책과 비디오로 이 내용들을 배운다. 그 밖의 고전적인 영적/성적 전통은 서구 소비자들에게 맞게 힐링 도道나 쿠도스카Quodoushka 같은 수행으로 업데이트됐다. 이교도와 급진파 요정단Radical Faeries**은 축제와 모임 등에서 벨테인Beltane과 같은 고대의 성적 의식을 거행하기도 하고, 현재의 생활 방식에 맞게 자신들의 의식을 만들어나가기도 하는데, 요정단 모임의 공개적 성행위 또는 신성한 춤과 북치기 같은 미묘한 에로티시즘과 같은 것들이 있다.

이 수행자들은 섹스가 영성과 연결된다는 사실을 잘 이해한다. 우리가 『새로 쓴 바텀 안내서The New Bottoming Book』에서 썼던 것처럼, '모든 오르가슴은 영적인 경험이다. 완전한 일체감의 순간, 자신이 완벽한

---

* 탄트리즘에서의 성교의식

** 1970년대 미국에서 게이 공동체를 중심으로 일어난 성 혁명이자 반문화운동의 하나로, 세계 여러 곳에서 다양한 젠더와 지향성을 포함하는 공동체로 발전하였다.

하나됨 속에 있는 순간, 마음과 몸의 분열을 넘어서는 순간, 당신의 모든 부분이 황홀한 의식에서 통합되는 인식이 확장되는 순간, 이 모든 순간을 생각해보라. (…) 성적 행위가 영적 인식으로 이어질 때, 당신은 당신에게 흐르는 신성에 접속하고 인식한다. (…) 우리에게 섹스는 신을 만나는 기회다.'

킹크Kink, 레더Leather, BDSM

문화 인류학자들은 현대의 레더leather 문화가 제2차 세계대전의 여파로 시작되었다고 본다. 군인들이 전쟁에서 귀향하면서, 남성에 의해, 그리고 남성을 위해 행사하는 힘과 권위에 대한 감각을 가져왔다는 것이다. 하지만 킹크 플레이는 수세기 혹은 수천 년 전에도 이미 존재했다. 그리스 철학자 아리스토텔레스는 종종 조랑말이 돼 자신의 여성 지인들을 등에 태우곤 했다고 알려진다. 또한 성적 본디지bondage는 17세기 일본 예술의 주제이기도 하다.

오늘날의 킹크족들은 성기 활용 여부를 초월하는 에로티시즘을 각성시키는 메커니즘에 관한 엄청난 지식, 상호 동의한 범위 안에서 친밀하게 지내면서 불평등한 외모로도 플레이하는 방법들을 제공한다. 당신의 모든 성적 판타지에 열려 있고 동시에 당신이 상대의 동반자를 용인할 수 있는 어떤 파트너를 찾기란 몹시 힘든 일이다. 그래서 대부분의 킹크 커뮤니티에서 폴리아모리와 열린 관계에 해당하는 사람을 쉽게 볼 수 있다. 우리 저자들도 성적 가치와 행동의 많은 부분을 킹크, 레더, BDSM 커뮤니티 안에서 배웠다.

성 노동자

당신이 TV나 타블로이드에서 배운 것과 다르게 성 노동자들은 절망적인 마약 중독자나 희생자, 또는 돈만 바라보고 성을 파는 골드 디거gold digger가 아니다. 건강하고 행복한 많은 사람들이 성 부정주의 문화 때문에 겪게 되는 상처를 치유하는 긴요하고 긍정적인 일을 하며 성 산업에 종사하고 있다. 우리는 그들을 친구, 연인, 동료, 작가, 치료사, 교육자일 뿐만 아니라 공연자, 예술가로 생각한다. 이 사람들은 경계, 한계선 설정, 의사소통, 성적인 협상, 전통적인 모노가미 관계 밖에서의 성장, 연결 및 충족을 달성하는 방법에 관해 우리에게 알려줄 수 있는 많은 것을 가졌다.

성 노동자들은 돈과 삽입섹스를 교환하는 사람만을 뜻하지 않는다. 전문 지배인, 포르노 배우, 에로틱 댄서, 폰 섹스와 웹캠 서비스 사업자, 성스러운 친밀감에 기반하는 섹스 대행인 및 여러 에로틱 전문가 역시 성 노동자로 간주된다. 성 노동자와 고객 간 관계가 꼭 냉담하고 비인간적이며 굴욕적이라고 단정하지 말기를. 또한 사회의 루저만이 이러한 일을 한다고 예단하지도 마시라. 많은 경우, 성 노동자와 고객의 관계는 당사자 간의 연결, 온기, 애정의 원천으로서 오랫동안 지속된다.

문화적 다양성

성적 다양성을 살펴볼 때 기억해야 할 점은 우리는 다문화 사회에서 살아가며, 세계의 모든 문화, 하위문화, 민속문화에는 관계를 형성하고 섹스로 서로 이어지고 가족을 만드는 고유한 방식이 있다는 것이다. 이 모두가 제각기 타당하고 귀중하다.

잡년으로 살아가며 얻을 수 있는 큰 즐거움 중 하나는 자신과 다른 배경을 가진 사람들과 깊숙하게 연결될 수 있는 기회다. 이런 연결에서 당신은 약간의 당혹감, 그리고 숱한 차이점에 걸려 자빠지는 자신을 발견할 것이다. 이 과정은 생경하게 다가오기 마련이다. 하지만 매번 당신은 사람들이 인간이 되는 방식에 대해 새로운 무언가를 배울 수 있다. 그 배움은 아마도 당신의 문화권에서는 부족했던 부분이 었으리라.

또한 많은 사람들, 특히 남과 다른 점이 눈에 드러나는 사람들은 자신이 자란 공동체에서 가장 안전하다고 느끼지만, 이후 상대적으로 다양성이 낮은 성적 환경에 진입하면 상당한 위험을 감수하게 된다는 점도 기억하자. 잡년 커밍아웃이 당신이 자란 지역 사회에 충격을 주게 된다면, 당신은 자신과 다른 모습의 사람이 대부분인 공동체에 합류하려고, 고향이 주는 안정감과 수용성을 포기하는 처지가 될지도 모른다.

커뮤니케이션과 연결 및 관계의 경계는 문화마다 다양하다. 우선 개인 사이의 거리가 엄청나게 다르다. 사람들은 라틴 아메리카의 칵테일 파티에서 유럽계 미국인을 알아볼 수 있다고 말한다. 라틴 아메리카인들은 사람에게 너무 가깝게 다가선다. 그러므로 자신과 이야기하려는 모든 이들에게서 뒷걸음치며 물러나고 있는 이들이 바로 유럽계 미국인이다. 소리의 크기도 다양하다. 어떤 문화는 차분함과 조용함을 중시한다. 반면 어떤 문화는 극단적으로 표현력이 풍부하고, 음, 시끄럽다.

우리는 당신에게 상술한 내용의 차이점들을 찾아보고 자신의 판단에 의문을 제기해보라고 말하고 싶다. 큰 소리를 내는 저 사람은 사실 표현력이 뛰어난 것일까? 조용한 사람은 눈치가 더 빠를까? 책을 많이 읽지 않는데도 자동차나 컴퓨터의 운영 메커니즘을 수월하게 이해하는 사람의 지적 능력은 무엇일까? 노골적으로 성적인 제안을 던지며 너무 강하게 유혹하는 거 아니냐고 비난하면 진심으로 어리둥절해하는 이 다정한 사람들은 도대체 누구일까? 그들은 당신이 원하지 않으면 거절하리라 생각할 수도 있다. 어쩌면 그들은 당신에게 필요한 연결 방법들을 가지고 있을지도 모른다.

너무나 많은 우리의 성적 공동체들이 전 세계의 문화, 인종, 젠더, 지향 및 섹슈얼리티의 사람들을 환대하지 못하는 것은 비극적이다. 유럽계 후손의 문화에서 성장한 사람들은 종종 친구들이 자신에게 맞춰가며 문화적 차이에 대처하기를 기대한다. 당신이 주변 사람들을 그들의 피부색, 젠더, 지향, 말하는 방식, 옷차림, 종교 또는 출신국가를 이유로 무시한다면, 당신은 그들이 알려줄지도 모르는 새롭고 매력적인 이야기들을 결코 듣지 못할 것이다.

"새로운 사람들과 함께 있을 때는 새로운 지혜를 찾아보기를 권한다."

새로운 사람들과 함께 있을 때는 새로운 지혜를 찾아보기를 권한다. 지혜는 숱하게 있으며 그것을 찾아볼 때 당신은 더 풍요로워진다.

귀를 기울여라

이 모든 것들을 생각하니 약간 초조해지는가? 그렇다면 이 경험은 당신이 당연하게 여기며 모든 사회적 및 성적인 상황에 적용된다고 믿었던 관습적 경계가, 어떤 환경에서는 당연하지 않을 때 느껴지는 위협이기도 하다. 상호 동의하는 성인들 간에는 젠더와 끌림에 관한 보편적 경계는 없다. 성적 탐구의 한계선은 어떤 고귀한 분들이 내려주는 석판에 쓰인 뭔가가 아니다.

평생 이어지는 모노가미 결합이라는 세상의 기준을 수용하지 않고, 행복과 성공에 관한 당신의 기준에 적합한 사람들을 바라보라. 당신은 자신도 그렇게 살 수 있다는 가능성을 감지하기 시작한다. 그 사람들이 당신이 원하는 방식과 완전히 똑같지는 않더라도 말이다. 다른 성 문화 인식은 당신 자신의 선입관과 불만을 알게 해주는 기회이기도 하다.

> "당신의 두려움에 귀를 기울여라. 두려움은 당신에 관한 많은 것을 알려준다."

당신의 두려움에 귀를 기울여라. 두려움은 당신에 관한 많은 것을 알려준다. 무엇이 두려울지 알 수 없는 상태를 모든 선입관에서 자유롭게 처음부터 새로 시작할 기회로 삼아라. 당신이 선택할 수 있는 모든 가능성을 인식해야만 가능한 일이다. 그러면 당신은 삶에서 경계를 원하는 지점, 개인적 한계, 한계의 확장에 대한 갈망 여부를 자유롭게 파악할 수 있다. 이 놀라운 과업을 완수하라. 상상을 초월할 정도로 자유로운 탐험 속으로 진입할 수 있을 것이다.

흑인과 폴리아모리

다음은 흑인 커뮤니티에서 다자 관계가 진행되는 방식에 관한 이야기들이다. 국제적 수준의 지원 그룹인 블랙&폴리Black&Poly(blackandpoly.org)의 공동 창시자이자 우리의 친구 론과 리사 영은 너그럽게도 그들이 준비 중인 책 『사랑: 블랙 러브 혁명Love: Black Love Revolution』의 일부를 발췌하여 쓰도록 허락해주었다.

"우리는 가벼운 섹스Casual Sex 혹은 가끔 만나는 연애occasional affection나 하려고 '여분의 누군가'를 찾는 것이 아니다. 오히려 다자 관계와 자유와 개방성은 우리에게 생존의 열쇠와 같다. 그런데 유색 인종들에게는, 표피적인 수준의 연결은 쉽지만 복잡한 결속과 낭만적인 사랑은 지랄 같을 때가 많다. 이유는 다음과 같다."

"주변의 모든 것이 여러분을 체계적으로 갈라 놓게끔 설계돼 있을 때 누군가를 사랑하려고 애쓰는 모습을 상상해보라. 흑인들에게는 처음에는 노예제도가 있었고, 다음에는 짐크로Jim Crow 법이, 그다음은 복지 제도가 있었으며, 지금은 대량 투옥이 있다. 우리는 사랑에 집중할 시간이 없었다. 우리는 서로에게 편안하게 정착할 시간을 갖지 못했다. 물론 우리의 흑인 사회 안에는 사랑과 가족과 공동체가 있다. 하지만 이런 감정들을 세상에 꺼내놓으면 큰 문젯거리가 되기도 한다."

"우리는 이 세상에서 살아가기 위해서 강해져야 한다고 배웠다⋯ 그러나 이 배움은 사람이 서로를 대하는 영역에서는 작동하지 않는다. 우리 문화는 자기 보호를 위한 강력한 경계를 유지하라고 요구했다. 이를테면, 무너지고 이용당하며, 인간이 가져야 할 기본적인 생필품을 강탈당하고, 존엄성이 제거되지 않게 우리를 보호하는 경계. 이 공포는 종종 취약함을 통해서만 진정한 힘과 성장과 아름다움, 무엇보다 사랑을 찾을 수 있다는 사실에 대한 우리의 시선을 돌리게 만든다. 우리를 약하게 만드는 모든 것을 거부하게 하는 것이다."

"흑인인 우리는 여기에 물건처럼 운반됐다. 우리는 폴리아모리를 통해서 우리 자신을 규정할 수 있는 독특하고 행복한 기회를 얻는다. 우리는 그저 '만딩고족 전사'나 '누비아 공주'로 당신의 플레이 파티에 참석하고 싶지 않다. 현실적이고 폴리아모리적이며 손에 잡히는 무언가를 만들 때, 우리는 동등하게 존중받기를 원한다. 커뮤니티 안의 풍성한 사랑을 보면, 때로는 사랑이 우리를 껴안기 위해 손을 뻗는다고 느껴진다."

"그러나 우리와 백인 폴리아모리 커뮤니티 간에는 여전히 거대한 격차가 존재한다. 이 격차를 어떻게 해소할 수 있을까?"

----

5 준비와 대응

Battling Sex Negativity

잡년들에게 세상은 때로 위험한 곳이다. 많은 사람들이 우리의 섹슈얼 작동을 막을 때는 무슨 일이든지 해도 괜찮다고 생각하는 듯하다.

몇몇 섹스 혐오 전도사들은 피임과 낙태를 금지해서 원치 않는 임신과 불법 낙태 시술을 초래하고, 여성들의 사랑을 위험하게 만들려고 애쓴다. 또 다른 이들은 학교나 인터넷에서 성 정보를 얻지 못하도록 금지하여 아이들이 건강과 복지를 챙기는 법을 배울 수 없게 하고 질병을 피하게 도와주는 안전한 성생활 관련 훈련을 받지 못하게 노력한다. 이 현상은 이 책의 앞 개정판 이후부터 더 거세졌다. 가령 여성의 자궁경부암 예방 백신은 엄숙한 청교도들의 저항에 부딪치고 있다. 이들은 젊은 여성의 암 예방 접종이 뭔가 섹스를 장려한다고 믿는 사람들이다. 이런 유형의 사람들은 HIV 바이러스 감염 방지 약물을 복용하는 이들을 '잡년' 및 '창녀'(아마도 좋은 뜻은 아니겠지)라고 부른다.

어떤 사람들은 잡년은 폭력의 좋은 목표물이자 동시에 그 사태가 피해자(잡년)의 잘못 때문이라고 여긴다. 그들은 '왜 한밤중에 짧은 치마나 쫙 붙는 바지 차림으로 그 길을 걸었느냐?'라고 묻는다. 나아가 '그러니 강간이나 폭행을 당하지' 또는 '너는 너무 퀴어하게 보여, 깡패들이 너를 공격할 만해'라고 우겨댈지도 모른다.

다른 형태의 억압에도 우리는 동네북과 마찬가지다. 당신에게 섹스 파트너가 여럿이라면 이는 징벌적 이혼 조정에서 전 재산과 자녀, 나아가 미래의 수입까지 넘겨줘야 할 타당한 근거로 간주되기 마련이다. 혹은 엉뚱한 사람이 당신의 사생활을 발견한다면, 당신은 직장 혹은 승진 가능성 나아가 직업적 평판을 잃어버릴 수 있다.

자기 점검

당신이 잡년성의 위험에 대한 이 검토를 통해 몇 가지 질문을 하기 바란다. 나는 어떤 억압을 겪고 있으며, 그 억압은 내게 어떤 영향을 미치는가? 나는 살아가며 누군가에게 거짓말을 해야만 하는가? 내가 숨은 벽장은 무엇일까? 더 깊은 곳을 들여다보면 당신은 또 다른 질문을 던질지도 모른다. '섹슈얼리티를 결정할 때 나는 어떤 가정에 기반했는가? 내가 스스로에게 등을 돌리게 만드는, '선하고' '좋은' 사람들이 빚는 모습에 대한 판단을 유보하고 있는가?

외부에서 강요하는 문화적 가치로 자신을 판단할 때, 여성들이 스스로 작고 조용해야 한다고 생각할 때, 게이들이 자신들의 성적인 선택이 신경증일 뿐이라고 믿을 때, 또는 우리 스스로가 모노가미적일 수 있다면 더 나은 사람이 될 거라고 확신할 때, 이 모두는 내면화된 억압이다. 이 같은 불공평한 판단을 우리와 같은 다른 이들에게 적용할 때나 우리가 친구들을 너무 잡년스럽거나 자유롭다고 생각하고 바라볼 때, 이것을 수평적 적대감horizontal hostility*이라고 한다. 2장 '신화와 현실'을 체크리스트 삼아서 성 부정적 문화에서 배운 믿음이 어느 지점에서 여러분을 막아서는지 살펴보라.

험난한 세상

틀에 박히지 않은 방식으로 삶과 사랑을 꾸려나가기로 결심한 사람들은, 세상의 많은 영역이 우리를 쌍수를 들어 환영하지 않을 것이라는 현실에 대비해야만 할 것이다. 많은 이들에게 잡년생활은 벽장 안에 갇히는 첫 경험이다. 그렇게 우리는 퀴어 친구들이 오랫동안 알고 있었던 현실을 몸소 배우게 된다.

사회적, 물질적, 경제적 영역에서 발생할 수 있는 어떤 결과 앞에서 우리를 보호할 수 있는 방법이 분명히 있기는 하다. 하지만 이에 따른 영향이 절대 없을 것이라고는 보장할 수 없다. 그렇다. 그렇게 쉬운 일은 아니다.

포용적인 관계의 잠재력에 대한 당신의 가치를 공유하지 않는 배우자, 부모, 배우자의 가족 및 기타 사람들은 적대적인 태도를 취할 수도 있다. 친절했던 동네 목사의 호의도 잃어버릴 가능성도 배제할 수 없다. 회사 야유회에 파트너 두 명을 데려가는 것은 승진을 보장하는 좋은 방법이라고 하기 힘들다. 커밍아웃의 대상을 선택할 때는 주의하라. 그렇다. 우리는 당신이 정말로 행복하기를 원하고 세상과 함께 당신이 향유하는 기쁨을 나누고 싶어 한다는 사실을 안다. 하지만 한 번

---

* 심리학자 주디스 화이트Judith White가 제시한 개념으로, 근본적인 목적을 공유하는 집단 내에서 과격한 집단이 다수 집단을 배신자로 여기며 경멸하는 현상을 말한다.

말을 내뱉으면 물릴 수 없다는 사실을 기억하기 바란다. 우리는 엉뚱한 사람에게 성적 선택을 들킨 이후 일자리와 자녀 양육권과 다른 많은 것들을 상실한 사람을 알고 있다. 그것도 아주 많이. 미국 외 일부 국가와 지역의 상황은 더 무시무시하다. 성적 선택의 결과로 사형을 언도받기도 하니 말이다.

미국의 일부 주와 도시에도 혈연 관계 및 비결혼 관계인 성인의 동거를 금지하는 법률이 존재한다. 일부 지역의 집주인들은 전통적 가족 구조에 따르지 않는 그룹에 임대하기를 꺼린다. 어떤 임대 계약서에는 '부도덕한 행동' 또는 '바람직하지 않은 사람들과의 연계'를 근거로 집주인이 임대 계약을 해지할 수 있는 조항이 포함돼 있다. 일부 주의 경우 이 조항에는 비혼 섹스도 포함된다.

마찬가지로, 개인적인 사랑과 성생활 역시 직장과는 멀리 떨어져 있는 편이 좋다. 우리 또한 우리의 존재적 특징 때문에 직업과 고객을 잃었던 경험이 있다. 일부 주의 경우 게이, 레즈비언, 또는 트랜스젠더에게 약간의 정책적 보호를 제공한다. 하지만 잡년들에게 동등한 권리를 보장하는 경우는 없다.

우리는 커밍아웃하고 당당하게 살아가는 사람들에게 강조한다. 많은 잡년들이 누구에게도 해 끼치지 않고 행복하게 살아갈 때, 그 모습을 본 세상이 잡년들을 적대하기 어려워진다고 말이다. 하지만 직장과 중요한 인간관계가 잡년에게 우호적일 것이라고 확신할 수 없다면, 우리는 당신에게 조심하기를 권고한다.

법적 대비

편견 없고 정통한 가족관계 변호사로서 우리 공동체에 법률 관련 자문 및 도움을 주시는 딜란 마일스Dylan Miles에게 감사를 전하며.

최근 몇 년 동안 성 소수자의 법적 권리를 확립하고 보장하는 영역에서 많은 진전이 있었다. 여기에는 미국 전역의 동성 결혼을 합법화한 대법원의 역사적 결정도 포함된다. 몇 개 주에서는 세 명 이상의 부모와 함께 성장하는 자녀를 위한 조항을 삽입했다. 이로써 아동의 실질적 부모였던 사람은, 필요한 경우 양육권을 행사해서, 위탁 양육으로부터 많은 아동들을 보호할 수 있다. 또한 비생물학적 부모도 양육의 모든 권리와 책임을 질 수 있게 해준다. 새로운 관점에 입각한 누군가가 인권 전쟁에서 승리할 때, 우리 모두는 혜택을 얻는다.

물론 당신은 여전히 동시에 두 명 이상의 사람과 법적으로 결혼할 수 없다. 그래서 우리는 당신이 파트너(들)와의 재산 공유, 질병 및 사망 때 상호 부양, 공동육아, 동업 등으로 그 관계가 결혼과 유사하다고 생각한다면, 당신의 신분 및 의사에 대한 공적인 법률 문서를 준비하기를 강력하게 권한다. 한 명이 병원에 입원했을 때 연인에게 접근할 수 없는 사람, 누군가의 예기치 못한 죽음 후 무일푼으로 거처마저 잃어버린 오랜 파트너, 모든 영역에서 부모였지만 고아가 된 아이를 파트너의 부모나 과거 배우자에게 잃어버린 개인 등등. 이 무서운 사례들을 통해 당신은 이 모든 안건을 공식화할 시간이 왔다고 확신해야 한다.

당신은 당신의 자녀를 법적으로 보장받을 수 없다. 이 사실은 당신과 자녀의 법적 합의사항을 제한한다. 당신은 당신의 사망 이후 자녀를 돌볼 누군가를 유언으로 추천할 수 있지만, 법원은 당신의 바람을 따르지 않을 수 있다. 어떤 경우는 비생물학적 부모가 양부모 신분으로 연인의 자녀를 입양한다. 하지만 일부 주와 지방자치단체는 제2의 부모 입양second parent adoption*이나 양부모 입양stepparent adoption을 지원하지 않는다. 즉 아기가 출생할 때 당신이 그 아이의 제3의 부모인 경우, 당신은 두 번째나 세 번째 혹은 열다섯 번째 정식 결혼한 그 어떤 부모보다 더 적은 권리를 가질 수 있을 뿐이다.

계획과 합의, 특히 당신의 생활 방식에서 선택해야 할 여러 사항을 작성한 후 서명하고 공증을 받아라. 물론 대부분의 지역에서는 이런 진술서를 인정하지 않는다. 하지만 이후 문제가 불거졌을 때 이 진술서는 가족 또는 관계 형성에 관계된 모든 이들의 의사를 입증하는 증거로 사용할 수 있다. 당신이 무엇을 하려 했는지를 분명히 보여주기 때문이다. 이를 떠나, 여러분이 함께 만들어가는 가족의 전망을 적는 일은 그 자체만으로도 가치 있고 바람직한 행동이리라.

재정, 의료, 유언 관련 위임장을 작성하고 최신 버전으로 유지하는 일을 잊지 말라. 이것은 모두 법적인 문서다. 법률은 잡년이 자신의 돈과 재산으로 삼으려는 모든 부분을 지원하지는 않는다. 하지만 당신이 관련 영역을 공식적이고 법적인 방식으로 표현하면, 당신이 희망을 가질 수 있는 기회의 폭이 훨씬 넓어질 것이다.

---

* 동성 커플을 위한 입양 제도다. 공동부모 입양이라고도 한다. 결혼 여부와 상관없이 동성 커플의 한 파트너가 아동의 생물학적 부모가 아닐 경우, 제2의 부모second parent 자격을 얻는다. 생물학적 부모의 친권을 그대로 유지하면서 파트너의 자녀를 입양하는 제도다.

놀로Nolo Press라는 출판사를 살펴보라. 놀로 출판사는 견본 양식 및 단계별 지침을 비롯하여 가족, 비즈니스 측면에서 꼼꼼하게 진행한 법률 관련 서적을 발행한다. 그러나 계약이 매우 복잡하거나 큰 규모(가령 큰돈이나 성공적인 사업)라면 스스로 처리하기보다 변호사 상담이 나을 수 있다. 당신이 그만한 돈을 가졌다면, 이 영역에 대해서는 우리보다 더 잘 알 것이다. 다만, 비전통적 관계에 열려 있는 변호사를 찾도록 하라. 전화로 한두 개의 질문을 던져보면 바로 알 수 있다. 변호사가 당신을 바빌론의 창녀로 생각한다는 사실을 알기 위해 큰돈을 쓸 필요는 없다는 이야기다.

"스스로 공부하여 법을 당신 편으로 삼아라."

우리는 비전통적 섹슈얼리티를 지닌 사람들이 자신의 삶을 설정하는 방법, 즉 파트너 채택부터 비즈니스에서의 신뢰를 구축하는, 혹은 그 이상의 영역에 놓여 있는 선택지들을 하나하나 다 말해줄 수 있는 여유와 전문성을 가지고 있지는 않다. 하지만 부디, 당신의 선의와 진심 어린 사랑과 넓은 아름다움이 당신을 보호해 줄 거라고 가정하지는 말기를 바란다. 잡년들에게 그런 호사는 사치에 가깝다. 스스로 공부하여 법을 당신 편으로 삼아라.

가장 오래된 직업

성 노동이 합법인 세상은 어떤 모습일까? 만약 성 노동이 양성적이며 성 노동자들을 여느 노동자처럼 기술과 고객 존중과 책임감을 기준으로 평가한다면?

성 노동을 치료 행위 관련 직업과 같이 취급한다고 상상해보라. 서비스 제공자와 계약을 하는 고객, 서비스가 만족스러운 고객은 다시 돌아온다. 그 반대의 경우에는 다른 곳으로 갈 것이다. 성매매 업소는 클리닉일 수 있고, 신입 성 노동자는 더 숙련된 종사자에게서 배울 수 있다. 숙련 노동자가 감독하고 교육하는 인턴 직원이 더 저렴한 서비스를 제공할 수도 있겠지.

만약 성 노동이 합법이라면, 포주나 인신매매자에게 착취당하는 노동자는 일을 그만두거나 학대를 신고하고 고발할 수 있다. 나아가 노동조합도 조직 가능하다. 다른 노동자들처럼 말이다. 성인이 동의에 기초하여 직업적인 섹스를 수행하는 일을 법적 시스템이 막지 않는다면, 경찰들은 강간, 학대, 성 노예, 아동 매춘과 같은 진짜 성범죄를 저지할 시간과 역량을 더 가질 수 있을 것이다.

성 노동이 합법이라면, 성 노동자들은 자신에게 적절한 안전한 섹스의 수준을 자유롭게 요구할 수 있다. 그들은 더할 나위 없이 즐겁게 몇 시간을 보내면서도 유해한 바이러스 전파를 막는 방법에는 최고의 달인이기에 검사와 치료를 받을 것이다.

합법적인 성 노동의 또 다른 측면을 보자. 장기간의 관계가 주는 부담 때문에 멀어진 관계 속에 식어버린 성적 열기를, 숙련된 점화자의 서비스를 통해 다시 불 붙일 수 있다. 이 치료사는 다른 전문가들처럼 고객의 가장 내밀한 꿈과 가장 오래된 두려움을 세세하게 탐험하기 위해, 다른 전문가들처럼 고객을 특정한 종사자에게 소개하기도 한다. 도씨는 배우자의 생일에 전문적인 도미나트릭스dominatrix*와 함께하는 세션을 선물하는 고

---

* 한국에서는 '펨돔'이라고도 한다.

객과 같이 일했다.

많은 섹스 전문가들은, 우리 대부분이 가능한지조차 알 수 없는 기술을 습득하기 위해 열심히 노력한다. 신체 반응에 대한 선택의 자유, 오르가슴의 타이밍, 발기의 용이성, G-스팟, 모든 근육의 놀라운 가능성을 보여주며 여러 유형의 즐거움으로 우리를 이끄는 골반 부위 등. 성 치료자는 성 부정주의 사회가 요구하는 두려움과 억압에서 우리를 해방시킨다. 우리 모두가 어쩌면 될 수도 있는, 성의 천재가 무엇인지를 실제로 보여준다. 수치심과 트라우마를 치유하고 폭력을 넘어서는 섹스의 놀라움과 판타지의 힘을 보여준다. 여기에는 우리가 배우고 성장할 수 있는 것들이 매우 많다. 섹스는 치유와 보편적인 선으로의 강력한 여행이기도 하다. 그리고 우리에게는 이 여행의 방법을 안내해줄 전문가들이 있다.

많은 이들이 돈을 위한 섹스를 더럽게 여긴다. 하지만 성 노동자 친구들은 그런 생각과 현실이 다르다는 것을 반복해서 증명한다. 우리는 장관, 신부, 랍비, 이맘, 구루들에게는 쉽게 돈을 지불한다. 그런데 왜 섹스 사제에게 돈을 지불하면 안 된다는 것인가? 영적인 치료자·안내자와 마찬가지로 성적 치료자와 안내자들은 그들에게 소중한 일을 하면서 생계를 유지할 권리가 있다.

현재 영국, 네덜란드, 독일, 호주 및 뉴질랜드에서는 일부 성 노동이 합법이다. 우리는 이 국가들의 재능 있고 헌신적인 전문가들이, 자신이 잘하는 일을 하면서 고객과 사회를 위해 최선을 다하며 살 수 있게 허용하고, 나아가 잘 관리하려는 모습을 보인다는 사실에 주목한다.

---

6 동의 문화 구축
Building a Culture of Consent

전 세계 사람들은 만연한 성폭력과 그보다 드문 성적 공격의 문제성을 인식하기 시작했다. 원래 생각하기 싫었던 문제를 인식할 때는 약간의 타격이 필요하다. 성적 자유를 주장하고 성 긍정적인 방식으로 자신을 표현할 수 있는 커뮤니티를 만들려 할 때면, 우리가 살아가는 사회가 섹스와 동의에 대해 어이없는 가치를 가졌다는 사실에 직면하게 된다. 안전하지 않고 수용되지도 않으며 섹스에 대해 '고맙지만 사양합니다'라고 말하는 게 환영받지 못하면, 성 긍정적 문화 구축은 불가능하다.

도씨는 동의에 관한 강의를 하면서 200명 가까운 청중에게 '성폭행을 당한 적이 없다면 일어나 달라'고 요청했다. 4분 1 정도만이 일어섰다. 대부분 남자들이었고 여자는 얼마 없었다. 또한 앉아 있는 청중들 중에는 남자들도 상당했다. 앉은 채로 있었던 그 많은 사람들. 누군가에게 상처를 받았더라도, 자신과 자신의 섹슈얼리티를 자유롭게 하려는 그들의 용기와 결단을 응원하자.

근사한 성적 자유에는 중요한 전제 조건이 두 개 있다. 바로 성차

별로부터의 자유와 강간으로부터의 자유다. 이 자유를 향한 변화는 개인과 공동체 차원에서 모두 발생해야 한다. 강간과 아동 성추행 기소는 매우 어렵기 때문에 우리 공동체는 안전을 위해 노력할 필요가 있다. 우리는 범죄자들을 쉽게 감옥에 보내지 못한다. 하지만 그들을 우리의 파티에 오지 못하도록 막을 수 있고, 우리가 관리하는 온라인과 오프라인 세계에서 그들을 소거할 수 있다.

절대 금지 사항에는 약물을 이용한 강간, 폭력적 강간, 아동 성추행 및 타인이 고지한 한계선을 고의로 위반하는 행위 등이 포함된다. 위 항목들 모두 기소 가능성과 무관하게 매우 심각한 범죄다. 이외의 사안들은 약간의 토론이 필요하다. 때때로 피의자가 자신의 잘못을 인지하지 못하기 때문이다. 언어적 폭력—강압적으로 들이대기, 'No, thank you'라고 말한 사람과 언쟁하기, 또는 사람을 대상화하거나 얕잡아보기—은 신체적 폭력보다 직접적 피해가 작을 수 있지만 공동체에 위험한 분위기를 조성하기 마련이다. 사람들의 한계선을 마음대로 넘거나 합의되지 않은 영역을 시도하면, 관계를 무너뜨리고 관계들에 기반한 커뮤니티가 파괴되는 연쇄작용으로 이어질 수 있다.

"섹슈얼리티에 자유로워지려면, 젠더에 맞는 사람이 된다는 말의 의미에 관한 이러한 문화적 신념을 검토해야 한다."

이런 갈등의 상당 부분은 남성이 섹스를 주도하고 여성은 뿌리쳐야 한다는 터무니없는 문화적 주장의 결과이기도 하다. 어떤 사람들은 자신이 밀어붙여야 한다고 배운다. 이때 '아니요'라고 말하는 사람들을, 음 잡년이라고 부른다. 이 패턴은 '아니요'라는 말을 더 세게 밀어붙이라는 말로 잘못 들리게 해서 예상하기 힘든 재앙으로 이어진다. 섹슈얼리티에 자유로워지려면,

젠더에 맞는 사람이 된다는 말의 의미에 관한 이러한 문화적 신념을 검토해야 한다. 어쩌면 조금 변해야 할지도 모른다. 여생을 젠더 고정 관념에 맞춰 살고 싶지 않다면 말이다. 모든 젠더가 더 나은 행동을 배우자고 어떻게 제안할 것인가? 그런 종류의 일을 도와주는 12단계 그룹이나 강좌가 가까이에 있다고 말할 수 있다면 좋겠지만, 이 글을 쓰는 지금은 여의치 않다. 다만 일부 커뮤니티 구성원들이 이 영역에 힘을 쏟고 있다. 더 많은 활동을 보고 싶다.

성적 트라우마 생존자

성별과 나이와 문화를 불문하고 너무 많은 사람들이 성적 트라우마를 겪었다. 성폭력, 무자비한 강간, 아동 성적 학대, 때로는 의학적 외상까지. 플래시백, 해리, 외상 후 스트레스 장애, 그리고 조금 더 단순한 두려움까지. 이 모두가 성 생활의 어려움으로 이어진다.

특히 어린 시절 경험에서 비롯한 트라우마에서 살아남은 사람들이 크게 취약하다. 그들은 종종 다른 사람보다 안전하지 않다고 느끼고, 삶이 침략당했다고 생각한다. 혹은 트리거 반응이 몸에 스며들었을지도 모른다. 상대적으로 온건한 범죄에도 마치 과거에 겪었던 끔찍한 사건인 듯 반응하거나, 학대를 당할 때 아이처럼 대응할 수도 있다. 그들의 공포는 외부인에게는 비현실적이거나 기괴하게 보이기도 한다. 하지만 이런 시선은 중요하지 않다. 공포는 그 자체로 현실적이다. 대개는 전혀 섹시하지 않다. 사람을 공황 상태에 빠지게 해서 토론은 물론이고 어떤 행동에 대한 사과조차 불가능하게 만들기도 한다.

포기하지 마라! 저자 도씨는 트라우마 생존자의 묵은 상처를 치유하는 전문가다. 많은 사람들이 경험했던 폭력에 대처하는 방법을 찾아낸다. 고통스러운 기억이 떠오를 때도 자신을 돌본다. 결국 자기 몸의 소유권을 되찾아낸다. 나아가 자유롭고 행복한 섹슈얼리티를 즐긴다고 당당하게 선언한다.

안전에 관한 약간의 협력, 경계에 관한 명확한 합의, 안전한 공간 확보, 그리고 지지와 이해, 이것으로 충분하다. 심지어 섹스 중에 트라우마가 발동될 때에도 마찬가지다. 누군가가 나쁜 기억을 연상하는 일을 멈추고 나아가 그 기억을 극복해야 한다면, 생존자와 파트너 모두 상황을 중단하고 적절하게 대처해야 한다. 만일 당신이 이런 상황이라면, 약간의 인내심을 권해본다. 자신과 파트너에게 모두 친절하기를. 이는 자기 치유의 훈련이기도 하다.

15장 「질투 극복 로드맵」에서는 트리거 반응에 대해 자신을 돌보는 방법을 다루는데, 이는 다른 종류의 감정적 지뢰를 관리할 때도 적용할 수 있다. 폭력이라는 괴로운 경험에서 자신의 섹슈얼리티를 회복하고자 분투하는 파트너가 있다면, 그 투쟁의 동맹이 되어 인내심을 갖고 지원해주기 바란다.

비난받는 사람

만일 당신이 파트너의 트라우마에 관련됐다면, 당신에게는 또 다른 문제가 있다. 우리는 잘못에 대해 비난받을 때 종종 강한 방어적 태도를 보이고, 자기 입장으로 이야기하고 싶어 한다. 하지만 당신과 섹스할 정도로 당신을 좋아했던 사람들이 이제는 당신에게 화를 내고 당신을 보고 싶어 하지 않는다면, 주변을 둘러보고 변화를 줘야 할 행동에 대해 고민해야 할 시점인지도 모른다.

당신은 누군가와 '잘 때' 중요한 것은 모면하기라고 학습됐을지도 모른다. 그런 관점에서 보면 활발한 성생활은 소비지상주의와 비슷하다. 얼마나 적은 노력으로 얼마나 많이 얻을 수 있는가? 그 말은 당신의 연인, 또는 잠재적인 연인이 상품이라는 의미인가? 당신이 이렇게 배운 건 문제가 아닐지 모른다. 하지만 배운 대로 행동하는 것은 분명히 문제다.

자신을 어떻게 바꿀 것인가? 그리고 어떻게 사람들이 당신의 노력을 감지하고 다시 당신을 맞이해도 안전하다는 것을 알게 만들 것인가?

만일 당신이 이런 상황에 처해 있다면 전인적 인간으로서 자신에 대한 감각을 유지하기를 바란다. 타인을 겁주고 상처 주는 행동은 당신의 일부다. 물론 당신에게는 많은 부분이 있다. 당신의 힘과 윤리를 숙고하는 시간을 조금 가져보기를. 힘을 어떻게 사용하고 싶은가? 당신의 윤리에 부합하는 어떤 일을 할 수 있는가?

주의 사항

다음은 주의해야 할 전략들이다. 가급적 피하라.

병리화. 이는 특정한 대응과 반응이 마치 일종의 항생제인 것처럼, 문제를 질병으로 바꿔버리는 것을 뜻한다. 이 사람은 약탈자, 소시오패스, 스톡홀름 증후군의 희생자 혹은 가부장제의 희생자인가? (우리의 상당수는 이따금 이와 같이 행동한다.) 범인을 즉각적으로 배척하지 않는다고 해서 우리가 강간 옹호주의자들인가? 우리는 종종 문제를 질병으로 규정하고 진단이 해결책인 것처럼 행동한다. 이렇게 꼬리표를 달고서는 마치 무언가를 성취한 듯이 논의를 끝내버린다. 이러면 아무것도 달라지지 않는다.

분열. 이는 착한 남자들은 모든 부분에서 선하다고 가정하여 안전함을 느끼려는 심리적 방어기제다. 따라서 어떤 사람의 특정 부분이 선하지 않으면 그 사람은 전적으로 나쁜 존재다. 변화하거나 성장하지 않는다면 영원히 구축驅逐된다. 분열은, 모든 사람이 상황을 더 좋게 만들기 위해 무엇을 할지 묻기보다는 한쪽을 선택하게 만든다. 공동체를 갈라놓을 수 있는 것이다.

진실 추구. 이런 문제들이 생길 때 많은 경우, 한 사람은 '이러이러한 부분이 잘못이고 내게 고통과 상처를 입혔다'라고 말하고, 다른 한 사람은 그 이야기가 날조된 것으로 자신에게 복수하기 위한 수단이라고 주장한다. 이럴 때 우리는 누구를 믿어야 하는가? 확실한 진실을 판별하기 힘들 때에는 해결책을 시도하고 모색하는 용기가 필요하다. 우리는 공동체이지 형사법 영역의 사법 제도가 아니다. 우리는 우리의 역량으로 상황을 개선하기 위해 할 수 있는 일을 시도해야 한다.

탓하기. 이것은 누구의 잘못인가? 누가 먼저 무엇을 했는가? 사실 문제 앞에서 스스로를 먼저 질책하는 사람은 많지 않다. 우리는 행동을 합리화하는 방식과 정당화하는 이유가 있다. 우리가 자신과 문제의 관련성을 최소화하고 다른 누군가를 비난하면서 안전한 느낌을 받으려 할 때, 우리는 도리어 스스로를 무력화시킨다. 오직 그들만이 이 일을 감당할 수 있다고 말하면서 '타인'에게 모든 힘을 실어주는 것이다. 많은 사람들은 문제에 관해 듣기 불편해한다. 피해자를 비난할 거리를 찾으며 자신과 거리를 둔다. 멀리한다. 너무 야해 보이지 않느냐,

과음하지 않았느냐, 격렬한 섹스를 원하면서 뭘 바랐느냐, 하고. 그리고 상황을 더 복잡하게 만드는 사실 하나. 누군가가 폭력으로 인지하는 일이 누군가에게는 쉬운 일일 수 있고, 심지어 제3자는 그저 플레이로 생각하고 즐길지도 모른다는 것.

하지만 우리는 도움이 되는 갈등의 해결 전략이 많다고 주장한다. 일부 미국 고등학교와 중학교에서 시행 중인 정서적 지성과 회복적 사법론restorative justice에는 경탄할 만한 지혜가 엿보인다. 이 프로그램에서 학생들은 폭력적이고 파괴적인 갈등에 개입하기 위해 또래들의 상담자나 평화 유지군이 되는 훈련을 받는다. 많은 연구가 이런 훈련들의 결과를 다뤘다. 결과는, 교내 다툼과 정학의 감소, 그리고 졸업 학생 비율 증가였다. 심지어 '문제가 심각한' 학교에서도 마찬가지였다.

일부 학교에서는 조용한 방을 운용한다. 문제를 일으킨 아이들이 책상에 앉아서, '무슨 일이 일어났는가?', '이 일에서 나는 어떤 역할을 했는가?', '나는 상황을 어떻게 더 좋게 만들 수 있는가?', '그 일이 재발할 가능성을 낮추려는 노력에서 나는 무엇을 할 수 있는가?' 등의 질문에 자신만의 답을 써 내려간다. 성적 경계 관련 사안에서도, 우리는 자신에게 이와 같은 질문—'피해자'와 '악당' 역할을 모두 포괄하는—을 하고 생산적인 대화로의 확장을 시도할 수 있다.

1960년대의 항쟁기, 우리는 종종 '당신이 문제의 일부가 되고 싶지 않으면, 해결책의 일부가 되어야 한다'라고 말했었다. 세계 전역에서 변화를 지원하는 힘이 일어나는 중이다. 우리는 그 힘을 성 긍정적인 공동체에 맞춰 적용할 필요가 있다. 비폭력 대화 워크숍, 분노 관리 강좌, 갈등 해결 강좌, 명확한 거절을 연습할 수 있는 자기 방어 강좌, 범죄자 및 생존자를 위한 지원 단체 등을 통해서 말이다.

우리는 공동체의 윤리와 경계에 관한 정보를 새 구성원에게 제공하는 공동체가 좋다고 생각한다. 동시에, 이런 규칙만으로는 결코 충분하지 않다는 점도 알고 있다. 각자 노력하고, 이 노력이 동의와 경계를 탐색하는 과정 내내 이어지기를 기대하면서, 이러한 문제를 강조하고 변화, 치유, 성장을 지원하는 지속적 과정에 참여해야 한다. 우리에게는 상대를 괴롭히고 상대의 한계선을 밀어붙이는 문제적 경향이 있는 사람들이, 그들이 배워야 하는 것들—워크숍이나 강좌 듣기, 강박적 또는 반사회적 행동을 교정해주는 단체 가입, 상담 치료, 금주 등—을 배운 후에야 공농체로 되돌아올 수 있다고 주장할 권리가 있다.

우리가 모든 문제를 방지할 수는 없다. 하지만 수치심에 가득한 이들을 곤경에 빠트리지 않고, 직면하는 문제 앞에 적극적이고 건설적으로 대처할 수 있는 성 긍정적 문화는 만들 수 있다.

해맑은 사랑

질투심과 소유욕 없는 사랑을 상상할 수 있는가? 모든 집착과 절박함이 소거된 사랑. 한번 시도해보자.

가령, 불교의 사유를 빌릴 수 있다. 되돌려 받는 것을 떠나 단지 기쁨 자체를 위해 사랑하고, 애착 없이 사랑하며 기대 없이 누군가에 마음을 열어보는 것은 어떨까?

상상해보라. 사랑하는 사람의 아름다움과 미덕을 볼 때 그들의 매력이 우리의 요구를 어떻게 만족시키고, 혹은 그들의 아름다움이 어떻게 우리를 더 멋지게 보이도록 하는지를 단념하는 일을.

또, 사랑이라는 맑은 빛 속에서 누군가를 만난다고 상상해보라. 완벽한 파트너나 이상적인 연인의 모습을 가정한 환상에 상대가 얼마나 부합하는지 혹은 부합하지 않는지를 열거하지 말고.

어린 시절의 자유분방함과 순수함. 그 속에서 누군가를 만나 어린 시절 꿈꾸었던 사랑을 받으려 애쓰지 말고 자연스럽게 어울리는 모습을 떠올려보라.

하지만… 하지만… 하지만. 누군가에게 마음을 열었는데, 그다음에 일어나는 일이 마음에 들지 않는다면? 가령 그 사람이 걸핏하면 술에 취하거나 당신의 애정을 경멸한다면? 이 사람이 당신의 꿈을 실현하지 못한다면? 이 사람이 과거의 연인과 비슷한 사람이라면? 이 모든 일이 실제로 일어났다고 가정해보자. 당신은 무엇을 잃어버렸는가? 약간의 시간, 짤막한 환상, 이것들을 놓아버리자. 그리고 이 일에서 조금 더 배우고 조금 더 현명해지자.

사랑은 무언가를 채우는 형식과는 다르다. 그런 형태는 모두의 판타지와 상상에 가깝다. 자신의 문제를 해결하기 위해 창조된, 개인을 위한 맞춤식 계획 같은 것. 우리 저자들에게도 상상 속의 연인이 있다. 하지만 사람은 진흙이나 돌로 만들어지지 않았다. 끌을 쥐고 다가서 봤자 큰 효과를 보기는 힘들다.

기대한 것이 보이지 않는다는 이유로 당신은 몇 번이나 사랑의 가능성을 거부했는가? 당신이 생각한 필수적인 특징이 없었을 수도 있다. 혹은 당신이 수용하리라 꿈도 꾸지 않았던 다른 특성을 만났을 수도 있겠다. 기대를 버리고 바로 내 눈앞에서 손을 내밀면서 빛나는 멋진 사랑에 눈뜰 때는 무슨 일이 일어나는가?

해맑은 사랑은 기대가 없는 사랑이다.

사랑을 맑게 하는 데 심오한 영성과 매주 정신분석이 필요한 것은 아니다. 애착 하나하나를 다 놓아버리기는 분명 어려울 것이다. 적어도 우리는 성공해본 적이 없다. 하지만 한 순간만큼은 놓아버릴 수 있을지도 모른다. 당신의 역사, 걱정, 초조, 간절함은 여전히 그 자리에 있다가 필요하면 다시 돌아오지만 말이다. 지금 이 순간에는, 당신 바로 앞에 있는 멋진 사람에게 눈길을 주자.

----

7 무엇이든 가능하다

Infinite Possibilities

이 책의 초판은 '무한한 성적 가능성에 대한 지침서'라는 부제를 달고 있었다. 우리가 나이를 조금 더 먹고 세상을 조금 더 알게 되니 그 포괄적인 제목조차 다소 좁아 보인다. 무릇 잡년생활은 단지 성적인 면이 아니라 온갖 측면에서의 무한한 가능성을 뜻한다. 혹시 '금욕하는 잡년'이 모순적이라고 생각된다면, 우리는 당신을 놀라게 할 몇 가지를 가지고 있다. 말하자면 잡년생활이란 다리 사이가 아니라 머리로 하는 것이다. 동의에 기초한 모든 유형의 섹스와 관계는 당신을 편안하고 행복하게 만들어준다.

무성애와 금욕

섹스에 'No thanks.'라고 말하는 사람들은 점점 눈에 띄는 소수집단이 되고 있다. **무성애**Asexuality는 성적 끌림을 느끼지 않는 것을 가리키고, **금욕**Celibacy은 끌림을 느끼지만 그 끌림에 따라 행동하지 않는 상태를 의미한다. 어떤 종류의 성적 자유도 조롱과 **병리화**의 대상일 수 없다. 여기에는 당연히 섹스하지 않을 자유도 포함된다.

무성애는 하나의 성적 지향sexual orientation으로 간주된다. 어떤 무성애자는 성적 느낌을 가지지만 자위만을 선호하고, 다른 어떤 무성애자는 성적 느낌을 전혀 갖지 않는다. 누군가는 파트너의 기쁨을 위해 기꺼이 섹스에 참여하고, 다른 누군가는 섹스를 피한다. BDSM, 탄트라, 또는 역할 플레이와 같은 비삽입 섹스의 에로시티즘 형태를 즐기는 이들도 있고, 어떤 섹스도 피하는 사람도 있다.

반면 금욕은 선택이다. 정서적, 정신적, 또는 영적 관심에 초점을 맞추는 방법을 제공할 수 있다. 섹스나 관계에서 문제를 겪었던 사람들이 자기 점검을 위한 방법으로 금욕 기간을 설정하기도 한다. '나 자신을 위하는 나는 어떤 인간인가?'

어떤 사람들은 자신의 선택이 아닌 금욕 생활을 한다. 수감 중인 사람, 병에 걸린 사람, 장애가 있는 사람, 지리적으로 고립된 사람, 사회적으로 비숙련된 사람들은 파트너를 찾기 어려울 수 있다. 반면 또 다른 사람들은 그저 사교적이고 싶지 않거나, 당분간 또는 영원히 성적 감각을 벗어나고 싶어서 금욕 생활을 선택한다.

어쨌든 우리는 '금욕하는 잡년' 또는 '무성애적인 잡년'을 모순이라고 여기지 않는다. 다른 사람과 관계할 때는 무한한 방식—로맨틱, 친밀함, 가정적 등등—이 있다. 만일 당신이 최대한 많은 방식과 가능성에 삶과 마음을 열었다면, 당신은 우리 중 한 명이다.

플라토닉 관계, 이른바 우정

한 친구는 '나는 사귀는 사람이 없어… 다 친구들뿐이야!'라고 끙끙거려서 우리를 미치게 만든다. 그에게, 그리고 여러분에게 전해줄 소식이 있다. 우정도 사귀는 관계다. 관계에서 가장 필요로 하는 것들, 즉 친밀감, 친애, 어려울 때 도움을 제공하고 다른 모든 영역에서 엄청난 기회를 선사하는 중요한 관계.

두 명 이상의 사람을 사랑한다는 생각 앞에서 겁에 질렸으면서도… 절친, 그러니까 가장 깊은 비밀을 공유하고 사실상 배우자나 연인만큼 삶의 중요한 부분일 수 있는 누군가를 가진 잡년생활 회의론자들은 재미있다. 연인과 절친이 동일인이 아니라면, 당신은 친밀감, 시간, 애정에 대한 그들의 요구를 각각 관리하면서 잡년생활의 많은 기술을 이미 실천하고 있는 중이다.

우정 어린 섹스

가깝고 편한 친구 중 한 명이 연인이 된다면… 어떤 일이 생길까? 우정을 망칠까? 혹은 다른 어떤 사건을 초래할까? 가령 인생의 다른 영역을 위협하는 어떤 일? 우정이 뒤섞인 섹스의 가능성을 처음 맞닥뜨리는 이들의 관심사는 이런 것들이다.

친구와의 섹스에 대한 문화적 금지는, 모노가미적이거나 결혼 등의 관계에서만 섹스가 허용된다는 사회적 믿음의 필연적인 소산이다. 반면에 우리는, 우정은 섹스를 하는 훌륭한 이유이자 섹스가 우정을 유지하는 훌륭한 방법이라고 생각한다.

사랑에 빠지지 않고서도 어떻게 친밀감을 나눈단 말인가? 우리는 이 질문에 친구들과 섹스

> "우리는, 우정은 섹스를 하는 훌륭한 이유이자 섹스가 우정을 유지하는 훌륭한 방법이라고 생각한다."

여부를 떠나서 그들을 사랑한다고 답하겠다. 이 사람들은 우리의 가족과 같다. 종종 결혼생활보다 더 영구적이기도 하다. 우리는 연습을 통해 절박함, 의존 또는 사랑에 빠지는 맹목적인 상태보다 훨씬 더 자유롭게 온기와 존중을 바탕으로 하는 친밀감을 발전시킬 수 있다. 이것이 **섹스를 나누는 친구**friends with benefits 관계가 값진 이유다. 절대 결혼하지 않을 연인과 나누는 사랑과 존경과 감사를 인정한다면, 성적인 우정은 가능성을 넘어 선호의 대상으로 변할 수 있다. 그러니 성적 욕망 때문에 절친을 잃어버릴까 봐 걱정하는 대신, 차라리 주변의 노련한 잡년이 유일하게 섹스하지 않은 친구가 왜 당신인지를 실문하라.

도씨가 페미니스트로 첫걸음을 내디뎠을 때다. 도씨는 누군가의 '마나님'이 되려 애쓰지 않는 자신이 어떤 사람인지를 알고 싶었다. 그래서 5년 동안 파트너를 만들지 않겠다고 맹세했다. 그 몇 년 동안 그녀는 멋진 관계를 맺어나갔다. 그것은 양육과 가사와 자동차 수리까지, 물론 숱한 애정 넘치는 섹스와 애정의 공유를 포함하는, 친밀함의 무지개였다. 애정을 확신한 후 그녀는 자신이 사람들의 어떤 점을 좋아하는지 알게 됐다. 자신에게 편안한 방식을 찾는 것은 효과가 있었다. 그녀의 탐구는 그녀를 한 사람의 여성으로서, 그리고 한 사람의 섹시한 인간으로서 세계에 존재할 수 있는 새로운 방식, 즉 그녀의 존재, 그리고 지금도 그녀를 가르치는 것들의 기초를 발견하도록 도왔다.

그렇다. 많은 사람들이 인생에서 깊은 친밀감의 대상을 한두 명에게 국한시킨다. 동시에 친밀한 연결을 더 많은 이에게 확장하는 것을 위험하게 느낀다. 취약한 영역의 공유만큼 친밀감을 향상시키는 것은 없다. 물론 때로는 두려움을 느끼기도 하겠지. 그러나 두려움을 공유하는 위험을 무릅쓸 때 연결 상태는 더욱 깊어진다. '나도 무서워!' 또는 '이해할 수 있어. 더 이야기해줘.' 같은 따스한 반응과 함께. 우리 삶이 경험할 모든 관계는 친밀함으로 축복받을 넉넉한 이유를 가진다.

각 관계는 저절로 균형을 찾는다. 그냥 두면 된다. 물과 같다. 당신과 당신의 공상을 사로잡은 그 사람 모두에게 적합한 방식이라면, 함께 흐를 수 있다.

관계 무정부주의

새로운 용어 중 하나인 **관계 무정부주의**Relationship Anachy를 살펴보자. 관계 무정부주의는 파트너를 '프라이머리(제1파트너)'나 '세컨더리(제2파트너)'(또는 이런 유의 위계)로 설정하지 않는다. 오히려 각 관계를 별도로 유지하며 가능한 한 규칙을 적게 두는 생활 방식을 뜻한다.

무정부주의자들은 삶의 모든 영역에서 위계를 피하려고 한다. 이는 듣기보다 훨씬 더 복잡한 이상적인 목표다. 누군가가 사회가 당연한 것으로 상정하는 경계와 구조에 의문을 제기할 때, 우리는 혜택을 받는다. 무정부주의자의 경우도 마찬가지다. 이들은 '새로운 관점'을 탐색하고 구조를 부여하지 않는 삶과 사랑의 형태를 모색할 때 스쳐야 할 풍부한 원천과 같다.

관계 무정부주의는 보통 서약보다 자유를 중시하는 경향을 보인다. 그래서 관계 무정부주의자들은 성적 또는 로맨틱한 행동에 있어서 합의 및 기타 약속의 최소화를 선호한다. 아, 물론 이게 모든 사람들이 제멋대로 굴어도 된다는 뜻은 아니다. 가장 철저한 무정부주의자도 안정적인 파트너와의 관계 맺기를 위해 더 안전한 섹스, 육체적 또는 정서적 학대 방지에 관한 몇몇 기본적 이해를 필요로 한다. 또한 관계 무정부주의자들 역시 친밀감, 연결성, 애정 표현 등의 기술을 연마할 필요가 있다. 하지만 당신이 모든 권위와 위계에서 짜증을 느끼고 규칙은 깨지기 위해 만들어진 것이라고 생각하는 사람이라면, 관계 무정부주의자에 딱 들어맞는 성향을 가진 것이다.

독신으로 살기

어떤 잡년에게 독신 생활이란, 다음 파트너를 만나기 전까지의 일시적인 상태다. 그런가 하면 어떤 잡년에게는 최근의 이별에 따른 치유 권장 기간일 수도 있으며, 장기간의 생활 방식으로 선택한 것일 수도 있다. 독신으로 지내면, 자신을 다른 누군가의 반쪽으로 맞추는 노력을 하지 않을 때의 자신이 어떤 사람인지를 알아가기에 좋다. 자신과의 생활을 즐기는 법을 배우면, 새로운 연결을 맺고자 할 때 그 파트너와 공유할 만한 것들을 많이 얻는다. 독신 잡년생활에는 많은 기쁨과 어려움이 공존한다. 이에 대해서는 뒷부분에서 더 본격적으로 다루겠다.

> "독신으로 지내면, 자신을 다른 누군가의 반쪽으로 맞추는 노력을 하지 않을 때의 자신이 어떤 사람인지를 알아가기에 좋다."

모노가미 중심적인 문화 속에서 독신들은 '원나잇스탠드의 나라'를 자주 여행한다. 그 나라에서 당신은 선택한 사람과 함께 집에서 뜨거운 섹스를 나눈다. 그리고 다음 날 아침, 서로를 보면서 연인 관계 가능성을 타진해본다. 가능성이 없을 때면 황급히 그 자리를 떠나버린다. '재어보니 함량 미달'인 그 사람과 다시는 편하게 보지 못할 것 같다는 무언의 암시와 함께 말이다. 대부분의 사람은 완전히 낯선 사람과 총체적인 서약 사이의 중간 지대에서의 성적 친밀감에 관한 대본을 가지지 못했다. 오디션 같은 섹스가 발생하는 이유다.

하지만 독신 잡년들은 다양한 방식으로 경기장에서 활약할 수 있다. 여기서 구별되는 지점은 당신이 연인들을 얼마나 분리시켜 두는가이다. 독신 잡년생활의 한 형태는 복수의 파트너가 있음에도, 파트너간 교류 및 상호 정보가 완전히 부재한 상태다. 상호 지지 및 커뮤니티 발전 기회 같은 특정 종류의 친밀감 형성을 제한하는 대신 터져버릴 수 있는 복잡한 상황을 미리 피하는 방식이다.

물론 일요일 브런치를 함께하면서 연인들을 서로 소개해줄 수도 있다. 얼핏 듣기에는 매우 거칠고 불가능해 보이거나 재앙을 예비한 시나리오처럼 들릴지도 모르겠다. 그러나 아직 이런 적이 없다면 잠자코 들어보라. 당신의 연인들은 서로 공통점이 많고—당신 역시 그중 하나겠지—서로를 아주 좋아할지도 모른다.

당신이 어떤 유형이든, 개방적인 성생활을 향유하며 살아가는 독신이라면 성적, 정서적, 사회적 요구의 충족 방식에 주의를 기울여라. 당신은 무수히 다양한 방법으로 대응할 수 있다. 중요한 점은 당신의 요구와 바람을 잘 알고 완전히 인식하면서 요구를 충족시켜야 한다는 것이다. 만약 섹스, 애정, 또는 정서적 지지에 대한 요구가 없는 척 연기한다면? 당신은 자신에게 거짓말을 하는 셈이다. 그리고 당신은 자신의 요구를 간접적인 방법으로 충족시키기 위해 노력할 텐데, 안타깝게도 쉽지 않을 확률이 높다. 이렇게 하면 교묘하거나 수동·공격적이라는 말을 듣기 십상이다. 자신의 요구를 직접적으로 충족하는 방법을 찾아내지 못한 이들에게 어울리는 말이겠다.

원하는 것을 찾아서 요청할 때 당신이 얼마나 자주 '예'라고 답하는지 확인하면 놀라게 될 것이다. 누군가 당신에게 지지나 포옹을 요청할 때, 혹은 당신이 기뻐할 만한 방법을 알려줄 때 얼마나 안심이 되는지 생각해보라. 당신이 진정으로 타인을 도울 수 있을 때나 누군가가 마음껏 울 수 있도록 어깨를 빌려줄 때, 혹은 완전한 오르가슴을 유발하는 최적의 자극을 줄 때 기분이 얼마나 좋아지는지. 친구들에게도 당신을 만족시켜 기쁨을 얻을 수 있는 기회를 줘라.

모노가미쉬

2011년 섹스 칼럼니스트 댄 새비지Dan Savage가 만든 **모노가미쉬** monogamish라는 신조어는 빠른 속도로 유행했다. 마치 우리가 오랫동안 이 단어의 탄생을 기다려온 듯했다.

모노가미쉬는 커플인 두 사람 간 합의다. 그들의 결속이 그 어떤 외부 관계보다 우선하지만, 간헐적인 짧은 만남은 용인된다. 집이 화재로 타버리는 일을 예방할 수 있다. 어쩌면 집을 유지하기에 바람직할 수도 있겠다. 많은 모노가미쉬 커플은 때때로 서로 합의한 제3자가 자신들의 침실에 합류하거나, 일회성 쾌락을 위해 '모든 게 가능한' 밤을 갖는 일에 동의한다. 우리는 유명인사에 대한 호감을 '일회성'의 예외적 재미로 만든 모노가미 커플 이야기를 여러 차례 들었다. '좋아. 네가 댄 새비지와 함께 잘 수 있으면, 그렇게 하는 거야.' 이것은 판타지 모노가미쉬일 수 있다.

이따금 관계 바깥에서 지낼 수 있다는 생각에 흥분하면서도 폴리아모리로 뛰어들 준비가 완전히 되지 않은 많은 커플에게, 모노가미쉬 합의는 물의 온도를 체크하려고 잠깐 물에 담그는 발가락과 같다.

동반자 관계

열린 관계에서 파트너를 맺는 방식은 여러 가지다. 여기에는 여러 파트너들이 시간적으로 구분되어 있는 연속적 모노가미serial monogamy와 외도cheating로 알려진 합의되지 않은 비모노가미가 포함된다. 이런 생활 방식 역시 무의식적인 자유연애라고 할 수 있겠다. 하지만 우리는 우리가 숨김없이 공개적으로 사랑할 때 더 자유롭고 안전하다고 느낀다.

커플이나 기존의 그룹이 자신들의 역동적인 관계에 타인을 포함시킬 때, 먼저 상대방과 자신의 관계를 돌보아야 열린 관계가 잘 작동하는 것은 자명한 이치다. 따라서 잡년 동반자 관계는 이 책의 뒷부분에 적은 여러 항목을 잘 수행해야 한다. 그래야만 원활한 의사소통이 가능하고 질투심, 불안정, 영역 등을 의식하면서 사안들에 대처할 수 있다. 동반자 관계에 있는 사람들은 자신들의 경계를 파악하여 소통하고, 합의를 만들어 유지하며, 각자의 경계 및 관계를 위해 상호 설정한 경계를 존중해야 한다. 커플과 그룹은 자신들의 연결을 행복하고 건강하며 만족스럽게 유지하기 위해 상술한 이야기들을 확실히 만들어 갈 필요가 있다.

동반자 관계는 프라이머리나 위계가 없는 연인들 외부에서 세컨더리 관계를 가지기도 한다. 이 관계는 그들 간 정서적, 육체적 거리나 접촉 횟수에 따라 천차만별이다. 어떤 관계는 단기적이고 또 다른 관계는 몇 해 혹은 평생 동안 이어진다. 또한 어떤 경우는 일주일에 두 번씩 만나고 또 다른 경우는 일 년에 두 번 만날 수도 있다.

폴리아모리가 생소한 사람들은 경계를 정의하는 데 많은 에너지를 소비하는 경향을 보인다. 그들은 보통 자신들의 실제 욕망보다는 상대방이 하지 않았으면 하는 것들—안전하지 않고 두려움을 자아내는 활동—에 더 집중한다. 이런 종류의 한계선 설정은 많은 사람들을 방향 감각이 상실된 잡년생활의 세계로 이끈다. 하지만 동반자 관계에서 보다 정교한 경계 운용이 가능해지면 이들은 즐기는 것에 더 집중하게 된다. 이때는 안전하게 즐길 수 있는 방법에 관한 전략을 세우는 경향을 보인다. 이 학습 곡선을 만들고 수행하는 방법에 대해서는 18장 「열린 관계로」에서 보다 자세히 다루겠다.

우리의 지인 중 한 명인 이 여성은 두 명의 프라이머리 파트너(남성 한 명과 여성 한 명)와 함께 산다. 동시에 다른 파트너들과 프라이머리 파트너들의 다른 파트너들과 함께 방대한 네트워크를 형성했다. 이 관계들은 자녀들과 손주들을 양육하면서 오래 지속됐다. 그녀의 과거 연인들은 이 대가족에서 여전히 활동하는 또 다른 구성원이다.

다른 열린 관계 유형을 보자. 이 유형에서는 각 파트너가 완전히 떨어져 각자의 파트너를 찾는다. 그들은 서로 누가 언제 어느 클럽을 가는지를 확인해서 미리 피하고, 인터넷과 개인 광고에서 마주치지 않도록 주의한다. 물론 서로의 모험을 공유하거나 다른 파트너들을 같이 사는 연인들에게 소개하기도 한다.

또 다른 사람들은 다른 커플과의 관계 맺기를 추구한다. 4인 또는 파트너 바꾸기 중 하나를 선택해서 만나고 선택한 이들과 플레이하는 것이다. 많은 폴리아모리 커플은 이들과 비슷하다. 가치와 경계를 공유하는 커플들과 관계를 형성하는 훌륭한 방식을 만들어낸다. 이러한 커플 간 관계는 일생의 애착관계가 되기도 한다. 뜨거운 섹스와 진정한 가족, 이 두 유형의 상호 관계를 생성할 수 있다.

서로의 관계에서 자리를 잡다가 시간이 지나면서 변화하게끔 놔두는 사람들도 보인다. 몇 해가 지나서 옛 연인과 다시 연결되면 오래된 장갑을 낄 때처럼 딱 맞다고 느낀 적도 있다.

위계와 대안

많은 폴리아모리스트들이 관계 정의에서 위계적 용어 사용을 선호한다. 결혼과 유사한 방식으로 함께 사는 이들은 프라이머리(제1파트너), 사랑하지만 동거하지 않는 사람들은 세컨더리(제2파트너), (종종 성적인) 시간을 함께 보내는 사람들은 자주 보지 않거나 약한 합의성에 기반하는 관계인 제3파트너다. 폴리아모리스트의 관계 관련 다른 용어로는 반려자life partner와 다소 달달한 단어인 둥지 파트너nesting partner 등이 있다.

위 용어들은 널리 퍼져 있고 함축적으로 쓰여서 유용한 듯 보인다. 하지만 우리는 삶에서 사람의 중요성을 순위로 매기는 이 시스템에 약간의 우려를 갖고 있다. 재닛은 말한다. "E는 내 반려자이고 도씨는 내 공동 저자다. 내가 집을 살 때는 E가 가장 중요하다. 반면 내가 책을 쓸 때는 도씨가 가장 중요하다. 그들 각각은 내 인생에서 고유한 자신의 자리를 갖는다. 왜 그들의 순위를 매겨야 하는가?"

세 명 이상

사람들은 세 명 이상의 사람과 서로 서약할 수 있다. 기존 커플과 제3파트너의 서약 혹은 기존 커플과 제4파트너의 서약처럼 그 수준은 제각각이고 다양하다. 시간의 경과에 따른 구성원 추가와 빼기는, 시행착오로 만들어지는 가족 역할의 새로운 구성과 함께 매우 복잡한 구조로 이어지는 경향을 보인다. 3인조 또는 4인조로 묶인 그룹의 개인들은 가족 내의 자기 역할이 시간에 따라 발전하고 성장하며 변화한다는 사실을 알게 되리라. 그룹의 '어머니' 역할이었던 사람이 언젠가는 특정 파트너와 함께 '아이'나 '아빠'로 변신할지도 모른다.

트라이어드triad는 어떤 유형의 젠더가 조합되든지 간에 세 명의 파트너로 가족 단위가 형성된다. 어떤 경우에는 사이가 깊어진 한 명 이상의 외부 연인을 구성원으로 받아들여 삼각형이나 정사각형 가족으로 성장한다. 적극적인 그룹 결혼을 추구하며 가정의 유형에 관한 이상을 실현하려는 사람들도 있다. 스리섬의 구성원으로 살며 사랑하는데 아주 익숙하여 자신의 정체성을 '트리섹슈얼trisexual'*로 규정하는 사람들도 있다고 한다. 그들은 스리섬의 일부로 살고 사랑하는 아이디어에 탄탄하게 적응한 이들이다.

트라이어드 관계의 균형 만들기는 쉽지 않다. 모든 삼각관계ménage à trois에는 A&B, B&C 및 C&A라는 세 쌍이 있다. 이 커플들이 형성할 관계들은 또한 제각기 다를 것이다. 가족의 형제 자매와 마찬가지로 트라이어드의 모든 관계 역시 동시에 같은 수준이기는 힘들다. 언젠가 트라이어드 구성원 중 누가 차 뒷좌석에 타야 하는지를 두고 벌어진 장황한 논쟁에 관해 들은 적이 있다. 모든 형태의 윤리적 잡년생활에서, 아마도 특히 트라이어드 관계에서는 경쟁심을 넘어서는 방법의 모색이 중요하다. 사실, 모두에게 모든 것이 충분하므로.

---

* 여성, 남성, 논바이너리의 세 가지 젠더에 끌리는 사람을 말한다.

공개 섹스

어떤 유형의 관계를 맺고 있는지와 상관없이 그룹 섹스를 즐기는 잡년이 있을지 모른다. 여러 주요 도시에 난교 환경, 파티 하우스, 섹스 클럽, 스윙 하우스, 사우나 및 글로리 홀glory hole 등이 거의 모든 성적 취향에 맞게 다양한 형태로 마련되어 있다. 이에 관해서는 24장에서 제대로 논할 것이다. 모노가미쉬 커플에게는 그룹 섹스 환경이 안전한 탐험 장소가 된다. 함께 혹은 따로 파티에 참석하여, 단독으로 혹은 짝을 지어 크루징하고, 서로의 친구들을 만나며, 다양한 사람들과 플레이할 수 있다. 그러는 동안

> "경쟁심을 넘어서는 방법의 모색이 중요하다. 사실, 모두에게 모든 것이 충분하므로."

이들은 줄곧 서로 편안한 관계를 유지한다. 이렇게 하면 프라이머리 관계 외부의 섹스는 바로 그 특정한 환경으로 범위가 한정된다.

그룹 섹스 환경이 가족을 만들어주는 경우도 많다. 이때 가족이란, 그룹 섹스에 정기적으로 참여하여 서로를 알아가고, 추수감사절 만찬 같은 다른 활동을 함께 하기도 하는 사람들이다. 영화 〈숏버스Shortbus〉는 다채롭고 매혹적인 개인들이 동네의 친근한 섹스 클럽에서 가족을 선택하여 형성하는 모습을 보여준다.

폴리 가족

서클Circle은 별자리constellation에 가까워 보이는 사람의 연결을 묘사할 때 사용하는 단어다. 허브 가까이에 일부 사람이 있고 동시에 몇몇 다른 이들에게 연결된다. 다른 이들은 외부에 가깝고 한두 명에게만

연결되어 있다. 간혹 다른 별자리의 일부이기도 하다. 이 별자리들은 가벼운 관계에 그칠 수도 있다. 또한 함께 자녀를 키우고 생계를 일구며, 아프거나 늙었을 때 서로 돌봐주고 재산을 관리하는 확대 가족으로 나아가기도 한다.

제임스 라메이James Ramey 박사는 저서『친밀한 우정Intimate Friendships』에서, 비모노가미가, 그가 친족 네트워크라고 부르는 형태로 발전하는 과정을 관찰하고 담았다. 그 공동체는 성적 연결에 기반한 친밀감으로 결속돼 있었다. 아마도 더 작은 세상에서 마을의 기능과 똑같은 역할을 수행하겠지. 우리의 집단화를 **부족**tribe이라고 말하기 좋아하는 구성원들도 있다.

성적 친구 간 서클은 흔하다. 이런 친구를 '샅 친구fuck buddy'라고 부르는 이들도 있다. 이 서클은 개방적이다. 환영받는 새 구성원들 대부분은 다른 구성원들이 데려온 사람들이다. 당신이 이런 서클에 속한다면 모든 구성원의 새 연인들이 잠재적인 친구이자 가족 구성원이 된다. 경쟁과 배타가 포용과 환대로 초점이 바뀐다. 정말로 따스하기 마련이다.

또한 폐쇄적으로 기존 회원들과의 합의를 통해서만 새 구성원을 맞는 서클도 있다. 닫힌 서클은 HIV 감염 및 성적 접촉으로 전염되는 성병에 안전하게 대응하는 전략이자 과밀한 이 세계에서 발생할 수 있는 소외에 대한 대처다. 닫힌 서클에서는 서클 내부의 누구와도 관계할 수 있다(모두 안전한 섹스를 위한 규칙에 합의했다. 대부분이 STI*상태라고 알려진다). 하지만 그룹 외부의 사람들과는 섹스할 수 없다. 다양한 관

---

* STI : sexually transmitted infection. 성매개 감염. 인유두종 바이러스처럼, 질병으로 이어지지 않을 확률이 존재하는 감염을 일컫는 말이다. 성병STD과 구분하여 쓰인다.

계가 가능하지만 제한된 영역에 머물러야 한다. 이러한 방식은 **폴리피델리티**polyfidelity라고 불린다.

　위 내용들은 잡년들이 인생과 사랑을 조직하기 위해 선택한 방법 중 몇 가지에 불과하다. 당신은 하나를 고르거나 여러 개를 고를 수도 있고 자신만의 방법을 고안할 수도 있다. 관계 구조는 완벽한 관계라는 추상적인 이상에 적합한 사람들이 아니라 관계 속에 있는 사람들에게 적합하게 디자인되어야 한다. 모든 이들이 즐기고 자신의 요구를 충족시키는 방법에서 옳고 그름은 없다.

모노가미 예찬

비록 우리 저자들은 모노가미를 선택하지 않았지만, 모노가미는 사려 깊은 잡년들이 선택할 수 있는 무한한 가능성 중 하나로 보고 박수를 보낸다. 여느 관계들과는 다른 종류의 위험과 대가가 따르지만, 많은 사람들에게 일시적든지 영구적이든지 훌륭한 선택이 된다. 최근 친구 중 한 명(그녀는 이 책을 처음 출판하기 몇 해 전에 태어났고, 말도 안 되게 어릴 때 이 책을 읽었다)이 말했다. "모노가미 친구 한 명과 이야기를 나누다 보니까 모노가미가 기이한 BDSM 합의처럼 보였어. 그러니까 오직 한 사람과만 섹슈얼리티를 나누는 합의. 아, 물론 잘못됐다는 이야기가 아냐. 두 사람 다 동의한다면 말이지. 그저… 기묘했어."

만일 당신이 누군가의 모노가미 선택을 이해할 수 없다면, 그것을 계약의 한 형태로 생각해보라. 동의에 기초하고 정확한 사실에 입각한 관계 선택의 효과처럼, 상호 지배적인 커플이 합의를 더 굳건히 하기 위해 서명할 수도 있는 것이다.

모노가미의 장점은 무엇인가? 아래 내용이 포함될 것이다.

- 당신의 에너지를 여러 사람들에게 펼치는 대신 한 파트너에게만 집중할 수 있다.
- 중요한 다른 책임(새로운 아기, 대학원, 고단한 직장…)을 위해 여유를 예비하고 준비할 수 있다.
- 욕망을 관계 바깥으로 보내지 않고, 성적 흥미를 파트너의 욕망 충족에 쓰는 헌신 또는 이와 반대로 관계의 행복을 위해 개인의 욕망을 기꺼이 희생한다는 서약. 이 모두가 가능하다.
- 뚜렷한 일정 유지가 가능한 단순함. 당신, 파트너, 부양가족 외 다른 누군가의 요구를 수용할 필요가 없다.

물론 법 역시 모노가미 선택(또는, 그 문제라면, 다른 어떤 관계 스타일도 마찬가지)을 언제까지나 지켜야 한다고 규정하지 않았다. 재닛은 모든 사람이 선입견과 제재 없이 모든 관계 선택이 가능한 세상에서, 자신의 삶의 변화에 대응하는 관계 스타일과 패턴을 선택할 수 있다고 믿는다. 초기 성년 기간의 잡년스러움, 업무 경력 축적과 양육이 빚는 광란의 기간 동안의 모노가미, 중년기의 특정 폴리아모리(원래 커플 안 혹은 결별 후 독신자로서), 그리고 마침내 부드럽고 사랑스러운 금욕생활까지. 물론 놀랍도록 잡년스러운 은퇴자들의 커뮤니티도 들어봤지만 말이다.

모노가미에 대한 우리의 유일한 불만은 모노가미 그 자체가 아니라 모노가미만이 당신이 선택 가능한 유일한 것이라고 믿는 일이다. 우리는 당신이 이 책을 통해 모노가미가 무수한 선택지 중 하나에 불과하다는 사실을 알게 되고, (파트너의 의견과 함께) 당신에게 가장 적합한 관계 스타일을 스스로 결정하기를 바란다.

만일 당신이 신중한 고민을 통해 모노가미를 선택하고 결정한다고 해도 이 책에 적힌 기술은 필요하다. 비록 전부는 아니더라도 대부분. 질투, 시간 관리 문제, 욕망의 자연스러운 부침, 그리고 나머지 것들. 이것들은 모두 모노가미주의자들에게도 발생한다. 그러니 책장을 계속 펼쳐두고 읽어나가시기를.

2부

실전 잡년생활

The Practice of Sluthood

8 　사랑의 풍성함

Abundance

섹슈얼리티sexuality에 대한 전통적 태도는 **어떤 것**—사랑, 섹스, 우정, 서약—이 골고루 돌아갈 만큼 충분하지 않다는 무언의 믿음에 근거하는 경우가 많다. 당신이 원하는 것의 양이 한정됐다고 생각한다면, 당신의 몫을 요구하는 일이 매우 중요하게 느껴질 것이다. 게다가 그게 아주 좋은 뭔가라면 다른 이들과의 경쟁을 피하기 어렵다. 따라서 다른 누군가에게서 당신의 몫을 가져와야 한다고 생각되기 마련이다. 반대로 다른 사람의 획득이 당신 몫의 감소라고 여겨질 수 있다.

우리는 독자 여러분 모두가 원하는 바를 다 얻게 되기를 바란다. 다음은 그 과정에서 발생할 수 있는 몇 가지 장애물을 극복하는 데 도움이 될 만한 아이디어들이다.

결핍의 경제학

사람들은 보통 유년 시절에 굶주림의 경제를 습득한다. 정서가 메

말랐거나 마음이 닫힌 부모와 함께한 경험은 자신의 요구를 충족하기 위해서는 열심히 노력해야 할 수밖에 없다고 가르친다. 한 순간만 방심해도 가늠할 수 없는 누군가 혹은 무언가가 내가 갈구하는 사랑을 뺏을 수 있다고 배운다. 실제로 굶주림, 즉 생존을 위해 음식을 구하려고 싸워야 하는 것이나 노골적인 방치, 결핍, 학대를 겪은 사람도 있을 것이다. 아니면 나이가 든 후 교묘하거나 냉정하거나 가혹한 연인, 배우자, 친구로부터 굶주림의 경제를 배우기도 한다.

어릴 때 습득한 신념은 보통 개인과 문화에 깊숙하게 파묻혀 잘 드러나지 않는다. 유심히 보아야만 그 패턴이 보인다. 뭔가를 원해도 괜찮을 때는 언제인가? 당신이 빌을 사랑한다는 이야기는 곧 메리를 덜 사랑해야 하는 것이다. 사람들은 친구에게 헌신적인 당신을 두고 배우자에게는 그렇게 헌신적이지 않을 것이라고 확신할지도 모른다. 그렇다면 파트너의 마음속에서 당신이 최우선인지는 어떻게 알 수 있을까?

이런 사고방식은 하나의 함정이다. 예를 들어보자. 우리는 둘째 아이를 가진 보통의 부모가 첫째 아이를 덜 사랑한다고 생각하지 않는다. 반려 동물 세 마리를 키우는 사람이 한 마리를 키우는 사람보다 자신의 반려 동물 한 마리 한 마리를 덜 소중하게 대하지 않듯이. 그런데 섹스, 사랑, 로맨스의 경우가 되면 사람들은 좀처럼 누군가에게 풍족하다고 해서 내게 부족한 것이 아니라는 사실을 믿지 못한다. 우리는 당장 얼마간의 사랑을 비축하지 않으면 곧 절박한 굶주림이 다가올 것처럼 움직인다.

놓아주기

지난날 겪은 굶주림에 대한 두려움 극복은 윤리적 잡년생활에서 가장 어려운 과제일 수 있다. 확신을 갖고 훌쩍 도약해야만 극복 가능하다. 당신의 소유라고 느끼는 것들을 놓아야 하고, 그 빈자리에 너그러운 세상이 넉넉하게 채워질 것이라고 믿어야 한다. 자신이 사랑과 보살핌과 따스함과 섹스를 누릴 자격이 있다는 사실을 분명히 인지할 필요가 있다. 예전에 세상이 당신에게 그다지 너그럽지 않았다면, 이 일은 매우 어려울지도 모른다.

안타깝게도 우리는 세상이 당신에게 관대하리라고 장담할 수 없다. 하지만 이미 당신의 것인 사랑을 움켜쥔 손을 느슨하게 풀어보라. 그러면 당신을 사랑하는 사람 그리고 어쩌면 다른 이들에게 더 많은 것을 얻을 수도 있다. 우리는 분명히 그랬다. 하지만, 특히 이런 시도의 초반에는 굶주림의 경제를 떠나보내는 일이 공중 그네를 타는 아슬한 기분을 선사하기도 한다. 이때는 가지고 있는 안정감을 놓아주라. 그리고 도약의 끝에는 언제나 다른 무언가가 당신을 기다리고 있다는 걸 믿어보라.

이런 무모함에 안전망이 있을까? 음, 있기는 하다. 한번 더, 확신을 갖고 도약해야 할 텐데, 왜냐하면 안전망이란 바로 **당신**이기 때문이다. 당신의 자립, 자기 돌봄, 자신과 시간을 보내는 능력. 만약 당신이 혼자를 감당하기 힘들다면, '당신의 것'을 포기해야 하는 용기를 호소하기는 불가능할지도 모른다.

다르게 보자. 골고루 나눌 수 있는 넉넉한 사랑, 섹스, 지지, 보살핌이 있다는 사실을 깨닫는 것은 얼마나 경이로운 자유인가! 재닛은 파트너가 다른 누군가와 외출하면 자신의 다른 연인과 데이트를 한다. 혼자가 아니다. 이제 그녀는 "내가 원하면 다른 선택의 여지가 있다는 걸 알아. 하지만 나는 점점 더 자주, 그 시간을 나 혼자 보내고는 해. 내 멋대로 시간을 보낼 고독의 기회를 즐기면서 말이야."라고 말한다. 그녀는 세상에 시간을 함께 보낼 수많은 사람들이 있다는 사실을 알지만, 이제 그녀는 그런 종류의 확신을 필요로 하지 않을 만큼 스스로 안전하다고 느낀다.

현실적 한계

굶주림의 경제와는 대조적으로, 우리가 원하는 것들은 확실한 한계가 존재한다. 가령 하루는 24시간밖에 없다. 그러니 우리가 아끼는 모든 이들과 함께, 모든 근사한 잡년생활을 즐길 충분한 시간을 찾으려는 노력이야말로 진짜 도전이다. 때로는 불가능한.

시간은 우리가 원하는 대로 사랑하려고 할 때 맞닥뜨리는 가장 큰 현실적 한계다. 이 문제는 잡년들에게만 국한된 것이 아니다. 모노가미들도 섹스를 하고 함께 시간을 보내며 의사소통을 위한 시간을 마련하는 데 애를 먹는다.

신중하게 시간을 계획하면 도움이 된다. 지금 일정표나 온라인 달력을 함께 쓰고 있지 않다면, 당장 시작하는 편이 좋다. 상대방의 현실을 고려한 융통성 있는 유지가 중요하다. 위기 상황이 발생하기 마련이다. 아이가 아프고 업무에 비상이 걸리며 다른 파트너의 상황이 좋지 않아 나와 함께 있고 싶어 할 때. 내가 원하는 모든 것을 충족하려면 얼마간의 시간이 필요한지 고민하고 싶어진다. 정말로 그 사람과 밤을 같이 보내고 다음 날 아침을 함께하고 싶은가? 아니면 한두 시간 포옹하며 이야기를 나누는 쪽이 나을까?

하지만 당신은 기억해야 한다. 다른 파트너들도 당신의 일정을 알 필요가 있다는 사실을 말이다. 여기에는 당신의 생각보다 더 많은 사람이 포함된다. 친구 중 한 명은 아내의 연인에게 일정에 영향을 미치는 중요한 약속을 미처 알리지 못하고는 툴툴거렸다. "**누군가**에게 말했는데 말이야."

파트너와 보낼 시간, 그리고 아이와 놀 시간을 잊지 말고 계획하라. 당신 자신도 예외가 아니다. 바쁜 잡년들은 혼자만의 휴식과 재충전 시간을 설정하기 어려워한다. 재닛이 기차 중앙역 같은 대가족을 꾸리고 살 때다. 여자친구가 집을 비우면, 그 집을 혼자만의 은거지—흔치않은 소중한 선물—로 가끔 사용할 수 있도록 동의를 받았다.

공간은 많은 사람들에게 또 다른 현실적 제약이다. 섹스 전용 공간 등 여러 개의 방을 갖춘 저택에 살 만큼 운 좋은 사람은 우리 중 일부에 불과하니까. 당신이 친구와 침실에 들었는데 당신의 동거인 파트너가 졸려서 자고 싶어지면 문제가 생긴다. 내 파트너가 내 침대에서 다른 누군가와 즐기는 동안 내가 내 아파트의 비좁은 소파에서 골아떨어져야 하는 일은, 가장 선도적인 잡년에게조차 선을 넘는 일일 수 있다. 우리는 당신이 침실이나 다른 유희 공간을 파트너나 연인과 공유할 때 미리 관련 파트너에게 동의를 구하고 약속을 확실하게 지키라고 제안한다. 물론 형편이 허락해서 별도의 침실이나 개인 공간을 마련하면 해결 가능하다. 우리가 인터뷰한 한 커플은 이렇게 말했다. "침실을 따로 두는 것은 우리에게 물러설 수 없는 조건이에요. 그렇지 않으면 이런 생활 방식을 유지할 수 없을 겁니다."

소유품도 문제가 될 수 있다. 아끼는 사람과 물건을 함께 쓰고 싶은 마음은 자연스럽다. 하지만 이 욕구는 소유품—돈, 음식, 미술품, 섹스 토이—이 법적으로나 정서적으로 한 사람 이상에게 속할 때 문제를 일으키기 십상이다. 누가 어떤 물건에 자신의 소유라는 감정이 생길 가능성이 조금이라도 있다면, 그 물건을 공유하기 전 그 사람과 신중하게 대화를 나눌 것을 강력하게 권한다. 이 규칙은 단순한 편이다. 당신의 배우자가 아침 식사로 마시려 했던 우유를 당신의 연인이 다 해치우지 못하도록 하라는 이야기니까. 그래도 때로는 까다로운 상황과 맞부닥친다. 따져보자. 당신이 받은 선물을 다른 누군가에게 줄 수는 있다. 하지만 남편에게 선물한 넥타이를 남편의 연인이 매고 있는 모습을 본 아내가 발끈하는 것도 무리는 아니다. 마찬가지로, 연인이 당신을 위해 만든 물건이나 둘이서 기념일에 쇼핑 여행을 가서 함께 산 물건을 공유할 때도 사전 동의를 받는 편이 좋다. 잡년들은 위생상 또는 감정적 애착 때문에 특정한 섹스 토이는 오직 한 사람과 쓰려고 따로 두는 경우가 많다. '나의' 바이브레이터, '해리'의 딜도. 공동 소유의 재산을 공동 소유자와 상의 없이 빌려주거나 공여하는 일이 용납되지 않는 것은 두말할 나위도 없다.

성의 경제학

도씨는 섹슈얼리티의 여러 측면을 지배하는 생물학적 현실을 '수리학의 횡포'라고 표현한다. 당신이 성적 측면의 슈퍼히어로로서 필요할 때마다 무한정 발기할 수 있다면 좋겠지만, 우리 중 그 누구도 그런 사람을 본 적이 없다. 함께해왔던 성적 활동을 기대하고 있던 한 사람이 있다. 그런데 연인이 다른 파트너를 먼저 만나 사정하는 바람에 자신과의 성적 활동이 힘들다. 이런 실망을 우리는 깊이 이해한다. 멀티 오르가슴을 아주 잘 느끼는 사람조차도 성적으로 흥분된 상태를 영원히 유지할 수는 없다.

이런 문제는 기대하는 섹스 구성 요소를 조정하면 비교적 쉽게 해결된다. 섹스에 발기, 오르가슴, 사정이 정말로 항상 필요한가? 파트너 A가 파트너 B보다 먼저 오르가슴을 느끼면, 파트너 B가 해피 엔딩에 이를 때까지 사랑을 담아 계속 애무를 이어 나가면 안 될 이유라도 있는가?

탄트라 요가 수련자들은 페니스 소유자가 사정하지 않고 오르가슴을 경험할 수 있는 방법을 개발했다. 이런 전략들은 피임과 더 안전한 섹스에 어느 정도만 유용하다. 당연히 콘돔의 대체품이라고는 할 수 없다. 그런데 이 방법으로 절정에 이르는 이들은 근사한 부작용을 겪는다. 사정 없는 오르가슴을 배우는 이들은 답답한 시기를 정복한 후 여러 차례의 절정을 경험하게 되는 것이다. 다른 유형의 섹스 수행자들은 성적으로 흥분한 생리적 상태와 상관없이, 열광적인 잡년들이 파트너들에게 한 번 또는 여러 차례의 오르가슴을 선사하며 스스로 관능적 기쁨을 만끽하는 방법을 개발했다. 발기는 오락가락하기 마련이지만 신경계의 나머지 부분은 언제나 여유 있게 작동하고 있다. '수리학의 횡포' 때문에 폴리아모리를 단념하려 한다면 먼저 이런 가능성들을 살펴보라고 제안한다.

간접 성교를 잊지 마시라. 발기와 무관한 드넓은 성적 즐거움의

> "발기는 오락가락하기 마련이지만 신경계의 나머지 부분은 언제나 여유 있게 작동하고 있다."

범위를 상기하라. 관능을 놓치지 마시길. 그 자체가 목적인 마사지법을 재발견해보라. 서로에게 바라는 것에 관해 아주 음란한 대화를 나누라.

결핍의 실체

관계의 개방 정도에서 당신이 원하는 수준의 한계선을 설정할 때, 어디까지가 현실에 바탕을 두고 어디까지가 두려움이나 몽상에 기반하는지 말하는 일은 항상 쉽지 않다. 먼저 자신의 삶에서 불안을 느끼는 영역, 즉 결핍 가능성이 도사리는 영역을 짚어야 한다. 이는 자기 탐구와 솔직함이 많이 요구되는 작업이다. '나는 어떤 일이 일어날까봐 두려워하는가?' 같은 질문이 도움을 준다.

당신의 파트너가 다른 사람을 좋아하면 당신을 사랑하지 않게 되는가? 당신의 파트너가 당신을 더 이상 특별하게 여기지 않으면 어떡하나? 당신의 파트너가 황홀한 행복에 빠져 당신을 원하지 않는다면? 그건 그렇고, 당신의 파트너는 왜 당신을 원하는 걸까? 이런 것들이 우리가 결핍을 두려워할 때 머릿속을 채우고 들어오는 끔찍하고 잡다한 생각들의 일부다.

당신이 두려워하는 일들이 실제로 일어날지 따져볼 필요가 있다. 그 이후 당신은 원하는 바를 선택해야 한다. 자주 점검하라. 누가 박탈감 혹은 부담을 느끼는지 알 수 있게 활발한 의사소통을 해나가라. 내면적인 현실 직시(당신이 낙담한 이유는 파트너의 허약한 발기 때문인가, 아니면 파트너의 지난밤 데이트에 대한 화 또는 질투인가?)도 도움이 된다. 불안할 때 안도와 지지를 확보하는 방법은 뒤에서 다룰 것이다.

한계의 확장

때로는 그저 시도하고 두고 봐야만 한다. '사랑한다면, 놓아주라 If you love something, let it go.'는 말은 상투적이고 감상적이지만, 진실의 핵심 그 이상이 담겨 있다. 다이어트하는 사람에게 배고픔이 무엇인지 겪어보고, 그 느낌을 견딜 방법을 배우기 위해 굶어보라고 하는 것처럼. 당신도 같은 방식으로 박탈감을 느껴볼 필요가 있을지도 모른다. 박탈감을 느끼는 일이 세상의 끝이 아니라는 사실을 자신에게 증명하기 위해서 말이다. 때때로, 하나의 즐거움을 손에서 놓으면 애초에 거기 있었던 또 다른 즐거움에 눈을 뜰 수 있다. 새로운 즐거움이 따라오는 것이다. 당신은 지금 당장 모든 즐거움이 필요하지 않다는 사실을 깨닫는다. 우리는 놓아버리기의 느낌을 당신에게 말로는 전하지 못한다. 그저 당신이 거기에서 무언가를 배우리라는 확신만을 줄 수 있다.

새로운 것을 배울 때는 시간이 걸리는 법이다. 시간을 충분히 가져라. 지금 배우는 것, 가령 파트너가 데이트를 위해 외출할 때, 당신이 스스로를 안전하고 섹시하며 특별하게 느끼는 방법을 분명히 하는 편이 유용하다. 그리고 다음 단계, 또 그다음 단계를 익히겠다고 자신에게 약속하라. 크건 작건, 모든 변화는 한 번에 한 걸음씩 이루어진다. 오늘 이 걸음을 내디디면, 내일이나 어쩌면 다음 주에는 다음 단계가 준비된다. 오늘 내딛는 발걸음이 곧 내일을 준비하는 방법이다.

폴리 선구자들: 오네이다 공동체

존 험프리 노이즈John Humphrey Noyes는 버몬트주 시골의 개신교 목사로,
1840년대에 섹스와 영성의 연관성을 발견한 사람이다. 노이즈는 아내가
사산에 이르는 네 번의 위태로운 임신으로 고통을 겪고 나자 섹스 행위에
끔찍한 감정을 느꼈다. 그래서 임신으로 이어지지 않는 섹스를 실험했다.
그는 성행위를 천천히 하고 회음부에 압력을 가하면, 남자들이 사정 없이
도 오르가슴을 느끼게 된다는 사실을 알게 됐다. 이 훈련으로 남자는 멀티
오르가슴을 느낄 수 있으며, 놀랍게도, 오르가슴의 경험은 종교적 환희의
수준으로 올라갔다.

노이즈는 이 확장된 성행위를 성적 의식으로 받아들였다. 그는 성기가
'하나님에게 바치는 가장 고귀한 예배의 매개체'라고 설교했다(전 세계 많
은 종교 단체가 이와 유사한 철학을 궁구한다. 이들은 에로스 탐구자들에게 유용한 책,
웹 사이트 및 워크숍의 상당 부분을 만들었다. 궁금하다면 즐겨 쓰는 검색엔진 창에 '탄
트라tantra', '힐링타오healing tao', '쿠도스카qodoushka'라는 용어를 넣어 검색해보기를).

노이즈와 그의 신도들은 자유연애 공동체를 만들었는데, 이 공동체는
30년 이상 매우 순수한 형태로 지속됐다. 그들은 세상의 비판적 시선을 피
해 뉴욕주 오네이다의 시골 땅을 사서 93개의 방이 있는 맨션을 지었다.
또한 지금도 운영 중인 '오네이다 공동체 실버웨어' 등 공동체를 재정적으
로 지탱하는 사업체를 설립했다.

오네이다 공동체는 지나친 물욕과 소유욕에서 벗어나는 자유로운 삶을
추구했다. 배타적인 관계는 장려되지 않았다. 오네이다인들은 그들이 '끈
적거리는 사랑—로맨스나 사랑에 빠진다는 뜻—이라고 이름 붙인 관계

를 꺼렸고, 공동의 사랑을 실현하기 위해 노력했다.

이 공동체는 여성 인권 기조를 발전시켰다. 당시 기준으로는 매우 진보적인 곳으로, 여성의 일과 남성의 일 사이에 평등을 보장하기 위해 노력했다. 여성들은 짧은 머리를 하고 속바지에 무릎 길이의 치마를 입었으며, 이동의 자유를 가졌다. 또한 여성은 성애 파트너 선택에 적극적으로 참여할 수 있었다. 많은 여성들이 대학, 로스쿨, 의과 대학에 진학했다. 아이의 경우 18개월 무렵부터 공동 생활에 적응할 때까지 함께 양육했으며, 부모 자녀 간에 과다한 애착 관계는 권장되지 않았다. 여성은 자신의 영감을 발전시킬 수 있는 영역을 학습하고 탐구할 자유를 가졌다.

안타깝게도, 오네이다 공동체는 우생학이라는 19세기의 유행에 대한 면역력이 없었다. 노이즈는 시류에 편승했다. 그는 이 공동체가 슈퍼맨과 슈퍼우먼을 길러내는 최적의 장소라고 판단하고는, 번식과 출산을 깐깐하게 통제하기에 이른다. 노이즈가 누구를 최상의 유전자 보유자로 생각했을지 맞춰보라. 그렇다. 그는 많은 여성들 사이에서 숱한 후손을 두게 됐다.

결국 노이즈는 캐나다로 도피하는 지경에 이르렀다. 피임에 관한 글까지 외설이라고 불법으로 규정하는 콤스톡법Comstock law의 기소가 두려워서였다. 노이즈의 선교사다운 열정이 없는 상태로 공동체는 한동안 더 지속됐다. 사람들은 서로 도우며 살았지만 예전에 비해 공동체적 성격은 크게 옅어졌다. 결혼이 많아졌고 공동으로 소유한 토지에 커플과 가족을 위한 개인 주택을 지었다. 마침내 코뮌보다는 멋진 작은 마을에 더 가까운 모습으로 변했다.

맨션은 박물관이 돼 지금도 그 자리에 서 있다.

----

9 잡년생활 기술
Slut Skills

　　위대한 잡년은 태어나는 것이 아니라 만들어진다. 당신과 파트너를 행복하게 하고 성장하게 하는 데 필요한 기술은 의식적인 노력과 빈번한 연습의 조합을 통해 발전한다. 당신은 모험을 순조롭게 시작하고 진행할 때 도움을 줄 기술을 배울 수 있다.

　　자기 검토는 언제나 좋다. 지도 없이 여행할 때는, **내적** 풍경의 선명한 파악이 필수적이다. 자신에게 물어보라. 이렇게 살아가는 방식에서 당신은 무엇을 기대하는가? 변화하는 관계라는 세계에서 안전해지는 법을 배우는 고생을 보상해줄 어떤 보람을 예상할 수 있는가? 그 여정을 이미 마친 이들은 성애의 다양성, 단일 관계에 덜 의존적, 또는 친구·연인·파트너 네트워크에 대한 소속감 같은 유용함을 언급하기도 한다. 우리가 인터뷰한 사람들이 말한 내용은 다음과 같다.

　　"압박에서 풀려난 기분이에요. 내 파트너가 필요하거나 원하는 것을 다 충족시켜줄 필요가 없어요. 이 말은 내가 아닌 누군가가 되려고 노력하지 않아도 된다는 뜻이죠."

　　"사람들이 알고 이해하는 방식은 다 달라요. 그래서 다양한 사람과 느끼는 친밀감은 우주에 대한 나의 인식을 확장시켜줍니다."

"삽입섹스를 하지 않아도, 그리고 감정적인 모노가미로 타협하지 않고서도 열정적이고 에로틱한 경험을 할 수 있어요."

"내 생활 방식은 배타적 커플 관계에서는 불가능한 방식으로 나에게 개인적 자유, 독립성, 책임감을 줍니다."

"나는 인간이 모노가미에 적합하게 만들어졌다고 믿지 않아요. 모노가미는 내 본능에 어긋납니다."

"나는 다른 집 잔디가 더 푸를 거라고 느껴본 적이 없어요. 거기 가봤거든요."

"외부 파트너들은 내 프라이머리 관계에 주입되는 성적인 주스이지요."

이 책을 읽으며 성공한 잡년들의 이야기를 좀 듣다 보면, 당신에게 특히 필요한 내용들을 발견할 수도 있다. 당신이 이 길을 선택한 이유는 무엇인가?

유감스럽게도, 파트너가 강요하거나 친구들이 다 하고 있으니 쑥맥처럼 보이기 싫어서 열린 관계open relationship를 모색하기 시작하는 사람이 많다. 우리는 당신이 자신을 위해서 이것을 선택했다는 사실을 분명히 하기를 바란다. 당신을 들뜨게 하고 배움과 성장과 재미를 얻을 기회를 주니까. 당신이 원하므로. 실수는 금물이다. 길이 험난할 수 있다. 혹시 잘못된 이유로 이 길을 탐험한다면, 언젠가 원망이라는 독이 당신이 진전시키기 시작한 바로 그 관계를 망치기 십상이다.

> "성적인 변화는 자신을 재구성하는 과정이기도 하다. 풍성한 섹스와 사랑이 당근이고, 상실에 대한 두려움 또는 자기혐오가 채찍이다."

성적인 변화는 자신을 재구성하는 과정이기도 하다. 풍성한 섹스와 사랑이 당근이고, 상실에 대한 두려움 또는 자기 혐오가 채찍이다. 우리는 모노가미를 향한 열망이 선천적이라고 믿지 않는다. 따라서 당신이 자신의 감정과 믿음을 어디에선가—부모님, 과거의 연인, 문화 등—배웠다고 확신한다. 당신은 습득한 것을 지울 수 있고, 또한 새로운 것을 습득할 수도 있다. 자신의 감정을 탐색하고 그에 대한 반응을 바꾸는 일은 쉽지 않다. 하지만 성공하면 얼마나 큰 힘과 성취감이 느껴지는가!

잡년 성공 요령

우리는 윤리적인 잡년생활에 성공한 사람들이 가야 할 길을 맑고 정직하게, 그리고 불필요한 고통을 최소화하는 일련의 기술을 가졌다는 사실을 안다. 다음은 그중 중요하다고 생각되는 기술들이다.

의사소통

명확하게 말하고 효과적으로 듣는 것은 매우 중요하다. 경청의 기술은 파트너의 말을 끊지 않고 들어주는 일, 그리고 파트너의 말에 대한 당신의 생각을 전해서 당신이 파트너의 이야기를 듣고 있다는 사실을 알려주는 것이다. 생각과 감정으로 먼저 반응하기 전에 이 명료화 기술을 사용하라. 이런 식으로 이해가 전제된 대화인지를 먼저 확인한다. 이와 비슷하게 당신이 화자라면, 파트너가 당신의 마음까지 읽으리라고 기대하지 마라. 시간과 품을 들여 가급적 분명하고 철두철미하게 설명하고, 관련 사실뿐 아니라 사안에 관한 당신의 감정 정보도 포함해야 한다.

만일 소통이 엉망이 되고는 한다면, 더 나은 의사소통 기술을 배우는 데 시간과 노력을 더 들이는 편이 낫다. 커플을 위한 꽤 수준 높은 소통 강좌를 제공하는 성인 교육 기관이 많이 있다. '커플 소통 기술'과 당신의 거주 지역으로 인터넷 검색을 해보라.

감정에 솔직하기

안도와 지지를 요청하고 받는 일은 중요하다. 재닛의 파트너 한 명은 재닛이 고대했던 다른 연인과 데이트를 하러 갈 때 부탁했다. "내가 걱정할 거리는 하나도 없다는 말만 해줘." 재닛은 그가 안도감이 필요할 때 그것을 기꺼이 요청했다는 점, 그리고 그녀가 자신의 감정을 진솔하게 드러낸다는 사실을 그가 신뢰한다는 점 덕분에 기분이 매우 좋았다고 말했다. 그가 불안을 느끼면서도 안도를 요청하지 않았을 때 그의 감정을 상상해보라. 자신의 요구를 그대로 드러내는 일이 왜 중요한지를 바로 알 수 있을 것이다.

우리는 요구가 두려웠다. 요구에 실패했다. 연인들이 우리 마음을 미리 읽고 우리가 갈망하는 안도감을 주지 않으면 안절부절못하며 '요구하지 않아도 돼'라고 생각하고 말았다. 지지해달라고 요구하는 용기, 그리고 쉽게 상처받는 감정을 공유하려는 용기에 잊지 말고 경의를 표하자. 우리를 겁나게 하는 일들을 해야만 할 때, 자신의 등을 툭툭 쳐주며 조금 더 나아가보자.

> "지지해달라고 요구하는 용기, 그리고 쉽게 상처받는 감정을 공유하려는 용기에 잊지 말고 경의를 표하자."

애정 표현

동일한 맥락으로, 요청을 받을 때도 스스로에게 안도와 지지를 줄수 있다. 이 점은 매우 중요하다. 파트너들에게 사랑한다고 말할 수 없고 진정으로 칭찬하지 못하며 그들을 아주 멋지게 생각한다고 이야기하지 못한다면, 그들이 앞으로도 당신의 다른 관계를 수용할 만큼 안정적일 거라는 가정은 지나친 낙관일지도 모른다.

파트너들을 얼마나 소중하게 여기는지 그들이 느끼게 해줄 방법을 고민해보라. 많이 안아주기, 어루만지기, 애정이 담긴 말, 진짜 칭찬, 소박한 선물 등을 추천한다. 나아가 안정감과 연결감을 느끼게 도와주는 모든 것들을.

충실하기

한 명 이상의 프라이머리 관계가 있다면, 그 '우선성'을 강화하기 위한 일들을 살펴보길 바란다. 오래 관계를 지속하는 사람들은 특정한 성적 행동, 외박, 애정 표현 등등에서 해당 파트너와만 공유하는 영역이 존재하기 마련이다. 공개된 장소에서 당신이 하는 행동 방식을 보라. 요란한 파티에서 당신이 플러팅 중인 귀여운 누군가에게 당신의 파트너를 편안하게 소개할 수 있는가? 그 사람이 당신의 배우자를 만난 후 당신을 피하면 장차 말썽이 일어날 소지가 있다. 그러니 당장 이 사실을 아는 편이 낫다. 파티에 가기 전에 파트너와 미리 합의하면 된다. 그러면 당신의 연인이 즐기는 사람들 혹은 대화에 끼어도 되는지를 궁금해할 필요 자체가 없다.

프라이머리 관계가 아닌 사람들을 인정하는 방식에도 주의가 필요하다. 당신과 함께 살지 않을 파트너는, 자신이 사랑받는다는 느낌을 어떻게 받을 수 있을까? 이 파트너는 당신의 시간과 관심에 어떤 권리를 가지는가? 당신이 중시하는 사람 모두에게 애정과 확신을 줄 수 있는 방법은? 사랑하는 사람 모두가 알 수 있도록 콕 집어서 말하라. 외부 파트너가 지지를 필요로 하고 사고나 질병 같은 위기를 겪을 때, 당신이 무엇을 할 것인지를 반려자나 주요 파트너와 합의하라. 닭고기 수프는 누가 만드나? 어쩌면 당신이 해야 할지도.

한계 설정

행복한 잡년이 되려면 언제 어떻게 거절해야 하는지를 알아야 한다. 자신의 한계선을 분명하게 인식하고 그 선을 지키면 스스로 좋은 기분을 유지할 수 있고 이른바 '모닝 애프터 블루스morning- after blues'를 방지하는 데 도움이 된다. 성적 행위에 관한 특정 한계선을 그을 수도 있다. 평소 섹스를 나누는 젠더가 아닌 다른 젠더와 섹스를 할까? 변태적이라고 여겼던 유형의 섹스를 시도해볼까? 보다 안전한 섹스와 피임에 관한 한계선은 분명 필요하다. 집에 절대로 가져가고 싶지 않은 것들도 있는 법이다. 한계선은 연애 스타일에 관해서 그어볼 수도 있다. 연락의 빈도나 연결의 강도 같은 것들. 한편 윤리적 딜레마와 그에 대한 대응법을 고민해보라고 권한다. 예를 들어, 커플 중 한쪽이 당신의 존재를 모르는 상황에서 당신은 나머지 한쪽의 연인이 될 수 있는가? 연인에게 거짓말을 할 것인가? 오르가슴을 연기하는 건?

자신의 한계선을 존중해야만 타인도 그것을 존중한다. 당신이 한계선 긋기를 두려워하지 않을 때 타인은 당신의 기준에 맞추어준다. 각자의 한계선이 공공연할 때에만, 당신은 기탄없이 가장 바라는 판타지를 요구하게 된다. 당신의 친구가 원하지 않으면 하지 않는다는 사실을 확실히 알고 있기 때문이다. 이때 우리는 상대에게 지구 전체도 요구할 수 있고, 결국 상당한 만족을 얻게 된다.

계획하기

성공한 잡년은 관계가 그냥 형성되지 않는다는 사실을 알고 있다. 관계에는 품이 든다. 계획과 약속이 필요하다. 하고 싶은 기분이 들 때마다 자유롭게 대화·섹스·오락·가족 시간, 나아가 싸움까지 쉽게 할 만큼 시간이 많은 사람은 그리 많지 않다. 일상적 현실이 이런 중요한 문제를 가로막는다. 그리고 아무렴, 우리는 싸움이 중요하고 필요한 것이라고 생각한다.(16장에서 싸움의 동기와 방법을 본격적으로 다룰 것이다.) 싸움 일정 정하기는 다소 엉뚱하게 보이겠지만, 싸울 시간이 없어서 며칠 동안 긴장이 누적되면 어떻게 될지를 떠올려보라.

모두가 사용할 달력을 구하라. 각각 약속을 기재해서 다른 이들의 스케줄을 확인할 수 있는 온라인 달력이 효과적이다. 어떤 이유에서든, 함께 시간을 보내기로 했다면 지켜라. 당신이 바쁘다는 걸 안다. 하지만 관계에서 중요한 일정을 다른 일 때문에 연기한다면, 당신이 관계를 어떻게 생각하는지에 대해 좋은 이야기가 나오기 힘들다. 그렇지 않은가?

자신을 알기

앞서 말한 것처럼, 우리는 섹스와 젠더에 관해서 마음속에 너절한 생각을 많이 품고 다닌다. 이러한 생각 중 일부는 워낙 깊이 묻혀 있어서 무의식적으로 우리의 행동을 조종하기도 한다. 때로는 우리 자신과 우리가 사랑하는 이들에게 혼란을 일으키고 큰 고통을 안긴다.

깊숙하게 자리 잡은 이러한 생각들의 근원은 바로 섹시즘sexism과 성 부정주의적 사고다. 진보적인 잡년이 되려면 이것들을 뿌리째 뽑아야 할 것이다. 자신을 진정으로 안다는 것은 자기 탐험이라는 쉼 없는 여정 속에서 살아간다는 뜻이다. 독서와 테라피, 무엇보다도 비슷한 여정을 걷는 여행 동반자들과 멈추지 않고 대화하며 자신을 알아간다. 이 험난한 고생은 해볼 만한 가치가 있다. 당신이 살고 사랑하고자 하는 방식, 삶을 오롯이 자기 것으로 만드는 방식, 자기 경험의 진정한 저자가 되는 방식을 자유롭게 선택하게 만들어주는 길이기 때문이다.

> "자신을 진정으로 안다는 것은 자기 탐험이라는 쉼 없는 여정 속에서 살아간다는 뜻이다."

자기 감정으로 인정하기

친밀한 소통의 기본 규칙은 저마다 자기 감정을 자신의 소유로 만드는 것이다. 당신의 질투와 불안을 '만드는' 사람은 없다. 그렇게 느끼도록 만드는 이는 바로 당신이다. 사람들이 어떤 행동을 하든, 거기에 반응하고 느끼는 작동은 당신 내부에서 결정된다. 심지어 누군가가 일부러 당신에게 상처를 주려고 애쓸 때에도 당신은 이에 대응하는 느낌을 선택할 수 있다. 당신은 화를 낼 수도, 상처받을 수도, 죄책감을 느낄 수도 있다. 선택은 보통 의식적이지 않지만, 당신 내부에서 일어난다.

물론 이 정도의 이해에 도달하기는 말처럼 쉽지 않다. 기분이 엉망일 때, 기분에 대한 자신의 책임을 받아들이기는 어렵다. 만약 누군가의 잘못 때문이라면 더 편해지지 않을까, 하고 생각하게 된다. 문제는 어떤 기분에 대해 다른 누군가를 비난할 때 자신을 무력화시킨다는 점에 있다. 기분이 누군가의 잘못 때문이라면, 오직 그 사람만이 문제를 바로잡을 수 있다는 이야기 아닌가? 그러면 애처롭게 그저 앉아서 끙끙거리는 것 말고는 할 수 있는 일이 없다.

반면 당신이 자신의 감정을 소유한다면 선택의 여지가 많아진다. 어떤 기분인지 이야기할 수도 있고, 그 감정에 따라 어떤 행동을 할지 선택할 수도 있다. 나아가 자신을 더 잘 이해하는 방법을 배우거나 자신을 다독이고 상대에게 그걸 요구할 수도 있겠다. 자신의 감정을 자기 것으로 귀속하는 일은, 당신이 끝나는 곳과 옆 사람이 시작되는 곳의 경계를 이해하는 기초다. 그리고 자기 수용과 자기애를 향한 완벽한 첫걸음이기도 하다.

> "당신이 자신의 감정을 소유한다면 선택의 여지가 많아진다."

자신에게 관대하기

당신은 준비됐고, 중심을 가지고 안정된 상태지만, 전혀 예상하지 못했던 문제들에 걸려 비틀거리게 될 것이다. 장담한다.

문제에 대처하는 가장 중요한 단계는, 문제는 발생할 것이고 그래도 괜찮다는 점을 인식하는 것이다. 당신은 실수를 저지른다. 자신에게 있었는지도 몰랐던 믿음, 신화, 그리고 '버튼' 같은 것들에 맞닥뜨린다. 아주 끔찍한 기분에 휩싸일 때도 생긴다.

이럴 때 기분이 상하지 않는 법을 알려줄 수 있을까? 절대 없다. 하지만 우리는 당신이 실수를 저지른 친구나 연인을 용서하리라고 생각한다. 자신에게도 같은 사면 조치를 내리기를 바란다. 자신을 알고 사랑하고 존중하는 것은 타인을 알고 사랑하고 존중하는 데 절대적인 전제조건이다. 자신에게 좀 더 관대하라.

우리 친구 하나는 예상하지 못했던 격렬한 감정 반응에 치여서 비틀거릴 때, "아, 뭐, AFOG이군" 같은 철학적인 말을 내뱉는다. AFOG는 "또 한 번의 빌어먹을 성장 기회Another Fucking Opportunity for Growth"의 두 문자어다. 실수에서 배우는 일이 즐겁지는 않다. 하지만 전혀 배우지 않는 것보다는 훨씬 낫다.

진실 말하기

고통, 양가적인 감정, 기쁨을 느끼는 모든 순간에 자신의 진실을 말해야 한다. 먼저 자신에게, 다음은 주변 사람들에게. 침묵하는 고통과 자기 기만은 우리의 생활 양식에서 들어설 자리가 없다. 고통에 시달리면서도 기분 좋은 척 위장하는 건 당신을 보다 나은 잡년으로 만들어주지 않는다. 오히려 당신을 몹시 불행하게 하고 당신을 아끼는 사람들을 더 불행하게 만들지 모른다. 누군가가 간혹 마음이 상할 때면 당신은 훌륭한 벗이 되어준다. 상처받기 쉬운 감정을 용기 내 보이면, 주변 사람들은 자신의 감정도 드러낼 수 있다는 허락을 받는 셈이다.

진실을 말할 때면, 아끼는 사람들과 당신의 공통점이 얼마나 많은지를 알게 된다. 이해와 애정 어린 수용을 바탕으로 한 삶에서 진솔함은 스스로를 지지하고 서로를 지지하는 더 좋은 위치로 당신을 이끈다. 더 깊은 곳까지 파고들어서 알아챈 것들을 공유하면, 자신과 타인에 관해 이전보다 더 많이 배울 수 있다. 이 새 지식을 반갑게 맞이하면서 계속 더 깊숙하게 들어가라.

선언을 시도하라

이 선언들은 당신에게 적합할 수도 있고, 아니면 자기만의 선언을 만들어야 할 수도 있다. 떠오르는 생각이 무엇이든 종이에 적자. 그 종이를 냉장고 문에 붙이고, 주머니에 넣고 다니며, 필요하다면 거울 앞에 서서 자신을 보며 읊조려보자.

- 나는 사랑을 나눌 자격이 있다.
- 내 몸은 그 자체로 섹시하다.
- 나는 내가 원한다면 무엇이든 요구하고, 원하지 않으면 어떤 것이라도 거부한다.
- 나는 어려움을 성장의 기회로 바꿀 수 있다.
- 모든 새로운 연결은 나를 확장시킨다.
- 나는 기쁨으로 충만한 삶에 필요한 모든 것을 이미 가졌다. 섹스는 나의 사랑스러운 정신에 대한 아름다운 표현이다.
- 나는 환희로 향하는 길을 홀로 걷고 있다.

수치심의 역사

자신의 몸을 알아가는 어린아이의 모습을 본 사람이라면, 아기들은 발가락을 꼼지락거리며 놀 때와 똑같은 순진무구한 호기심으로 가랑이 사이에서 일어나는 흥미로운 느낌을 탐구한다는 사실을 알 것이다. 아기들은 자신의 몸을 배우고 있는 것이다.

그리고 여기서 우리는 아주 중요한 사실을 알게 된다. 우리는 모두 거실에서 자위하면 안 된다고 배웠다는 것이다. 여기서 부모들의 반응은 미래를 보여준다. 많은 부모가 아동의 자위 행위에 충격과 공포로 반응한다. 그리고 성기는 더럽고 부끄러운 것이라고 아이에게 가르칠 것이다. 물론 다 큰 사람들은 방문을 닫고 침실에서 자위를 한다고 알려준 부모 밑에서 자란 운 좋은 사람도 있다. 그리고 기쁘게도 이런 사람들이 점점 늘어나는 중이다.

수치심이 치밀어 오를 때는 내면을 들여다보자. 스스로를 가로막는 지점을 발견할지도 모른다. 내게 심각한 문제가 있으며, 내 망가진 면을 한번 본 사람은 다시는 나를 사랑하거나 연결을 맺고 싶지 않을 것이라고 어쨌거나 스스로 믿는 지점이다. 그렇다면, 어찌 된 영문인지 알기에는 너무 어린 나이에 습득한 수치심을 어떻게 치유할 수 있을까?

여기서 새겨야 할 한 마디가 있다. 바로 수치심의 적은 호기심이라는 말이다. 두 살 때 우리를 혼나게 만든 바로 그 호기심. 장난치고 싶고, 기분을 좋게 만들어주는 것을 탐험하려는 호기심. 자신을 열어주고 싶을 정도로 사랑하는 사람에게, 바로 그 사람과 하고픈 것들을 말할 순간이 왔음에도 왜 입이 떨어지지 않고 뺨이 달아오르는지 알고 싶어지는 호기심.

놓인 곳에서 있고 싶은 곳으로, 모든 걱정과 수치심에서 자유로운 그곳으로 어떻게 갈 수 있을까? 호기심을 이용하여 물어보라. "내가 이걸 어떻게 배웠지?" "'그 아래'를 만지는 건 수치스러운 일이라고 배웠을 때, 내가 믿게 된 것은 무엇이었을까?" "지금의 나는 나에 대해 무엇을 믿는가?" "나는 무엇이 더 건강한 믿음이라고 생각하는가?"

자신을 위로하고 지지해준다면, 아끼는 누군가가 같은 유형의 길에서 오도 가도 못할 때 위로와 지지를 잊지 않고 건넨다면, 위로와 지지를 받을 자격이 충분하다는 사실을 믿게 된다면, 아마도 그곳으로 갈 수 있을 것이다.

호기심의 또 다른 훌륭한 미덕 한 가지를 보자. 성적인 탐험을 하면서 그때의 그 아이로 변할 수 있다는 점이다. 이건 어떤 느낌이고 저건 어떤 느낌인지 즐겁게 탐험하고, 키득거리며 몸을 뒤틀면서 나의 몸과 너의 몸이 어떻게 반응하는지를 물어보면서. 우리는 이렇게 호기심을 풀 수 있다. 바보같이 굴어라. 놀아라.

치료사 도씨는 우리가 섹스에서 오르가슴의 형태로 생명력이라는 치유 주사를 놓아 마음 가장 깊숙한 곳의 두려움에 대한 해결책과 위안을 찾을 수 있다고 주장한다. 성적인 즐거움을, 내가 나라는 당당하고 강력한 메시지로 생각하라. 그리고 아주 심오한 수준에서 '괜찮다'라고 믿어보라.

----

10 경계
Boundaries

많은 사람들이 잡년은 무분별하고 아무나와 섹스를 하며 자신을 돌보지 않는다고 생각한다. 그들은 우리가 차별과 담장과 경계가 없는 엄청나게 활짝 열린 공간에 산다고 믿는다. 이는 전혀 사실이 아니다. 윤리적인 잡년이 되려면 경계를 잘 갖출 필요가 있다. 이 경계는 명료하고 튼튼하며 유연하고, 무엇보다도 의식적이어야 한다.

인터뷰했던 아주 성공한 잡년 한 명은 잡년이 무분별하다는 비난에 분개했다. 그녀는 잡년들에게 정교하고 세련된 안목을 발전시킬 기회가 아주 많다고 지적한다. "사실 우리는 대부분의 사람들보다 경계가 더 분명하지요. 사람들과 접촉하는 지점도 더 많고. 다양한 사람들과 다양한 방식으로 사귀는 경험까지도 훨씬 많으니까요."

> "누구도 타인을 소유할 수 없다"

경계란 무엇인가?

모든 관계의 기본이면서 특히 열린 관계에서 중요한 하나의 원칙은 누구도 타인을 소유할 수 없다는 점이다. 킹크 성향의 사람들은 '소유권'이라고 부르는 권력 이양Power Exchange 관계를 탐색할 수도 있겠지만, 관계 스타일과 상관없이 각자가 자신을 온전히 소유하고 있다는 점은 본질적이며 논쟁의 여지가 없다. 저마다의 인생을 살고 개인적 요구를 결정하며 그 요구들을 충족시킬 책임은 각자에게 있다. 우리는 파트너 한 명으로 살아갈 수 없고, 연인 한 명으로 욕구가 저절로 다 채워지리라고 생각할 수도 없다. 우리는 연인이 모든 욕구를 만족시켜주지 않는다면 이것은 진정한 사랑이 아니거나 연인이 다소 부족한 면이 있거나 내게 문제가 있는 것이라고 배워왔다. 내가 너무 요구 사항이 많다거나 자격이 없다거나 다른 잘못을 저질렀다거나 하는.

관계가 다른, 또는 더 나은 반쪽을 먹여 살린다든가 당신의 정체성을 관계에 매몰시키는 게 운명이라고 믿으며 성장했다면, 당신은 자신의 경계에 대해 주의를 더 기울이고 배워야 한다. 경계는 내가 어디에서 끝나고 시작되는지, 어디에서 우리가 만나는지, 우리는 어떻게 개별적으로 존재하는지를 이해하는 방식이다. 한계선의 위치, 다양한 상황, 특히 당신과 연인이 개별적이고 독자적으로 존재하는 상황에서 무엇이 자신과 타인 사이의 편안한 거리나 친밀감을 구성하게 해주는지를 파악해야 한다.

자신의 결정으로 인정하기

상술한 것처럼 사람은 저마다의 감정이 있으며 그 감정을 다룰 책임이 있다. 이를 이해하는 일은 매우 소중하다. 자신의 감정을 주장하는 첫걸음이기 때문이다. 자신의 감정을 파악할 때, 당신은 믿기 어려울 만큼 소중한 무언가를 관계로 불러올 수 있다.

다른 사람의 행동에 반응하는 자신을 발견할 때, 그 사람이 무슨 행동을 얼마나 끔찍하게 하고 있는지 그리고 정확히 무엇을 고쳐야 하는지는 생각하기 쉽다. 하지만 그보다는, 감정을 자신의 내적 상태를 알려주는 메시지라고 생각해보라. 그리고 벌어지고 있는 상황에 어떻게 대처할 것인지를 결정하라. 더 자세히 알고 싶은가? 한계를 논의하고 싶은가? 마음을 가라앉히고 집중할 시간을 좀 갖고 싶은가? 하고 싶은 말이 있는가? 당신이 자신의 감정에 책임감을 느낄 때, 이와 같은 선택의 여지가 주어진다.

연인의 감정은 당신의 책임이 **아니다.** 당신은 연인을 응원할 수 있지만—우리는 들어주기의 치유력을 믿는 신봉자들이다—, 문제를 고칠 수는 없다. 연인의 감정이 당신의 문제나 잘못이 아니라는 사실부터 이해하기를. 그러면 문제의 책임을 따지거나 감정을 바꾸고 없애야 한다는 막중한 필요에 희생당하지 않는다. 연인의 이야기를 진정으로 귀담아 들을 수 있는 것이다.

어떤 사람들은 연인의 고통이나 혼란에 저절로 반응해서 뭔가를 열심히 고치려 한다. '고쳐라' 하는 메시지는 감정을 표현하려 애쓰는 사람이 타당성을 부정당하는 느낌을 받게 만든다. "그냥 이렇게 해보면 어때… 그렇게 시도해봐… 잊어버려… 마음 편히 가져!"라는 말은 감정을 표현하는 사람이 명백하고 단순한 해결책을 간과하고 우선 기분부터 상하는 멍청이라는 메시지를 전달한다.

당신의 감정에 책임진다는 말이 모든 난감한 느낌을 앞뒤 가리지 않고 혼자 힘으로 정복해야 한다는 뜻은 아니다. 친구, 연인, 좋은 치

> "자신의 감정을 파악할 때, 당신은 믿기 어려울 만큼 소중한 무언가를 관계로 불러올 수 있다."

료사에게 필요한 도움—안도감, 타당성 확인, 기댈 수 있는 어깨, 털어놓을 수 있는 귀, 머리를 맞대고 고민해줄 머리—을 요청할 수 있다. 당신의 친구와 연인이 당신에게 이런 도움을 요청할 때 당신 역시 최선을 다할 거니까. … 그렇지 않은가?

감정 체계를 의식적으로 끌고 나가려면 케케묵은 습관을 바꿔야 한다. 마치 자전거 타기를 배울 때처럼 휘청거리는 느낌을 받을 수도 있다. 분명 몇 번은 넘어질 것이다. 하지만 일어나서 계속 페달을 밟으면 결국 그 느낌을 타고 나아갈 수 있다. 일단 균형을 한번 잡으면 절대 잊지 않을 것이다.

관계에서의 경계

관계에도 경계가 있다. 자유연애를 하는 독신과 커플 및 가족이 서로의 감정을 존중하며 만든 합의가 그들의 관계 속 경계를 구성한다. 열린 성적 커뮤니티에서는 각각의 관계를 그 고유한 경계 내에서 다루는 게 중요하다. 예를 들면 섹스 파티에 가기 전에 파트너의 한계선을 파악하고, 배우자를 비난할 때 연인을 이용하지 않으며, 결정을 내릴 때는 영향을 받는 모두가 참여한다.

섹스와 친밀감에 기반한 커뮤니티는 모든 사람이 모두의 관계를 존중할 때 제일 잘 작동한다. 이 관계에는 연인뿐 아니라 자녀, 원가족, 이웃, 옛 연인 등이 포함된다. 모두 서로의 경계를 의식하고 주의할 때, 이러한 커뮤니티는 연결성이 높은 가족 체계로 진화할 수 있다.

실수를 통해 배울 자세를 갖춰야 한다. 경계는 때로 애매해진다. 그러니 여유를 넉넉하게 가지고서 탐험하기를 바란다. 시행착오에서 배울 수 있다고 생각하라. 불가피한 사정 때문에 바랐던 대로 일이 굴러가지 않을 때는 자신에 대해 연민을 품어라. 항상 옳다면 실수에서 배울 수 없다는 사실을 기억하라!

> "항상 옳다면 실수에서 배울 수 없다는 사실을 기억하라!"

감정 쓰레기통

사람들이 종종 번지수를 잘못 짚는 것 중 하나는 감정 공유와 쓰레기 쏟아붓기의 구별이다. 쓰레기 쏟아붓기란 골칫거리를 모조리 딴 사람에게 토하고 퍼부으면서 상대를 쓰레기통으로 이용한다는 뜻이다. 쓰레기 쏟아붓기에는 쓰레기를 뒤집어쓰는 사람이 문제를 어떻게 해주리라는 기대가 담겨 있다. 이로 인해 상대는 부담을 껴안게 되고, 투기자는 걱정에서 자유로워지게 된다 해도 말이다. 감정을 공유하고 싶을 때 청자에게는 아무 의무도 없다고 미리 밝혀 상대가 쓰레기통이 되지 않게 하자. "나는 네가 파울라와 오늘 밤에 데이트하는 게 싫어"라는 말은 무겁고 의미심장한 침묵으로 이어진다. 아래처럼 말하는 것과는 말의 무게가 완전히 다르다. "나는 네가 오늘 밤 파울라와 데이트하는 게 약간 불안해. 하지만 네가 데이트하러 갔으면 해. 내가 겁나는 게 뭔지 들어줄 수 있겠어? 그리고 내가 조금 괜찮아질 방법에 관해 이야기를 나눌 수 있을까?"

투사

조심해야 할 또 다른 착각은 투사projection다. 투사는 당신의 영화를 상영하는 데 다른 사람을 스크린으로 쓰는 것과 같다. 당신은 환상을 보며 진짜 사람을 그리워한다. 사실 당신은 자신의 두려움에 관해 생각하면서 동시에 상대의 생각을 안다고 생각한다. 그들이 부모님과 같은 방식으로 반응하리라고 예단하는지도 모른다. "내가 돈을 많이 못 벌면 너는 나를 떠나갈 거야. 나는 알아.", "내가 슬픈 모습을 보이면 너는 나를 절대 존경하지 않겠지." 혹은 당신의 기대를 투사할 수도 있다. 당신의 연인—마음을 읽지 못하는 사람—이 절대 부응할 수 없는 투사. "당신은 나를 돌봐야지!"와 "뭐라고? 안 꼴린다고? **나는 꼴린단 말이야!**"

감정을 자신의 것으로 인정하기로 결심하면, 아끼는 이들에게 더 이상 감정을 투사하지 않을 수 있다. 그러면 거리낌 없이 사랑하는 사람들의 눈부신 모습이 뚜렷하게 보인다. 파트너에게 나쁜 생각이 들 때 이렇게 자문할 수도 있겠다. "여기서 무엇을 내 것으로 인정하는가?" 당신의 내면에는 이런 것들이 보일 수도 있다. "와, 그가 화났을 때 나는 꼭 아버지처럼 말하네." 또는 "여덟 살, 화나서 옷장에 숨을 때의 바로 그 기분이야." 사건의 종류를 막론하고 당신은 연인에게 가서 오래된 테이프가 어떻게 돌아갔는지를 나누고, 이제 어떻게 하고 싶은지를 머리를 맞대고 의논할 수 있다. 자신의 고유한 문제를 파트너와 함께 처리해보라. 당신의 파트너는 당신의 감정 탐험을 지지할지 모른다. 보다 중요한 것은 당신이 투사를 멈출 방법을 배울 수 있다는 점이다. 그러면 당신은 쇼에서 꼭두각시가 되는 기분을 다시는 느끼지 않게 된다.

역할의 경계

당신은 다른 역할을 수행 중인 자신을 발견할 수 있다. 정말로, 다른 파트너와는 내가 좀 다른 사람이라는 기분을 느끼면서 말이다. 한 파트너와의 관계에서 당신은 젊고 상처받기 쉽고 보호받는다는 기분을 느낀다. 반면 또 다른 파트너에게 당신은 어머니 대지大地다. 한 연인과는 신중하고 견고한 안정을 느끼고 다른 연인과는 대담하고 무모하다. 다자 관계를 살아가는 경험이 많지 않을 때 이러한 경계들은 낯설거나 혼란스럽게 다가온다.

재닛은 한 파티에서 자신의 모든 부분이 수용되는 근사한 기분을 느낀 적이 있다:

나는 어린 소녀 역할을 하는 플레이를 즐겨. 예전 파트너는 이걸 좀 불편하게 생각했고. 노력이 좀 들긴 했는데, 지인 그룹에서 맞는 남자를 한 명 찾았어. 내가 '아빠 찾기'를 즐기는 것처럼 그는 '아빠 되기'를 즐겼어. 이때 내 파트너는 내가 역할 플레이를 할 수 있는 안전한 장소를 찾아서 기뻐했고. 우리 둘 다 나의 취약함을 내맡길 수 있는 누군가를 잘 골랐다고 느꼈지. '아빠'와 나는 한 달에 한두 번 만났어. 같이 핑거 페인팅을 하고 디즈니 영화를 보고 땅콩버터 샌드위치를 먹었어. 물론 좀 더 어른스러운 즐거움도 같이 했지.

한번은 반려자와 '아빠' 모두 참석하는 파티에 갔어. 그들은 방 저쪽에서 이야기를 나눴고. 내가 인사하러 가까이 가자 반려자가 팔을 활짝 벌리며 외치더라고. '이봐, 자기, 이리 와서 당신 아빠랑 남자친구랑 같이 좀 놀자.' 인정받는 느낌이었어. 내 삶 속의 두 남자가 서로의 역할을 인정하고 예우한다는 사실이 주는 따스함은 정말 근사하더라.

다자 관계에서 사람들이 얻을 수 있는 것 중 하나는 다양한 자신이 되어보는 기회다. 두 사람이 만날 때는 교차하는 지점, 비슷한 대본 속의 상호 보완적 역할에서 엮인다. 따라서 다른 연인들과 다른 존재가 되면 우리는 다른 환경에서 다른 경계, 한계선, 관계 스타일의 자신을 발견하게 된다.

내적 다양성은 여러 방면에서 나타날 수 있다. 가령 연인 A가 화났을 때 당신은 침착하고 중심을 잘 잡을 수 있지만 연인 B의 짜증은 당신을 괴롭게 만든다. 이는 '버튼을 누르는' 것이다. 옛 연인 혹은 다그치는 부모를 연상시키는 것일지도 모른다. 당신의 버튼을 관장할 기회이기도 하다. 당신의 버튼이 온전히 당신 자신의 것일 때, 연인 B와의 사이에 필요한 한계선이 무엇인지 그리고 이 한계선이 연인 A와의 한계선과는 완전히 다를 수 있음을 보다 쉽게 이해할 수 있다.

공정함은 잊어라. 윤리적인 잡년생활은 모든 것을 다 똑같이 대하는 게 아니다. 다른 관계에는 저마다의 다른 경계, 다른 한계선, 다른 잠재력이 자리한다. 그러니 당신의 연인이 특정 활동을 함께할 수 있는 누군가를 발견하고서 당신과도 공유하기를 원할 때 나와야 하는 질문은, '왜 나랑은 그거 안 해?'가 아니라, '흥미롭게 들리는데. 우리가 함께 그걸 하려면 어떻게 해야 할까?'이다.

인터뷰한 어떤 여성은 다음과 같이 말했다:

나는 열린 성생활 방식으로 살면서 개인적인 자유와 독립성,

그리고 책임감을 느껴요. 독점적인 커플 관계에서는 얻지 못하는 것들이죠. 나는 날마다 내 요구를 충족시키고(또는 그러지 못하고), 삶에서 관계를 만들고 유지하는 데 책임이 있으니까요. 거저 얻지는 못하죠. 내가 만나는 사람들은 저마다 무엇이든 나와 그 사람 사이에 맞는 잠재성이 있어요. 내가 다른 누구와 어떤 관계를 맺는지에 상관없이 말이죠. 그래서 이 생활 방식은 날마다 새롭게 태어나는 느낌을 아주 실감하게 해줍니다. 내 삶이, 내가 누구와 섹스하고 어떤 방식으로 그들과 사귀는지, 모두 나의 선택이라는 사실을 알 때, 나는 내가 더 성숙한 사람 같고, 성인 같고, 책임감이 단단한 사람처럼 느껴져요. 나는 파트너에게 인생을 함께 나누겠다고 약속했어요. 그것은 내가 나눌 인생, 즉 온전한 인생이 있다는 뜻이겠지요. 그리고 그가 원하기 때문에 여기 있다는 것이 내게는 분명한 사실입니다. '여기'가 어디라 하더라도 말이죠. 우리는 날마다 서로 함께 있습니다. 정말 그러고 싶어서요.

무성애에 관하여

무성애 가시화 교육 네트워크Asexual Visibility and Education Network는 무성애자를 '성적인 끌림을 경험하지 않는 사람'으로 정의한다. 이와 비견할 만한 정체성으로는 '무낭만'이 있다. 이들은 무성애자일 수도 있고 아닐 수도 있으나 낭만적 관계는 맺지 않는다. 무성애와 무낭만 모두 스펙트럼이 넓은 범주다. 무성애자와 성애자 사이 어디쯤에서 '회색 무성애자graysexuals'라고 불리는 사람들, 사랑하는 사람에게만 성적 끌림을 느끼는

'반무성애자demisexuals', 그 밖에 다양한 지향을 가진 사람들이 있다(무낭만에도 적용 가능한 여러 범주들과 함께). 여기서 무성애와 무낭만적 지향 일체를 다 나열할 수는 없다. 이 단어들이 낯설게 느껴진다면 관련 정보를 더 찾아보기 바란다. 많은 이들이 자기 안에 얼마간 자리하는 무성애적/무낭만적 정체성의 면모를 발견하고는 화들짝 놀라고는 하니까.

무성애와 무낭만은 모든 성적 지향과 마찬가지로 유동적이다. 개인의 성장과 변화에 따라 진화하기도 한다. 또는 자의식의 초기부터 고착된 것일 수도 있다.

많은 무성애자와 무낭만적 성애자들이 잡년생활과 자신이 잘 맞는다고 느낀다. 본인들에게 맞는 방식으로 파트너들과 연결될 수 있기 때문이다. 또한 그들의 파트너들은 무성애자 및 무낭만적 성애자들이 관심 없는 즐거움을 다른 이들과 모색할 수 있다.

재닛은 무성애자 토론과 워크숍에 참석한 후 그들과 윤리적인 잡년들 사이의 엄청난 공통점에 놀라움을 금치 못했다. 삽입섹스와 간접 성교 등 온갖 종류의 방식으로 관계할 수 있다는 생각, 그리고 삽입섹스가 관계를 더 '실제적'으로 만드는 것은 아니라는 주장까지 포함해서 말이다.

---

11 비윤리적인 잡년
The Unethical Slut

어떤 사람들은 섹스를 맹수 사냥처럼 취급한다. 관심을 준 대상이 속지 않고서는 자신과 섹스를 나누지 않는 것처럼. 혹은 본의 아니게 멋모르고 희생자가 될 상대를 정복하려고 시도하면서 말이다. 누군가는 바보만이 자신과 사랑을 나눈다고 믿는다. 그건 우리 생각에 대개는 자기충족적 예언Self-Fulfilling Prophecies에 불과하다. 무너지는 자존감을 세우기 위해 다른 사람의 자존감을 가로채면서 섹스를 이용하는 건 자기 가치를 굳건히 구축하는 것과는 아무 상관이 없다. 이런 사랑의 도둑질은 계속되지만 충족감을 주지 않는다.

이런 부류의 사람은 득점 기록을 세우는 듯한 태도로 개방적 성생활에 접근하기 마련이다. 세트 '수집가'set collector와 트로피 퍼커trophy fucker들은 파트너를 경기에서 승리했을 때 얻는 전리품처럼 취급한다.

세트 수집가라는 개념이 생소할지도 모르겠지만, 그런 사람들이 존재한다고 우리는 장담한다. 우리 친구 중 한 명은 잠재적 연인이 자신의 어머니, 여동생과 이미 섹스했고, 자기와 섹스해서 그 세트를 완성하려 했다는 사실을 알아챈 적이 있다. 파트너를 수집품으로 치부하는 섹스는 우리의 상호 존중 기준에 맞지 않는다.

또 다른 이들은 모든 사람을 호감도에 따라 최상급에서 최하급까지 등급으로 나눠 '스코어'를 매긴다. 가장 높은 점수를 얻고 자신의 높은 등급을 보장받으려면 가능한 가장 높은 사다리까지 올라가 파트너를 수집해야 한다고 여긴다. 이러한 계층 구조 속에서는 마르고 젊고 깜찍하고 몸매가 탄탄하고 돈이 많고 사회적 지위가 높을수록 등급과 가치가 높게 책정된다.

우리는 얄팍한 가치 위계에서 높은 점수를 얻어 이길 수 있는 게임이 사랑이라고 믿지 않는다. 우리의 풍부한 경험은 외모와 부유함이 좋은 사랑을 만드는 요인이 아니라는 사실을 알려준다. 우리는 사랑의 우열을 가리지 않으려고 애쓴다. 우리가 아니라 우리가 속한 등급과 관계 맺으려는 사람들이 마뜩잖다. 위계는 정상과 바닥에서 모두 희생자를 만든다. 아무도 접근하지 않을 때만큼 잘못된 이유 때문에 너무 많은 사람이 접근하는 것도 사람을 소외시키는 일이다.

합의되지 않은 비모노가미를 경험해본 사람들은 비밀스러운 감각, 일탈한다는 느낌에 끌렸을 수 있다. 이 사람들은 합의를 통한 잡년생활이라는 개념에 적응하기 매우 어려울 확률이 높다. 그들은 자신의 활동을 파트너에게 숨기는 데 익숙한 나머지, 그 은밀한 느낌으로 에로틱한 생활을 구성한다. 금단의 열매가 주는 아드레날린의 쇄도에 푹 빠져 있을지도 모른다. 이런 사람들이 자신의 숨겨진 장소를 공개하고, 자신의 즐거움이 그 누구에게도 상처가 되지 않는다는 점을 알게 될 때 얻을 수 있는 더 큰 기쁨을 경험하려면, 상당히 큰 신념의 도약이 필요하다. 어쩌면 참신한 판타지나 역할 플레이가 좀 필요할 수도 있다.

사람과 바이러스 사이를 가로막는 차단법barrier 사용을 거부하는 사람들은 윤리적인 잡년이 아니다. 그들은 잠재적 전염성이 있는 섹스를 용인하고, 차단법을 쓰지 않는 섹스를 고집하며, 더 안전한 섹스에 관한 연인의 한계선을 슬쩍 빠져나가려고 연인과 입씨름을 하는 비열한 짓을 하고 있을 뿐이다. 난감하다는 이유로 바이러스와 박테리아라는 엄연한 현실을 다루지 않으려는 것 역시 비윤리적이다. 훌륭한 잡년은 얼굴이 새빨개지더라도 진실을 말한다.

윤리적인 잡년은 지킬 수 없는 약속을 하지 않는다. 상대는 평생의 동반자를 찾고 있는데 나는 가벼운 연애를 바라거나 그 반대의 경우라면, 이에 관해 솔직할 필요가 있다. 그래서 서로 감정이 동등해질 때까지 섹스에 대해 '고맙지만, 사양하겠어요'라고 말하게 된다 하더라도 말이다. 실수는 쉽게 일어난다. 더러는 어쩌다가, 더러는 누군가 상처받을 것을 알아채지 못해서.

우리도 이런 실수를 하고는 했다. 나이를 좀 더 먹고 그만큼 현명해진 우리는 우리 자신의 한계선 두 가지를 알게 됐다. 잠정적이라도, 다시 섹스하는 데 관심 없는 사람과는 섹스하지 않는다. 또 한 가지는 그만한 가치가 있는 일이라면 적절할 때까지 기다릴 만하다는 것이다. 요령 있는 잡년의 특징 중 하나는 실수에서 배우고 계속 나아간다는 점이다. 도씨는 아주 어리고 어리숙했을 때 실수를 저질렀다:

오랜 연애가 막 깨져 엉망진창일 때였다. 나는 그리니치 빌리지의 한 커피숍에 갔다가 얼마전에 헤어진 연인이 내가 아닌 아주 귀엽고 젊은 애와 대화에 열중하는 모습을 보았다. 끔찍한 배신감, 황망함, 그리고 내가 하찮은 존재가 된 기분이었다. 바로 그때 한 젊은 남자가 내게 말을 걸어왔는데, 그는 평소 내게 호감이 있었으나 나는 진지한 감정이 없었던 남자였다. 그의 집에 함께 가서, 곤두선 내 깃털을 그의 손에 맡겨 진정시키는 것이 그럴싸해 보였다. 하지만 다음 날 나는 후회했는데, 내가 그 남자에게 상처를 주고 힘들게 만들었음을 깨달았기 때문이다. 게다가 나의 전 연인이 나와 이별한 후 괴로워서 그 귀여운 여자와 함께 있었다는 사실을 알게 되면서 내 죄책감은 더 커졌다. 우리는 다시 화해했다. 나는 내게 애정을 건넸던 그 젊은 남자를 이용했다는 느낌을 늘 갖고 있었다. 그 애정을 아무 생각 없이 받아 이용하고 그에게 바로 되돌려주었던 것이다. 차라리 거절하는 편이 더 나았을 것이다.

이런 식으로 우리는 복수를 위한 섹스를 하게 된다. 누군가에게 되갚아 주기 위해 다른 사람과 섹스를 도모하는 건 정말 비열하다. 누군가의 불안과 질투, 여타 고통스러운 감정을 조장하는 행동은 파렴치한 것이다. 게다가 다른 사람을 당신의 연극에 꼭두각시로 이용하는 건 무례하고 완전한 학대다. 정신병리학은 '반사회적'이라는 단어를 '옳은 것을 뻔뻔하게 무시하며 하는 행동'이라고 정의한다. 우리는 그무시의 대상에 타인의 감정을 추가하고 싶다. 우리는 사회적인 인간과 사귀는 쪽이 좋다.

누군가가 당신의 친밀한 관계 범위 안에서 정직하지 않을 때 당신은 어떻게 하는가? 이때 당신의 확장된 가족 구성원에게 문제를 이야기하고 경험과 감정을 공유하는 방식이 마련돼 있다면 도움이 된다. 하지만 창피하다는 이유로 신뢰 없이 몰래 다른 사람을 만나는 누군가가 자신들을 이용했다는 사실을 인정하지 못한다면, 스스로를 보호할 때 필요한 정보를 얻지 못할 것이다. 누군가의 거짓말을 믿었다는 사실을 부끄러워하지 마라. 우리 대부분은 그럴 만한 가치가 없는 사람을 믿어본 적이 있다. 정직한 사람을 속일 수는 있다. 하지만 실수에서 배우고 다시는 다시는 속지 않게끔 겸손하기 바란다.

이 모든 힘겨운 시나리오는 정직하지 않은 누군가에 관한 이야기, 또는 친밀감과 정서적 연결을 피하면서 섹스하는 누군가의 이야기이기도 하다. 당신은 진실을 말하지 않는 순간에는 제대로 자리할 수 없다. 그러면 다른 누구와도 연결되지 않는다. 연결되지 못한다면 도대체 무엇을 감각할 수 있다는 말인가?

연인들을 인간으로 대하자. 그들을 둘러싼 문화가 강요하는 관계 형태 대신, 그들이 원하는 모습의 관계를 만들자. 이렇게 윤리적인 잡년은 지속하는 관계를 구성할 수 있다.

12 플러팅과 크루징

Flirting and Cruising

플러팅flirting과 크루징cruising은 당신이 습득할 수 있는 일종의 기술이다. 비록 하루아침에 이 기술을 향상시킬 능력을 갖춘 사람은 적지만.

플러팅과 크루징 사이에는 어떤 차이점이 있는가? 칼같이 구별하기는 힘들다. 누군가는 에로틱한 분위기가 아닌 환경에서 하는 것을 '플러팅', 섹스 파트너를 구하는 클럽, 모임, 술집, 다른 장소들에서 하는 것을 '크루징'이라고 생각한다. 혹은 플러팅은 작업 걸기와 유사한 것, 크루징은 확실한 관심이 있을 때 하는 것이라고 볼 수도 있다. 플러팅과 크루징 모두 눈 맞춤, 몸짓 언어, 미소, 온화함, 그리고 신체적 접촉이 본격화되기 훨씬 전부터 나눌 수 있는 에로틱한 형태로 성적 에너지 교환이 이뤄진다.

전통적 젠더 역할은 플러팅과 크루징 둘 다를 복잡하게 만들 소지가 있다. 이 문화에서 남성으로 키워진 사람들은 밀어붙이고 고집하며 '아니요'라는 대답을 절대 수용하지 말라고 배운다. 여성으로 키워진 사람들은 수줍어하고 요리조리 빠져나가며 절대 솔직하게 '예'라고 답하지 말라고 배워왔다. 이 멍청한 방정식에서 극단적일수록 상대를 더 밀어내기 십상이다. 그 결과는 감정 손상부터 데이트 강간까지 다양하다.

이 와중에 반가운 소식이 하나 있다. 이 두 가지의 행동 방식과 관습을 고칠 수 있다는 것이다. 모든 젠더가 다른 고려 없이 단지 자신의 욕망에 대해 예 또는 아니요를 자유롭게 말할 때, 더 깊은 이해가 가능하고 나아가 성을 긍정할 수 있다.

> "모든 젠더가 예 또는 아니요를 자유롭게 말할 때, 더 깊은 이해가 가능하고 나아가 성을 긍정할 수 있다."

예와 아니요

성적으로 노련한 사람들은 자신의 욕망을 파악할 수 있다고 서로를 신뢰하는 경향이 있다. 이 가정을 적용해보자. 당신의 잠재적 파트너들은 다른 상황이었다면 터무니없이 보였을 아주 직접적인 제안을 보다 쉽게 할 수 있다. 당신이 그 제안에 관심이 없을 때는 거절할 거라고 생각하기 때문이다. 당신이 원하는 것을 파악하는 일은 다른 누군가가 아닌 바로 당신 자신의 일이다. 누구도 당신을 어림짐작할 수 없고 어림짐작해서도 안 된다. 그래서 당신은 '아니요'를 말하는 법, 그리고 유혹에 대한 두어 번의 거절이 당신의 저녁을 망치지 않을 '아니요'를 거뜬히 말하는 법을 배워야 한다.

많은 사람들이 '아니요'를 곤란하게 느낀다. 뭇 남자들은 항상 섹스를 갈망한다고 배웠기 때문이다. 그래서 준비되지 않았거나 관심이 없을 때 받는 유혹을 거절하는 일은 뭔가 남자답지 못한 잘못된 행동이라고 여길 수 있다.

편하게 거절하는 요령은 문제의 초점이 그들이 아니라 당신에게 있다는 식으로 말하는 것이다. '당신과? 제정신인가요?' 대신에 '고맙지만 사양할게요. 당신은 좋은 사람 같지만 그렇게 깊이 연결된 기분이 들지 않아서요.' 또는 '고맙지만 사양할게요. 저는 지금 진짜로 연인을 찾고 있는 건 아니에요.' 또는 '고맙지만 사양할게요. 저는 먼저 사람을 잘 알고 나서 그런 걸 하는 게 좋아요.'같이 말해보라. 중요한 지점은 '고맙다'라는 말은 진실해야 한다는 것이다. 당신이 매력을 느끼지 못하는 사람이라도 그 사람의 요청은 당신에게 찬사이며 충분히 고마운 일이다. 혹시 누군가가 당신을 매력적으로 본다는 사실을 당신 스스로 어이없어한다면, 당신의 자존감이 우려스럽다.

많은 여성들은 '아니요'라고 집적적으로 말하는 것이 여성스럽지 않다고 배웠다. 자신에게 물어보라. 섹스에 대해 '아니'라고 말한 마지막 순간이 언제였는가? 어떻게 그 말을 했던가? 정중하고 친절하지만 확고한 '고맙지만, 아니요'였던가? 아니면 '오늘은 안 돼. 두통이 있어.' 혹은 '다음에 해' 또는 '생각해볼게'였던가? 우리는 당신에게 편안할 '고맙지만, 아니요'를 실천해보라고 강력하게 제안한다. 상대방이 당신 마음을 읽고서 당신의 '어쩌면'이 '아니요'를 의미한다는 사실을 알아주기를 기대하는 모습은 윤리적이지도 잡년스럽지도 않다.

'예'라고 말하는 연습도 필요하다. 우리의 문화적 신화는, 이성애적 상호작용을 할 때 남자는 여자에게 '예'를 말하라고 간청하거나 치켜세우거나 들볶는다는 점이다. 또는 적어도 '아니요'를 말하지 못하게 한 다음, 자신이 적절하다고 생각하는 행동을 해버린다는 것이다. 여성 정체성을 지닌 사람은 동등해지고 더 많이 선택하고 자신의 기호를 알아야 하며 끌리는 대상에게 원하는 바를 분명히 말할 수 있어야 한다. 남성 정체성을 지닌 사람이, 실제 원하는 것보다 원해야 한다고 생각하는 것으로 프로그래밍된 경우라면, 진짜 욕망이 등장할 때 그에 대해 '예'라고 말하는 법을 배워야 한다.

일단 '아니요'에 익숙해지면 '예'는 더 수월해지기 마련이다. 여러 변주를 통해 시도해 보라. '예, 좋아요.' '예, 언제요?' '예, 그런데 먼저 말해두고 싶은 한계선이 좀 있어요.' '예, 그런데 제 파트너에게 먼저 말해야 해요.' '예, 그런데 오늘 밤은 안 되겠군요. 다음 주 화요일은 어떤가요?' '그럼요, 예!'

> "일단 '아니요'에 익숙해지면 '예'는 더 수월해지기 마련이다."

플러팅은 예술이다

플러팅하는 법은 누구나 태어날 때부터 알고 있다. 의심스럽다면 아기가 자기 옆에 있는 어른과 상호작용하는 방식을 보라. 숱하게 눈을 마주치고, 미소 짓고, 반갑다는 듯 깔깔 웃으며 아끼는 장난감을 건넨다(규칙에 따르면 감탄이 끝난 뒤에는 되돌려주어야 한다. 성인 장난감과 마찬가지로).

그런데 우리는 대부분 성인이 되면서 이 소중한 능력을 상실해버린다. 처음부터 다시 새로 배워야 한다. 훌륭한 플러팅은 수단이 아니라 그 자체가 목적이어야 한다고 우리는 믿는다. 재미로 플러팅을 하고서 섹스와 관련된 특정한 목적일랑 잠시 접어두기를. 좋은 연결에 집중하라. 뭇 게이 남성들이 여성들과 플러팅하는 모습을 구경하라. 상냥한 찬사, 가벼운 암시, 위협적이지 않은 친밀감. 이것들은 모두 주고받는 대화의 목적이 그저 서로의 즐거움이지, 순식간에 가까운 침실로 돌진하려는 게 아니라는 사실을 깨달을 때 가능한 일이다.

그래서 우리는 그냥 해보면서 플러팅을 배우라고 권한다. **플러팅**이라는 단어에서 연상되는 어떤 행동("이봐, 자기, 별자리가 뭐야?")을 말하는 게 아니다. 사실은 그 정반대다. 훌륭한 플러팅이란 **보는 것**과 관련된다. 보여지는 것에 대한 욕망은 인간의 감정이다. 당신이 사람들을 보고 있다는 사실을 그들에게 드러낼 때, 자연스레 그들이 당신을 보기 시작한다.

많은 경우 플러팅은 비언어적이다. 평소보다 더 길게 눈을 마주치는 방식—스치는 눈길보다 길게, 노골적 응시보다 짧게—은, 당신이 그 사람들을 응시할 가치가 있다고 여긴다는 사실을 그들에게 알려주는 것이다. 몸을 돌려 관심있는 대상을 향하자. 팔과 다리를 꼬지 말고 육체적으로 열린 자세를 유지하라. 미소 지어라.

당신의 플러팅이 언어로 이어진다면 개인적이지만 성적이지 않은, 진심 어린 칭찬으로 시작하는 편이 좋다. 공원 벤치에서 당신 옆에 있는 사람이 갓 깎은 털을 뽐내는 푸들을 데리고 산책하고 있는가? 이웃이 회사에서 막 승진했다는 소문을 들었는가? 이 중 그 무엇이라도 마음을 담아 찬사를 보내라. 그게 바로 '당신에게 관심을 주고 있어요. 당신은 나에게 그저 군중 속의 얼굴 하나가 아니에요.'라고 말하는 방식이다. 물론 당신은 이런 접근법을 플러팅으로 여기지 않을 수 있다. 그러나 우리 말을 믿어보라. 이것은 훌륭한 첫걸음이다. 신체적 외형에 대해, 특히 성적인 방식으로 언급하는 것("그 바지 입으니 엉덩이가 멋져 보이는군요!")은 우리의 이야기 맥락에서 벗어난 것이다. 목표는 당신의 친구에게 충실한 느낌을 전하는 것이다. 이 느낌을 신체라는 주제로 축소하지 말라.

피드백에 주의를 기울여라. 우리가 당신과 플러팅을 하고 있는데 당신이 고개를 돌리거나 한발 물러서서 팔짱을 낀다면, 우리는 당신이 이 만남에 관심이 없다는 사실을 알아채고 우아하게 갈 길을 갈 것이다. 물론 우리도 다른 이들처럼 이런 상황을 달갑게 여기지는 않지만, 거절당한 느낌을 갖지 않도록 최선을 다할 것이다. 당신은 우리를 알지 못하며, 무엇을 놓치고 있는지 모르고 있다. 게다가 우리가 아는 한, 당신은 이미 다른 누군가와 데이트하러 가는 길이라서 그 순간에 집중하지 못했을 따름이다.

우리가 알고 있는 가장 성공적인 플러팅꾼 하나는 필살기에 가까운 한 마디로 말문을 연다. '안녕하세요, 나는 마이크라고 해요.' 거기서부터 그는 관심을 둔 상대를 그들의 흥미가 이끄는 곳으로 데려갈 수 있다. 날씨나 경치, 일, 아이나 애완동물, 오늘날의 한심한 세상사, 좋아하는 음식, 뭐든지 상관없다. 플러팅의 이 단계는 탐험이다. 멋진 사람을 새로 알아가는 과정이다. 유사한 방식과 다른 방식을 찾아내면서 어떻게 접속할 수 있을지를 살피는 작업이다. 이 과정의 에너지는 섹시하다. 미소의 번쩍임과 눈동자의 밝기. 대화를 나누거나 플러팅할 때 당신은 감지할 수 있다. 그렇다. 바로 에너지다.

> "마법의 플러팅 지팡이가 있어서 당신 앞에서 흔들고 싶지만, 아쉽게도 그런 지팡이는 없다."

당신이 수줍음을 타고 착실한 소년 소녀는 플러팅 따위를 하지 않는다고 배웠다거나, 혹은 보다 강한 스타일의 플러팅에 익숙하다면 이것들은 모두 배우기 어려울 수 있다. 우리에게 마법의 플러팅 지팡이가 있어서 당신 앞에서 흔들고 싶지만, 아쉽게도 그런 지팡이는 없다.

그러므로 당신은 그저 연습을 해야 한다. 평소에 플러팅 대상으로 선호하는 젠더(지향이 아닌 경우)인 친구가 나서주면 도움이 된다. 그 친구를 처음 만났다고 가정하고 플러팅해보라. 당신의 유혹의 강도에 대해 친구는 피드백을 주고 당신의 기술을 다듬어줄 수 있다. 플러팅의 결과를 예단하지 말고 플러팅 그 자체를 즐기기 시작할 때 비로소 제대로 플러팅을 하고 있다는 사실을 알게 될 것이다.

잡년 커밍아웃

폴리아모리스트들만 있는 곳에서 크루징하는 게 아니라면, 관심을 준 대상이 아직 이 책을 읽지 않았을 확률이 높다. 즉 그들에게 잡년 문화가 낯설 거라고 예상하는 편이 합리적이라는 뜻이다. 그러니 어느 순간에 이르면 당신은 고를 수 있는 선택지에 모노가미가 없다고 털어놓아야 할 것이다.

이 사실을 정확히 언제 또는 어떻게 말해야 할지 알려줄 수는 없지만, 빠를수록 좋다는 말은 해줄 수 있다. 두 사람 모두 하룻밤 만남 혹은 파티에서 즐길 상대를 찾는다면 이 문제를 놓고 대화할 필요는 전혀 없을지도 모른다. 하지만 하룻밤 만남이 두 번째 데이트로 이어진다면, 이때가 바로, 정식으로 사귀는 관계에는 지금도 앞으로도 관심이 없다는 사실을 새 친구에게 알려주어야 할 순간이다.

컴퓨터 소프트웨어나 서핑 이야기 같은 일상적인 대화 중에 이런 말을 끼워넣는 것은 좀 의뭉스럽다. 파트너에게 슬쩍 지나가듯 언급하며 다자 관계를 강조한다면 일종의 속임수다. 관계에 관한 일반적인 대화로 시작하여 당신의 의견과 욕구를 표현할 공간을 확보하면 된다. 아니면, 새 친구가 한잔 마시러 집에 올 때 거실 탁자 위에 이 책을 놓아두면 된다.

관심을 끄는 대상이 헌신적인 모노가미주의자임에도, 굉장히 매력을 느끼는 일이 생길 수도 있다. 모노가미주의자들과 사랑에 빠진 폴리아모리스트를 위한 조언은 이 책의 20장에 나온다.

크루징 도전

사람들로 빼곡한 방 한쪽 구석. 행복한 모임에 끼어들 수 없는 사람이 나 혼자인 듯하고 일생 동안 다시는 누군가와 이어지지 못할 감정에 빠져 있다면, 방 모퉁이에 서 있는 다른 누군가를 찾아서 대화를 시작하는 게 좋다. 이런 상황에서 재닛이 말문을 틀 때 가장 잘 쓰는 말은 이렇다. '안녕하세요, 여기엔 제가 아는 영혼이 하나도 없군요. 여기 서서 당신과 잠깐 얘기를 나눠도 될까요?'

이 간단한 말문 트기는 연습할수록 점점 쉬워진다. 그다음 크루징 전략은 당신의 젠더와 당신이 찾는 사람의 젠더에 따라 크게 달라질 것이다.

남자

남자를 원하는 남자들은 자기들만의 크루징 스타일이 있다. 직설적 접근법이 특징이다. 여기에는 동성애자와 양성애자 남자들이 대부분 이런 접근법을 크게 불편해하지 않고 '고맙지만, 괜찮아'라고 말할 수 있다는 전제가 깔려 있다. 이 남자들은 여자에 대한 남자의 크루징에 만연해 있는 신체적 압도가 주는 위협 없이 크루징한다. 또한 자신의 욕구 이상의 어떤 요구 사항 앞에서도 자유롭게 서로를 크루징할 수 있다. 대개는 이성애자 형제보다 몸짓 언어와 비언어적 신호에 더 많이 기대는 편이다. 몸짓 언어가 통하지 않을 때 언어를 사용하겠다는 특유의 자신만만함이 배어 있다.

이성애자 남자들에게는 또 다른 난제가 있다. 섹스와 친밀감이라는 장에서 보채고 압도하거나 이야기를 들어주지 않는 상황을 선호하는 여자는 거의 없다. 대부분의 여자는 남자가 따로 만나자거나 전화번호를 달라며 세게 밀어붙일 때 특히 모욕감을 느낀다. 여자가 여러 번 대화 주제를 바꾸려 하는데도 줄기차게 성적 주제로 대화를 끌고 가는 남자나, 여자의 허락 없이 성적으로 혹은 가부장적으로 또는 은근히 신체를 접촉하는 남자도 좋은 평가를 받기 어렵다. 엉큼한 유혹은 고통스럽다. 그냥 물어보는 게 더 낫다. '아니요'라는 말을 들었다고 해서 따지고 들지 마라.

남자들이 종종 저지르는 실수는 여자들이 남자의 유혹을 기다린다는 식으로 여자에게 접근하는 것이다. 당신의 접근 방식을 여자가 고압적으로 생각하는지 그 여부를 알고 싶다면, 체격이 건장한 남자가 당신과 똑같은 방식으로 당신에게 접근하는 상상을 해보라. 그리고 어떤 느낌이 드는지 자신에게 물어보면 좋다. 성공하는 남성 크루저들은 언어적 · 비언어적 신호에 민감하게 반응하고, 그들 앞에 서 있는 매혹적인 인간에게 다정한 관심과 감사를 전한다.

여자

여자의 경우 성적 지향을 불문하고, 만나는 순간과 그 이후의 과정에서 원하는 바를 요구할 때 강하게 자기 의사를 주장하는 법을 배우면 큰 도움이 된다. 만일 당신이 술을 홀짝이면서 누군가 다가오기를 기다리는 게 익숙한 사람이라면, 먼저 나서서 접촉을 시도하는 일이 몹시 어색할 것이다. 어쩌면 그게 뻔뻔하고, 음, 잡년스럽게까지 느껴질 수도 있다. 물론 거절의 위험 감수는 끔찍하게 무서운 일이기도 하다. 그래도 갈수록 쉬워진다… 특히 한두 번의 거절을 통해 그것이 세상의 종말이 아니라는 사실을 알게 되면. 우리는 당신에게 남자들이 수백 년 동안 하지 않았던 무언가를 하라고 요구하지 않는다. 당신은 남자들이 그래왔던 것처럼, 원하는 것을 요구하고 얻는 즐거움을 숱하게 누리게 될 것이다.

트랜스trans와 논바이너리nonbinary

당신이 상대의 젠더 표상과 맞지 않거나 당신의 젠더 표상이 문화적 규범에 적합하지 않은 경우, 플러팅과 크루징을 할 때 관건은 '상대는 얼마나 알고 있는가?'이다. 그래서 젠더 규범 바깥에서 살아가는 친구들 다수는 온라인에서의 크루징을 선호한다. 온라인에서는 관심 상대에게 희망, 시간, 때로는 개인적 안전을 투자하기 전에 상대가 자신과 같은 부류에 관심을 가지는지 그 여부를 확인할 수 있다. 그들은 젠더가 초등학교 성교육 담당 교사의 이야기보다 더 복잡하다는 사실을 알 수도 있고 모를 수도 있는, 그야말로 새로운 사람이다.

한편으로 우리가 인터뷰한 어떤 트랜스 여성의 지적을 살펴볼 필요가 있다. '직접 만나서 크루징할 때에도 주의가 필요하다. 관계의 온도가 올라가 심각하게 발전하기 전에 공개해야 하는 무언가를 가진 사람이 생각보다 많다는 사실을 명심하라. 건강 문제, 집에 파트너가 있다는 것, 성적인 문제 또는 개인적 한계선 등등.' 당신은 아마도 속옷 안의 그것을 떠올릴 텐데, 그것은 키스하기 전에 말해야 하는 다른 사안처럼 깜짝 놀랄 만한 내용일 수도 있고, 아닐 수도 있다.

트랜스 친구들은, 자신의 성적 정체성sexual identity을 재검토하는 사람에게 촉매제가 되어주는 경험을 많이 한다. 한 친구는 젠더 컨퍼런스에서 만난 여자 이야기를 들려주었다. 그 여자는 자신을 레즈비언으로 인식하고 있었는데, 이후 자신이 트랜스 남자나 트랜스 여자, 그리고 특정 젠더 범주에 딱 들어맞지 않는 사람에게 끌린다는 사실을 알고 놀랐다고 한다. 또한 트랜스 친구들은 자신들이 만나는 사람들이 최신 젠더 이론에서 더 상세하게 다루는 내용을 대부분 몰랐다고 지적했다. 어떤 트랜스 남자는 '처음에는 사람들이 젠더 스펙트럼에서 내 위치를 이해하지 못할 때 화가 났어요'라고 말해왔다. '하지만 얼마 후에는 적대적이거나 악의적인 사람과 다만 몰랐을 뿐인 사람의 차이를 더 잘 구별하게 됐어요.' 이 남자는 자신이 진짜 원하는 모습으로 사는 삶이 무엇인지를 잠재적인 연인에게 차근차근 알려주는 일을 즐기게 됐다며 이야기를 이어갔다.

플러팅 과정에 일단의 교육을 병행하고 싶은지 아닌지와 상관없이, 그 경계를 얼마나 강하게 그을지는 당신이 결정하는 게 맞다. 이미 생각이 비슷한 사람으로 구성된 작은 그룹 안에서만 플러팅하고픈 이들은 없다. 동시에 플러팅 시간 일체를 젠더 교육에 소모하고 싶은 사람 역시 찾기 힘들다. 당신에게 적합한 균형을 찾아내라. 그리고 당신의 욕망과 능력이 세월 속에서 변화될 때마다 그 균형을 조정할 수 있게 준비하라.

커플과 그룹

때로는 커플 혹은 이미 성립된 기존의 연인 그룹이 누군가나 누군가들을 위해 3인 또는 그 이상과 함께 플레이할 새로운 구성원을 크루징하기도 한다. 그룹 크루징에는 이점이 있다. 실패하더라도 여전히 같이 귀가할 사람이 있으니까. 하지만 크루징 대상자들은 공개적인 비모노가미 관계 개념에 익숙하지 않은 경우가 많다. 그래서 그들에게 '안녕, 나는 당신이 아주 마음에 들어요. 내 파트너들도 마찬가지고요' 하고 유혹한다면 그들은 기겁할지도 모른다. 하지만 안심하라. 기존 동반자 관계 중 구성원 한 명이나 두 명 또는 모두와의 관계에서, 이미 구축된 경계와 안전감을 선호하는 사랑스러운 많은 사람들을 찾을 수 있을 것이다.

3인이나 그 이상의 방식으로 플레이할 사람을 찾아 함께 크루징하는 그룹도 있고, 그들 중 한 명과만 플레이하고 싶어 하는 파트너들을 개인적으로 크루징하는 그룹도 있다. 파트너가 있거나 혼자 크루징할 때는 집에 파트너 혹은 복수의 파트너가 있다는 사실을 상대에게 알려야 한다. 이 점을 제발 잊지 말기를. 이 소식에 기뻐할 사람도 있고 그 반대일 사람도 있을 것이다. 하지만 완전한 공개가 바로 윤리적 잡년생활의 윤리적인 부분이다.

파티장을 떠날 시간이다. 파트너들과 함께 집으로 갈 계획이라면 다른 연인에게 이 점을 미리 확실히 알려주는 게 예의다. 새로 만나 연락처를 교환한 상대에게 안도감을 줘라. 필요하다면 '내일 아침 전화해도 될까요?'라거나 '일 끝나고 커피 한 잔 하시겠어요?'같이 말하면서 다시 만날 장소와 시간을 골라라.

혼자 크루징을 하든 누군가와 함께 크루징을 하든 사전 합의사항을 지켜야 한다. 누가 누구에게 무엇을 하는 데 관심이 있는가? 어디에서? 언제? 한 사람은 그날 밤 당장 매트리스를 함께 쳐댈 사람을 찾는데 다른 사람은 지속적인 관계를 원한다면('그 사람들이 나를 따라 집에 온 거야! 계속 만날까? 응?') 커다란 오해를 부를 수 있다.

동반자 관계의 각 구성원은 유용한 사교적 기술이 있어야 한다. 파트너에게 의존해서 소개, 대화, 플러팅, 협상을 진행하는 것은 당신에게도 그들에게도 좋지 않다. 당신의 요구, 관심사, 개인적 취향을 모두 이해하면서 적당한 요령을 갖추고 소통할 수 있는 사람은 거의 없다. 역시 오해로 어어지기 마련이다.

많은 잡년을 화나게 만드는 것은 한 명 또는 그 이상의 사람들을 존중하지 않거나 시종일관 대상화의 자세를 보이는 사람이다. 순진해 보이는 여성을 미끼로 삼는 커플을 보자. 당신이 그녀를 덥석 물었다. 그런데 그녀의 배우자도 파티에 참석했다는 사실을 알게 됐다. 당신은 화들짝 놀랄 수밖에 없다. 재닛은 그룹 섹스 모임에서의 일을 아직도 기억한다. 한 남자가 자신의 여성 파트너를 흥분시키도록 도와달라고 부탁해왔다. 재닛이 흔쾌히 제안을 받아들여 그 그룹에 참여하자마자 그 남자는 관심의 초점을 여자친구에게서 재닛으로 옮겼다. 재닛의 가슴을 움켜쥐고서는 불운했던 그 여자친구를 무시하면서 말이다. 당연히 재닛은 이 기괴한 자리에서 서둘러 벗어났다.

제3자를 일종의 대형 섹스 보조기구로 취급하는 일은 무례하다. 커플들이 자신들의 애정행위나 집안 구성(가족 구성원)의 일부분으로 사전 정의한 역할에 끼워넣을 수 있는 누군가를 찾다가 양성애자 여성을 일종의 '핫 바이 베이브Hot Bi Babe'*로 삼으면, 우리가 아는 많은 양성애자 여성은 분개한다. 그런 여성은 흔치 않다. 상상 속의 존재에 가깝다. 그래서 폴리아모리스트들은 그들을 '유니콘'이라고 부른다. 마찬가지로 이성애자 커플이 자신들의 욕망을 충족시켜주리라고 기대받는 양성애자 남성은 '페가수스'라고 불리기도 한다.

커플이나 그룹으로서 크루징할 때나 커플이나 그룹의 크루징 대상이 될 때의 기본 규칙은, 관련자 모두의 감정과 관계를 **존중**하는 것이다. 당신 혹은 당신의 파트너를 가로채려 애쓰는 사람을 크루징하고 싶지 않을 것이다. 그리고 당신의 크루징 대상자 역시 이용당하고 속고 혹사당하는 걸 원하지 않는다.

도씨가 오랜 연인과 데이트를 하고 있을 때였다. 어떤 매력적인 사람이 그녀의 연인 몰래 도씨의 눈길을 사로잡으려 노력하는 걸 알아챘다. 도씨가 연인에게 상황을 설명하자 그가 천재적인 솜씨를 발휘한다. 그는 문제의 그 젊은 남자에게 성큼성큼 걸어가서 아주 점잖게 말했다. '내 숙녀분께서 당신에게 전화번호를 주고 싶어 하는군요.' 젊은 남자는 화들짝 놀란 듯 보였지만 다음 날 아침에 바로 전화를 걸어 왔다. 도씨는 그때부터 종종 이 전략을 썼고 주변에 강력하게 추천했다. 이 사람들은 항상 전화를 건다고!

관련자 모두를 존중과 애정, 그리고 친밀함으로 대하면 매우 특별한 보상을 받을 수 있다. 따뜻하고 아늑한 하룻밤에서부터 오래 이어지는 다자 관계까지 말이다.

---

* HBB: 닫힌 커플 관계에 참가하여 트라이어드를 이루려고 하는 양성애자 여성을 일컫는 말

기본 수칙

모든 젠더와 성적 지향을 통틀어 우리가 아는 가장 훌륭하고 가장 성공적이며 가장 역겹지 않은 크루저들은 대부분 사람을 좋아하고 누군가와의 대화에 흥미를 가진다. 친절하고 호기심 많은 부류다. 그들과 대화를 나누는 이들 중 누군가가 잠재적 관계로 발전한다면 더욱 좋은 일이다.

자신이 다른 사람 눈에 어떻게 보일지 걱정될 때, 자신이 아닌 다른 누구인 척 가장하는 것은 쓸모없다는 사실을 잊지 말라. 당신을 특별하게 여기지 않는 사람에게 끌리는 건 바람직하지 않다. 그럴 때 당신이 얻게 되는 사람은, 당신이 아닌 사람에게 들뜬 누군가일 뿐이다. 당신이 솔직할 때 비로소 당신에게 진짜 관심을 가진 사람을 끌어당길 수 있다. 가장 멋진 당신의 모습 그대로.

폴리아모리의 선구자:
「연인들의 꽃다발」과 젤-레이번하트Zell- Ravenheart 가족

오늘날의 폴리아모리스트를 위한 최초의 지침서가 나온 지는 얼추 30년이 되어간다. 이 지침서의 저자는 20년 이상을 폴리아모리스트로 살면서, 그 기본 원칙을 글로 밝히게 되었다.

1990년 모닝 글로리 젤-레이번하트Morning Glory Zell-Ravenheart가 발표한 「연인들의 꽃다발: 책임감 있는 열린 관계를 위한 전략」*은 프라이머리/

---

*   원제: *A Bouquet of Lovers : Strategies for Responsible Open Relationships*, Green Egg #89, Beltane, 1990. 「연인들의 꽃다발: 책임감 있는 열린 관계를 위한 전

세컨더리 관계 모델에 대한 확실한 가이드라인을 제시해주었다. 지금 이 책을 읽는 독자에게는 친숙하게 들릴 지침들이다.

그리고 이 책과 마찬가지로 그 지침서의 저자와 최초 발행인은 '자유 연애Free Love' 시대에 자신들의 가치관을 수립했다. 젊은 탐구자 두 사람은 1973년 신흥종교 회의에서 만났다. 원래 다이애너 무어Diana Moore와 티모시 젤Timothy Zell이라는 이름을 가졌던 두 사람은, 급진주의자, 연인, 거의 50년 동안 다양한 형태로 지속한 폴리아모리 가족의 원로로서, 모닝 글로리 젤-레이번하트라는 이름으로 더 많이 알려진 다이애너가 숨을 거둔 2014년까지 함께했다.

젤-레이번하트는 마음 맞는 연인들과 함께 '모든 세계의 교회Church of All Worlds'라는 신흥종교이자 폴리아모리 기관을 설립했다. 로버트 하인라인Robert Heinlein의 유명한 공상과학 소설 『낯선 땅의 이방인Stranger in a Strange Land』에 묘사된 교회가 모델이었다. 오베론(예전의 티모시Timothy) 젤-레이번하트는 1968년에 신흥종교 잡지 『그린 에그Green Egg』를 창간하여 지금도 온라인으로 발행하고 있다. 이 잡지에 「연인들의 꽃다발」이 처음 실렸다.

젤-레이번하트 가족은 지금도 캘리포니아주 소노마 카운티에 있는 두 채의 큰 집에서 함께 살고 있다.

락」에서 'polyamorous'라는 신조어가 처음으로 제시되었다.

13   안전한 성생활

Keeping Sex Safe

훗날 더 안전한 섹스safer sex로 변경되는 안전한 섹스safe sex 라는 용어는 HIV 감염 위험을 최소화하는 섹스를 구현하는 방법을 논의하려고 만들어낸 신조어였다. 하지만 섹스가 전적으로 안전했던 적은 역사상 단 한 번도 없다. 좀 더 믿을 만한 피임법이 나온 지는 몇십 년밖에 되지 않았고, 매독이나 임질 같은 성병을 치료하는 데 항생제를 쓰기 시작한 것은 그보다 고작 몇십 년 전의 일이다. 헤르페스는 여전히 치료제가 없으며, 인유두종 바이러스로 인한 자궁경부암은 그 해결책이 여전히 한정적이다. 당

> "윤리적인 잡년은 섹스가 결코 완전하게 안전할 수 없다는 점을 고려한다. 그래서 최소한의 위험으로 원하는 만큼의 섹스를 하기 위해 시간과 노력을 기울인다."

신의 성적 지향이 무엇이든, 어떤 행위를 하든, 어떤 위험 요인을 가졌든, 지금의 환경에서 부주의한 섹스는 사망으로 이어질 가능성이 존재한다. 당신 자신과 파트너를 보호해야 한다는 뜻이다.

윤리적인 잡년은 섹스가 결코 완전하게 안전할 수 없다는 점을 고려한다. 그래서 최소한의 위험으로 원하는 만큼의 섹스를 하기 위해

시간과 노력을 기울인다. 헌신적인 잡년들은 섹스로 병이 전염되지 않도록 차단법, 백신, 약품을 포함하는, 감염 혹은 원치 않는 임신 가능성을 최소화할 위험 감소 전략을 부단히 개발해왔다.

당신의 생활에 적용할 수 있는 더 안전한 섹스 프로토콜을 조사하라. 그리고 당신 자신과 연인을 HIV, 헤르페스, 간염, 임질, 매독, 클라미디아, 이질, 인유두종 바이러스, 자궁경부암, 원치 않는 임신 및 숱한 다른 고약한 것들로부터 보호할 계획을 세우기 바란다. 의학적인 연구와 관련 권장 사항은 이 책의 범위를 벗어나는 것들이다. 질병관리 및 예방센터는 더 안전한 섹스에 관한 최신 정보가 담긴 웹 사이트를 운영하고 있다. 많은 페미니스트와 LGBTQ 조직도 마찬가지다.

다른 사람을 만지기 전에 당신의 몸 전체를 라텍스로 덮을 필요는 없다고 생각한다. 우리의 목표는 위험 줄이기다. 일종의 방어운전인 셈이다. 그렇다. 고속도로를 달리는 동안 음주운전자가 언제든지 우리를 죽일 수 있다고 해도, 대부분은 안전에 주의하며 계속 운전한다. 불량품 낙하산으로 스카이 다이빙을 하는 것과 비슷한 수준의 위험하고 에로틱한 행위를 하지 않아도 얼마든지 흡족한 섹스를 할 수 있다. 다음은 우리를 비롯한 잡년들이 사용하는 성공적 방법들이다.

차단법: 고무(니트릴, 폴리우레탄 등) 장벽

아주 기본적인 방법이다. 바이러스가 뚫고 들어갈 수 없는 무언가를 당신과 바이러스 사이에 두어라. 오늘날 많은 사람이 이 차단법을 용의주도하게 사용함으로써 성적 충동을 저 멀리까지 따라가며 즐긴다. 시대가 시대이니만큼 굳이 설명이 필요없기를 바라지만, 이 차단법의 종류로는 다음과 같은 것들이 있다. 질 섹스·항문 섹스·펠라티오에 쓰는 콘돔, 파트너를 마스터베이션해줄 때 혹은 손가락이나 손을 질이나 항문에 삽입할 때 끼는 장갑, 커닐링구스나 애널링구스용 덴탈 댐dental dam이나 비닐 랩 등이다.

장갑이나 콘돔을 사용하면, 한 명 이상이 사용하는 섹스 토이를 깨끗하고 위생적으로 유지하기 쉽다. 섹스 토이를 사용한 뒤에는 반드시 철저하게 세척하고, 가능하면 살균하여 깨끗하고 건조한 상태로 보관하는 게 좋다(대부분의 세균은 습기 없이는 오래 살지 못한다). 섹스 토이를 금방 한 명 이상에게 정말로 사용하고 싶은데 차단 도구로 감쌀 수 없는 경우라면, 차라리 두어 개 구입하는 편이 낫다.

좋은 품질의 수용성 윤활제를 사용하면 차단법을 사용한 섹스에 더 큰 쾌감을 주는 놀라운 효과를 맛볼 수 있다. 쾌감 증대와 관련해 차단법을 쓰는 방법에 대해서는 23장을 참고하라. 혹시 이 차단법들 사용이 아직 익숙하지 않다면, 연습하라!

페니스 소유자들은 콘돔으로 자위를 하면 사용에 익숙해진다. 우리는 한 번에 콘돔 18개를 착용하는 데 성공한 열성적인 친구 이야기를 들은 적이 있다. 그는 꽉 조이는 느낌이 아주 만족스러웠다고 말했다. 그리고 콘돔으로 장난 좀 치면 어떤가? 여성용 콘돔은 자궁경부를 제대로 덮으려면 약간의 연습이 필요하니 기술 습득을 위해 몇 개를 사용할 수 있게 준비하라. 가급적이면 파트너가 당신이 해결해주기를 기다리고 앉아서 제 엄지손가락을 이리저리 비틀기 전에.

콘돔과 비닐 랩을 써본 경험이 없다면, 여유를 가지고 배워라. 놀이하듯이 윤활제를 좀 붓고 그 안에서 굴러라. 비닐 랩으로 신체 부위를 감싸는 참신한 방법을 고안한 다음, 재미있게 느껴질 새로운 방법을 모색하라. 비닐 랩은 위험을 감소시키기 위한 차단법이지만 본디 지bondage 토이 기능을 겸한다. 현재 다양한 색상이 시중에 나와 있다. 보다 안전한 섹스용 물품에 대한 취향과 감각을 키워나가라. 윤활제의 경우 민감한 부위에 발라보고 알러지 반응 유무를 확인해야 한다. 흥분했을 때 몸이 가려워져서 당장 그 물질을 씻어내러 가야 한다면 유쾌하지 않을 것이다. 감각적인 품질에 신경 써라. 품질 좋은 라텍스는 굉장히 부드럽고, 최고 품질의 윤활제는 액체 벨벳 같은 느낌을 준다.

우리는 당신이 즐기기를, 그리고 현명한 선택을 하기를 바란다. 우리는 가능한 한 많은 독자를 원한다. 그러니 당신을 잃고 싶지 않다.

• 연습 •

해봐야 는다

페니스 소유자: 이 방법을 완전히 습득하기 전까지, 자위할 때 최소한 서너 번에 한 번은 콘돔을 쓰기로 결심하라.

페니스 소유자와 섹스하는 모든 사람: 콘돔을 큰 통으로 사서—이 경우는 저렴한 종류도 괜찮다—바나나, 오이, 딜도에 씌우는 연습을 하라. 가능한 섹시하게… 처음에는 손으로, 그다음엔 입으로. 한 통을 다 써서 없애라.

모든 사람: 체액 감염의 위험이 거의 없는, 혹은 없앨 수 있는 가능한 방법의 목록을 만들어라.

체액 모노가미

일부 커플 및 소그룹에게, 더 안전한 섹스 전략으로 인기 있는 한 가지는 **체액 결합**fluid bonding 또는 **체액 모노가미**fluid monogamy라고 불리는 방법이다. 프라이머리 커플 또는 프라이머리 그룹은 차단법을 쓰지 않고 서로 안전하게 플레이하면서, 동시에 다른 파트너들과는 콘돔, 덴탈 댐, 장갑을 꼬박꼬박 사용하기로 합의한다. 우리 저자들 역시 모두 반려자와 그렇게 하기로 합의한 상태다. 이런 종류의 합의에 이르기 위해 파트너들은 HIV 및 기타 질병에 대한 철저한 검사를 받는다. HIV 항체는 감염 후 몇 개월 동안 혈류에 확실히 나타나지 않기 때문에, 분명히 하려면 6개월을 기다려야 할 수도 있다. 일단 관련자 모두의 건강이 확인되면 안전 장치 없이 섹스를 하면서 외부 연인과는 차단법을 사용한다. 어떤 성행위가 방어책 없이도 괜찮은지, 어떤 행위는 방어책이 필요한지에 관해 명확하게 합의했는지를 꼭 확인하라. 이런 합의를 위해서는 관련자 모두 다양한 활동에 따르는 위험 수준을 공부해야 한다. 그리고 위험의 어떤 수준까지 수용할 수 있는지를 함께 결정해야 할 것이다. 구성원 모두의 개인적인 섹스 역사에서 획득한 정보를 꼭 고려하라.

특정 종류의 섹스는 프라이머리 관계에서만 하기로 제한하고 싶을 수 있다. 이때 특정 종류란 대개는 실제 페니스로 하는 삽입섹스인데, 이는 질병 전염 위험이 높기 때문이다. 적극적으로 임신을 시도하는 중이라면, 여러 사람이 출산에 연관될 소지가 있는 행위는 피하고 싶을지도 모른다.

만약 차단법의 효력이 확실하다면 체액 모노가미는 거의 완벽한 전략일 수 있지만, 안타깝게도 현실은 조금 다르다. 어떤 질병은 거웃, 회음부, 음순 또는 음낭에 발생하는데, 그 부위는 라텍스로 덮을 수 없다. 섹스 혐오 전도사들이 선전하는 주장에 비하면 덜 발생하는 일이지만, 바이러스는 바늘 구멍 사이도 뚫고 들어올 수 있다. 그리고 콘돔은 섹스 중에 찢겨지거나 벗겨지기도 한다.

체액 모노가미 관계를 유지하는 중에 콘돔 사고를 겪는다면 당신과 관련자 모두는 다시 HIV 검사를 받고 6개월 동안 차단법을 사용할지, 아니면 당신 둘 중 하나로 인해 다른 사람이 전염될 가능성을 감수할 것인지를 함께 결정해야 할 것이다. 또한 원치 않는 임신을 할 가능성이 조금이라도 있다면 사후 피임약에 관해 함께 대화하라.

노출 전 예방요법

혹시 당신이 HIV 전염 가능성이 있는 성적 활동을 하거나 HIV 양성 반응자와 파트너 관계를 맺고 있다면 노출 전 예방약PrEP을 살펴보기를 권한다. PrEP는 HIV 감염을 꽤 높은 확률로 막아주는 신약품의 하나다. HIV에 걸릴 위험이 높은 성적 행동을 하는 사람이 매일 복용해야 하는 약으로 구성된다. 이 글을 쓰는 시점에서, 이 약은 성공률이 매우 높고 부작용은 무시해도 될 만한 수준으로 보인다. 의사가 이 약을 정기적으로 처방하는 도시에서는 HIV 양성반응 판정을 받는 새 환자 수가 급감하는 중이다. 다만 신약품이라서 상당히 고가이며, HIV 양성반응자와 파트너 관계인 HIV 음성반응자 이외의 사람에게 처방하기를 (변명의 여지없이) 꺼리는 일부 의사들이 있다는 점을 밝혀둔다. 또한 PrEP는 임신을 포함하여 성적으로 전염되는 다른 병을 예방하지 않는다는 점도 알아두자. 따라서 당신이 가임기 여성이거나 건강 상태를 알 수 없는 사람과 삽입섹스를 하고 있다면, 콘돔은 여전히 좋은 방법이다.

고위험군 행동 피하기

또 다른 위험 감소 전략은 당신의 레퍼토리에서 일부 성적 표현을 삭제해버리는 것이다. 많은 사람은 위험성이 특히 높은 플레이 유형이 대가를 감수할 만한 가치가 없다고 느낀다. 그래서 입이나 페니스를 항문 안이나 가까이에 가져가는 행동을 포함한 일단의 섹스를 삼가하기로 결정한다. 심지어 페니스를 삽입하는 어떤 형태의 성행위를 멈추는 이들도 있다.

들리는가? 꼭 누군가의 몸 안에 정액을 뿜지 않고도 뜨거운 섹스를 나눌 수 있는 방법은 수백 가지다.

> "모든 결정에 자신의 욕망과 위험 평가 사이의 균형을 유지해야 한다."

모든 결정에 자신의 욕망과 위험 평가 사이의 균형을 유지해야 한다. 결정을 내릴 때 욕망은 강력하고 중요하기 때문에 지킬 수 없는 규칙은 완전히 무용하다는 점을 기억하라. 금욕도 위험할 수 있다. 한 친구는 금욕과 다이어트는 같은 것이라고 지적했다. '주중에는 아주 잘 참다가 주말에는 진탕 놀게 돼요.' 긍정적인 면을 보자. 새롭고 흥미진진한 섹스 방법을 배워서 뜨거운 성적 표현 범위를 확장시키면 안전과 만족, 두 가지를 모두 얻을 수 있다.

섹스와 약물

혹 약물이나 술의 힘을 빌려야만 섹스를 즐길 수 있다고 생각한다면, 그 믿음을 다시 생각해보기 바란다. 소량의 술이나 약물은 긴장을 완화해주고 초조함을 없앨 때 도움이 될 수 있다. 하지만 그 변화가 너무 크면 경계가 무너지고 판단력이 떨어지며 상대와의 합의를 잘못 이해하게 될지도 모른다.

약 기운과 술에 취한 섹스, 즉 평소보다 위험한 경험을 시도하고 싶다면 부디 상황이 시작되기 전에 상대와의 협의를 잊지 말라. 섹스 도중에 상대를 깜짝 놀라게 만들 돌출 행동이나 합의사항 변경이 없을 거라는 인식이 전제되어야 한다. 다시 한 번 말하지만 참여자 전원의 확실한 동의를 선행하라. '이봐, 자기, 방금 엑스터시를 두 배로 넣었어. 한 판 하자고'라고 내뱉으며 상대의 동의를 건너뛰는 것은 몹시 나쁜 생각이다.

우리는 엔도르핀, 옥시토신, 그리고 훌륭한 섹스를 나눌 때 우리 몸이 생산하는 뭇 화학 물질이 주는 자연적인 도취 상태를 선호한다. 씹거나 흡입하거나 피워야 하는 일련의 방법들은, 섹스를 나누고 있는 사랑스러운 사람과의 달콤한 연결을 포함하여 우리가 감각하고 싶어 하는 그 느낌을 방해할 수 있다.

만일 당신이 약물 사용의 문제점을 느낀다면? 잡년 그룹을 포함한 많은 대형 커뮤니티가 자체적인 치유 단체를 후원한다. 자기검열 하지 않아도 된다. 새로운 습관을 키우기에 편안하다 싶은 그룹을 찾아보라.

운에 맡기기

우리는 욕망이 삶의 강력한 힘이라고 인정하고 대부분의 욕망을 기뻐하며 살려고 한다. 하지만 아무 책임감 없이 욕망에 따라 행동하면 비윤리적인 결과를 낳는 게 현실이다. 세대를 막론하고, 특히 동성애자와 양성애자 남자는 생동하는 페니스를 느끼려는 욕망이 위험하다는 사실을 인지하며 성장했다. PrEP가 상황을 좀 더 안전하게 만들어주기는 했지만 여전히 제대로 된 사전 준비가 필요하다. 베어백 bareback(콘돔 없는 삽입)은 연인에게 한층 더 가까워지려는 많은 이들을 유혹한다. 조심성을 버리고 앞뒤 가리지 않게 만드는, 몹시 짜릿한 초월적인 전율을 남기면서.

단순한 낙관, 노출될 위험의 부인, 차단법 관련 동의 사항의 불이행 등은 피임 또는 질병 예방에 적합한 전략이 **아니다**. 성적 행동에 따르는 실질적인 위험에 직면할 정직과 용기가 없다면, 당신은 윤리적 잡년이 될 자격이 절대 없다. 나아가 우리는 당신이 섹스를 해도 되는지에 대해 의문을 제기한다.

새로운 치료법이 HIV의 진행을 늦추었다는 사실을 완치법 발견으로 믿으려는 일부 성적 커뮤니티의 인지부조화에 우리는 경악하고 우려한다. 사람들은 여전히 죽어가고 있다. 당신의 성생활이 HIV에 노출되지 않은 듯 보여도, 당신은 여전히 헤르페스, 간염, 인유두종 바이러스, 클라미디아, 매독 및 기타 질병의 위험에 노출되어 있다. 1940년대 킨제이의 통계는 모노가미 관계에 속하는 사람의 반 이상이 사실상 외부 파트너와 성적 접촉을 가진다는 사실을 이론적으로 보여준다. 공부하면서 자신을 챙겨라.

검사 및 예방

윤리적 잡년들의 정기적인 HIV와 기타 성병 관련 검사는 중요하다. 검사의 빈도는 성생활의 위험 변수에 따라 달라질 것이다. 의사, 클리닉, 보건소에 문의하고 조언을 따르라.

온라인에서 다른 잡년을 만나는 데 초짜인 친구 한 명은, 장래 파트너가 될지도 모를 사람들 몇이 첫 카페 데이트 자리에 자기가 받은 최근 검사 결과를 당연스레 가져오는 모습에 기분 좋게 놀랐다고 한다. 이는 '검사 결과지를 지참하는 폴리아모리스트'라는 새로운 개념일 것이다.

대부분의 성병은 차단법과 관리로만 예방 가능하다. 인두유종 바이러스의 경우, 당신이 치명적인 간염 몇 종류와 인유두종 바이러스 보균자가 아니라면 최근 개발된 백신으로 당신을 보호할 수있다. 비모노가미적으로 항문 또는 질 성행위를 즐기는 경우 이것들을 쓴다면 **아주** 좋은 생각이다. 고가이지만 병에 걸리는 것보다는 나으니까. 당신의 보험사와 상의하라. 나머지 경미한 골칫거리에는 여전히 차단법이 필요할 것이다.

피임

어머니 자연. 이 말에는 나름의 이유가 있다. 때로 그녀는 모든 사람의 부모가 되기를 원하는 듯 보이기 때문이다. 이번에는 임신하기 싫다고 확실히 알고 있을 때조차, 어떤 깊은 충동은 피임약 복용을 쉽게 망각하게 만들고 날짜 계산을 잘못하게끔 몰고 간다. 피임에는 바쁘게 움직이는 작은 난자와 정자가 제 일을 못하게 속이고, 당신 자신의 본능이 그 속임수를 제대로 이행할 수 있게 만드는 일이 포함된다.

안타깝게도 피임 기술은 결코 완벽하지 않다. 믿을 수 있고 가역적이며 손쉽고 부작용 없는 피임약의 등장은 아직 요원하다. 원치 않는 임신이 인생을 산산조각내는 비극의 세월은 이제 지난 듯 보인다. 하지만 그런 임신은 여전히 힘든 일이다. 이 글을 읽는 여러분 중 그 누구도 이 일을 절대로 겪지 않기를 바란다.

당신에게는 난소와 자궁이 있다. 그러니 가임기에 고환이 있는 사람과 삽입섹스를 한다면, 임신을 결심하기 전까지는 적극적으로 피임 수단을 활용해야 한다. 피임약을 비롯해 노플란트Nor-plant와 데포 프로베라Depo-Provera 등의 화학적인 장기 피임법이 있다. 생리주기가 규칙적인 여성이라면 리듬 피임법이 유효하다. 가임기에는 간접 성교를 즐기면 된다. 상술한 모든 방법의 위험 요소와 신뢰도에 관한 유용한 정보는 매우 많다. 의사, 클리닉, 보건소, 가족계획 상담소가 당신의 바람직한 선택을 도울 것이다.

고환 소유자가 자궁 소유자와 삽입섹스를 할 때는 선택 가능한 방법이 (안타깝게도) 매우 제한적이다. 앞으로 자녀를 갖지 않기로 결정했다면 정관 수술은 당신의 근심을 크게 덜어줄 수 있는 간단한 방법이다. 언젠가 부모가 되고 싶다면 콘돔을 사용하라. 그리고 더 좋은 남성 피임법 연구를 위해 로비에 뛰어드는 것도 좋겠다.

누군가가 의도하지 않는 임신을 하게 된다면, 순화해서 말해 어려움에 처하게 된다. 관련자 모두가 낙태를 최선의 선택이라고 동의한다면, 그 자체로 몹시 불유쾌한 일이 될 수 있다. 혹시 의견이 불일치하면 파멸적 결과로 이어질 가능성도 상당하다. 적어도 과학이 남녀 모두에게 태아를 품을 수 있게 만들어줄 때까지는, 관련한 최종 결정권은 태아를 몸에 품은 이에게 속해야 한다고 믿는다. 하지만 우리는 파트너가 원하지 않아도 아이를 키우고 싶어 하는 사람이나 불임으로 고민하는 이들을 깊이 동정한다. 관련한 모든 파트너는 낙태 또는 임신의 부담을 재정적으로, 그리고 감정적으로 나누어야 할 것이다.

한 명, 두 명, 또는 모든 파트너들이 부모가 되는 데 관심이 있다면, 그리고 누군가가 아이를 출생 때까지 뱃속에 품어준다면, 윤리적인 잡년 정신은 양육과 관련한 풍부한 선택지에 열려 있다. 부디 결혼 후 교외의 주택을 구매하는 게 부모가 되는 유일한 길이라고 생각하지 않기를 바란다. 공동 양육 계획, 공동체 꾸리기, 그룹 결혼, 그리고 아이를 양육하고 지원하는 수두룩한 다른 방법을 통해 정말로 멋진 아이들이 자라난다.

약속

당신의 성적 행동을 재단하지 않으려고 우리가 옆길로 샜다는 사실을 눈치챘을지도 모르겠다. 오직 당신만이 어떤 위험 요소가 수용 가능한지를 결정할 수 있다. 다른 누군가가 당신을 위해 그 결정을 대신한다면, 당신이 사실상 그 선택을 따르지 않으리라고 생각한다.

하지만 당신은 **선택해야 한다**. 필요한 공부를 하기로 선택해야 하고, 위험과 보상에 관해 알아야 할 것들을 배워야 할 것이다. 안전에 관련한 자신의 기준에 충족하지 않는 섹스에 대해서는 '아니요'라고 말하는 선택을 해야 하며, 그 기준에 충족하는 섹스에만 '예'라고 말할 준비가 되어 있어야 한다. 그래서는 안 되는 순간에 비로소 콘돔이 없다는 사실을 알게 되면 재앙이 뒤따르기 때문이다. 당신은 성숙하고 현실적이며 냉철한 자세로 성적 행위에 접근할 것을 선택해야 한다. 술이나 약물은 HIV 감염과 원치 않는 임신의 원인 중 놀랄 정도로 높은 비율을 차지하기 때문이다.

접촉하는 모든 잠재적 파트너들과 당신의 성적 의사 결정 및 역사를 공유할 준비를 해야 한다. 합의는 윤리적 잡년생활의 핵심이다. 맞다, 당신의 파트너는 당신과 섹스를 할 때 수반될 어떤 위험에 대해 사실에 입각해서 동의할 수 있어야 한다. 물론 당신은 그들에게 당신이 제공하는 것과 같은 수준의 정직을 기대할 권리가 있다.

어쩌면 당신은 이 주제를 달갑지 않게 여길 수 있다. 특히 새로운 연인과는. 맥 빠지고 겁나고 확실히 에로틱하지 않으며, 때로는 더럽게 끔찍하고 당혹스럽다. 안심이 될 만한 말을 한마디 하자면, 처음이 가장 어렵다. 할수록 는다. 고약하고 치명적인 이런 일들을 몇 차례 극복하고 나면 조금은 덜 민감해진다. 당신에게 필요한 일들에 보다 여유롭고 고상하게 대처할 수 있게 된다. 많은 사람들이 첫 만남 때는 가장 안전한 관행적 방법에 동의하고는 한다. 다음에 좀 더 구체적으로 협상하려는 생각으로 첫 데이트에서는 이와 관련한 복잡한 논의를 피하는 것이다. 하지만 당신이 활동성 헤르페스 보균자라는 사실을 안다면, 침묵은 선택지에 포함되지 않는다. 당신은 연인들에게 감염을 피하는 조처에 협력해줄 것을 요구해야 한다. 동시에 그들 역시 자신이 선택지에 해당하는 충분한 정보를 얻을 권리가 있다.

여기서 약간 신나는 부분을 말해두자면, 일단 민망함을 이겨내고 섹스에 관한 대화에 익숙해지면 아주 멋진 보상이 뒤따른다는 점이다.

흥미로운 주제로 대화하는 것은 하나의 자극제다. 또한 쾌락의 측면에서 원하는 바를 얻을 수 있는 최선이기도 하다. 당신은 파트너가 무엇에 흥분하는지 알 수 있고, 이 과정을 장래의 모든 연인들에게 활용할 수 있다.

우리와 우리가 아는 대부분의 사람들은 섹슈얼리티를 추구할 때 감수해야 하는 건강 측면의 위험에 대해 상당히 보수적인 선택을 한다. 우리는 경험을 통해 섹스 후 걱정으로 밤을 지새우는 일 없이, 짜릿하고 만족스러우며 기막히게 잡년스러운 섹스를 할 수 있다는 사실을 안다. 그런데 말이다, 이게 바로 우리 모두가 하고 싶은 섹스가 아닌가?

14 양육
Childrearing

혹시 지금 아이를 키우고 있다면 적어도 지난 시절의 잡 년보다는 조금 더 쉽다고 느낄 것이다. 책과 TV 속 가족 이미지는, 우리가 어린 시절 가족 시트콤 〈비버는 해결사Leave it to Beaver〉와 〈오지와 해리엇Ozzie and Harriet〉에서 본 것보다 광범위하다. 이제 이혼과 한부모 가정은 사회가 수용하는 주제가 됐다. 하지만 우리 문화는 여전히 삶의 또 다른 현실을 따라잡는 게 느리다. 다자 관계 및 기타 비전통적인 별자리 관계의 이미지는 아직 미디어에서 크게 다뤄지지 않는다.

오히려 아이들이 이런 관계들에 아주 쉽게 적응한다. 어쩌면 아이들에게는 핵가족보다 적응하기 더 쉬울지도 모른다. 인류 역사 대부분의 기간 동안 아이들은 마을과 부족에서 자랐다. 재닛은 집단 생활을 소망하게 된 첫 순간을 기억한다. 당시 남편의 대가족과 함께 휴가를 보낼 때였다. 아이들은 시간이 철철 넘치는 애정 어린 어른들에 둘러싸여 있었다. 그때 재닛은 이럴 때 아이들이 그 어느 때보다 행복하고 온순하며 덜 산만하다는 사실을 알아차렸다. 재닛의 아이들이 십 대였던 시기, 그녀는 단체 가정 생활을 했다. 아이들은 서로 다른 어른

그룹이 오고 가는 환경에 꽤 쉽게 적응하는 모습을 보였다. 그중 한 명은 자주 시간이 비어서 아이들의 질문에 답해주고 컴퓨터 프로그램 문제를 해결해줬다. 또한 아이들과 함께 조리법을 실험하거나 게임을 했다.

한부모 가정에서 윤리적 잡년은 책임감 있는 부모 노릇을 하면서 동시에 충만한 성생활을 유지하는 여러 창조적 방법을 검토하면 된다. 도씨가 다른 한부모 두 명과 같이 살 때였다. 연인 중 한 명이 아이들을 모두 돌봤다. 그래서 나머지 세 명의 엄마는 함께 춤추러 갈 수 있었다. 우리 친구 하나는 종종 자신의 여동생과 함께 옆집 아이들을 보살폈다. 그 덕에 아이들의 부모는 이웃들과 노닥거릴 수 있었다. 우리는 아이들끼리 사이 좋은 '형제자매'가 되는 연인들의 가족을 본 적이 있다. 그 아이들은 서로에게, 그리고 모든 어른이 자신들에게 시간을 내줄 수 있다는 사실을 알았다. 그렇게 그들은 산업 시대 이전의 작은 마을이나 부족의 모습을 보였다.

아마도 모노가미 중심적인 사고의 이분법적 속성이 문제를 일으키는 듯하다. 당신이 내 인생의 유일한 사랑이 아니라면 이곳에서 나가라는 식이다. 우리는 우리의 삶을 다른 종류의 관계에 오픈하면 우리 아이들의 삶 역시 열린다는 사실을 알게 됐다. 물론 책임 있는 양육과 비독점적 관계 사이에 다리를 놓는 게 어려운 부모들은 여전히 많다. 아이에게 무엇을 얼마나 많이 말할지, 밖에서 받는 곤란한 질문에 아이들을 어떻게 대비시킬지, 그들의 삶에 왔다가 떠나는 새로운 사람들과 관계 맺을 수 있게 어떻게 도울 것인지 등등. 이 모두가 부모를 어렵게 할 수 있는 문제다.

우리는 성적으로 서로 연결된 대가족 안에서 아무 문제 없이 아이들을 위한 일관성과 안전함을 유지했다. 비독점적 관계가 엄청난 비일관성을 만든다고 생각할지도 모르겠다. 하지만 우리 경험으로는 그 반대다. 우리의 연결 관계는 팽창적인 대가족을 형성하는 경향이 있다. 이 대가족은 아이들을 맞이할 에너지가 넘친다. 아이들은 부족 언저리에서 자신들의 생활 방식을 쉽게 배워나간다.

어느 정도의 가족 구성원 변동은 불가피하다. 하지만 우리의 경험에 비추어 보면, 아이들은 이런 이동성을 당연한 것으로 받아들인다. 나아가 훗날 삶에 도움이 될 수도 있는 유연성을 개발한다. 약간의 변화마저 재앙으로 여기는 삶을 아이들에게 선사한다면, 아이들은 앞으로의 삶을 어떻게 헤쳐 나갈 것인가? 상실은 어려운 일일 수 있다. 하지만 우리는 이 어려움을 헤쳐 나가면서 동시에 상황을 추스리고 계속 살아나간다는 이치를 배우는 게 더 낫다고 생각한다. 부모가 자녀에게 일관성을 제공할 수 있는 또 하나의 방법은 변화에 건강하게 대응하여 적응하는 모델화다. 일관성의 또 다른 좋은 형태는 자신과 자녀에게 정직한 것이다. 당신이 진실한 삶을 살 때 비로소 모든 사람이 당신의 멋진 모습 그대로를 신뢰할 수 있다.

자녀 성교육

관계의 풍성함은 가정에 매우 유익할 수 있는데, 특히 아이들은 폴리아모리 대가족 안에서 롤 모델을 만들고 관심과 지지를 받는다. 물론 아이들은 성인의 성적 행동에 포함되어서는 안 된다. 하지만 교육은 학대가 아니며, 아이들이 섹슈얼리티를 건강하게 이해하며 성장하려면 어른들의 행위를 이해할 수 있는 정보가 필요하다.

모든 부모는 자녀가 몇 살 때 어떤 종류의 성적 정보를 얻어야 하는지 결정해야 한다. 아이의 건강과 복지를 위해 정보를 너무 많지도 적지도 않게 제공해서 균형을 맞춘다. 정보가 너무 많으면 두려움을 느끼거나 압도당할 수 있다. 그 반대로 정보가 너무 적으면, 아이에게 알몸과 성적인 흥분이 위험한 것이고 입에 담아서도 안 된다는 잘못된 메시지를 줄 수 있다. 우리는 아이들이 기겁하게 만들고 싶지 않다. 또한 아이들이 섹스를 더럽고 부끄러운 일로 치부하는 상태로 성인이 돼 성생활을 시작하는 일이 없었으면 한다.

　성교육은 부모의 생활 양식을 불문하고 모든 부모의 고민거리임을 잊지 말기를. 우리는 아이들이 좋은 정보와 선택의 자유를 갖기 바란다. 하지만 아이들이 살아가는 동네와 다니는 학교는 대개 부모가 아이들에게 섹스에 관한 정보를 제공하지 말아야 한다고 믿는 곳이다(그렇지 않으면 우리 같은 잡년이 될지도 모른다고 생각하겠지).

　설상가상으로, 현재 우리 문화는 아동과 성 지식이라는 주제 전반을 놓고 심각하게 분열되어 있다. 어떤 사람들은 성교육이라면 무조건 위험한 것으로 간주한다. 일부 당국은 아이들이 '조숙한' 성 지식을 갖고 있으면 성인에게 학대당하고 있는 것으로 해석해버린다. 하지만 우리는 '오로지 금욕' 유의 성교육에 단호하게 반대한다. 아이들이 '아니요'라고 거부해야 하는 그 내용에 대해 터놓고 말해줄 수 없다면, 자신을 학대하는 성인에게 '아니요'라고 말하는 법을 어떻게 가르칠 수 있는가? 아이들에게 성을 숨기려고 하면, 아이들은 무슨 일이 벌어지고 있다는 사실은 알지만 그게 무엇인지는 모른다. 아이들이 역시 성을 제대로 알지 못하는 다른 아이들에게서, 혹은 온라인 포르노에서 성 지식을 얻게 내버려둔다면 아이들을 정글에 내팽개치는 것이나 다름없다. 우리 아이들은 삶의 다른 모든 측면에서 그렇듯, 성을 배우고 대처하는 데서 어른의 지원을 받아야 하며 그럴 자격이 있다.

유럽에는 섹스를 즐기는 방식을 포함한 성교육을 학교에서 전 연령대 아동에게 시행하는 나라들이 있다. 이와 같은 수업 장면을 촬영한 영상을 보면, 학생들은 편안하게 교육 자료를 보고 있으며 자신감 넘치고 호기심 어린 모습이다. 그리고 이런 나라들에서 십 대 임신율은 현저히 낮다.

공유 범위

다자 관계, 동성 파트너 또는 대안적 가족 구조와 같은 당신의 성적 선택에 관해 아이가 얼마나 알아야 할지를 결정하라. 우리 경험으로는, 아이들은 생각보다 빨리 이런 것들을 이해한다. 하지만 정확하고 올바르게 이해하지 못할 수 있다.

경고 하나를 남긴다. 만약 자신의 성교육 기준과 다른 공동체에서 살고 있다면, 당신이 교육하고 싶은 성교육 기준 및 외부 세계와 공유 가능한 것과 아닌 것을, 아이가 배워야 할 필요성에 맞춰 균형을 잡아야 한다. 아이를 가르칠 때 다른 사람들의 기준이 어떻게 작동하고, 어떤 정보가 공유에 문제가 될 수 있는지를 말해줄 필요가 있다.

아직도 미국의 많은 곳은 비전통적 성생활 방식을 자녀 양육권 박탈의 정당한 근거로 간주한다. 당신이 타인에게 아무런 해를 끼치지 않았다고 확신해도 말이다. 청교도적인 이웃, 교사, 다른 외부인들로부터 자녀를 보호할 필요가 있는 것이다. 이 부분에 관해 우리는 구체적인 지침을 줄 수 없다. 오직 당신만이 당신의 공동체 분위기와 자녀의 성격을 알 수 있기 때문이다.

또한 슬프게도 미국에서는 남들과 '다른'(젠더가 다른) 아이들이 영혼을 파괴하는 왕따의 대상이 될 소지가 있다. 아마도 할리우드 영화가 권장하는 이성애자 커플이 아닌 부모, 혹은 그렇지 않더라도 전통적 미국의 편협한 내러티브에 들어맞지 않는 부모와 함께 말이다. 학교는 이 학생들에게 법적으로나 윤리적으로 안전한 학습 공간을 제공할 의무를 가진다. 당신의 아이 또는 당신이 아끼는 누군가의 아이가 괴롭힘을 당한다면, 부디 목소리를 내라. 그래서 스스로를 지키기에는 너무나 어린 이들을 보호해야 하는 학교의 법적 의무를 충실히 이행하게 만들어라.

보아도 좋은 것과 아닌 것

신체적, 언어적 애정 표현은 아이들에게 본보기가 된다. 이는 아이들이 애정 넘치는 성인이 되는 법을 배우는 좋은 기회다. 하지만 먼저 신체적 애정과 성적인 감정 표현 사이의 적절한 구분선에 관해 몇 가지 결정을 내려야 할 것이다.

자녀가, 당신이 파트너와 포옹하고 키스하고 만지는 모습을 보게 되는가? 이는 우리가 결정해줄 수 없는 것이다. 당신 자신이 심사숙고하고, 아이의 나이, 세상 물정을 이해하는 수준, 당신의 관계에 대한 인식 등 제반 문제를 고려하여 결정해야 한다.

누드는 회색 지대다. 아이가 스스럼없이 알몸으로 생활할 수 있는 가정에서 자라는 게 문제라고는 절대 생각하지 않는다. 하지만 나체 성인들에 둘러싸인 경험이 없는 아이들은 거실에 갑자기 나체가 등장하면 불쾌할 수도 있다. 아이들은 성적인 노출 문제에 매우 민감할 수 있으며, 갑작스러운 노출은 분명한 경계 위반이다. 아이가 당신 또는 당신 친구들의 나체에 둘러싸이는 일을 불편해하면, 그들의 불만은 반드시 존중돼야 한다. 이런 말을 할 필요가 없기를 바라지만, 어떤 아이도 절대 다른 사람 앞에서 나체이기를 요구받아서는 안 된다. 많은 아이가 자신의 신체 변화에 대처하려고 분투한다. 이때 그들은 극도로 정숙한 어떤 단계를 통과하게 되는데, 이 역시 철저하게 존중받아야 하는 과정이다.

그들이 해야 하는 것

당신의 아이가 어떤 형태로든 성인과의 성적 행동에 참여하도록 허락하는 일이나, 파트너들이 당신의 아이와 성적 또는 유혹적인 상황을 자아내도록 허용하는 것은 모두 불법이며 비도덕적이다. 많은 어린이가 살면서 한 번 이상, 성적으로 탐험하고 시시덕거리는 시기를 통과한다. 이것은 자연스럽고 흔한 일이다. 하지만 이 시기 당신과 당신의 친구들이 경계를 잘 유지하는 게 몹시 중요하다. 아이의 변화하는 욕구를 성적으로 연결하지 않고 존중하는 자세로 인정하기. 이를 배우는 것은 자신의 아이 혹은 파트너의 아이와 시간을 보내는 윤리적 잡년에게 중요한 기술이다. 아이에게 바람직한 경계를 가르치는 최선의 방법은, 당신 자신의 경계를 뚜렷이 하고 아이가 폭력으로부터 자유롭게 성장할 권리를 존중하는 것이다.

질문에 답해주기

섹스와 연애에 관한 아이들의 질문에 골머리를 앓을 때가 많다. 다섯 살배기는 "그런데 어떻게 씨가 알까지 가나요?"라고 묻고, 십 대는 "그러니까 엄마는 원하는 사람 누구나와 뒹굴 수 있는데 왜 나는 자정까지 집에 와야 하죠?"라고 따진다. 게다가 오늘날 아이들은 핵가족 출신으로 손위 형제자매가 없는 경우가 많기에, 성교육은 오롯이 부모의 몫이 되었다.

바로 이 지점에서 이 책의 다른 부분에서 배웠을 기법들이 유용해진다. 당신은 아이들의 이런 질문에 솔직하고 진심 어린 태도로 답해야 한다. 고압적이거나 부모 같은 인상을 줄 때가 아니다. 특히 나이를 어느 정도 먹은 자녀들과 십 대들에게는 당신이 무언가에 느끼는 양가적인 감정과 당혹감을 알려주는 게 더 낫다. 어떻게든 그들은 알게 될 것이다. 믿어라. 당신이 화나고 슬플 때도 자녀들과 공유하라. 아이들은 당신의 감정이 자신의 잘못 때문이 아니라는 확신이 필요할 때가 있다. 그리고 아이들이 당신의 기분이 나아지도록 도울 의무가 없다는 사실도 또렷이 알려줘야 한다.

아이들이 관련 정보를 알려는 의사가 있는지 시험해보는 것도 좋다. 그들의 머리에 자료를 쌓아 올리기 전에 이런 질문으로 대화를 시작할 수도 있겠다. "어떤 주제에 관해 알고 싶니?" 재닛은 큰아들이 열 살 무렵이 됐을 때 나누었던 대화를 기억한다. 재닛은 "아기는 어떻게 생기나"라는 랩을 막 끝냈다. 아마 흥분해서 약간 정신이 나간 상태였으리라. 일장연설을 끝내며 그녀는 물었다. "자, 이 얘기를 하는 김에 물어보자. 뭐 알고 싶은 다른 것 없니?" 그러자 아이는 "엄마, 내가 알고 싶은 것보다 훨씬 더 많이 얘기했다고요."라고 뜨겁게 답했다.

경계를 잘 정하는 것도 중요하다. 당신이 선택한 삶의 방식에 아이들은 의견을 표명할 자격이 있다. 하지만 그들 역시 지시할 수는 없다. 뒤집어 말해보자. 아이들이, 자신이 선택하지 않은 생활 방식에 과도하게 영향받지 않도록 도와줘야 한다는 뜻이다. 그러니 아이의 친구가 놀러오면 커피 테이블 위에 놓여 있을 야한 책들을 재빨리 치우고, 당신이 좋아하는 에로틱한 그림을 벽에서 내려놓아야 할 수 있다. **우리의** 책을 옷장에 숨겨놓으라고 권하기는 싫지만, 아마 그래야 할지도 모른다. 글쎄, 아무도 부모 노릇, 특히 잡년의 부모 노릇이 쉽다고 말한 적은 없으니.

> "당신이 선택한 삶의 방식에 아이들은 의견을 표명할 자격이 있다. 하지만 그들 역시 지시할 수는 없다."

연인의 자녀

연인들에게 자녀가 있다면 당신은 그들과도 관계를 맺게 된다. 우리의 친구 하나는 자신이 육아를 도와주고는 했던 그 많은 연인들의 아이를 "연습용 아이들"이라고 부른다. 이 경험은 나중에 태어날 아이를 위한 육아기술의 사전 교육이기도 하다.

여러분은 자신을 둘러싼 관계를 아이에게 어떻게 말할지 결정할 필요가 있다. 동시에 연인들의 가족 안에서 통용되는 결정들을 알아야 한다. 어린 자녀들이 가족 내 관계들 중 성적 관계와 비성적 관계를 알거나 이해하는 것의 여부는 중요하지 않을 수 있다. 하지만 아이들을 키우는 가정의 모든 성인은, 우리가 접촉하는 아이들과 관계 맺을 의무를 가진다. 그리고 자신의 아이들과 우리의 친구 및 연인들이 좋은 관계를 맺도록 장려할 책임도 있다. 아이들과 제대로 관계를 맺어본 적이 없는 독신 잡년은 곧 그들의 대가족 안에서 아이들과 지내는 법을 배워야 하는 처지에 놓였다는 사실을 알게 된다.

아이들과 어울리는 사람이라면, 결국 아이들과 함께 한계를 설정해야 한다. 피할 수 없다. 당신이 당도하기 전부터 잘 돌아가던 그 가족의 습관과 방식에 당신의 한계선을 조화시키는 작업은 몇 가지 어려움을 초래할 수 있다. 당신의 요구를 표현하라. 아이들은 다른 성인에게 다른 요구가 있다는 사실을 배우게 된다. 진은 술래잡기 하는 아이들 사이에서도 낮잠을 잘 수 있는 반면, 제인은 홀로 있는 조용한 시간이 필요하다는 사실 말이다.

어쩌면 연인의 아이 한 명이 싫어질 수도 있다. 이 아이의 어떤 점이 당신을 짜증나게 할지 모른다. 당신의 끔찍한 오빠나 어릴 때의 당신 모습을 상기시키기도 한다. 아니면 그 아이는 당신의 통제 범위를 완전히 벗어났다는 이유로 당신에게 화를 내거나 당신을 싫어할 수도 있다. 어쩌면 당신은 아이가 사랑하는 부모나, 사별 또는 이혼으로 상실한 다른 어른을 '대체'하는 중일지도 모른다. 문제의 원인은 중요하지 않다. 당신은 어른이다. 해결 방법을 찾을 책임은 당신에게 있다. 해결책을 만들려면 의심의 여지없이 상당한 양의 에너지와 엄청난 인내심이 필요할 것이다. 당신과 당신의 연인과 아이들에게는 그만한 가치가 있다고 믿는다.

재닛과 배우자 E의 관계 초기의 일이다. 재닛의 십 대 아들과 배우자 사이에는 마찰이 잦았다. 대부분은 집안일, 소음, 예의범절 같은, 의붓 부모들이 흔히 겪는 문제들이었다. 그녀는 이렇게 회상했다.

"우리는 어머니 댁에 며칠 머무르고 있었어. 둘은 집안의 법석을 피해서 뒷마당에 앉아 있었지. E는 내 아들이 겪고 있는 처지에 안타깝다는 마음을 표현했어. 그들은 함께 맥주를 마시면서 처음으로 속 깊은 진짜 대화를 나눴어. 그러자 순식간에 E는 내가 아들을 보는 방식으로 내 아들을 볼 수 있게 됐지. 사교적으로 서툰 청년, 자기 주변의 물리적 현실을 그다지 알아차리지는 못하지만 마음이 넓고 넉넉한 청년으로 말이야. 그날 저녁부터 그들은 별문제 없이 일상적인 집안일을 함께 하고는 했어. 사실상 좋은 친구가 된 거지."

당신이 놓인 환경 속에서 아이들과 긍정적인 관계를 구축할 때, 그들은 당신과의 관계를 발전시키는 방향으로 반응할 것이다. 우리는 생물학적 관계로 연결되지 않은 아이들과 수십 년 동안 친밀한 우정을 유지한 과거의 연인들을 알고 있다. 이렇게 잡년 가족이 생기고 유지된다.

폴리아모리의 선구자:
마스턴Marston, 마스턴Marston, 그리고 바이런Byrne

외부인들이 종종 멀티파트너 가정multipartner households에 대해 제기하는 우려 사항 중에 피할 수 없는 질문 하나가 있다. "그런데 아이들은 어떡하나요?" 우리 경험으로는 멀티파트너 가정의 아이들은 적어도 핵가족에서 자라는 아이들만큼은 건강하고 행복하다. 어떤 멀티파트너 가정은 네 명의 성공적인 인간 아이들뿐만 아니라, 굉장히 성공적인 상상 속의 '아이'도 만들어냈다. 바로 '원더 우먼', 최초의 여성 슈퍼히어로다.

윌리엄 몰턴 마스턴William Moulton Marston은 하버드대학교 졸업생이자 작가이며 심리학자였다. 거짓말과 혈압의 상관 관계를 밝혀내어 거짓말 탐지기 탄생의 기초를 제공한 인물이다. 그의 아내 엘리자베스 '사디' 홀러웨이 마스턴Elizabeth Sadie Holloway Marston은 편집인 겸 관리자였다. 요즘 말로 하면, '커리어 우먼'이다. 윌리엄의 예전 연구 조교였던 올리브 '도치' 바이런Byrne은 그들의 파트너였는데, 그 트라이어드triad의 네 자녀—사디에게서 둘, 도치에게서 둘—를 키우고 가사를 돌보는 일을 일차적으로 책임지고 있었다.

폭력보다는 사랑에 기반한 힘을 가진 슈퍼히어로는 원래 윌리엄의 아이디어였다. 하지만 "좋군요. 그러면 여성으로 만들어요."라고 답한 것은 사디다. 그리고 원더 우먼의 검은 머리와 붉은 입술 같은 외모, 강력한 힘을 가졌지만 섬세하게 주변을 보살피는 성격의 상당 부분은 도치의 모습을 빌린 것 같다. 윌리엄은 인터뷰에서, 원더 우먼이 공격을 튕겨낼 때 쓰는 '아마조니움' 팔찌는 도치가 자주 끼던 은팔찌를 참고한 것이라고 말한 바 있다.

1940년대 <원더 우먼> 오리지널 만화를 본 독자라면, 그들의 강한 도착적 요소를 알고 있을 것이다. 관능적인 인식이 더 높았던 시대였다면 출판될 수 있었을지조차 의문이다. 계속 나오는 본디지에 대한 묘사(원더 우먼의 '진실의 올가미'는 하나의 사례에 불과하다)뿐 아니라 지배와 복종이라는 주제, 채찍질, 심지어는 유치증infantilism까지 종종 수면 위로 드러났다. 윌리엄은 본디지와 복종이 더 나은 세상으로 가는 길이라고 인터뷰에서 말했다. 만화는 또한 회복적 사법론restorative justice이라는 선견지명적 화두, 개인주의와 사회적 건강성 사이의 긴장, 더불어 소아마비 인식/예방 및 기타 가치 있는 사회적 이상을 위한 기금 모금도 다뤘다.

원더 우먼은 자신을 창조해낸 사람보다 오래 살았다. 1947년 윌리엄이 사망한 후 이 여걸은 환생을 거듭하며 자신의 힘과 페미니즘을 조금 누그러뜨렸다. 1960년대 말에는 아마존의 힘을 포기하고 가게를 운영하기에 이른다(2010년의 개정판에서는 원래의 여장부에 더 가까운 모습으로 돌아갔다). 방문객들의 묘사에 따르면, 사디와 도치는 따뜻하고 행복한 가정에서 여생을 함께 보냈다.

3부

과제 속으로

Navigating Challenges

15   질투 극복 로드맵
Roadmaps through Jealousy

질투를 스승으로 삼아라. 질투는 가장 절실하게 치유가 필요한
바로 그 지점으로 당신을 안내할 수 있다. 질투는 길라잡이가 돼
자신을 어두운 곳으로 이끌어 총제적인 자기 실현으로 가는 길을
보여준다. 질투를 놓아줄 때, 자신과, 그리고 온 세상과 함께 평화롭게
사는 법을 배울 수 있다.

—데보라 아나폴Deborah Anapol, 『무한한 사랑Love without Limits』

많은 이들에게 자유로운 사랑의 최고 난관은 우리가 질투라고 부
르는 바로 그 감정이다.

질투는 정말 불쾌한 감정이다. 대부분은 이 감정을 느끼지 않기 위
해 전력을 다한다. 하지만 우리는 대부분의 사람들이 질투의 파괴적 힘
을 너무 당연한 것으로 수용하고, 실제 질투가 가진 힘보다 더 많은 힘
을 부여한다고 믿는다. 우리는 오랫동안 자유롭게 살면서 질투에 성공
적으로 대처했다. 그리고 나니 질투 유발을 이유로 성적 모험심이 강한

파트너와 이혼하거나, 심지어 상대를 살해하는 것조차 그럴 법한 일이라고 여기는 문화 속에서 살고 있다는 사실마저 잊어버리고는 한다.

먼저 모노가미가 질투의 치료법이 아니라는 사실부터 짚고 넘어가자. 우리는 파트너와 멀어지거나 딴생각을 하게 하는 일들, 연인들이 우리의 몸 대신 인터넷을 탐험하기로 한 결정, 또는 월요일 (그리고 화요일 그리고 수요일) 야간 축구 중계방송까지, 이 모두를 격렬하게 질투해본 경험이 있다. 잡년들에게도 질투는 예외가 아니다. 질투는 우리 모두가 대처해야 하는 감정이다.

> "모노가미가 질투의 치료법이 아니라는 사실부터 짚고 넘어가자."

많은 사람이 성적 영역성을 개인 및 사회 진화가 만들어낸 자연스러운 현상이라고 여긴다. 최근의 관련 이론은 8천 년 전쯤, 즉 인간이 수렵하고 채취하는 유목민에서 정착 농경민으로 전환되는 시기에 주목한다. 토지, 가족 및 모든 생산수단을 장기적으로 통제하는 일이 한층 더 중요해지면서 성적 영역성이 등장했다는 이야기다. 질투심을 사회적 구조 문제가 아니라 자연적 요소라고 생각한다면, 당신은 이 이론을 양식과 건전과 윤리를 겸비한 인간이기를 그만두고 광포해질 때의 정당성을 보장받을 근거로 삼기 쉽다.

우리 저자들은 질투심의 기원이 자연인지 교육인지 혹은 둘 다인지에 대해서는 관심이 없다. 중요한 것은 우리가 이 상황을 바꿀 수 있다는 사실을, 우리의 경험으로 알고 있다는 사실이다.

다음은 도씨가 질투심을 극복하기 위해 분투했던 이야기다:

연인이 늦도록 귀가하지 않는다. 나는 그녀에게 아무 일이 없기를 바란다. 오늘 아침 그녀는 눈물을 보이며 집을 나섰다. 지난밤 우리는 늦게까지 함께 울었다. 그녀가 내게 너무 화내지 않기를 바라다가도, 한편으로는 그녀가 고통스러워하는 것보다는 화를 내는 편이 나을 것 같다. 어젯밤에 나는 그녀의 고통이 느껴져 심장이 부서지는 줄 알았다.

그리고 이 상황은 내 잘못, 내 선택, 내 책임이다. 나는 세상 사람들 대부분이 천박하다고 비난할 게 분명한 이유 때문에, 내 연인에게 불구덩이에 뛰어들라고 요구하고 있다. 나는 모노가미를 할 수 없으며, 하지 않을 것이다.

40여 년 전에 나는 내 딸의 폭력적인 아버지에게서 떠났다. 부모님에게 돈을 달라는 전화를 걸러 간다고 거짓말을 하고는, 멍 들고 임신한 몸으로 집을 겨우 빠져나왔다. 내가 조에게서 탈출하자, 그는 나를 죽이겠다고 협박했는데, 한번은 우리가 아직 집 안에 있는 줄 알고 집 주위에 불을 질렀다. 그를 떠나고 나서 나는 그의 말이 맞다고 인정했다. 나는 잡년이었고, 잡년이 되고 싶었다. 다시는 모노가미를 약속하지 않을 것이며, 절대로 누군가의 소유물이 되지 않을 것이다. 그 소유물이 얼마나 값이 나간다 하더라도 말이다. 그렇게 조는 나를 페미니스트로 만들었다. 페미니스트 잡년이었다.

연인이 돌아왔다. 그녀는 내게 꽃을 줬다. 그녀는 아직 포옹은 원하지 않는다. 그녀는 자기 집이 외부 에너지에 침범당했다고 느낀다. 나는 열을 다해 청소했다. 이제 집은 아주 깔끔하다. 저녁 식사가 준비됐다. 달래고 진정시킨다. 나는 무엇이든 해서 그녀가 끔찍한 기분을 느끼지 않게 만들 것이다.

나는 왜 이런 자세를 고수했던가? 재닛과 나는 내가 새로 찾은 파트너가 준비됐을 때 우리 관계의 이 부분을 재개하려고 인내하며

기다렸다. 새 파트너는 그룹 섹스에 대한 공포는 이미 물리쳤다. 내일
우리는 다른 커플과 함께 저녁을 먹고 내 생일 기념 스팽킹spanking을
할 예정이다. 나는 부추기지 않았다. 새 파트너가 자진해서 마련한
일이다. 지난 한 해, 내 파트너는 그녀가 과거 48년 동안 겪었던
것보다 더 많고 새로운 성경험을 했다. 이때 그녀는 물 만난 고기처럼
자연스러웠다.

하지만 그녀의 연인이 다른 사람과 데이트를 한 사건은 자연스레
넘어가지 않았다. 그녀는 이때 느낀 소외감에 증오를 드러냈다.
중립지대가 아니라 집 안에서 소외가 일어났다는 사실에 분노한다.
어쩌면 이것이 실책이었다. 내가 실수를 많이 저지르는 것일지도.

내 친구들과 연인들은 두 팔 벌려 그녀를 가족으로 받아들였다.
연인들은 성적 연결에서 비롯되는 친족 같은 네트워크를 형성하고는
하는데, 우리 사이에는 관습과 심지어 문화 비슷한 것도 생겨나기
시작했다. 그리고 우리의 이 새로운 문화에서는 새 연인을 경쟁자가
아니라 공동체의 일원으로 보고 환대하는 것이 통상적이다. 하지만
이것은 그녀의 문화는 아니었다.

내 연인은 이제 대화할 준비가 됐다. 그녀는 무척 화가 났다.
오늘 겪었던 비참하고 끔찍한 생각이 다 나 때문이라고 원망한다.
내가 그녀 자신만의 감정이라는 무방비 상태를 겪게끔 몰아간다고
분노하고 있다. 아, 이건 그녀가 직접 한 말이 아니다. 물론 내가
그녀에게 한 말도 아니고. 지금은 분명한 경계와 감정의 자기 귀속이
중요하다며 잘난 체를 할 때가 아니다. 나는 그녀의 말을 들었다.
이번에는 듣기만 했다. 말을 가로채지 않았다. 그저 그녀에 대한
사랑과 그녀의 고통에 대한 공감, 그리고 그녀를 위해 지금 여기

있다는 사실을 알려주려고 애썼다. 그녀는 내게 격분한다. 나는 자기방어를 하지 않는다. 그저 아프다.

이런 이야기는 말끔하게 마무리되지 않는다. 우리는 몇 시간 동안 이야기했다. 아니, 어쩌면 나는 듣기만 했다. 이것이 그녀에게 얼마나 힘든 일인지, 얼마나 침해받는 기분이 드는지, 나의 다른 연인이 그녀를 싫어할까 봐 얼마나 두려운지, 그 연인과 나 둘에게 공격받는 게 어떤 기분인지, 내가 그녀를 버릴까 봐 얼마나 겁나는지, 이 모두를 들었다. 우리는 책에 실릴 미담에 적합한 결론을 끌어내지도 못했다. 그저 괴로움을 쏟아냈다. 기진맥진한 상태로 잠에 빠졌다. 그리고 이후에도 서로 사랑하며 이 문제를 풀기 위해 최선을 다했다.

도씨가 위 이야기를 쓴 지 20년이 흘렀다. 지금 그녀는 저 이야기 속의 연인과 함께 있지 않다. 그 관계는 여러 이유 때문에 막을 내렸다. 하지만 그 이유 중에 질투는 없었다. 노련한 잡년조차도 고통, 잘 못된 의사소통, 서로 어긋난 욕망, 분노, 그리고 아무렴, 질투로 어려움을 겪는다는 사실을 독자들이 아는 게 중요하다. 그래서 이 이야기를 끼워 넣었다.

질투란 무엇인가?

우리 역시 이 질문을 수시로 물어볼 재간은 없다. 당신에게 질투란 무엇인가? 질투란 실제로 존재하는, 우리가 생각하는 그것인가? 질투심에서 도망가기보다는 대면하기로 선택할 때, 우리 각자는 질투가 진짜 무엇인지 보다 선명하게 알 수 있다. 질투는 단일 감정이 아니다.

질투는 슬픔이나 분노 혹은 미움이나 자기 혐오로 발현되기도 한다. 질투는 우리 파트너가 다른 누구와 성적으로 연결될 때 우리가 느낄 여러 감정을 덮어주는 우산 같은 단어다.

질투는 불안감, 거절에 대한 두려움, 버림받는 것에 대한 공포 또는 소외감, 스스로 연인에게 부족하거나 적당하지 않거나 혐오스럽지 않을까 두려워하는 감정의 표현일 수 있다. 당신이 느끼는 질투는 영역성이나 경쟁심 때문일 수도 있고, 머릿속에서 질투가 벌이는 야단법석 속에서 자기 이야기를 들어줄 대상을 바라는 다른 어떤 감정에 바탕하는 것일지도 모른다. 가끔은 맹목적인 분노의 비명으로 나타나기도 한다. 그리고 눈이 멀면 제대로 보기가 매우 어렵다.

도씨는 자신의 질투심을 고민하고 거기에 덤비기 시작했을 때 감당하기 힘든 불안감을 느꼈다. '나는 뭔가 문제가 있고 사랑스럽지도 않다. 그러니 앞으로 아무도 나를 사랑하지 않겠지'라는 생각이 치밀어 올랐다고 한다. 그녀가 페미니즘을 배워나가기 시작할 때였다. 그래서 질투에 대한 도전은 페미니스트로서 살아갈 자신의 탐험과 딱 맞아떨어졌다. 그 탐험은 자존감, 그리고 타인에게 부여받지 않아도 되고 아무도 빼앗을 수 없는 안정감의 토대를 구축하는 작업이었다. 그녀에게 이 교훈이 얼마나 귀중했을지, 그리고 그녀가 내적 안정감의 쓸모를 얼마나 더 발견했을지 당신은 감지할 수 있으리라. 질투야, 고마워. 이 교훈 덕에 그녀는 이 책을 집필해야겠다는 확신을 얻을 수 있었다.

질투 때문에 격렬한 분노에 맞닥뜨려본 적이 있다면, 다른 사람들은 어떻게 분노에 잘 대처하는지 배우고 싶을지도 모르겠다. 그때는 관련서를 읽어보거나 분노 대처법 강의를 들어볼 수도 있다. 당신은 분노와 화해하게 될지도 모르고, 다시는 분노로 주변 사람들을 무섭게 하지 않을지도 모른다. 해볼 만한 일 아닌가?

많은 사람들은 사실 꽤 다루기 쉬운 형태로 내면의 질투를 발견한다. 의심이 가시지 않는다거나, 행동이나 신체 이미지에 좀 불안하다거나 하는 형태다. 반면 어떤 사람들은 공포나 슬픔의 소용돌이에 빠져 질투를 제대로 바라보지도 못한다. 버림받고 상실하고 거절당하는 공포 같은 별개의 감정으로 분리하는 것을 더 어려워한다. 우리는 왜 후자의 방식으로 질투를 느낄 때가 있는가? 상담치료사인 도씨는 자신의 경험, 그리고 이 문제를 다루며 경험한 여러 고객의 경험을 토대로 질투에 관한 이론을 세웠다.

질투는 지금 이 순간 당신이 겪고 있는 가장 어려운 내적 갈등, 그리고 해결되어야만 한다고 울부짖지만 당신이 알아차리지도 못한 갈등이 씌운 가면이기 쉽다. 아주 깊이 뿌려 박혀 있기 때문에 질투심이 지평선 위로 흘깃 고개를 내밀 때도 알아차리기 어렵다. 우리는 그 감정을 느끼지 않으려고 비틀고 돌리고 비비 꼰다. 당신의 감정이 슬픔을 부를 확률이 가장 높은 시기다. 어떻게 해서라도 감정을 회피해야 한다고 믿을 때 말이다.

감정을 회피하는 방법 한 가지는 그 감정을 파트너에게 투사하는 것이다. 투사는 상대방을 자신의 두려움과 환상의 스크린으로 삼아, 고통스러운 감정을 자신의 외부로 옮기려 애쓰는 심리학적 방어다. 질투의 유일한 정의는 이것인지도 모른다. 질투란 자신의 불편한 감정을 파트너에게 투사하는 경험이다.

아, 반가운 소식을 몇 가지 전한다. 당신이 이런 경우에 해당된다고 스스로 인식했다면, 당신의 내면은 근원적인 감정을 인식할 만큼 충분히 강하다. 이 말은 당장 치유 작업을 하기 매우 좋은 입장이라는 뜻이다. 당신의 질투심을 이정표로 삼아라. "이 감정을 해결한다!" 유의 강좌를 듣고 관련 단체에 가입하고 좋은 치료사를 찾아 명상 수련을 시작하라. 당신 자신에게 힘을 써라. 지금 이 작업을 한다면 엄청난 효과를 얻을 수 있다. 오래된 상처를 치유하고 새로운 가능성을 열어젖히며 건강을 얻고 두려움에서 자유로워진다… 그리고 그다음 어딘가에서, 보너스 같은 성적인 자유 또한 거머쥐게 될 것이다.

우리가 질투라고 인식하는 감정은 사실 다른 무언가일 때도 있다. 질투가 당신 안에서 어떻게 작동하는지 자세하게 들여다보라. 어떤 점에 가장 불편한가? 파트너가 다른 사람과 그런 일들을 하지 **않기**를 바라는 것인가? 아니면 그것을 당신과 **하기**를 바라는 것인가? 질투는 실제로는 부러워하는 마음일 수 있고, 부러움은 바로잡기 쉽다. 당신이 놓치고 있다고 방금 발견한 일들을 연인과 하기 위해 데이트를 하면 어떤가?

때로 질투는 슬픔과 상실감에 뿌리 박혀 있기에, 파악하기가 더 어렵다. 우리 문화는, 파트너가 딴 사람과 섹스하면 우리가 뭔가를 잃은 것이라고 가르친다. 바보 같은 말이 아니라 우리는 착각하고 있다. 파트너가 뜨거운 데이트를 즐기고 집에 돌아올 때는, 들뜨고 흥분한 상태가 되어 집에서 시도해보고 싶은 새로운 아이디어들을 갖고 오는 경우가 많다. 이 상황에서 우리가 무엇을 상실했다고 보기는 어렵다.

혹은 당신의 상실감은 하나의 이상형, 그러니까 완벽한 관계는 이럴 것이라고 머릿속에 그려둔 이미지의 상실일 수 있다. 이때 모든 관계는 시간이 흐르면서 변화한다는 사실을 기억하면 도움이 될지 모르겠다. 인간의 요구와 욕망은 나이와 환경에 따라 달라진다. 가장 성공적인 장기 관계는 세월을 거치면서 관계 자체를 거듭 재정의할 수 있는 유연성이 충분한 관계다.

우리가 불편한 감정을 느낀다는 사실은 파트너가 떠나가고 있음을 직관적으로 알아차리고 있다는 의미일 때도 있다. 그런 일이 일어나지 말라는 법은 없다. 그럴 때는, 모노가미적인 사람들조차 더 좋아 보이는 사람을 찾아 파트너를 떠난다는 사실이 그다지 위로가 되어주지는 않는다.

친구의 파트너의 다른 연인이 파트너를 데리고 사라지려 한다는 사실을 눈치챈 친구가 깊은 슬픔과 상실감에 빠진 모습을 보기도 했다. 이 경우 친구의 고통은 3자의 부정직함과 교활함에 집중된다. 이 경우 파트너가 용기를 내 외부 연인과 헤어지고, 친구와의 프라이머리 관계 결속력을 더 존중하는 다른 연인을 찾기도 한다. 반면 도리어 친구와 헤어져버릴 수도 있다. 22장에서는 이별에 관해 더 다룬다. 거기서 자신과 파트너의 감정을 살피면서 윤리적으로 결별하는 방법을 이야기할 것이다.

때로 질투는 1등이 되고 싶은 마음과 연관된다. 섹스 올림픽이 존재하지 않는 데는 이유가 있다. 성적 성취도는 정확한 점수를 매길 수 없다. 우리는 누가 가장 근사하고 잘하고 못하는지, 모든 이들을 위계의 사다리에 놓고 등급을 매기지 못한다. 당신이 자신의 레퍼토리에 추가하고 싶은 무언가를 발견한다면, 자신을 내버리며 시간을 허비하지 않고서도 그 방법을 배울 수 있다.

성적으로 부적합하다는 두려움이 매우 깊고 은밀한 상처를 덧나게 할 수 있다. 하지만 우리는 확신한다. 꿈꾸는 생활양식을 구축하면, 결국 당신은 다른 이들이 섹슈얼리티를 표현하는 숱한 방식에 익숙해질

것이다. 당신은 자신과 타인의 섹슈얼리티 비교에 더 이상 연연할 필요
가 없다. 직접 경험하면 쉽게 알 수 있을 것이다. 훌륭한 연인은 태어나
는 게 아니라 만들어진다. 당신은 성적 슈퍼스타가 되는 법을 연인에게
서, 연인의 연인에게서, 연인의 연인의 연인에게서 배울 수 있다.

• 연습 •

질투를 성찰하자

성찰의 시간을 좀 가져보자. 질투를 느꼈던 시간들을 떠올리며 그
느낌들을 적는다. 이때 내 마음이 다른 이들의 행동에 관한 생각에
사로잡혔음을 발견할지도 모른다. 분노, 슬픔, 낙담, 절망, 불안 같
은 자기 고유의 감정으로 돌아가려면 인내심이 조금 필요할 수 있
다. 상실감과 추하고 외롭고 불필요하다는 느낌. 질투를 경험할 때
느꼈던 특이한 감정 전부 다. 엉망인 감정에 대한 적절한 합리화가
필요한 것처럼, 우리는 무시무시한 감정 앞에서 자책하고 싶은 유
혹을 종종 받는다. 기분이 무척 나빠지면 자기 연민을 가지려고 노
력해보자. 당신의 질투에는 어떤 사연이 있는가? 그것을 믿는가,
믿지 않는가? 질투가 느껴질 때 자신을 어떻게 바라보는가?

질투하는 습관 버리기

감정을 감당하는 방식을 바꾸는 데는 시간이 걸리므로, 시행착오
를 통해 배우면서 조금씩 나아진다고 생각하는 편이 좋다. 그리고 시

도가 있으면 오류도 생기기 마련이다.

학습이 필요하다는 사실을 인정하는 것부터 시작하라. 모를 수 있다. 무지한 상태를 허용하라. 불교 신자들은 이를 '초심'이라고 부른다. 실수를 저질러도 괜찮다고 스스로 허락해야 한다. 이것은 선택 사항이 아니다. 그러니 질투라는 습관을 제거하는 작업에는 왕도가 없다며 자신을 안심시켜라. 스케이트를 배울 때와 같다. 몇 차례 넘어지며 웃음거리가 돼 봐야 백조처럼 우아해진다.

성적 배타성에 의존하지 않는 관계에서 자신 안에 탄탄한 안정감의 기반을 구축하는 방법을 배우는 과정에는 어려움이 따른다. 이 험난한 작업은 어떻게 자신의 힘을 움켜쥘 것이며, 타인에게서 자격을 인정받지 않아도 자신을 이해하고 사랑하는 법을 어떻게 배울 것인지, 하는 더 큰 고민의 일부다. 필요나 의무로부터가 아니라 사랑과 보살핌으로부터 서로를 인정해주는 것. 당신이 자신의 자격을 인정하는 방법을 열심히 배우라고 강력하게 제안한다. 당신은 그럴 가치가 있다.

사람들은 폴리아모리 가족을 발전시켜 나가면서, 사실 수많은 사람에게서 자격을 인정받게 되고, 그로 인해 파트너 한 명의 인정에는 덜 의존하게 된다는 점을 깨닫고는 한다.

질투의 무력화

질투는 절제할 수 있는 종양이 아니다. 질투는 당신의 일부이자 두려움과 상처를 표현하는 하나의 방식이다. 당신이 할 수 있는 일은 질투를 겪는 방식을 바꿔 다른 감정에 대처하는 방법을 배우는 것이다. 질투가 압도적이지 않게 될 때까지 혹은 질투를 즐길 수 있을 때까지가 아니다. 그저 질투를 견딜 만하게 될 때까지만 작업해나가라. 질투가 태풍이 아니라 따스한 여름 소나기가 될 때까지.

우리가 대화를 나눈 한 여성은 질투에 관해 아주 좋은 생각을 갖고 있었다:

질투는 오고 가는 것이라는 점을 알게 되더군요. 나 자신을 얼마나 기분 좋게 느끼는지에 따라서 말이지요. 내가 원하는 것을 잘 얻지 못할 때, 쉽게 질투가 생기더라고요. 내가 가지지 못한 것을 다른 누가 얻는다고 생각하게 되니까요. 내 요구를 충족시키는 것은 그 누구도 아닌 내 일이라는 점을 잊지 말아야 합니다. 나는 질투를 느끼지만, 질투에 따라서 행동하고 싶지는 않아요. 그러면 많은 것들이 그냥 사라지죠.

일단 질투에 따라 행동하지 않기로 결심했다면, 당신을 뒤덮게 두었던 힘을 줄이는 작업에 착수할 준비가 된 상태다. 힘을 덜 들이는 방법 한 가지는 그저 당신이 그 감정을 느끼게 두는 것이다. 그냥 질투를 느껴라. 아프고 두렵고 혼란스러울 것이다. 하지만 당신 안에 있는 겁에 질린 아이에게 연민과 지지를 보내며 가만히 앉아 자신에게 귀 기울여라. 그러면 질투를 경험하면서도 충분히 살아남을 수 있다는 사실을 가장 먼저 알게 된다.

질투가 힘겨운 큰 이유는 두려움과 고통을 회피하려고 하기 때문이다. 아마도 우리는 어렸을 때, 즉 무력하고 감정에 대처할 수단이 얼마 되지 않았을 때, 무서움을 느끼면 자신에게 이렇게 말했을 것이다. "다시는 이런 기분을 느끼지 않을 테야. 너무 끔찍해. 죽을 거야. 자살

하겠어." 그래서 끔찍한 느낌과 이 느낌을 불러일으키는 사건을 단지 같은 것에 넣고는 뚜껑을 덮어 꽉 닫는다. 세월이 흐르며 단지 안에 든 것들을 상기시키는 무언가를 만날 때마다 그 뚜껑은 조금씩 덜컹거린다. 그리고 우리는 그 뚜껑을 꽉 누른다. 그 이유를 기억조차 못할 수도 있다. 그러면 압력은 쌓이고 쌓인다. 이 압력은 단지 안에 든 것 때문이 아니다. 오히려 뚜껑을 덮어두려는 광적인 투쟁으로부터 온다.

어른이 됐다. 어른이 되어 감정적 현실에 대처하기 위해 뚜껑을 열어야 할 때 무시무시한 기분이 들기도 한다. 하지만 놀랍게도 단지를 열어 단지 안에 든 것을 실제로 보고 느껴보면, 생각보다 훨씬 더 다루기 쉬운 경우가 많다. 혹은 단지를 열어 그 안에서 부글거리고 있는 것을 본 뒤 뚜껑을 다시 덮어버려도 된다. 당신이 그러기를 원한다면 말이다. 해묵은 방어수단도 무난하게 잘 작동할 것이다(뚜껑을 덮어 감정을 회피하면 옛날의 방어기제가 계속 작동할 것이라는 뜻).

질투를 범죄 취급하며 서로 비난하는 잡년들이 있다고 들었다. "당신은 질투하고 있어요. 아닌가요? 부정하지 마세요!" 질투심을 자신의 것으로 인정하는 일은 자신에게, 그리고 당신과 친밀한 사람에게 특히 중요하다. 질투하지 않는 척 애쓰면 다른 이가 당신을 불신할 수 있다. 혹은 당신을 지지하고 보호할 필요를 느끼지 못할지도 모른다. 당신은 괜찮으니까. 그렇지 않은가? 혹은 당신이 자신의 감정을 책임지지 못한다고 결론 내릴 수도 있다. 질투를 스스로 부인하는 일은, 자기를 연민하고 자신에게 지지와 위로를 제공할 기회를 스스로 박탈하는 것과 같다.

질투심(또는 다른 어떤 감정)이 범죄가 아님을 기억하자. 오직 행동만이 범죄가 될 수 있다. 감정은 감정이며, 당신의 인정 여부와 상관없이 거기에 존재한다. 하지만 그 감정을 단지에 다시 꾹꾹 밀어 넣으려 하면, 그 감정들은 비합리적인 분노, 비이성적인 행동, 걸핏하면 터져 나오는 불안, 울화통, 발작적인 눈물 또는 신체적 질병으로 자신을 드러내면서 길을 우회하여 당신의 관심을 끌려고 들지도 모른다. '행동화行動化*'는 당신이 감정 인식을 거부할 때 그 감정에 추동되어, 나중에 후회할지도 모를 방식으로 이해하지 못하는 일을 한다는 의미다.

행동화는 파트너가 아직 하지도 않은 일에 당신이 최후통첩을 하는 형태로 나타날 때도 있다. 더 고약하게는(더 고약한 경우로는), 당신이 보고 싶었던 영화를 파트너가 '밥'과 함께 보러 간 것은 잘못임을 어떻게 아무도 모를 수 있었으며, 배려 없고 무례한 처사가 아닌지, 아주 의분을 느끼면서, 소급 '합의'를 강행하려는 형태로 나타난다. 타인을 악인으로 만드는 식으로는 질투에 제대로 대처하기 힘들다. 자신의 감정을 연인에게 부당하게 떠넘기는 것은 막다른 전략이다. 그 전략은 작동하지 않을 것이다. 질투는 당신 안에서 일어나는 감정이다. 어떤 사람과 어떤 행동도 당신이 질투를 느끼게 '만들지' 못한다. 좋든 싫든, 질투에 덜 상처받거나 질투를 물리칠 수 있는 사람은 오직 당신뿐이다.

연인이 질투하며 고통스러워할 때, 공감하고 들어주고 보살피면서

> "'행동화'는 당신이 감정 인식을 거부할 때 그 감정에 추동되어, 나중에 후회할지도 모를 방식으로 이해하지 못하는 일을 한다는 의미다."

---

* 행동화Acting out: 정신분석 이론에서 제기되는 개념. 자아가 용납할 수 없는 무의식적 욕망이나 동기의 의식화를 허용하지 않고, 동기나 욕망을 즉각적이거나 환상적 또는 현실적으로 활용할 수 있는 출구를 통해서 만족시켜서 원래의 욕망이나 동기를 대치시키는 것

곁에 머물기보다 성내며 밀쳐내는 것이 더 쉽게 느껴질 때도 있다. 연인이 질투한다고 비난한다면, 이는 내가 다른 사람과 즐기려고 외출할 때 연인이 얼마나 상처받았는지 들어줄 수 없다는 말과 마찬가지다. 무관심해 보이는 이런 행동은 죄책감을 회피하는 후진 방식이다.

더 쉽게 해결할 수도 있다. 우리의 감정은 누군가가 들어주는 것을 좋아한다. 내가 그저 들어주거나 상대방에게 들어달라고 부탁하는 것이 건설적이라는 사실을 이해하면, 골치 아픈 감정을 드러내어 감정을 만족시킬 수 있다. 감정이 다하고 다음 단계로 넘어갈 때까지 그것을 상냥하게 대하고 손님으로 환대하자는 것이다. 어떤 것도 바로잡을 필요는 없다는 사실을 기억하자. 자신 또는 타인의 말을 들어주고, 가슴 아픈 일이라는 점을 이해하기만 하면 된다. 그뿐이다.

재닛은 반려자와 함께 힘들어하던 순간이 있었다. 재닛이 연인 중한 명과 사랑에 빠졌다고 그(반려자)에게 고백했을 때였다:

나는 어떤 여성을 한동안 만난 적이 있다. 그런데 너무나 놀랍게도 그녀를 향한 내 감정은 단순한 성적 우정을 넘어섰고 나는 훨씬 더 깊은 로맨틱한 사랑에 빠졌다는 사실을 깨달았다. 반려자에게 이 사실을 털어놓자 그가 처음 느낀 자극은 위협과 불안, 그렇다, 질투였다고 나는 생각한다. 그가 폭발하기 직전임을 감지할 수 있었다. 나는 두려웠고 동시에 죄책감을 느꼈다. 그래서 상황을 바로잡으려 애쓰거나, 사랑에 빠졌다는 말을 취소하거나, 아니면 그저 대화를 다 접어버리지 않고는 다른 재간이 없었다.

하지만 그는 감정을 드러내면서도 화를 내거나 방어적 행동으로 자신을 몰아가지 않았다. 가야 할 길을 이탈하지 않았던 것이다.

도리어 그는 이 상황이 정확히 어떤 의미인지 알기 위해 내게 몇 가지 질문을 던졌다. 그래서 나는 그를 떠날 생각이 없고, 그녀에 대한 사랑이 그에 대한 사랑에 절대 위협이 아니며, 그녀 역시 나와 프라이머리 파트너 관계가 될 수 있다고 기대하지 않는다는 사실을 설명할 수 있었다. 그리고 정말로, 내 감정 그리고 그것들을 표현하느라 썼던 단어들 말고는 우리 사이에 변한 것은 없다고 덧붙였다. 우리는 때때로 이 문제를 다시 이야기했고, 바쁜 일정에도 연인과 함께할 수 있는 짬이 나면 더 이야기를 나누었다.

훗날 그녀와 나는 자연스럽고 쉽게 각자의 길을 갔다. 이 지점에서, 그와 나는 덜 쉽게 그렇게 됐다. 하지만 이 특별한 삼각관계에 연루된 우리 셋 모두 자부심을 갖고 이 시기를 회고할 수 있다. 그 자부심은, 끔찍한 위협으로 느껴진 변화를 감당할 때 필요했던 여유와 존중을 서로에게 제공했던 방식에 대한 것이다.

당신은 질투에 따라 행동하지 않으면서 동시에 질투를 느껴도 된다. 발끈 화를 내고, 그릇을 부수며, 15분 간격으로 연인의 연인에게 전화를 걸고 끊거나, 누구라도 걸리기만 하면 싸움을 거는 것. 물론 이런 일들은 당신의 기분을 좋게 만들지 못한다. 그저 질투를 느끼지 않으려고, 자신의 두려움을 감추고 자신을 초라하게 만들지 않으려고 하는 행동이다. 사람들은 상처받기 쉬운 감정을 밀쳐낼 때 분노를 사용한다. 하지만 분노는 자신을 강하게 느끼도록 해줄 수 있을 뿐, 실제로 우리를 더 강하거나 안전하게 만들어주지 않는다.

질투심을 지닌 채로 가만히 있어 보면, 어떤 행동을 하지 않기로 결정하고 그 행동을 하지 않아도 마음이 힘들다는 점을 알게 된다. 그리고 당신은 질투심을 무력화하는 두 번째 조치를 취한다. 질투에게 이렇게 말하는 것이다. 당신의 연인 관계를 파괴할지도 모르는 행동을 할 만큼 질투에 휘둘리지 않겠다고.

칼릴 지브란이 고통의 본질에 관해 쓴 심오한 말이 있다. '당신의 고통은 당신의 깨달음을 가두고 있는 껍질이 깨어지는 것이다.'

파도 타기

자, 이제 당신은 껍질이 깨어진 채로 고통의 파도를 맞고 있다. 무엇을 할 것인가? 되도록 편안한 상태로 있으면서, 어떻게 하면 빠져 죽지 않고 그 파도를 탈 수 있을지 살펴보라. 용기를 내어 당신이 느끼고 있는 감정을 직시하라. 감정을 살피고 풍부하게 하며 소중하게 다뤄라. 그것들은 당신의 가장 중요한 일부다.

자신에게 잘하라. 사랑의 핵심은 누군가의 아름다움과 강인함과 미덕에 대한 사랑이 아님을 기억하길. 오히려 누군가가 우리의 나약함, 우둔함, 초라함 앞에서도 여전히 우리를 사랑하는 모습이다. 이 무조건적인 사랑이 우리가 연인들에게 갈망하는 것이면서 동시에 우리가 우리 자신에게서 기대하는 것이다.

당신을 상냥한 눈으로 바라보라. 또한 지금 대차대조표를 만드는 것이 아님을 기억하길. 자신에게 마음에 들지 않거나 바꾸고 싶은 점이 있다 해도, 그것은 당신의 미덕에서 끌어오는 차변借邊이 아니다. 자신의 강인함을 숙고하는 법을 배울 때, 인정하고 연민하는 태도로 당신의 약점을 바라보기가 더 쉬워진다. 당신의 미덕을 최대한 가치 있게 유지하고 소중히 대하라.

예를 들면 파트너가 다른 사람과 외출했을 수도 있는 저녁처럼, 질투와 함께 보내는 짧은 시간을 견뎌내는 일에 자신을 맞추는 작업부터 시작하라. 이 짧은 시간 동안 일어나는 어떤 감정이라도 함께 머무르겠다고 자신과 협정을 맺어라. 하루 저녁이나 온 밤이 너무 길게 생각되면 5분이나 10분 정도로 시작하며, 딴 데로 눈을 돌릴 수 있는 영화 등을 준비해둔다.

생각보다 쉬울 수도 있다

그럴 법한 흔한 결과 중 하나는, 당신의 파트너가 다른 이들과의 데이트를 멈추는 것이다. 당신의 기분도 나아지겠지. 당신의 예측이 실제 사건보다 훨씬 부정적일 수도 있다. 노련한 잡년들은 자신이 간혹 질투를 느낄 뿐이라는 사실을 종종 발견한다. 그들은 질투가 생길 때 이 특수한 경험을 관찰하고 무엇을 배울 수 있는지 살핀다. 그리고 이런 사건을 보다 안전하고 쉽게 처리할 수 있는 전략을 궁리한다.

한 커플은 쉽지 않은 상황 속에서도 관계를 유지하기 위해 노력하는 중이다. 그들 중 한 명은 업무 때문에 대부분의 시간을 다른 도시에서 보낸다. 그래서 이 연인들이 다른 파트너들과 하는 활동 중 많은 부분이 물리적으로 연결되지 못하는 조건에서 진행된다. 이 연인이 맺은 합의사항 중 하나는, 서로 어디에 있든 얼마나 바쁘든 매일 밤 전화 통화를 하는 것이다. 이 대화는 종종 그들 중 한 명이 외부 파트너와 만난 후에 이뤄진다. 아래는 그들 중 한 명이 이 대화 경험에 관해 적은 내용이다:

그는 나의 감정을 용인한다. 나는 주저하지 않고 원하는 모든 걸 말한다. 사실, 그가 내 이야기를 북돋우는 셈이다. 나는 모든 것을 말하는 것, 질투와 슬픔에 대해 말할 수 있다는 것 자체가 그것들을 누그러뜨릴 수 있다는 사실을 발견했다. 그 감정들은 내 연인에게서 어떤 저항도 받지 않아서 힘을 상실한다. 그는 그 감정들을 그저 들어주고 가만히 놔둔다.

감정 느끼기

고통스러운 감정들, 그중 유독 강렬한 것조차도 그대로 내버려두면 제 갈 길을 가는 경향이 있다. 그러니 질투에 대응하는 초기 전략은, 가능한 만큼 자신을 편안하게 만들며 기다리는 것이다. 질투하는 감정—아픔 또는 화 그리고 뭐든지 간에—을 찾아서 그 감정이 당신을 통과해서 강물처럼 흘러가게 놔두어라. 다른 이들이 잘못했다고 확신하게 되는 몇 가지에 집중하고, 누군가 당신을 이용하고 있거나 무방비한 감정 위를 날뛰며 짓밟는다고 믿을 수 있다. 이런 감정에 몰입해서 나쁜 마음이나 분노, 비난 등과 함께 질주할지도 모른다. 큰 상처가 생겼다. 분명 누군가의 잘못 때문이다! 하지만 때때로, 큰 고통은 있어도 악당은 없다. 이 말에 힘입어 안도하기를 바란다. 우리 모두 이런 일을 겪는다. 미친 듯 부끄러워하지 말기를. 그저 생각을 흘러가게 두면 된다.

자신에게 친절하고 자신을 보살피겠다고 약속하라. 감정은 일단 드러나기만 하면 친구가 된다. 그러면 더 잘 이해할 수 있다. 자기 탐험을 위한 각본과 전략이 있으면 유용하다. 일기를 쓰면 감정을 발산하고 자기를 알 수 있다. 시뻘건 잉크로 일기장을 '씨발 씨발 씨발 난 이게 싫어!' 같은 문구로 채워도 괜찮다. 이래서 기분이 좋아진다면 더 큰 일기장을 사기 바란다. 의식의 흐름을 따라 써 내려가라. 말이 되고 말고를 떠나 머릿속에 떠오르는 것은 무엇이라도 써보라는 이야기다. 그리고 무엇을 얻게 되는지 확인해라. 이 지점에서, 자기 인식이라는 보물과 보석이 자주 발견되고는 한다.

"자신에게 친절하고 자신을 보살피겠다고 약속하라."

커다란 스케치북과 성인용 크레용인 오일 파스텔 세트를 살 수도 있다. 이 큼직한 크레용은 색상이 밝아서 세부에 빠지지 않고 전체를 표현할 수 있도록 한다. 때로는 삐뚤삐뚤 휘갈긴 모양만 얻을 텐데, 그건 좋은 일이다. 당신이 성취할 수 있는 가장 작은 것이 잠시의 평정을 유지하고 당신의 감정을 색깔로 표현할 수 있도록 도와줄 것이다. 때로 당신은 의미심장한 그림에 놀라게 될지도 모른다.

어떤 사람들은 감정을 몸으로 표현하고 싶어 한다. 헬스장에서 달리거나 운동하기, 부엌 청소, 정원에서의 호미질 등등. 이때의 안전 수칙은 당신의 감정이 강렬한 신체적 표현을 좋아한다면 마음 한편에서는 조심할 필요가 있다는 것이다. 당신은 아드레날린으로 흥분한 상태다. 자신을 실제보다 더 강하게 느끼고 있다는 뜻이다. 부상 없이 할 수 있는 운동에 조금 더 많은 관심을 기울이기를 바란다.

화나고 슬프고 넋이 빠져 있는 당신의 기분에 맞는 음악을 찾아 듣고 춤을 추며 감정을 발산하라. 싸구려 플라스틱 재질의 테니스 라켓으로 소파를 두들겨도 좋겠다. 소파 앞에 무릎 꿇고서 테니스 라켓을 머리 위로 들어 힘껏 내리쳐라. 당신을 제외한, 당신이 분노하는 대상이 소파 위에 있다고 상상하며 눈을 뜨고 마음에 따라 고함을 질러라.

자신을 표현하면 자신을 더 잘 알게 된다. 그리고 어느 정도의 스트레스를 건설적으로 날려보낼 수 있다. 하다못해 깨끗한 부엌이라도 얻겠지.

당신의 몸속 감정에 집중해보자. 감정들이 어느 부위에서 느껴지는가? 목젖, 가슴, 배 속? 신체적 감각으로 관심을 돌리면, 그 감정들이 강화되거나 눈물이 흐를지 모른다. 하지만 다시, '자신에게 친절하고 자신을 보살피겠다고 약속하라.' 몸이 감정을 느끼게 두면 감정들은 사라질 것이다. 분노가 솟구칠 때 베개를 두드려낼 수도 있다. 눈물이 나면, 강렬한 감정을 눈물로 표현한 뒤 찾아오는 해방감을 떠올리며 그대로 흐르게 놔둬라.

때로는 분노를 발산하는 방식을 시험해보다가 그 때문에 기분이 더 나빠지기도 한다. 그럴 때는 마음을 가라앉혀 주는 차 한잔을 자신에게 대접해라. 그리고 그 방식은 버려라. 당신에게 맞지 않는 방식이다.

이런 상황을 힘들어하는 사람도 적지 않다. 그건 자기 연민이 잘못이라고 배워서 그렇다. 지인을 위해서는 속상해해도 되는데 자신을 불쌍하게 여기는 시간을 가지면 안 되는 이유가 뭔가? 이것은 힘든 일이고 당신은 싸우고 있다. 자신에게 상냥해라.

공포와 감사가 공존할 수 없다는 새로운 신경학적 연구 결과는 정말 흥미롭다. 그러니 무섭거나 불안정한 기분이 들 때면 고마운 것 세가지를 떠올리며 어떤 변화가 일어나는지 지켜보라.

안도감

파트너와 함께 힘든 시기 서로를 보살피는 법을 배우는 연습을 살펴보자. 당신이 안도감을 얻는 데 당신의 파트너가 할 수 있는 일열 가지를 목록으로 만들어보라. 추상적인 내용은 피하고, 감정이 아닌 행위에 집중한 목록이어야 한다. '나를 더 사랑해줘'는 감정이므로 그에 따라 행동하기 어렵다. 당신의 파트너가 당신을 더 사랑한다는 것을 어떻게 알 수 있을까? 반면 '장미 한 송이만 가져다줘'는 누구나 1달러로 할 수 있는 행위다. 미리 보여주지 말고 각자 목록을 만든 다음 만나서 서로의 목록을 확인한다. 이 과제는 생각보다 까다롭다. 많은 질문이 머릿속을 채울 수도 있다. 내가 어떻게 이걸 요구하지? 내 파트너는 이미 알고 있어야 하는 거 아닌가? 내가 이걸 요구해야 한다면 이게 정말 중요한 걸까? 내 파트너가 나를 사랑한다면 이미 이렇게 돼 있어야 하는 거 아닐까? 이런 생각이 든다면, 파트너가 당신에게 안도감을 달라고 요구할 때 어떤 기분일지 상상해보자. 도울 수 있는 방법을 안다는 건 기분 좋은 일이 아닌가? 우리는 서로의 마음을 읽을 수 없다. 하지만 우리는 서로에게 신경 쓰고 있다. 방법을 알면 도울 수 있는 것이다.

문제는 내 감정

감정을 발견하고 표현하는 데 익숙해지면 조금 더 어려운 작업을 시도할 수 있다. 당신의 연인, 연인의 연인, 특히 당신 자신을 포함하여 아무도 비난하지 않고 감정을 글로 적거나 친구에게 이야기하는 방법이다. 만만한 연습은 아니어서, 우리가 얼마나 쉽게 타인을 비난하게 되는지 놀랄 것이다. 하지만 감정을 누군가에게 떠맡기지 않고 감각하는 법을 배우는 일은 아주 가치 있다.

우리가 상대방의 의도에 탓을 돌리는 측면에 주목해도 도움이 된다. '당신은 나를 화나게 하려고 이러는 거잖아.' 이 말이 정말 사실이라고 생각하는가? 우리는 절대로 일부러 상대를 화나게 하는 것이 아니다. 다만 대체로 결과가 그럴 뿐이다. 내 기분이 어떤지 이해시킬 요량으로 상대의 의도를 지어내기는 쉽지만, 애당초 없었던 의도로 상대를 비난한다면 상대에게서 진실을 듣기는 매우 어렵다.

나는 내 감정을 소유하고, 연인과 친구는 자신의 감정을 소유하도록 내가 허용할 때 혹은 소유하게끔 할 때, 우리는 비로소 변화하고 성장할 힘이 생긴다.

당신이 제3자일 때

자기 돌보기에 관한 모든 방안은 파트너가 있든 없든 적용되는 것이다. 특히 혼자 사는 사람들은 우리의 감정과 함께 고립되는 상황을 피하기 위해 잘 준비해야 한다. (이에 관해서는 21장에서 길게 다뤘다.) 당신은 가까운 친구에게 손을 내밀거나 지역의 면치에 참가할 필요가 있다. 친구들과 서로의 감정을 들어주기로 약속하라. 문제의 그 파트너와 진지하게 대화를 나눌 수 있는 시간을 정해라. 당신이 독신이거나 단순 동거인이라 하더라도 질투 혹은 여러 어려운 감정에서 완전히 자유로울 수 있는 것은 아니다.

　데이트는 하지만 같이 살지 않는 사이라면, 서로의 감정과 차이점 또는 이 문제에서 각자가 관계를 어떻게 이해하고 고마워하는지 진지하게 대화할 시간을 내기 어려울 수 있다. 시간을 함께하는 것, 특히 같이 잠들기를 중요하게 생각하는 사람들이 많다. 함께 커피를 마시고 느긋하게 잠에서 깬 뒤 즐기는 평범한 아침 식사까지도. 연인과 만날 때마다 뜨겁고 진하게 섹스하기로 했다면, 잡담하고 감정을 말하고 들으며 서로를 알아가면서 감사하는 공간을 만들기 어려울 수 있다. 같이 잠자지 않는다면 가끔은 점심이나 브런치를 하거나, 시골이나 바닷가 산책 혹은 식물원이나 미술관을 함께 들르는 데이트를 해보라.

아기처럼

　감정이 극에 달하고 혼란에 빠졌을 때 무엇이 아주 약간이라도 더 안전한 느낌을 주는지 생각해보라. 큰 그림은 손에서 놓아라. 어쩌면 너무 크기 때문에 전체를 파악하기 힘들어지니까. 심호흡을 몇 번 하고 의식적으로 근육의 긴장을 푼 다음, 마음을 진정시켜주는 음악을 듣는다. 포근한 담요로 몸을 감싼다. 별것 아닌 듯 보인다. 하지만 아무리 사소해도 상황을 개선하는 일을 해낸다면, 질투에 대처할 수 있는 자신감을 다지는 올바른 방향으로 가고 있는 것이다.

　힘든 감정을 헤쳐 나가는 동안 자신을 잘 보살펴라. 독감에 걸렸다고 여기며 나를 챙겨라. 무엇이 나를 달래주는가? 자신에게 그것들을 줘라. 핫초콜릿, 따뜻하게 데운 수건, 제일 좋아하는 영화 보기, 지겨워질 때까지 컴퓨터 게임하기, 아끼는 곰인형? 효과적인 자기 치유는 몸을 인식하는 것부터 시작된다. 신체적으로 기분 좋은 경험, 마사지, 온욕, 스킨 로션, 플란넬 잠옷은 마음이 불안하고 생각이 혼란스러울 때에도 편안함과 안정감을 준다. 자신을 최대한 잘 돌보자.

질투가 발생하려고 할 때 시간을 꽉 채워 보낼 계획을 세우자. 당신의 연인과 항상 같은 시간대에 뜨거운 데이트를 하기는 어렵다. 사람들은 대부분 일정이 너무 복잡하다. 혹시 파트너의 데이트 상대가 독감에 걸린다면? 데이트를 취소할 것인가? 당신이 데이트하려는 사람은 당신에게 기대하고 있을지 모른다. 당신과의 시간을 중요하게 생각할 수도 있다. 제3자 역시 자기 생활을 예측할 수 있는 권리를 갖는다.

자신을 위한 뜨거운 데이트가 없어도, 같이 영화 보고 친밀한 대화를 나누며(당연히 비밀 보장에 주의해야 한다) 과자를 먹고 손톱을 물어뜯는 등 뭐든 할 수 있는 친구는 찾을 수 있을 것이다. 우리는 술과 약물은 권하지 않는다. 취한 상태에서는 마음이 더 강렬하게 동요하기 쉽고, 질투를 행동화하지 않겠다는 약속을 잊어버릴 정도로 절제력이 풀릴 수 있기 때문이다. 어느 정도의 도피는 괜찮다. 하지만 감각이 마비돼 아무것도 느낄 수 없다면 질투심을 다루는 이 요령들을 개발할 기회는 없다.

이러한 요령을 습득하려면 명상이나 스케이트를 배울 때처럼 연습이 필요하다. 연습 초반에는 자신이 왜 이러는지 의아하게 느껴지고 썩 잘 되지도 않는다. 하지만 자신을 돌보는 훈련을 이어나가면 곧 세상을 보는 눈이 조금은 달라진다. 세상이 훨씬 더 친절하고 우호적인 곳으로 변한다. 당신이 그렇게 만들어냈기 때문이다.

나에게 주는 15개의 선물

다정하게 자신을 대할 수 있는 열다섯 가지 방법을 목록으로 만든다. 예를 들면 '꽃집에 가서 나에게 꽃 한 송이를 사준다' 또는 '족욕마사지를 한다' 등. 가끔은 스스로 물어보자. '조금 더 편안하게 느끼려면 혹은 나를 챙긴다는 기분이 들려면 무엇을 해야 할까?' 인덱스 카드에 대답들을 적는다. 마음이 혼란하고 친절이 필요해실 때는 카드를 꺼내 적힌 대로 한다.

헤쳐 나가기

더 나은 방법이 없다면, 이를 악물고 눈을 딱 감은 채 끝날 때까지 거기에 매달려 있어도 된다. 도씨는 다시는 모노가미 관계를 맺지 않기로 결정한 뒤 처음 겪은 어려움을 아직 기억한다:

나는 한 젊은 남자와 가볍게 만나고 있었다. 그에게 나는 파트너 관계나 모노가미 관계를 맺을 의사가 없다고 충분히 이야기했다. 내 절친이 집에서 놀고 있을 때였다. 때마침 그가 방문했다. 우리 모두 조금 취했었다. 그가 내 친구를 유혹했다. 그와 내 관계를 몰랐던 내 친구는 그가 마음에 들었다. 그들은 내 집 거실 한복판에서 서로의 목을 껴안기 시작했다.

맙소사! 그들을 보자 머릿속이 팽팽 돌기 시작하며 이런 생각이
들었다. '음, 나는 그와 결혼하고 싶은 건 아니야. 그리고 저들과
함께하고 싶지도 않아. 내 친구가 양성애자도 아니고. 그러면 난
어쩌지?' 이런 상황에 적절한 에티켓이 떠오르지 않았다. 솔직히
말해 나는 잠시 얼어붙은 채 앉아 있었다. 속으로 생각했다. '좋아.
정해진 답은 없어. 내가 만들어야 해. 만약 내 친구와 새 애인이,
치아교정기가 서로 얽힌 채 바닥을 뒹굴고 있지 않았다면 나는 뭘
했을까?'
　나는 그때 읽고 있던 타로 책을 읽기로 하고 위층으로 올라가
이를 악물고 공부했다. 점괘에 집중하자 책 내용에 정신이 팔리기
시작했고, 그나마 약간의 안도감을 느낄 수 있었다. 그들이 돌아갔다.
이상하고 외로운 밤을 보냈다. 기분이 좋지는 않았다. 그래도
살아남았다는 사실에 스스로가 대견했다. 나는 피해를 받았다는
느낌이 전혀 들지 않았다. 정말로 괜찮았던 것이다. 내가 움켜쥔
것은 내 자신의 힘이었다. 그래서… 섹시하게도 이 일은 내가 질투를
성공적으로 통과한 첫 번째 경험이다.

불쾌함과의 동거

질투를 이해하고 싶을 때 스스로에게 물어보면 좋은 질문이 있다.
"나를 가장 괴롭히는 특정한 이미지는 무엇인가?" 당신은 이미 답을
알고 있을 가능성이 높다. 그러니 그 끔찍한 것을 일부러 생각한다고
해서 기분이 더 나빠지지는 않을 것이다.
　괴로운 이미지들, 당신을 정말 힘들게 만드는 것들이 당신의 파트

너가 하고 있는 행동을 말해주는 건 아니다. 당신의 파트너가 무얼 하는지 당신은 사실 모른다. 무슨 일이 벌어지고 있는지 모를 때, 그저 '난 몰라'라고 말하며 생각을 멈출 수 있는 사람은 거의 없다. 우리는 빈칸을 채워 넣으려 한다. 그러기 위해서 뭔가를 지어낸다. 빈칸을 채울 때 당신이 보는 것은 실제와는 무관하다. 그저 당신의 두려움일 뿐이다. 그러니 지금 당신은 자신이 무엇을 두려워하는지는 알지만, 실제로 무슨 일이 일어나고 있는지는 모른다.

우리의 마음은 자연처럼 진공 상태를 싫어한다. 우리는 초조해진다. 누군가의 전화 회신을 기다리거나 식구가 늦게까지 귀가하지 않았던 순간을 떠올려보라. 고속도로 순찰대에 전화를 걸거나, 넋 나간 듯 문자메시지를 보내며, 끔찍한 생각을 하지는 않았는가? 단지 이런 상황을 막을 목적이었다면, 집에 돌아올 때 서로 통화하기로 약속하면 됐을 것이다.

두려움과 화해하는 강력한 방법 한 가지는 두렵다고 인정하는 것이다. 거의 대부분은 허구가 실제보다 더 공포스러우므로, 실제를 확인해보면 두려움에 맞설 수 있다.

덜 무시무시하고 덜 불안한 상상에도 관심을 기울여보자. 당신의 연인이 다른 사람과 한창 섹스하는 상상이 생각보다 덜 무섭다는 사실에 놀랄지도 모른다. 혹은 키스하는 이미지가 삽입섹스 장면보다 당신을 더 괴롭힐지도 모른다. 상상 속 장면을 카드에 적어서 끔찍한 순서대로 나열해보자.

이렇게 당신은 무엇이 가장 두렵게 하거나 안전한 느낌을 주는지 알게 된다. 그리고 조금 더 안전함을 느낄 수 있는 방향으로 마음을 돌릴 만한 무언가를 찾게 될 것이다. 이것은 평온한 마음으로 가는 길의 첫걸음이다.

좋은 것들 기억하기

관계에서 중시하는 점들을 목록으로 만들고 만일을 대비해 챙겨둬라. 낙관주의자가 돼 마음을 긍정적인 결말로 향하게 해라. 당신이 가진 것과 파트너가 준 것들의 가치를 존중하라. 시간, 관심, 사랑, 나를 채워주는 좋은 것들. 비관주의자가 되어 거기 없는 것, 이미 어디론가 떠나간 에너지에 집중하지 말라. 그 에너지는 당신이 받은 것에서 차감된 게 아니고, 관계는 대차대조표처럼 수지 균형을 맞춰야 하는 게 아니다. 그러니 박탈감을 느낄 때는 파트너와의 관계에서 얻은 모든 좋은 것들을 떠올려보라.

· 연습 ·

보물

파트너가 당신과 사귀는 게 왜 행운인지, 그 이유를 열 가지 이상의 목록으로 작성한다. 목록은 주머니에 넣어 며칠 동안 몸에 지니고 다닌다. 또한 이 연인과 사귀는 게 당신에게 왜 행운인지 그 이유를 열 가지 이상의 목록으로 만든다. 당신과 파트너 둘 다 목록을 만들어 공유할 수도 있다.

공유하기

파트너와 함께 질투를 놓고 대화하는 연습이 필요하다. 한 커플에게서 자신들이 만든 관계 전통/규칙에 관해 들은 적이 있다. 그들은 상대방에게 대화 시간을 갖자고 요구할 수 있는데, 이를 '젤리 시간'이라고 이름 붙였다. 자신을 괴롭히는 것들을 상대방에게 이야기하는 시간이다. 당신은 무섭고 질투 나고, 주말 동안 떨어져 있어야 하는 것에 긴장하고, 옹졸하고 바보 같고, 무릎은 흐물흐물해져, 말하자면 젤리같이 느껴질지도 모른다. 이때 파트너가 해주어야 할 행동은 경청하고 공감하며 당신의 자리를 인정해주는 것이다. 그리고 이런 대답이 나와야 한다. '알았어, 블랜치와의 데이트는 취소할게.'가 아니라, "아, 자기. 기분 상해서 어떡해. 사랑해. 금방 다녀올게."

> "우리는 모두 인간이고, 취약하며, 자신을 인정받아야 하는 존재다."

질투를 느낀다고 파트너에게 이야기할 때, 우리는 아주 취약한 상태에 놓인다. 파트너가 정중하게 대답하고 이야기를 들어주고 우리의 감정을 수긍하며 우리를 지지하고 안심시켜주면, 아무 문제가 없는 상황일 때보다 우리를 더 잘 보살펴준다는 느낌을 받는다. 그러므로 파트너와 함께 취약함을 공유하는 끈끈한 결속의 경험을 서로 주고 받으라고 강력하게 권한다. 우리는 모두 인간이고, 취약하며, 자신을 인정받아야 하는 존재다.

당신이 질투를 극복하며 활용한 전략은 앞으로 큰 도움이 될 것이다. 이 연습으로 배운 것들은 거듭해서 써먹을 수 있다. 상술한 모든 방법은 취업 면접이나 이력서를 쓸 때와 같은 어려운 일에 응용 가능하다. 이제 당신은 한바탕 질투가 일어나도 대처할 수 있는 레퍼토리를 가졌다. 이 기술들은 당신이 맞닥뜨릴 또 다른 고통스러운 감정을 다룰 때도 도움이 될 것이다. 그러니 여기까지 온 자신을 축하해주자. 성공을 경축하며 온갖 색깔로 '나는 천재다'를 수십 번 써보자. 스스로에게 멋진 선물도 사주자. 고생이 많았다. 보상을 받기에 충분하다.

영적인 길?

질투가 요구하는 치유 과정을 통해 질투를 이겨내고 성장할 때, 당신은 낡은 패러다임과 익숙한 가정에서 벗어나 두려운 미지의 세계로 발을 내딛고 있는 셈이다. 감정을 변화시키려면 자신을 열어 보이고 기꺼이 감각하며 필요하면 움찔 물러나고 보다 의식적이 되어야 한다. 열려 있으며 확장된 의식, 이것이 바로 영성 아닐까?

질투는 묵은 상처를 치유하는 길일 뿐만 아니라 **뇌락**openheartedness 으로 가는 길이 되기도 한다. 당신이 진짜로 누릴 수 있는 그 모든 사랑과 섹스와 충족감에 적합하도록 관계를 열어놓으면서, 연인과 자신에게 마음을 여는 일이다.

사랑받지 못할까 봐 두려운 마음에 대한 해결책 하나는 누군가를 사랑하면 얼마나 기분 좋은지 떠올리는 것이다. 사랑받지 못한다고 느낄 때 기분이 좋아지고 싶다면 누군가를 사랑하라. 그리고 무슨 일이 일어나는지 보라.

로맨스에 관하여

　사람들은 관계를 이야기할 때 '낭만적'이라는 단어를 쓰고는 한다. 도 씨의 치료 현장에서도 어떤 내담자들은 새로운 만남에 대해 '그건 낭만적 인 관계가 아니잖아요'라며 일축한다. 우리 저자들은 둘 다 잘 쓰지 않는 단어여서 우선 그 의미를 파악해보기로 했다.

　친구들에게 물어본 바로는, 많은 이들에게 낭만은 감정과 서약의 깊이, 또는 특별하고 이상적인 이야기와 관련 있는 모양이다. 낭만은 감정의 한 종류라기보다는 서사의 특별한 종류를 의미하는 경우가 많은 듯하다. 사람 들이 '낭만적인' 관계와 '성적인' 관계를 구별하는 기준을 보면, 전자에는 암시적인 단계적 과정이 있다. 우리는 책과 영화와 텔레비전에서 이런 종 류의 이야기를 숱하게 접한다. 소년이 소녀를 만나고(또는 소년이 소년을 만 나거나 소녀가 소녀를 만난다) 첫 데이트를 하고 두 번째 데이트를 하며 세 번 째 데이트에는 섹스를 한다. 이해와 오해와 선물과 재미있고 특별한 순간 이 있다. 그러다 어느 순간 결혼식이 열리고 '검은 머리가 파뿌리가 되도 록'을 약속한다.

　우리는 이런 이야기가 결말에 이를 때까지도 잘못된 점을 전혀 보지 못한다. '오래오래 행복하게'라는 그 이야기에 세 사람(또는 넷 이상)이 등 장하는 경우를 읽어본 사람은 아주 드물다. 한 사람과는 백년해로하면서 동시에 다른 사람과는 다른 종류의 관계를 맺고 싶을 수도 있다는 가능성 을 고려해보기라도 한 사람은 더 적다. 헤어진 연인과 친구가 되거나 공 동 부모가 되는 일도 낭만적인 이야기일 수 있다고 배운 사람 역시 별로 없다.

우리는 모두 동화에서 성애 문학까지 온통 이런 이야기에 둘러싸여 자랐다. 그 때문에, 윤리적인 잡년이 되려는 목표를 방해하는 일종의 기대치가 조성되어 있다. 전천후 '낭만' 서사로 인해 당신은 모든 관계를 이 기대치에 억지로 맞추려 애쓰기도 한다. 그 이야기가 당신과 당신 앞의 실존 인물에 잘 맞는지, 그리고 여러분이 함께 만들어갈 관계에 적합한지 여부에 상관없이 말이다.

그러니 혹시 당신이 붉은 장미 한 송이와 석양의 해변 산책을 꿈꾸는 유형이라면, 그 사랑스러운 꿈을 즐기기 바란다. 그리고 여러 세세한 것들 및 다른 사람들과 함께, 여러 방식을 통해서 이 꿈을 배울 수도 있다는 사실을 알아두길 바란다. 당신의 상상력과 리비도가 당신을 데려가주는 것만큼 많은 방식으로 말이다.

-----

16 갈등 다루기
Embracing Conflict

취약함을 공유하는 것만큼 친밀감을 구축하는 일은 없다. 사랑을 공유하며 얻는 근사한 그 모든 것들—웃음과 행복과 섹스—을 폄하하는 것은 아니다. 하지만 살갗도 없이 까발려지고 무섭고 허약하게 느껴질 때, 연인이 내 곁에 있다면? 이때 공유하는 경험만큼 친밀감을 깊게 만들어주는 것은 없다. 누리는 그런 순간에 서로 가장 가까워진다.

얻을 것은 자유

"취약함을 공유하는 것만큼 친밀감을 구축하는 일은 없다."

사람들은 잡년도 굉장한 불안감에 빠진다는 사실을 알고 놀라지만, 사실 잡년도 여느 사람들처럼 초조해한다. 불안을 누그러뜨리는 요령을 우리가 갓난아기 때부터 배우지는 않았으니까.

당신의 자유와 파트너의 자유 중에서, 당신 자신의 자유를 인정하기가 훨씬 수월할지도 모른다. 아니면 그 반대이거나. 데이트하기와 집에 있기는, 먹기와 요리처럼 별개의 일이다. 둘 다 그만의 보상이 있으며, 둘 다 특별한 기술이 있어야 해낼 수 있다.

문제가 생길 때는 스스로에게 이렇게 물어보면 좋다. "이 상황으로부터 얻고 싶은 것은 무엇인가?" 당신은 왜 잡년이 되려고 이런 고생을 사서 하는가? 대답은 저마다 상황에 따라 다르겠지만, 우리 대부분이 그 대가로 받는 것은 자기만의 자유다. 그런데 이 자유를 얻으려면 파트너에게도 자유를 주는 법을 배워야 한다.

자유를 주고 얻는다. 이 말은, 감정이 격앙되어 아슬아슬할 때 생기기 마련인 갈등을 다루는 좋은 방법이 있어야 한다는 뜻이다. 좋은 방법은 많다. 갈등에 관해서 이미 알고 있는 바를 확인해보는 작업부터 시작하라. 당신은 이미 갈등에 관해 강력한 생각을 갖고 있다. 말 그대로 부모님의 무릎 위에 앉아서, 아니면 방구석에 웅크리고 앉아서 습득한 생각들이다.

어린 시절, 그대로 따라야 했던 각본을 되짚어보라. 그러면 지금 당신이 분노와 갈등에 반응하는 방식에 관해 많은 부분을 설명해줄 것이다. 아이였던 당신은 다른 선택지가 없었다. 무슨 수를 쓰더라도 가족의 각본에 맞춰야 했다. 당신 자신을 어떻게 안전하게 지켰는가?

이 상황이 고민이었던 적은 없었는가? 건강한 가정에서 자란 사람은 성격이 느긋하고 겁이 없는 경우가 많다. 반면, 매우 건강한 가정에서의 성장에도 단점이 있다. 다른 이들이 왜 그렇게 겁이 많은지 이해하기 어려울 수 있다는 단점.

그럼에도 대부분의 사람들은 자신의 안전을 지키려고 숨거나 자신을 보호하려고 맞서 싸우는 법을 배웠다. 혹은 동정을 받을 요량으로 약하고 불쌍해지는 법을 배웠다. 만약 갈등에 대해 이런 반응─방어적인 태도, 분노, 체념, 훌쩍이기 등—을 보이기라도 한다면, 분명 그럴 만한 이유가 있어서 그것들을 발전시킨 것이다.

일단 당신이 그 반응 과정을 어떻게 습득했는지 이해하면, 더 많은 선택지가 펼쳐진다. 파트너들과 대화해보자. 그들에게는 어떤 대본이 있는가? A가 B의 기분이 어떤지 정말 듣고 싶을 때, B는 회피함으로써 안전해지려고 한다면, 도대체 무슨 일이 일어나고 있는가? 어쩌면 저마다 다른 갈등 대처법을 습득했을지도 모른다. 서로에게 새로운 대처법을 가르쳐줄 수도 있다.

잘 싸우기

취약한 내면의 공유가 어떻게 친밀한 유대로 이어지는지 생각해보라. 아마 친밀감이 최고조에 이르렀을 때의 행위가 마음속에 떠오를 것이다. 그 행위는 바로 '싸움'이다. 많은 사람들이 연인 간 싸움은 무조건 피해야 한다고 믿는다. 그러나 대부분의 관계 전문가들은 다르게 생각한다. 아마도 연인 간 싸움은 인간의 보편적인 경험인 모양이다. 진심으로 싸움을 즐기는 사람은 많지 않은데, 얼마간 필요해 보인다. 나무를 더 잘 자라게 하려고 오래된 숲에 놓는 산불처럼, 싸움은 탄탄한 관계 구축과 성장과 변화를 지탱하는 건설적인 요소다.

오래된 관계일수록 분노를 서로 표현하며 의견 불일치와 싸우는 방법이 있어야 한다. 우선 당신은 분노를 어느 정도 발산해야 할 것이다. 분노를 겪으며 그중 일부를 분출하는 안전하고 건설적인 방법을 찾아야 한다. 이 일을 어떻게 할지, 사전에 논의할 필요도 있다. 연인에게 하지 않기? 운전 중 하지 않기? 음주 후 하지 않기? 아주 큰 소리를 내도 괜찮은 장소는 어디인가?

관건은 싸움을 피하는 게 아니다. 오히려 신체적, 도덕적, 감정적으로 파괴적이지 않은 방법으로 싸울 수 있는 게 중요하다. 좋은 싸움은 학대와는 크게 다르다. 깔끔하고 좋은 싸움은 안전하고 서로를 존중한다. 그래서 두 사람 모두 감정을 마음껏 표현할 수 있다. 이 과정을 통해 상대방과 이전보다 더 강하게 가까워진다. 이를테면 불로 결속하는 방법이다.

'잘 싸우기'라는 개념은 심리학자 조지 바흐George R. Bach의 책 『친밀한 적: 사랑과 결혼생활에서 잘 싸우는 법The Intimate Enemy: How to Fight Fair in Love and Marriage』에 상세히 적혀 있다. 1968년에 출간된 오래된 책이기는 하나, 파트너와 분노를 공유할 때 필요한 건설적인 방법의 소통과 관련 세부 설명이 담긴 가치 있는 자료다. 이 주제와 관련된 어떤 책이든 파트너와 함께 읽어라. 두 사람은 같은 정보를 보면서 같은 입장에 놓일 수 있다. 당신에게 중요한 것들에 관한 소통법을 논의할 수 있게 해준다.

간혹 성가신 무언가가 너무 사소해 보여서 무시할 수도 있다. 하지만 그 문제가 세 번쯤 생각난다면 분명 여전히 성가신 것이다. 이럴 때는 '별것 아닌데 좀 성가신 게 있어' 하고 말문을 틀 수 있어야 한다.

감정은 누군가가 들어주기를 바라는데, 분노는 들어주기에 아주 힘든 감정이다. 그렇다면 더 큰 문제로 번지게 하지 않고 분노를 발산하는 방법은 무엇일까?

모두가 이기는 방법

좋은 싸움, 성공적인 싸움은 모두의 승리라는 이해에서 출발한다. 싸움에서 한 사람은 이기고 다른 사람은 진다면, 정작 싸움의 원인은 해소되지 않는다. 당신이 단지 '졌기' 때문에 그 문제를 단념했다고 생각한다면 어리석다. 상대방에게 제압당하고 맥을 못추게 되고 고함을 들으면 원망이 생기며 문제는 계속 문제로 남는다. 진짜로 이기는 유일한 방법은 모두가 이겼다고 생각할 수 있는 해결책에 이르는 것이다. 그러므로 깨끗하게 좋은 싸움은 서로의 감정을 들어주고 고려하며 '힘이 정의'라는 식이 아닌 합의로 해결책을 결정한다.

규칙과 한계에 동의하고, 감정과 의견을 표현할 모두의 권리를 존중하면 우리는 싸움을 제대로 할 수 있다. 싸움 시간을 계획하는 것도 대개는 도움이 된다. 욕실이나 출근길의 현관에 잠복해 있다가 파트너를 습격한다면, 건설적인 교전은 기대할 수 없다. 관심을 온전히 집중할 수 있는 시간을 사전에 계획할 필요가 있다.

싸움 스케줄 정하기의 추가적인 장점은, 싸움 준비를 하면서 생각을 정리하고 특정 사안을 다루는 시간을 알 수 있다는 점이다. 가령 화요일에 식비 계산서 때문에 언짢아졌고, 이 문제를 목요일에 다루기로 약속했다. 그러면 그때까지 이 고민을 제쳐놓기가 아주 수월하다. 문제를 당장 해결할 수 없을 때, 대부분의 사람들은 그 고민을 잘 제쳐놓지 못한다.

"싸움 스케줄이라니, 그게 무슨 말이야? 화산처럼 그냥 폭발하는 게 싸움 아냐? 게다가 싸우면서 규칙을 지키고 한계선을 존중하지는 못하지. 안 그래? 감정 폭발 문제를 이야기하는 것 아니야?" 음, 맞다. 하지만 감정이 격렬한 상태일 때는 어떤 문제도 해결할 수 없다. 감정이 터져나올 때는 그것을 인식하고 주의를 기울이는 것이 중요하다. 자신을 아무리 서툴게 표현할지라도, 진실은 이것이다. 당신은 분명 아주 강렬한 감정을 느끼며, 그래서 그것은 중요한 진실이라는 점이다.

방아쇠 당기기

왜 이따금 아주 강렬한 감정이 촉발될까? 특히 내밀한 갈등이 있을 때 더 자주 촉발되는 건 왜일까? 우리는 다 그렇다. 당신만 그런 건 아니다. 도씨는 열아홉 살 때 공황 상태에 빠졌던 기억이 있다. 뜬금없는 공황 발작으로 보였으나, 어느날 얼굴 가까이에서 뭔가가 빠른 속도로 움직이는 일을 겪고 나서 그 영문을 알게 되었다. 그녀의 아버지는 갑작스레 분노를 터뜨리는 경향이 있었고 그럴 때는 얼굴을 철썩 때리고는 했다. 그래서 도씨는 얼굴 가까이에서 뭔가가 움직일 때마다, 그녀의 연인조차도, 마음속 어딘가는 지금 맞기 직전이라고 생각했다. 일단 그녀가 이 점을 깨닫고 나자 상황이 달라졌다. 그녀는 주위를 둘러보며 그 무엇도 자신을 위협하지 않는다는 사실을 직시하게 됐다. 공황 증상은 사라졌다.

뇌 기능 연구의 최신 사례에는 트리거trigger가 생리적 단계에서 어떻게 작동하는지에 관한 유용한 정보가 아주 많다. 우리 몸에는 편도체라는 기관이 있다. 이 기관은 강렬한 감정과 관련한 상황을 기억하는 곳이다. 즐거움뿐만 아니라 공포, 그리고 우리를 행동하게 하는 감정들 모두를 말한다. 이 현상과 가장 가까운 상태로는 학대 생존자들과 참전 용사들이 경험하는 극단적인 플래시백이 있다.

편도체는 뇌하수체와 바로 연결되어 있어서, 우리의 지적 능력이 상황을 따라잡기 전에 응급 대응 체계를 발동시킨다. 아드레날린이 혈액으로 쏟아지고 노르에피네프린이 시냅스로 흘러들어 간다. 호랑이와 싸우거나 도망칠 에너지를 공급하기 위해, 세포는 온 당분을 정맥에 방출한다. 우리의 시스템 전체는 화학 작용의 습격을 받아서 만사가 순간적으로 끔찍하게, 그리고 긴박하게 느껴진다. 트리거 자극은 사사로운 논쟁에서 특히 흔하고 강렬하게 일어나는데, 어린 시절에 습득한 해묵은 온갖 트리거들이 자극받을 수 있기 때문이다. 설상가상으로 이런저런 이유로 감정을 억압하는 법을 습득한 사람들이 많다. 그래서 종종 영문도 모른 채 트리거 자극에 습격당하고는 한다.

먼저 알아야 할 점은 아드레날린이 분출하는 상황에서는 그 무엇도 해결할 수 없다는 사실이다. 아드레날린에 대해 투쟁이나 도피로 반응하면 위기를 견딜 만한 엄청난 에너지를 얻지만, 그다지 상식적인 방식은 아니다.

이 생리학적 스트레스 반응 중에 두 가지 일이 일어나는데, 그것을 잘 사용하면 된다. 첫째, 스트레스 반사를 다시 자극하지 않은 채로 15분에서 20분쯤 집중할 수 있으면, 생리는 정상으로 돌아간다. 제정신으로 돌아간다는 말이다. 시간을 갖고 다시 진정하는 과정은 아래에 기술한다.

그런데 더 좋기로는, 그 15분 동안 가능한 한 친절하게 자신을 돌볼 수 있으면, 편도체는 진정 신경전달물질을 전달하는 섬유를 더 키움으로써 물리적으로 치유된다. 따라서 그럴 때마다 우리는 위기 상황에서 자신을 진정시키는 능력을 키우는 셈이다. 그러니 스스로에게 친절하게 대하기를 연습하고 또 연습하자.

당신이나 파트너가 트리거 자극을 받을 때 타임아웃 하는 방법은 다음과 같다. 중지하고 분리하라. 그러면 아드레날린이 정상으로 돌아온다. 감정이 상대적으로 진정될 때까지 비상 체계를 다시 촉발하지 않는 게 좋다. 15분 정도 자신을 챙기는 발전적인 방법을 찾아라.

파트너들과 사전 협의를 해야 하는 사항이 몇 가지 있다. 먼저, 타임아웃은 누구의 잘잘못을 따지려는 게 아니라는 사실을 짚어두자. 말이 비상 과부하를 촉발하는 것이라면 아드레날린 분비를 중단시키기 위해 두 사람 다 즉각 멈춰야 한다. 행위를 멈추는 일은 어려울 수 있다. 누군가는 버려지고 제지당하고 중단당하고 거부당한다는 느낌을 받기 마련이다. 하지만 이것은 그저 15분 동안이다. 영원하지 않다는 점을 잊지 말라.

적어도 몇 분 동안은 각자 다른 방에 있어야 할 것이다. 그러니 각자 어느 방에 있고 싶은지도 미리 얘기해두면 좋다. 당신의 컴퓨터, 책, 독서 의자는 어디 있는가? 누군가 음악을 듣거나 텔레비전을 보고 싶다면 다른 사람이 방해받지 않도록 헤드폰이 필요할까? 누군가 밖에 나가야 한다면 모두 괜찮은지 확인하는 전화를 외출한 뒤 20분이 되기 전에 하기로 약속해두면 유용하다.

어떤 사람들은 타임아웃을 요청할 때 쓸 안전한 단어를 미리 정해두는 것을 선호한다. 타임아웃이라고 말하는 것도 좋다. 아니면 빨간 불이나 화를 삭일 우스운 단어들 역시 괜찮다.

아이들이 있다면 이럴 때 누가 아이들을 맡을 것인가? 어른들이 몸쓸 싸움을 하면 아이들은 불안해하면서 안도감을 갖기 원할 것이다. 그런데 당신이 아이들보다 자신의 요구에 집중하기 위해 자유롭고 싶을 때는, 아이들이 징징대거나 매달리는 듯 느껴질지도 모른다.

침묵의 타임아웃을 존중하기로 합의하라. 한 번 더 문제를 생각하려고 들면 아드레날린 분비를 다시 촉발하고 문제를 연장시킬 가능성이 있다.

타임아웃에 대한 계획을 세우려면 파트너와 이 문제로 이야기를 나눈 다음 연습할 기회를 찾아라. 조금이라도 성가신 문제에 대해 연습용 타임아웃을 외쳐보라.

평소 가장 익숙한 유형의 불편한 감정이 욱 솟구치는 게 느껴지고 짜증이나 황당함의 수준, 혹은 분노나 슬픔의 수준에서 트리거되고 있다는 생각이 들면 타임아웃을 요청한다. 강렬한 감정은 종종 매우 빠르게 나타나고 예측이 어렵기 마련이다. 감정이 밀려오기 시작할 때 바로 타임아웃을 외친다.

대화에서 빠져나와 합의한 장소로 간다. 마음을 진정시키고 다시 트리거되지 않을 거라 생각되는 모든 것을 한다. 몇 차례 심호흡으로 숨을 가다듬어야 한다는 사실을 잊지 않는다. 폐의 이산화탄소를 줄이면 아드레날린을 가라앉히는 데 도움이 된다. 우리는 마음을 집중하는 활동을 좋아한다. 우리 중 누구도 트리거를 느낄 때 묵상을 할 수 있을 정도의 행운은 없지만, 만일 가능하다면 당신은 묵상을 시도해보라. 지금 당장 마음을 비울 수 없다고 해서 포기하지는 마라. 이럴 때 우리는 소설이나 잡지, 인터넷 서핑, 혼자 하는 카드 놀이, 음악 또는 옛날 영화 등을 즐긴다. 다만 아드레날린을 더 많이 생성할 법한 것들은 피하라. 슈팅 게임, 온라인 논쟁, 폭력적인 가사로 된 음악 등은 조심하는 게 좋다. 격렬한 힙합 춤을 추며 분노를 털어내는 사람도 있고, 그걸 너무 자극적이라고 생각하는 사람들도 있다. 뭐가 효과적인지는 해보면 알게 될 것이다.

감정을 글로 적거나 그려보고 싶을 수도 있다. 예술적 수준은 상관없다. 이건 당신을 위한 것이다. 우리 중 한 명은 일기 쓰는 시간을 갖는다. 솔직히 정신 나간 듯한 심리적 투사로 시작해 끔찍한 비난으로 치닫는다. 그러다 점차 파트너와 다투는 문제에 관해 **비심판적** 태도에 기반한 조사로 발전해간다. 때로 그녀를 분노하게 하는 대상에 관한 새로운 통찰로 마무리되기도 한다.

15분 뒤, 자신을 확인해보라. 기분이 나아졌는가? 타임아웃은 처음에는 오래 걸린다. 그러다가 마침내 자신에게 적합한 방법을 알게 되고, 자신이 선택한 과정을 확신한다.

파트너와 재회할 준비가 되면 쉽고 편안한 일을 하라. 공원에 가서 산책하거나 좋아하는 음식을 사서 함께 요리하고, 화기애애하게 집에서 영화를 보라. 그리고 타임아웃 촉발에 관한 논의를 재개하기로 약속하라.

타임아웃 진행 과정은 우아하거나 멋지지 않다. 그럭저럭 해나갈 수 없을지도 모른다. 감정에 압도됐을 때, 그리고 최상의 상태가 아닐 때 타임아웃이 필요하다. 모두 인간이라는 점을 서로 이해할 준비를 하라. 자신을 용서할 태세를 갖추라. 조화와 이해에 대한 준비를 갖추고 다시 만날 때, 그 결과는 충분히 가치 있다.

나-전달법

좋은 의사소통은 특정 해결책의 장단점에 대한 논의보다 먼저 모두가 자신의 감정을 이야기하며 시작된다. 좋은 의사소통의 바탕은 우리 감정의 파악과 표현이다. 동의 여부를 떠나 나의 말을 파트너가 듣고 이해하려는 자세다. 감정은 의견이 아니라 사실이다. 사람들이 겪는 것에 관한 진실.

"나는 기분이…"로 문장을 시작하자. "너는 내 기분을 너무 나쁘게 만들어"와 "나는 기분이 너무 나빠"는 엄청나게 다르다. 나-메시지는 그저 감정을 표현할 뿐 그 안에 어떤 비난도 내포하지 않는다. 당신의 연인은 자신이 공격받는다고 느끼지 않으므로 방어적인 태도를 취하지 않을 것이다. 이때야 비로소 파트너는 당신의 이야기를 기탄없이 경청할 수 있다. 반대로 "너"로 시작하는 문장, 특히 "너는 항상"으로 시작하는 문장을 들을 때 당신의 파트너는 공격을 감지하고 방어적으로 대응할지 모른다.

"나는 기분이 feel"라는 말에는 슬프다, 화난다, 기쁘다, 성난다 같은 감정을 표현하는 말이나, 속이 울렁거리고, 긴장되고, 신경이 곤두서고, 몸이 떨리는 것과 같은 육체적인 감각을 표현하는 말이 뒤따라야 한다. "나는 …하다고 느낀다 feel that"는 말은 감정보다는 생각을 표현할 때가 더 많다. "나는 우리가 섹스를 너무 많이 즐겨서는 안 된다고 느껴" 또는 너-메시지를 뒤집어서 "나는 당신이 제정신이 아니라고 느껴"에서처럼 말이다. 우리는 '~당한다'는 말로 감정을 설명하려는 유혹을 자주 받는다. "나는 판단/공격/배신당하는 기분이었어"처럼 말이다. 이는 '너 메시지'인 "너는 나를 판단/공격/배신하고 있어"를 뒤집은 것과 같다.

우리는 대부분 다른 사람이 우리 기분을 설명할 때 화가 난다. 그 말이 옳고 그름을 떠나 다른 사람이 우리의 내적 진실을 말하려고 이것저것을 추측하는 건 경계를 침범한 일이다. 이렇게 부탁해보라.

"감정은 의견이 아니라, 사실이야. 사람들이 겪고 있는 것에 관한 진실이라고."

정중하게 질문하라. "지금 네 기분은 어때? 나는 네가 슬픈지 아닌지 알고 싶어."

울분을 풀기 위해 연인을 표적으로 삼아 비난의 화살을 쏘는 동안, 연인에게 가만히 있으라고 요구할 수는 없다. 그것은 학대에 동의해달라는 요구와 같으며, 상대는 당연히 저항해야 하는 일이다. 하지만 감정을 들어달라고 부탁할 수는 있다. 자기 문제를 잠시 접어두고 감정을 들어주는 것은 할 만한 일이기 때문이다. 나-메시지 사용법을 배우려면 현안을 말할 때 '너'라는 단어를 쓰지 않아야 한다. 다른 누구의 행위가 아니라 오직 당신 자신의 감정을 말하려고 해보라. 이 기술은 약간의 연습이 필요하지만 생각만큼 어렵지 않다.

당신이 연인의 감정을 들을 차례가 되면 자신을 듣기 모드로 맞춰라. 누군가가 내 말을 들어주고 긍정해주기를 바랐던 기분을 기억하라. 분석하거나 설명하려 하지 말고, 그저 듣기만 하라. 그러면 예전에 몰랐던 이야기를 듣고 놀라게 될지도 모른다. 다른 사람이 세상을 어떻게 보는지 알 수 있다. 그 사람의 감정에 고마워하게 될지도 모른다. 나아가 그 사람의 처지를 수긍하고 이해한다고 말할 수도 있을 것이다. 그러면 해결책이 좀 더 자유롭고 자연스레 흘러나올 것이다. 해결책에는 잘못된 것과 올바른 것이 없다. 우리 모두가 감각하는 방식에 적합한 합의가 있을 따름이다.

2인조 느낌

이 연습의 목적은 파트너가 들을 수 있는 방식으로 당신의 감정을 이야기하는 것, 그리고 당신이 파트너의 감정을 주의 깊게 경청하는 것이다. 각자 3분 동안 말한다. 그동안 다른 사람은 그저 듣는다. 방해 없이 30분 내지 45분을 보낼 수 있는 시간을 고른다. 누가 먼저 말하고 들을지 결정한 다음 3분 동안 타이머를 설정한다.

감정은 누군가가 들어주면 좋아한다. 그러므로 당신은 경청하는 동안 "좋아", "그래", "네 말을 듣고 있어", "무슨 말인지 알겠어" 같은 말을 하고 있는 셈이다.

위의 '나-메시지' 부분을 읽어보라. 우리는 사랑하는 사람들에게 감정의 상태를 들어달라고 요청할 수 있다는 사실을 기억하기를. 그게 누구든, 가만히 앉아서 책망과 비난의 표적이 되라고 부탁하는 것은 옳지 않다. 그러므로 이 연습에서 '너'로 시작하는 문장은 설 자리가 없다.

이 연습을 수행할 때, 두 사람 모두 서로의 눈을 계속 쳐다보도록 노력해야 한다. 이 연습을 질투를 논의하는 안전한 방식일 수도 있다. 그리고 특정한 감정적 상황을 다룰 때도 사용 가능하다. 다음은 활용할 수 있는 대본이다.

청자 : 질투에 대해서, 나에게 무슨 말을 하고 싶니?

화자: 내 안을 들여다보면, …가 있는데.(편안한 만큼만 말한다.)

청자(줄곧): 응. 듣고 있어. 좋아. 아하.(등등)

청자(화자가 말을 멈출 때): 그것에 관해서 더 이야기하고 싶은 게
있어?

화자(계속할 수도, 아니면 이렇게 말할 수도): 아니야. 이제 끝난 문제야.

청자: 고마워.

청자는 생각이나 제안 등 마음에 담아둬야 할 것들로 가득 차 있게
될 것이다. 이 몇 분 동안 자신의 생각은 제쳐두고, 듣기에만 집중
하는 게 무엇인지에 주의를 기울여라. 당신이 들은 내용에 대한 반
응이 잔뜩 생길 수 있다. 그러니 역할을 바꾸기 전에 잠깐의 대기
시간을 갖거나 짧게 다른 일을 하는 편이 좋다.

이것은 친밀한 대화다. 파트너가 자신의 내적 전쟁에 대해 이야기
할 만큼 용감하다는 사실에 감사를 표하라. 이때 포옹은 그 효과가
크다.

도움을 받자

꼭 혼자서 모든 것을 해낼 필요는 없다. 무수한 책, 강좌, 워크숍
및 다른 자원들을 이용할 수 있다. 의사소통을 배운 다음 소통할 시간
과 에너지를 따로 마련해두면 좋다.

커플 간 소통을 다루는 괜찮은 주말 워크숍이 많다. 주말에 커플
캠프를 제공하는 교회와 커플 간 의사소통과 분노 관리에 관해 강의
하는 의료 센터도 있다. 이 워크숍과 강좌들이 잡년생활을 중점적으
로 다루지 않는다 해도 참석할 만한 가치는 충분하다.

3부 과제 속으로 247

커플들이 의사소통과 친밀한 관계를 위한 워크숍에 참가하여, 바람직한 기법과 통찰력을 얻지 못하는 경우를 보지 못했다. 비모노가미 관계에서 생기는 문제 해결을 위해 따로 마련된 워크숍도 있다. 주저하지 말고 이런 워크숍에 참가하라. 심각한 문제를 탐구하고, 안전한 환경을 조성하기 위해 전문가들이 이 워크숍을 진행한다는 점을 잊지 마라. 살면서 문제가 생길 때 이런 워크숍에 다시 참가하는 커플이 많다.

지원 방법과 관련 아이디어 및 정보는 개인적으로 찾아볼 수도 있고 온라인 카페나 커뮤니티를 활용해도 된다. 이 방법은 19장을 참조하라.

약간 비싸기는 하지만, 커플 문제 상담을 받는 것도 훌륭한 선택지이다. 보통은 강좌와 워크숍 과정을 마친 사람들을 위한 2단계 대안으로, 개인 정보 보호 문제로 고민하지 않는 경우에만 추천한다.

그들이 당신의 열린 관계를 수용할지 말지에 대해 이 자원들을 미리 점검해보라. 일부 구닥다리 심리학자와 워크숍 및 캠프 지도자는 폴리아모리가 심리적 장애의 징후라고 믿는지도 모른다. 이런 적대적인 환경에서는 적절한 지지를 받는다는 느낌을 갖기 힘들다. 공감 능력을 가진 치료사나 그룹을 찾을 때는 친구의 도움을 받거나 인터넷 포털에서 '폴리아모리 상담사(당신의 거주지)'를 검색해보라. 최근에는 대부분의 치료사가 자신의 기술과 경험을 제시하며 치료 철학 정보를 제공하는 사이트를 운영한다. 그들이 비모노가미 관계 분야에 어떤 경험이 있는지를 이메일로 확인할 수도 있다.

최대한 빠른 시일 내에 이런 유형의 지원을 조사해보기를 강력히 권한다. 거의 모든 사람이 임시로 의사소통 기술 예행연습을 해볼 수 있다. 관계가 위기에 처한 다음에 이 작업을 한다면, 평소 이 기술들을 훈련한 것보다 훨씬 더 어려운 상황과 직면할 것이다.

시간은 나의 편

어떤 문화권에서는 한 사람이 말하고 나서 몇 분 지난 뒤에 대답하는 방식의 관례가 있다. 상대가 말한 내용을 생각하지 않는 것을 결례로 치부하기 때문이다. 즉각적인 대답은 화자의 말문이 닫히기를 기다리고 있었다는 뜻이며, 화자의 마음을 바꾸려고 시도하겠다는 의사의 표시로 간주된다. 진지한 대화에서는 대답하기 전에, 특히 화자에게 중요한 일일 경우는 일정한 시간을 가져보라고 권한다. 소통의 속도를 보다 신중하게 늦추면 새로운 내용을 듣게 되는 경우가 많다.

사람들은 의견 불일치가 즉각 해결돼야 하는 긴급한 일인 것처럼 호들갑을 떨며 접근하기 일쑤다. 그들은 상대가 어떤 것에 동의하지 않는다는 사실을 발견하면 몇 분 안에 해결책을 찾으려 애쓴다.

하지만 당신은 오랫동안 의견 차이를 겪어왔을 것이다. 그러니 또 한 번의 의견 차이가 있다고 해서 삶이 크게 달라질 리 만무하다. 따라서 아래 전략을 고려해보라. 먼저 불일치를 인정한 다음, 이 장에서 배운 원리를 사용해 자신의 감정을 진술할 기회를 주라. 그래서 새로이 알게 된 사실들을 소화하기 위한 이틀 정도의 시간을 가져본다.

다시 돌아와 불일치에 관해 토론할 때, 당신은 한결 차분해진 상태일 것이다. 내게 중요한 게 무엇인지를 보다 분명하게 이해한 상태로, 당신이 사랑하는 사람에게 무엇이 왜 중요한지를 제대로 알게 될 수도 있다. 모두를 만족시킬 수 있는 해결책을 협상할 수 있는 더 좋은 상태가 됐다는 사실을 알았으리라.

또는 이틀 후 정도가 되면, 합의에 도달하기 위한 대본 자체가 필요하지 않을 정도로 상황이 개선됐을지도 모른다. 감정 문제에서는 시간이 당신의 친구라는 사실을 기억하라.

글로 적어보기

우리의 감정은 너무나 복잡해서 사랑하는 이들과 얼굴을 마주하며 나누는 대화로는 해결 불가능한 것처럼 보인다. 이러한 상황에 부딪혔을 때 사려 깊은 편지를 활용하는 것도 좋다. 상대는 당신이 걱정하는 것들을 자신의 속도대로 받아들이고 처리할 수 있는 신중한 방식으로 전하고 싶을 수도 있다. 편지는 실제 대화를 완전히 대체하지 못해도 또 하나의 좋은 사전 정지작업이자, 논의를 시작하는 보다 안전한 방식이다.

다만 편지는 꼭 미리 생각할 시간을 가진 후에 보내야 한다. 서신의 단점은 의사소통의 미묘한 부분인 표정, 몸짓, 손길을 다 전달할 수 없다는 것이다. 반대로 장점은 신중하게 의사를 전달할 수 있고 또 반드시 그래야 한다는 점이다. 내용을 다시 점검하지도 않고 '보내기'를 클릭하거나 편지를 우체통에 넣는다면, 오직 단점만 취하는 것과 같다.

모든 감정과 고민을 다 적는, 결국은 보내지 않을 편지 쓰기부터 시작하라. 재닛은 이런 편지들을 이메일의 '임시보관함' 폴더에 보관해둔다. 도씨는 문서 작성 프로그램으로 편지를 쓴 다음 나중에 이메일에 옮겨 붙인다. 파트너의 반응을 신경 쓰지 말고 마음껏 자신을 표현하라. 그다음 파일을 닫고 다른 일을 하라. 이틀 뒤에 돌아와서 내용을 더하거나 빼라. 당신의 문제를 자신의 것으로 인식하는지, '나-메시지'를 사용하는지 확인하면서 쓴 내용을 점검하는 게 좋다. 저자들의 경우 보통 '이 개자식'으로 시작하는 문장을 삭제한다. 나중에 다시 읽는다. 친구가 당신의 고민을 이해하리라고 짐작될 때가 바로 편지를 보낼 시점이다.

블로그, 소셜미디어, 수십 명의 가까운 친구들과 함께 쓰는 개인 이메일이 이 사적인 서신을 연습할 장소가 아니라는 점을 상기시켜주지 않아도 되기를 바란다. 스스로 애써라. 혹시 도저히 혼자서 안 되겠다면, 당신이 하려는 말을 제대로 썼는지를 확인하기 위해 당신의 연인도 받아들이는 믿을 만한 친구 한 명 정도에게 보여줄 수는 있겠다.

> "당신이 고민을 자신의 것으로 기꺼이 인정할 때, 힘든 순간에 당신의 연인이 당신을 위로하고 안도감과 사랑을 줄 수 있다."

최근 도씨는 연인에게 그런 편지를 썼다. 몹시 화가 났던 금요일에 초안을 썼다. 바빴던 주말 사이사이 편지를 다시 검토할 수 있었다. 월요일이 됐다. 문제는 깔끔하게 해결되지 않았지만 그래도 편지는 보다 그럴듯하게 달라졌다. 그러자 도씨는 가까운 친구에게 전화를 걸어 편지에 대해 의논했다. 그리고 문제를 아주 쉽고 평화적으로 해결했다. 편지는 전송되지 않았다.

자신의 것임을 인정하기

당신이 고민을 자신의 것으로 기꺼이 인정할 때, 힘든 순간에 당신의 연인이 당신을 위로하고 안도감과 사랑을 줄 수 있다. 문제 처리에 대한 합의가 이뤄지지 않았을 때에도 사랑과 위로를 주고받을 수 있으니까. 우리는 모든 사람에게 안도감, 사랑, 포옹, 위안 같은 것들을 자유롭게 요구할 수 있기를 바란다. 우리가 성장한 대부분의 가정은 원하는 것을 요구하지 말라고 가르쳤고, 요구를 단지 관심을 바라는 행동으로 업신여겼다.

관심을 바라는 게 도대체 무슨 잘못일까? 거기 관심이 많지 않은가? 굶주림의 경제를 기억하고 자신을 속이지 마라. 찔끔찔끔 받는 위안, 관심, 지지, 안도감, 사랑에 만족할 필요는 없다. 당신은 원하는 만큼 다 가지게 된다. 당신은 친밀한 사람들과 많은 걸 공유하기로 결정할 수 있다. 그 과정에서 생각했던 것보다 더 많이 공유해야 한다는 사실도 알게 된다. 그러니 풍성함에 초점을 맞추라. 삶의 좋은 것들—따뜻함과 애정과 섹스와 사랑—속에서 관계 생태학을 풍요롭게 창조하라.

17 합의

Making Agreements

가벼운 친분 관계에서부터 평생의 모노가미까지, 대부분의 성공한 관계는 특정 행동에 관한 암묵적 합의를 전제로 한다. 당신은 우체부에게 키스하지 않는다. 어머니에게 팁을 주지도 않을 것이다. 이런 것은 삶의 초기 단계에 부모, 친구, 문화에서 배우는 무언의 규칙이다. 이 규칙들을 어기는 사람은 별종이고 때로는 미친 사람으로 간주되기 십상이다. 관계에 관한 사회적 합의 배후의 가치와 판단이 뿌리 깊게 박혀 있기 때문이다. 그래서 우리가 실제로 어떤 합의를 하지 않았다는 사실을 알아차리지조차 못한다.

이웃이나 직장 동료와의 관계처럼 일상적인 사이라면 사회에 내재된 암묵인 합의에 기대도 괜찮을 것이다. 하지만 윤리적인 잡년생활처럼 복잡하고 전례 없는 일을 시도할 때는, 그 무엇도 당연시하지 않는 태도가 매우 중요하다. 그러니 당신 삶에 들어와 있는 사람들과 합의에 관해 이야기하고, 당신의 요구에 맞고 모두의 경계를 인정하는 조건과 환경과 행동수칙을 협상하라.

당신은 사람들이 관계의 규칙에 대해 하는 이야기를 자주 들을 것이다. 그런데 '규칙'은 모종의 경직성을 내포한다. 이 경직성은 관계를 이어가는 데는 올바른 방법과 잘못된 방법이 있고, 후자를 선택하면 일종의 벌칙이 있다는 의미다. 우리는 사람들이 서로 사귈 때는 다양한 선택지가 있다고 믿는다. 그래서 상호 동의와 의식적 결정을 설명하고, 개성과 성장 및 변화를 수용할 때는 **합의**라는 유연한 단어를 더 선호한다. 이 합의는 때때로 약간은 흐릿하다. 특히 규칙의 경직성에 익숙한 사람에게는 더 그렇다. 약간의 흐릿함은 괜찮다. 합의는 훗날 더 선명해질 수도 있고 아닐 수도 있다. 어느 쪽이든 충분히 명확할 것이다.

합의가 필요한 순간을 어떻게 알 수 있는가? 감정에 귀 기울이면 알 수 있다. 어떤 일이 터진 후 기분이 상하거나 화가 나거나 보이지 않는 느낌이 들거나 아니면 그 어떤 느낌이라도 생긴다면, 그 지점이 바로 연인과 합의할 필요가 있는 영역이다. 우리는 관계에서 발생할 수 있는 모든 상황을 예측하고 그 상황을 다루는 규칙을 세울 수 있다는 생각을 당장 내려놓으라고 제안한다. 완벽하게 좋은 합의는 어느 정도의 시간이 지난 후 깨닫게 되는 예리한 통찰력에 기대 이루어지는 경우가 많다. 문제가 발생한다. 누구의 잘못인지 논쟁하는 대신, 문제의 재발을 막고 문제가 재발했을 때 대처하기 위해 합의로 뛰어든다.

우리의 친구 로리와 크리스는 많은 연습을 통하여 무척 유연한 합의자가 되었다. 아래는 그들의 이야기다:

우리는 르네상스 페어Renaissance Faire에서 만나자마자 바로 빠져들었다. 결혼생활로 직행할 준비는 되지 않았지만, 만난 지 약 5개월 만에 손을 굳게 잡고 언약했다(켈트족의 고대 낭만적 서약 의식이다).

우리의 언약은, 1년 하고 하루가 지나도 여전히 서로 같이 있고 싶다면 결혼한다는 합의를 담고 있었다. 그리고 우리는 그렇게 했다.

둘이서 언약하기로 했을 때, 크리스는 합의사항 한 가지를 제안했다. 페어Faire 에서만은 다른 사람과 성적으로 자유롭게 교류할 수 있다는 내용이었다. 로리는 그의 욕망에 충격받고 불안해했다. 그래서 결혼하고 맞는 첫 여름의 페어 때까지 그 결정을 미루기로 했다.

결혼생활 첫 해 동안에는 이 합의사항은 페어에만 국한되었으나, 이후에 우리는 주말 워크숍으로도 확장했다. 그중 한 군데에서 로리는 어떤 남자를 만나 꽤 진지한 관계를 맺었는데, 우리가 처음 겪는 지속적인 혼외 관계였다. 상황은 빠르게 진척되어, 로리는 새 연인과 시간을 많이 보냈고, 크리스는 이 상황이 그다지 마음에 들지 않았다. 그는 로리와 보내는 시간이 부족하다고 느꼈다.

그래서 우리는 협상을 다시 했다. 한 달에 두 번씩 다른 파트너와 외박할 수 있다고 결정한 것이다. 우리에게 한 달 두 번의 외박은 즐기기에 넉넉한 빈도이면서도 프라이머리 관계를 위협할 정도는 아니라고 판단했다. 가끔 사정이 생길 때 한두 번 타협하기는 했지만 이 합의는 꽤 잘 지켜지고 있다.

우리는 여전히 가끔 생기는 삐걱거림을 해결하는 중이다. 그 무엇보다도 우리는 부모가 되고 싶다. 아이가 우리 관계에 어떤 영향을 미칠지는 알 수 없다. 하지만 언제나 그렇듯 우리의 합의사항은 감내할 만하다. 합의는 우리가 겁에 질려 관계에서 도망치지 못하도록 지켜주는 안전판의 역할을 수행했다!

이 인터뷰를 한 지 20년이 흘렀다. 로리와 크리스의 아이들은 어느 덧 10대 청소년으로 자랐다. 두 사람은 여전히 함께하며 행복한 잡년 생활을 영위하는 중이다.

동의

바람직한 합의는 무엇으로 구성되는가? 합의에서 가장 중요한 측면은 **동의**인데, 관련자 모두의 즐거움과 행복을 위한 능동적인 협력이라고 할 수 있다. 폴리아모리의 경우에는, 다른 파트너들, 자녀, 그리고 우리의 합의가 그 삶에 영향을 끼치는 사람들과 같은 간접적 관련자들의 감정을 고려하고 필요하면 동의를 얻어야 한다는 의미다.

"관련자 모두의 즐거움과 행복을 위한 능동적인 협력"

다만 모든 우발적 상황을 해결하고 아무 오해도 없는 명료한 합의 사항 목록을 만들 방법은 없다는 점을 상기시키고 싶다. 곤란한 상황이 생기면 원인 파악에 가급적 시간을 적게 들이기를 권한다. 대신 다음 할 일을 파악하는 데 에너지를 투자하라.

때로 동의의 정의는 애매하다. 누군가의 압박으로 이뤄지는 동의는 '능동적인 협력'이라는 기준에 맞지 않다. 또한 당신은 모르는 것에 동의할 수 없다. "글쎄, 방금 만난 이 승무원과 2주 동안 보이시Boise로 여행 가면 '안 된다는' 말은 한 적 없잖아" 같은 이야기는 동의에 해당하지 않는다.

능동적 동의를 얻으려면 관련자 전원이 자신의 감정을 정확히 파악하고, 그것을 소통해야 한다는 책임감을 인식하고 있어야 한다. 항상 쉽지만은 않다. 감정은 표면으로 끌려 올라와 검사받기 싫어할 때도 있다. 그러면 당신은 그저 기분이 나쁘다는 사실만 알 수 있을지 모른다. 15장에 나온 질투를 다루는 전략을 사용하면서 감정을 알 수 있도록 스스로를 지지하고 시간을 주라. 문제를 정의할 때 도움이 필요하면 주변에 도움을 요청해도 된다. 다자 관계를 이해하는 파트너나 친구에게 이야기를 들어달라고 부탁하면 될 것이다. 신체적 또는 언어적 안도감은 큰 차이를 만들어내기 일쑤다. 현명한 친구나 치료사가 복잡한 감정의 실마리를 푸는 데 도움이 되는 정확한 질문을 던지기도 한다. 일단 자신의 감정을 듣게 되면, 당신은 보다 쉽게 자신의 요구와 욕망에 도달하고 이를 공유할 수 있다. 그러면 한결 쉽게 요구와 욕망의 충족에 도움이 되는 합의를 도출하게 된다.

우리 중 많은 사람은 원하는 것을 요구할 때 일단의 지지가 필요하다. 요구 사항을 밝힌다고 해서 불리해지지 않으리라는 확신을 줘야 한다. 감정적 한계선 언저리에 서 있는 사람은 매우 취약해지기 마련이다. 그러므로 한계선의 실효성을 인식하는 일이 중요하다. "나는 사랑받는다는 느낌이 필요하다." "너에게 내가 중요하다는 실감이 절실하다." "당신이 나를 매력적으로 생각한다는 사실을 알고 싶다." "당신이 상처받은 내 말을 들어주고 신경 써주기를 바란다."

탓하기, 조종하기, 들볶기, 도덕적으로 비난하기. 이런 것들은 합의 도출 과정과는 무관하다. 제대로 된 합의에는 서로의 관심사와 감정을, 열린 마음과 편견 없이 경청하겠다는 관련자 모두의 약속이 포함돼야 한다. 파트너가 드러낸 약점을 당신이 논쟁에서 '이기기' 위한 탄약으로 이용하려면, 당신은 아직 만족스러운 합의를 진행할 준비가 되지 않은 것이다.

고지식한 딴지걸기는 좋은 합의의 또 다른 적이다. 어떤 커플은 다른 사람과 섹스를 할 때는 24시간 이내에 알려주기로 합의했다. 그들 중 한 명이 다른 도시에서 파트너에게 전화를 걸어 전날 밤에 섹스한 사실을 알렸다. 전화를 받은 그녀는 "24시간 전에 알려주겠다고 했잖아!"라고 화내며 소리쳤다. 그러자 그는 "나는 24시간 전이라고 말한 적 없어."라며 맞받아쳤다. 이렇게 허술한 구멍을 찾아내는 고지식한 행동은 합의의 효과를 전혀 실감하지 못하게 만들었다. 여기서 교훈은, 합의는 명확하고 구체적이어야 한다는 것이다. 무엇보다 신념을 갖고 협상에 임하라. 단순한 바람의 문제가 아니다.

합의는 현실적이고 명료하게 정해야 한다. 상대가 합의를 지키고 있는지 확신할 수 없다면 합의를 조정해야 할 때일지도 모른다. 가령 관심이 '많이' 가는 이들과 절대 섹스하지 말라는 규정은 비현실적이다. '많이'를 규정할 방법도 없을뿐더러 잡년 유토피아를, 관심 없는 사람들과만 섹스할 수 있는 세상으로 이해하는 이들도 거의 없다. 그 누구도 이런 식으로 또는 저런 식으로만 느껴야 한다는 규정에 동의하지 않는다. 합의에는 그게 무엇이든지 간에 실제 감정을 위한 공간이 필요하다. 보다 구체적인 합의라면 외부 데이트를 한 달에 한 번으로 제한하는 것 정도일 것이다. 이러면 모두의 목적을 달성할지도 모른다.

"합의가 똑같을 필요는 없다. 사람은 다 다르고 고유하다."

합의가 똑같을 필요는 없다. 사람은 다 다르고 고유하다. 내게는 자극의 버튼 같은 일이 상대에게는 아무 문제 없는 일일 수도 있다. 가령 한 파트너가 다른 파트너가 애인과 무엇을 하는지 생생하고 세세하게 들으려 한다. 그런데 상대는 파트너의 외부 만남에 대해 반드시 알아야 할 몇 가지 사항

빼고는 더 원하는 게 없다. 또는 어떤 사람은 파트너가 외박하지 않는 것을 굉장히 중요하게 생각한다. 그런데 상대 파트너는 가끔 야심한 시각까지 혼자 영화를 보며 침대에서 크래커를 먹는 순간을 즐길지도 모른다.

친구 하나가 이렇게 말했다:

> 빌과 나는 관계에서 원하는 바가 참 달라요. 나는 모노가미의 필요를 못 느끼거든요. 그냥 좋아하는 사람들과 섹스하는 건 좋지만, 마음을 담은 연애는 그렇지 않아요. 반면에 빌의 성적 접촉은 좀 달라요. 파티에서처럼 가볍지도 않고 또 깊거나 장기적이지도 않아요. 그래서 우리는 둘의 스타일에 맞는 합의를 만들었어요. 나는 친구 같은 파트너, 빌은 장기간의 세컨더리 관계로요.

열린 관계를 위해 합의할 때, 대부분의 사람들은 파트너가 하지 말아야 할 일들을 나열하기 마련이다. 입에 키스하지 말라, 나보다 더 잘해주지 말라 등등. '~하지 말지어다' 같은 계명은 필요하다. 예를 들어 친척, 이웃 및 동료와의 성적 접촉 문제는 반드시 사전 합의를 해야 한다.

그러나 부정적인 합의는 대개 파트너의 상처와 질투를 예방하려는 내용인 경우가 많다. 물론 이 내용들이 관계의 중간 단계로 자리 잡는다고 해도, 우리는 이런 방식을 지지자하지는 않는다. 오히려 우리는 정서적 고통으로부터 파트너를 보호하는 최선의 합의는 제한 같은 게 아니라 다음과 같은 긍정적인 유형이라고 생각한다. 다음 주말에 특별한 데이트를 하자. 당신이 속상하면 나는 당신의 이야기를 들어줄 시간을 내겠다. 당신을 얼마나 사랑하는지 몇 번이고 속삭이겠다.

열린 관계에서 감정적 안정감은 모두를 보호하는 듯하다. 하지만 파트너 모두가 안정감을 느낄 때 도움을 줄 합의사항을 만드는 것은 역시 혼란스러운 일이다. 질투라는 습관을 소거하는 과정에서 우리는 모두 언젠가 파트너에게 몇 가지 위험과 고통스러운 감정의 수용을 부탁할 것이다. 그리고 진정한 자유연애라는 감정적인 자전거를 타는 법을 배우기 위해 몇 번 넘어져 달라고 요청할지도 모른다.

·연습·

윈윈 해결법의 8단계

1. 시간을 내어 분노에 숨통을 틔워준다.
2. 해결할 문제점 한 가지를 고른다.
3. 대화할 약속을 잡는다.
4. 각자 3분씩 자신의 기분을 이야기한다. 그동안 파트너는 듣는다. 힌트: '나-전달법'을 사용하고 '너-메시지'를 피한다. 또한 각자의 진술 사이에 시간을 갖고 약간 다른 활동으로 변화를 준다. 이렇게 파트너의 이야기에 따른 즉각적 반응에서 벗어나 대화에 다시 집중하여 자신의 문제에 관해 제대로 이야기한다. 최선을 다해 그 사안에 대한 자신의 감정을 말해본다.
5. 브레인 스토밍을 한다. 가능한 모든 해결책의 목록을 만든다. 어처구니없는 것까지도.
6. 목록을 편집한다. 어느 한쪽이 감수하기 힘들다고 말하는 항목은 줄을 그어 지운다.

7. 특정 기간(2~4주 정도)에 시도 가능한 해결책을 선택한다.

8. 기간이 마감되면 총평한다.

감정적 한계선을 존중하는 합의에 이르는 방법 한 가지는, 조금이라도 더 안정감을 준다면 뭐든지 요구하는 것이다. 예를 들어 안도감, 칭찬, 애정, 데이트하고 집에 올 때의 특별한 의식 등이다. 이런 과정이 효과가 있고 조금 더 안정감을 느끼게 되면, 한발 더 나아가라. 그러면 이 탐험의 범위를 더 확장해도 될 만큼 충분히 안전하다고 느끼게 된다. 자유를 향해 한걸음씩 내딛다 보면 끝내 거기에 다다를 것이다. 안도감에 관한 한 가지 사실은, 일단 파트너들, 나아가 그들의 파트너들이 내 감정 문제를 기꺼이 돕는다는 점을 알게 되면, 이 작업이 더 편안해지는 동시에 보호받을 필요는 덜 느끼게 된다는 점이다.

합의의 목적은 모두가 승자가 되는 방법 찾기라는 점을 명심하자.

차이가 있어도 좋다

당신과 애인은 둘의 관계에 다른 기대를 갖고 있을지도 모른다. 한 사람은 술한 기분 전환용 섹스나 하룻밤 만남 또는 파티 플레이 관계로 여기는데 다른 한 사람은 프라이머리 관계나 특별한 세컨더리 관계를 갈망할 수도 있다. 어떤 사람들은 연인들과 연인들의 연인들로 구성된 대가족이 만들어지는 관계를 즐기지만, 다른 사람들은 서너 명으로만 구성되는 그룹 결혼을 바란다.

하지만 차이를 협상하는 일은 가능하다. 날마다 성공적으로 이루어지는 일이다. 그렇다면 한 사람이 BDSM이나 탄트라 또는 난교를 원하고, 다른 사람은 석양 무렵의 해변 산책을 원한다면? 당신이 다른 욕망 때문에 보다 수용적인 누군가에게 관계의 공간을 허락했다면, 무엇이든 가능하다. 합의는 서로 다른 욕망과 다른 감정 때문에 비대칭적일 수 있다. 서로 각기 다른 종류의 안도감이 필요한 경우도 많다. 관계를 중시하는 유형은 자신을 촌스럽게 여길 수 있고, 파티광은 장기 연애 선호형에게 재단당하거나 위협받는다고 느낄 수 있다. 저마다 자신의 감정의 타당성을 확인받아야 한다. 나아가 보살핌까지도.

합의의 예

다른 사람들은 어떤 종류의 관계 합의를 만드는지 궁금하여 지인들에게 물어보았다. 잡년으로 성공한 이들이 알려준 합의사항의 목록 일부를 소개한다.

합의사항의 종류가 얼마나 다양한지 눈여겨보시라. 성적인 것도 있고 관계 지향적인 것도 있다. '할지어다'도 있고 '하지 말지어다'도 있으며, 논리적인 것도 있고 감상적인 것도 포함된다. 우리가 이것들을 권장하고 있는 것은 아니라는 점, 또한 그 일부는 상호 배타적이라는 점도 유의하기 바란다. 필수 항목이라는 말이 아니라, 토론을 시작하는 도구로 제시했다. 다만, 성적 건강과 더 안전한 섹스에 관해서는 반드시 합의**해야** 한다.

- 파트너 중 한 명이 여행할 때를 제외하고는 항상 함께 밤을 보낸다.
- 주말에 파트너 모두의 아이들을 교대로 돌본다.

- 우리 중 누구도 다른 사람과 '특정 성적 행동을' 하지 않는다.
- 우리는 항상 잠재적인 다른 파트너에 대해서는 사전 통보한다.
- 다른 파트너에 관해 나에게/우리에게 이야기하지 않는다.
- 다른 파트너와 한 모든 것들을 나에게/우리에게 말한다.
- 다른 파트너는 '특정 젠더'여야 한다.
- 새로운 파트너들과 관련한 모든 사람과 만난다.
- 커플/그룹 이외에는 그룹 섹스/파티 섹스/익명 섹스/약속된 섹스… 만 가능하다.
- 새 파트너와 만난 후에는 안전 여부를 확인한다.
- 아기 돌보미 비용을 갹출한다.
- 나/우리를 위해 뜨거운 성적 에너지를 남겨둔다.
- 우리의 침대/집에서 다른 파트너와 섹스하지 않는다.
- 다른 파트너와의 통화 및 인터넷 채팅 시간에 대해 제한을 설정한다.
- 우리는 함께 보내는 소중한 시간을 만들기로 한다.
- 우리 관계를 상징하는 반지를 빼지 않는다.
- 섹스하기에 너무 가까운 사람에 관해서는 반드시 사전 합의가 필요하다: 이웃, 직장 동료, 친한 친구, 옛 연인, 주치의, 파트너의 치료사? 등등
- 우리는 한 시간 동안 껴안고 재접속하는 시간을 보낸다.

예측 가능성

우리의 경험에 비추어보면, 대부분의 사람들은 열린 관계가 주는 스트레스에 대처할 때 특정 종류의 예측 가능성을 필요로 한다. 언제 시작하고 끝날지를 알면 초조해지는 상태를 조처하기가 더 쉽다. 그 시간 동안 친구와 함께 뭔가 도움이 될 만한 일, 영화 관람, 부모님댁 방문 등을 계획할 수 있다. 애인이 나가 있는 동안 해야 할 일만 처리하면 된다고 되뇌인다. 그러고 있으면 애인은 돌아온다. 어쩌면 재회 기념 이벤트를 계획할 수 있을지도 모른다.

대부분의 사람들은 뜻밖의 일에 대처하기 어려워한다. 지뢰가 폭발하는 것처럼 느낀다. 놀러 가는 모든 파티에서나 그냥 커피 한잔 마시러 간다고 생각했던 카페에서, 파트너가 언제나 누구를 집에 데려올지도 모른다는 가능성을 염두에 두면서 마음 편하게 지낼 수 있는 사람은 아주 드물 것이다. 어떤 장소와 시간도 신뢰하지 못한다. 우리 지인의 파트너 중 한 명은 처음 질투에 대처하고 분투하던 시기, 배우자와 떨어져서 전국을 오가며 일하고 있었다. 그들은 파트너가 언제 다른 누구와 놀 것인지 미리 알려주기로 합의했다. 그의 말마따나 '언제 파트너가 다른 누군가와 외출하는지 알고 있으면, 그들이 놀지 않는 시간대도 알 수 있기 때문이다. 그러면 나는 대부분의 시간을 마음 편하게 보낼 수 있'다.

이런 계획들이 삶의 자연스러움을 너무 앗아가는 듯 느껴진다면, 하룻밤 또는 월 1회 주말을 열린 시즌으로 선언하는 방식을 생각해보라. 그러면 당신은 파트너가 크루징할 때 함께 갈지 혹은 이번에는 빠지고 조용한 환경에서 시간을 보낼지 등을 결정할 수 있다. 예측하지 않기로 한 특정 시간대의 합의는 결국 예측 가능한 합의와 같다.

감정적 대가

합의사항을 만들 때는 관련자 개개인이 치르게 될 감정적 대가를 고려한다. 당신과 파트너들이 탐험을 시작하면서 맞닥뜨릴 감정들에 관해서는 앞서 이야기한 바 있다. 여기서 치르게 될 대가란 힘겹고 고통스러울 수 있는 감정을 감수하는 일을 말한다. 각자의 '감정적 대가'에 관해 대화하여 합의 도출을 가로막는 것이 무엇인지 명료하게 한다. 특정한 현안이 있을 때 그냥 이런 대화를 하기로 하는 것도 한 가지 합의가 될 수 있다. 감정이란 들어주기만 해도 만족되는 경우가 많기 때문이다.

당신이 어떤 합의를 심사숙고 중이더라도 감정적인 대가가 거의 없거나 아예 없다는 생각이 든다면, 어쩌면 조금 더 도전해 볼 때일지 모른다.(아니면 당신의 파트너들이 다른 누군가와 어떤 종류의 관계를 맺고 있어도 전혀 감정적으로 어려움을 겪지 않는, 그저 재능이 대단한 잡년일지도 모르며, 당신이 쓴 책을 읽을 수 있기를 고대하고 있는 경우다.) 반면에, 감정적 대가가 너무 커 보이는 나머지, 당신이 앞으로 삶을 꾸려가면서 동시에 그것을 감당해낼 수 있다는 생각이 들지 않으면, 이번에는 당신의 능력을 과대 평가했을지도 모른다. 그렇다면 약간 더 쉽게 느껴지는 합의사항을 협상할 것을 고려해보라.

거부권

닫힌 관계를 맺는 사람들이 그 관계를 새로운 파트너에게 개방하는 결정을 내릴 때 '거부권' 행사라는 조치를 취하는 경우가 많다. 현재의 파트너는, 파트너가 관계 바깥에서 성적 연결이나 로맨틱한 연결을 맺는 것을 '거부'할 수 있는 권리가 있다.

거부권을 남용하여 모든 사람을 거부함으로써 파트너가 누구와도 섹스하지 못하게 하는 방법은 귀가 솔깃해지는 전략이다. 질투하는 습관을 버리기 전이라면 모든 외부 관계가 위협적으로 보이기 때문이다. 하지만 이는 잡년의 기본 윤리가 아니다. 때로는 힘을 추슬러서 두려움을 마주하고 실천함으로써 질투하는 습관에서 벗어나야 한다. 그리고 때로는, 해보면 생각보다 쉽고, 생각보다 당신은 더 강하며 자신과 사랑에 대한 확신이 더 크다는 사실을 알게 된다.

그럼에도, 열린 관계라는 구조에 첫 발을 내디딜 때 거부권의 존재가 안도감을 주는 것은 사실이다. 하지만 그 안도감이 실제로 무슨 의미인지를 생각해보았으면 한다.

거부권을 다른 말로 하면 '당신이 파트너로 소개하는 사람에게 내가 불편함을 느낀다면, 나는 그런 심정을 이야기할 수 있고, 그러면 당신은 그 관계를 단념할 것이다'이다. 그런데 거부되었음에도 불구하고 파트너가 그 사람과의 관계를 밀고 나가기로 한다면 어떻게 될까? 거부권을 행사한 사람에게는 두 가지 선택이 있지 않을까? 혹 받아들이고 계속 앞으로 나아가거나 (대개는 매우 고통스러운 갈등을 겪은 후에) 관계를 끝내고 돌아서서 가거나.

이는 놀랍게도(!) 상호 합의에 의한 것이든 아니든 간에, 외부 파트너가 관계 안으로 들어올 때 모두가 직면하는 선택과 정확히 똑같다. 사실 이것은 모든 종류의 관계 갈등이 발생할 때 당면하는 기본적인 선택이다. 옆에 머무는 힘든 노력을 하느냐, 아니면 (다르긴 해도) 똑같이 힘들게 떠나는 작업을 하느냐에 대한 결정. 그러니 당신에게 이미 없는 거부권이 실제로 당신에게 주는 것은 무엇인가?

거부권 행사에 동의하는 것이 당신이 맺는 관계를 개방하는 초기 동안에 당신에게 안정감을 높여준다면, 그것은 괜찮은 일이다. 그러나 당신이 공식 거부권을 포기하고 외부 파트너를 받아들이는 좀 더 유동적인 과정을 향해 나아가기로 결정한다면, 당신의 관계가 실제로 작동하는 방식에서 차이가 크지 않음을 눈치챌 것이다. 물론, 실제로 더 잘 작동하는 경우가 아니라면.

합의가 어려울 때

분명 당신의 삶에는 합의에 도달할 필요를 느끼지 못하는 안건도 적잖을 것이다. 아침형 인간과 결혼한 저녁형 인간처럼, 누구나 항상 관계상 차이점을 극복하며 살아간다. 그러나 합의가 완전하지 못할 경우, 성적 관계라는 적나라한 장에서는 약간 불편할 수 있다. 특히 성적인 문제로 감정이 고조되면, 자신의 방식만 옳고 다른 방식은 다 잘못됐다고 생각하기 마련이다.

차이점을 도덕 논쟁으로 전환시키려는 함정을 피하는 방법 하나는 소유권을 주의 깊게 살피는 것이다. 의견 불일치에서 누가 무엇을 자기 의견으로 가지는가? 이 특별한 선택에 대한 A의 투자는 무엇이고 이에 대해 B는 어떻게 다르다고 느끼는지, 합의에 이르지 못할 때 어떤 두려운 일이 생기는가? 당신이 하고 싶은 바를 생각하기 전에, 각자 무엇을 어떻게 느끼는지 명확하게 이해하려고 노력하라.

지금껏 만난 모든 사람들과 항상 차이점과 불일치가 있었고, 그 차이점과 불일치를 껴안고 살아왔다는 사실을 기억하면 좋다. 한 사람과 성적인 차이를 발견했다고 하자. 그 차이는 갑자기 생겨난 게 아니라 원래부터 있었다. 특정한 합의가 없었을 때도 그 사람과 잘 지내왔다는 사실을 잊지 마라. 이만큼 오는 데 성공했다면, 합의가 없어도 조금 더 지낼 수 있다. 시간을 당신의 친구로 삼아라. 차이점 때문에 힘들 때는, 의견을 다르게 놀아가는 감정을 철저히 탐구하길 바란다. 그리고 이를 탐구하는 동안 보람찬 삶을 살아보라. 당신은 동의하지 않기로 동의할 수 있다. 완전한 동의의 '예'와 완전한 비동의의 '아니요' 사이에는 '아직 동의하지 않음', '용납할 수 있는 불일치' 또는 심지어 '무슨 상관?'이라는 넓은 회색 지대가 존재한다. 결국 합의를 이룰 수 있을 순간이 오기도 하고 그러지 못할 때도 있으리라.

하지만 가끔은 합의 불가능한 지대에 닿는다. 많은 이들에게는 비모노가미라는 사안 자체가 그 불가능한 지대 중 하나일 수 있다. 가령 출산은 빈번한 논쟁을 부르는 또 하나의 요점이다. 이럴 때 가능하면 자격을 갖춘 치료사의 도움을 받아 유연하게 타협점을 찾아보라고 권한다.

그런데도 불구하고 도저히 합의에 도달할 수 없다면, 합의에 이르려고 노력할 때 비난하지 않기, 심판하지 않기, 조종하지 않기를 연습하며 익힌 기술이 매우 유용할 것이다. 차이가 조정되지 않는 관계를 변화시키거나 혹은 끝내려고 할 때 말이다.

어떤 사람들은 관계를 끝내기로 동의한 후 이별의 스트레스가 잦아들었을 때, 바로 그 사람과 새로운 종류의 관계를 맺기로 합의하는 것이 가능하다는 사실을 발견한다. 다른 어떤 사람들은 그렇게 안 된다. 어느 쪽이든 상관없다. 불일치와 합의에 대해 기탄없이 열린 마음으로 논의하면 보다 분명하면서 스트레스를 덜 받는 결과로 이어질 것이다.

합의에 도달하기

그렇다면 모두에게 효과적인 합의사항을 어떻게 만들 수 있을까? 좋은 시작점은 당신의 목표를 규정하는 것이다. 목표와 합의는 다르다. 목표는 달성하려고 애쓰는 것이며, 합의는 거기까지 가려고 할 때 사용하는 수단이다. 예를 들어보자. 여러분의 목표가 누구도 이용당하는 느낌을 받지 않게 하는 것이라면, 이 합의는 누군가의 개인적 시간과 공간 및 소지품까지도 침해하지 않는다는 확실한 보장일 것이다. 그러므로 먼저 합의 관련자 각각에게 침해로 인지되는 것을 명확하게 파악하고, 그 내용을 당신의 지침으로 사용하라.

문제에 걸려 넘어질 때마다 당신은 목표를 발견할 것이다. "어젯밤에 당신과 샘이 우리 침실에서 함께할 때, 나는 발이 얼어붙었는데도 침실 슬리퍼를 가지러 들어갈 수 없었어." 목표는 문제의 재발 방지다. 이때 어떤 종류의 합의가 도움이 될 수 있는가? 이 질문에 답하려면 실제 문제가 무엇인지 솔직하게 (그리고 까다롭게) 살펴봐야 한다. 발이 차다는 게 문제인가? 아니면 당신이 자신의 침실에서 쫓겨나 분한 것인가? 혹은 소외감 때문인가?

당신의 문제와 목표를 규정했다면 다음 단계는 좋은 합의사항을 파악하는 것이다. 일단 시범용 합의를 맺는다. 갓 태어난 이 합의에 시범 기간(주말, 일주일, 한 달, 한 해)을 두고 관련자 모두의 반응을 타진하는 게 적절하다. 기간이 끝나면 모여 앉아서 합의 효과와 지속, 수정 혹은 백지화 등을 두고 상의한다.

우리 경험에 비추어보면 변화 없이 평생 이어지는 경우는 드물다. 인간은 변화한다. 합의 역시 마찬가지다. 누군가가 합의에 더는 동의하지 않을 때가 바로 합의 변경이 필요한 시점이다. 재닛과 그녀의 파트너 중 한 명은 다른 사람들과 섹스해도 되지만 그 누구와도 사랑에 빠지면 안 된다는 합의로 관계를 시작했다. 그러다가 그들 중 한 명이 사랑에 빠졌다(시간이 얼마간 지나고 나서 재닛은 이 합의가 매우 어리석었다고 인정했다. 사랑에 빠지지 않기로 결정할 수 있다니!). 그녀는 다음처럼 그 시기를 회상한다:

하루에 한두 번씩 '확인 연락'을 하던 시기가 있었다. 우리 중 누구도 예상치 못한 상황이었다. 우리는 순간에 머무르고 손에 잡히는 것들과 함께하는 게 매우 중요하다는 사실을 알게 됐다. 그래, 내가 다른 지방에 가 있는 동안 그녀가 외박해도 괜찮다. 아니, 당신은 우리 둘 다 같은 파티에 가는 것이 옳지 않다고 느낀다. 우리는 이 경험과 이후에 겪은 비슷한 상황을 통해 '사랑에 빠지다'라는 말이 우리 둘 다를 공포 비슷한 감정에 빠트렸다는 사실을 발견했다. 우리에게는 시간, 행동, 공간처럼 측정 가능한 요소를 고민하며 만든 합의가 더 효과적이었다.

합의 시범 기간에 일부 합의사항이 작동하지 않을 수 있고, 그 경우 해당 사항은 변경할 필요가 있다고 예상하라. 이 연습을 통해 조금씩 더 나아질 것이다. 조만간 당신과 파트너의 요구 사항을 정확히 파악하게 돼 합의사항 협상은 보다 수월해지리라. 그러나 배우는 기간 동안에는 성에 차지 않을 수 있다.

논의가 시작될 때 일부 항목을 두고 토론이 과열될 수 있다. 분노는 당신이 중요시하는 것을 알려주는 감정임을 기억하라. 이 어려운 시기에 건설적인 점은 파트너와 당신 자신을 알아가는 것이다.

당신의 잡년성을 구조화하는 좋은 방법이 많다는 사실을 기억하라. 구조가 당신을 어려운 감정에서 안전하게 만들지는 않는다. 자신을 돌보는 능력이 중요하다. 따라서 어떤 구조를 선택하든, 틀을 아주 느슨하게 잡아라. 누가 당신을 돌볼 것인가라는 질문에 대한 답은 합의에 해당하지 않는다. 그것은 오로지 당신이다.

> "누가 당신을 돌볼 것인가라는 질문에 대한 답은 합의에 해당하지 않는다. 그것은 오로지 당신이다."

실망하지 마라. 무사태평해 보이는 성공한 잡년 모두, 사실은 자신들의 합의사항을 두고 치열하게 싸웠던 사람들이다. 당신도 거미줄처럼 복잡하게 얽힌 가정과 감정을 헤치고 자신의 길을 찾아나설 수 있다. 그렇게 개방과 자유와 사랑하는 법을 배운다.

18 열린 관계로

Opening an Existing Relationship

많은 사람이 한 번쯤은 자신이 맺는 관계를 성애 파트너에게 열어놓고 싶어 한다. 하지만 당신의 관계가 모노가미적 합의에 기초하고 있다면, '열려라 참깨!' 같은 마술처럼 만사가 술술 흘러가기는 힘들다. 윤리적 잡년생활에 관한 다른 모든 것들처럼, 기존의 관계를 개방하려면 배려, 숙고, 연습, 노력이 요구된다.

당신이 개방하고 싶은 관계는 평생 동반자 관계이거나 동거 관계이거나 혹은 다른 무엇일 수 있다. 이런 관계들이 겹쳐지는 가운데 쭉 모노가미로 살아왔을지도 모른다. 또는 모든 연인이 구획된 상태인데 좀 더 가족이나 부부 같은 관계로 나아가고 싶거나, 트라이어드triad나 그룹 결혼group marriage 외부에서 새로운 모험을 모색하는 중일 수도 있다. 관계의 본성과 무관하게 관계를 개방하는 일은 여전히 만만하지 않다.

some을 more로

연인들과 함께 삶에서 이러한 확장성을 창조하기로 합의하고 이 길로 들어선 여러분을 축하하며 환영한다. 하지만 여러분은 이 새로운 삶의 방식을 두고 뜻밖의 의견 불일치에 맞닥뜨릴 것이다. 그러니 다음 내용을 건너뛰지 않기 바란다.

그래도 우리 경험으로는, 한 사람은 관계의 문을 개방하려고 하는데 다른 사람은 그 생각을 고려해보기는커녕 소스라치게 놀라는 경우가 훨씬 더 많다. 잠재적이든 진행 중이든, 공개적이든 은밀하든, 이 외부 파트너가 논의의 결과에 큰 관심을 갖고 기다리는 중이라면 특히 더 어려운 상황이 된다. 사람들은 자신에게 중요하게 느껴지는 사람과 연결이 일어난 다음에, 사랑하는 사람을 단념하고 이혼하고 자녀들을 찢어놓고 싶지 않다는 마음이 들면, 그제서야 모노가미에 관해 진지하게 고민한다. 당신은 다음 중 어느 하나의 입장에 처하게 된다. 모험 욕구가 있는 사람, 파트너 외의 새로운 사랑, 그리고 모험가 지망생인 파트너에게 가끔 놀라는 사람이다.

물리학에서 삼각형은 가장 튼튼하고 균형 잡힌 구조 중 하나로 여겨진다. 반대로 관계 문제에서 '삼각관계love triangle'라는 문구는 종종 타블로이드 1면을 장식하는 통속극 냄새를 물씬 풍긴다. 관계가 존재하는 한 삼각관계는 생길 수밖에 없다. 하지만 이 사실이 상황을 더 쉽게 만들어주지는 않는다. 이럴 때는 어떤 관계에서도 욕망이 서로 다른 게 정상임을 기억하라. 도움이 될 것이다. 똑같은 맛의 아이스크림에 두 사람 모두 흥분할 필요는 없다. 모두의 욕망을 충족할 수 있는 여지를 마련하기만 해도 충분히 효과적이다. 우리는 적정한 화해에 도

달하며 살아온 많은 사람들을 알고 있다. 이 문제를 세 가지 관점으로
살펴보자.

모험가 연인

이 입장에 있는 사람은 자신이 원하는 바를 어느 정도는 알고 있다
는 이점이 있다. 당신이 이 책을 샀을 때는, 앞으로 자유가 얼마간 주
어지기를 바라며, 엄청난 고통 없이 합의에 도달할 수 있는 방법을 절
절히 원했을 것이다. 하지만 당신과 연인 역시 우리 문화의 산물이기
에, 살아온 인생 전체에 깔려 있는 패러다임에서 벗어나려면 고생을
해야 한다. 보람 있고 인생을 바꾸는 일이지만 고생은 고생이다.

죄책감은 우리가 느끼는 가장 불편한 감정 중 하나다. 대부분의 사
람들은 자신의 행동으로 인해 아끼는 사람들이 고통을 받을 때 죄책
감을 느낀다. 당신이 열린 관계에 대한 소망을 드러내는 바람에 사랑
하는 누군가가 힘든 시간을 보내게 되면, 당신은 깊은 죄책감을 느낄
것이다.

당신은 마술 지팡이를 흔들어 다른 사람의 마음을 바꿀 수 없다.
그것은 각자가 스스로 해야 할 일이다. 아플 것이다. 눈물과 분노와
쓰라림이 동반될 것이며 당신은 죄책감에 빠지리라.

소설은 난봉꾼들을 근심 걱정 없는 탐험가로 묘사한다. 그들은 무
자비해서 그들이 남기고 가는 고통에도 무심하다. 우리는 당신이 인정
사정 보지 않는 멍청이가 되는 대가로 얻는 자유를 원한다고 생각하
지 않는다. 당신이 아끼는 사람들을 이 탐험에 초대했다면, 속이지 않
으면서 삶을 정직하고 명예롭게 이어나가겠다는 뜻이다. 이 점에 관해

당신을 존경한다. 물론 다른 많은 이들은 그렇지 않을 것이다.

외부 연인

당신을 뭐라고 불러야 할지도 모르겠다. 그래서 말을 건네기가 어렵다. 당신 역시 자신의 상황을 파악하기 어려울지도 모른다. 서약한 관계에서 한 명 또는 그 이상의 구성원과 성적으로 연관된, 사랑스럽고 넓은 마음을 가진 당신은 대부분의 사람들이 가진 개념적인 틀과 너무 먼 곳에 있다. 그래서 당신을 지칭하는 단어 대부분에는 악감정이 담겼다. '가정 파괴자', '첩', '작은마누라(이런 남자들도 꽤 많지만 '작은서방'이라는 단어조차 없다)?' 등. 여전히 문제적이지만 보다 점잖은 단어도 있다. '세컨더리'나 '제3의' 같은 단어 말이다. 이런 단어는 어떤 상황인지를 알려주지만 위계를 암시하고 있어서 모욕적일 수 있다. 1번인 사람만 가치있는가? 아니면 이 별자리에서는 누구나 같은 권리를 갖고 있는가?

별자리에서 당신의 위치가 애인이든, 연인이든, 뭐든지 간에 나름의 장단점이 있다. 긍정적인 측면이라면, 연인과 함께하는 시간 대부분을 즐겁게 보낼 수 있다는 점이다. 연인을 부양하지 않아도 되며, 직업을 포기하고 아이들과 집에 있어야 하는 것도 아니다. 단점이라면, 당신을 응급실에 데려다 줄 사람이 필요할 때 누구에게 전화할 수 있는가? 슬플 때나 격려가 필요할 때 누구에게 연락하는가? 사랑하는 사람의 시간에 어떤 권리가 있는가? 아니면 당신을 경쟁자로 여기며 절대 대화나 협상을 하지 않는 사람이 있는가? 대체로 당신의 위치에서는 책임을 거의 지지 않는다. 마찬가지로 권리 또한 거의 없다.

선택하지 않은 사람

이 책을 밸런타인데이에 깜짝 선물로 받지 않았기를 바란다. 물론 이미 그랬을 수도 있다. 결코 원하지 않는 방식으로 관계를 확장하자는 요구를 받는 것도, 연인들이 자신들의 다른 연인들과 헤어지기로 약속받는 것으로 연인의 욕망을 처리하는 방식도 모두 유쾌하지 않다. 발 딛고 있는 단단한 땅이 무너지고 그 아래에서 심연이 열린 것 같은 기분을 느끼게 되는 경우도 많다.

당신이 고민에 빠지고 화나는 것은 당연하다. 당신은 이 길을 선택하지 않았다. 그런데도 당신은 동의한 적 없는 일들로 인해 몰아치는 감정의 소용돌이 속에 빠졌다. 시간이 어느 정도 지나야 실감할지도 모른다. 그러나 결국, 이 상황을 처리해야 한다. 일단 관계 개방이라는 주제를 탁자 위에 올려놓으면, 다시는 서랍 안에 넣을 수 없다. 어떻게든 닥친 상황에 대처할 방법을 찾고 다음에 일어날 일을 생각하라.

물론 당신이 선택한 적 없는 이 어려운 감정적 작업을 요구받는 건 불공평하다. 당신이 이 일을 힘들게 해내야 할 이유가 있는가? 그래서 당신이 얻는 이익은 뭔가?

글쎄, 뭐든 얻을 가능성이 꽤 있다. 아마도 이 작업은 당신을 더 강하게 만들 것이다. 아마 당신은 자신을 성장시키는 예기치 않은 여행을 하게 되리라. 어쩌면 당신도, 한 명 이상의 사람을 사랑할 수 있는 능력을 가졌는지 모른다. 이 여행은 당신의 의사소통 기술을 향상시키고 당신이 맺는 관계를 더 깊게 만들어준다. 모험이 끝난 후, 사랑하는 사람이 여전히 당신 집에 돌아온다는 사실을 알게 되면 당신은 더 안전한 느낌을 받는다. 당신은 소유를 중심으로 하는 관계 같은 전통적 견해에서 벗어나 연결의 새로운 지평을 열 수 있다. 당신에게 정말로 필요했던 개인적인 시간을 얻을 수 있고, 당신의 성생활을 더 낫게 만들 것이다. 당신은 자유의 가능성이 지평선 어딘가에서 희미하게 빛나는 모습을 보게 된다.

물론 우리는 저 아름다운 이야기 중 무엇이 당신에게 일어날지 확언할 수 없다. 그저 한 가지만 약속할 수 있다. 이 어려운 상황에 대처하면서 관계에 대해 뭐든 배우면, 결국 당신에게 선택지가 생긴다는 사실 말이다. 이별을 선택해도 되고 파트너와 함께 모노가미로 돌아가는 길을 선택할 수도 있다. 혹은 좀 더 개방적인 관계를 시도해봐도 된다. 어떤 선택을 하든, 그건 당신이 이미 모든 가능성과 선택지를 살펴봤기 때문에 가능하다. 맹목적인 반응도, 누군가의 말을 따르는 것도, 쉬운 방법을 고른 것도 아니다. 자신만의, 이미 충분히 고민한, 진심이 담긴 선택.

이 장의 뒷부분에서 이 어려운 협상을 최대한 생산적으로 이어나가는 방법에 관한 아이디어를 제공할 것이다. 하지만 먼저 일부 독자들이 직면한 상황에 관해 이야기하고 싶다.

외도

때로 이미 관계가 개방된 상태에 이르렀는데도 누군가는 아직 그 사실을 모른다. 이런 상황은 대처하기가 매우 어렵다. 하지만 이런 일은 생기기 마련이다. 그것도 아주 자주.

이제껏 속았고 지금도 속고 있다는 사실을 아는 건 끔찍한 일이다. 수치심, 배신감, 믿음을 잃었다는 느낌에 수반되는 고통. 이때 많은 사람은 다음 질문에 시달린다. '내가 매력이 없나?' '내가 뭘 잘못했지?' 이러한 모든 감정은 정당하다. 우리는 당신이 자라면서 '오래오래 행복하게'를 받아들인 것 외에는 그 어떤 잘못도 하지 않았다고 믿는다.

외도한 배우자가 기존의 프라이머리 관계를 열린 관계로 만들려고 한다면, 이는 당신과의 관계에 대한 약간의 존중이기도 하다. **보다** 정직한 상태를 향해 한발 나아간 것이기 때문이다. 이 점을 기억하면 당신에게 도움이 된다. 만일 그들이 당신을 배제하고 싶었다면, 애초에 문제로 비화시키지 않았을 것이다.

그럼에도 불구하고, 이 반갑지 않은 소식을 소화하려 애쓰는 당신이 파트너의 선의를 기억하기는 힘들기 마련이다. 당신의 고통을 정당한 분노에 초점을 맞추면 작은 위로가 될지 몰라도—이 과정에서 당신은 정당화되지만—, 관계를 유지하고 발전시키려면 더 많은 뭔가를 필요로 한다.

열린 마음으로 관련자 모두에게 연민을 갖고 외도를 보자. 무엇이 보이는가? 우리의 문화는 외도는 거의 일어나지 않는, 그러니까 비정상적인 일이라고 말한다. 반세기도 지난 그때, 킨제이는 그 규정이 이상하다는 점을 발견했다. 이론적으로는, 당시 모노가미 가정의 50% 이상이 실제로는 모노가미가 아니었던 것이다. 외도는 드물지 않다. 무정한 섹스 중독자만 저지르는 일이 아니다.

전통적 견해의 치유 방식은 외도를 관계의 문제로 인한 증상으로 생각한다. 그래서 관계 개선을 노력하면 외도가 사라진다고 믿는다. 이 생각이 맞을 때도 있다. 하지만 외도는 관계의 결함 때문이라고만 할 수 없다. 욕망을 좇아 어떤 선을 넘으려 바둥대는 경향이 있다고 해서 잘 유지되던 기존 관계에 문제가 있다고 단정하는 것은 잔인하다.

물론 당신은 배신감을 느끼고 비통함에 젖으며 격분할지도 모른다. 당신은 아무 예고 없이, 당신이 선택하지 않은 이 감정들로 내몰렸다. 특히 파트너가 킹크나 크로스드레싱cross-dressing 같은 기상천외한 성적 행위에 참여했다는 사실을 알게 되면 더 힘들 수 있다(이 문제로 어려움을 겪고 있는 경우, 우리가 쓴 책 『사랑하는 사람의 성적 취향이 특이할 때 When Someone You Love Is Kinky』를 보기 바란다).

이런 악조건이 관계를 개방하는 일에 있어 최적의 여건이라고 말하기는 어렵다. 외부 관계에 동의하지 않은 파트너가 갑작스레 뒤통수를 맞은 듯한 상황에 빠졌을 때, 어떻게 하면 관계의 안전성과 사랑을 느끼게 할 수 있을까? 어렵다. 그러나 많은 관계는 끝내 이 가시덤불을 헤쳐나간다.

우리는 많은 사람이 예사롭지 않은 격렬한 분노를 경험하게 되는 실제 상황을 이야기하고 있다. 이 연습은 그 분노를 전염병처럼 여겨 그저 피하거나 혹은 견딜 수 없어서 그냥 터뜨리기보다는, 분노를 알고 이해하는 첫걸음으로 활용한다.

· 연습 ·

분노도 쓸모 있다

이 연습을 위해서는 생태학자처럼 생각해봐야 한다. 자연에는 모든 구성원이 제 역할을 하고 기여한다. 이 사실을 학교에서 어떻게 배웠는지 기억하는가? (구더기는 죽은 쥐를 먹고 그것을 비옥한 토양으로 바꾼다. 그러면 장미가 필 수 있다.)

우리는 왜 분노를 경험하는가? 분노는 우리의 정서적 생태계와 친밀한 관계에 어떤 기여를 하는가? 분노는 어떻게 당신을 돕는가? 그것은 당신을 어떻게 보호하는가? 목록을 작성해보자. 당신의 한계를 발견하고, 행동에 활력을 불어넣으며, 긴장을 푸는 데 유효한 도움이 될 수 있다.

이 목록을 냉장고 앞에 붙여두자. 그리고 분노를 겪을 때마다 1~2주에 걸쳐 항목을 추가해도 된다.

이 작업을 거친 후 다음에 화가 나면 스스로 물어볼 수 있다. "내 분노는 나를 어떻게 돌보고 있는가?"

외도를 머리로 이해한다고 해서 연인의 외도를 발견했을 때 더 쉽게 대처할 수 있다는 건 아니다. 하지만 이제부터 어떻게 할지를 파악하는 데는 도움이 될 수 있다. 신뢰를 구축하려는 도전은 생각하기 어려울 수 있으니, 절충지점을 어떻게 충족할지를 먼저 파악해야 한다. 연인은 당신의 신뢰를 만들 수 없다. 월급처럼 신뢰를 쌓아나가지도 못한다. 외도를 용인할 가치가 있는지, 그 여부는 당신이 결정해야 하는 일이다.

더군다나 당신이 원점에서 시작하면서 이 상황에 적응하려 애쓰는 동안, 당신 연인의 파트너가 기다리고 있는 게 문제다. 그 사람의 인내심 여부와 상관없이. 그 사람도 감정이 있고, 자신을 더 이상 비밀의 영역에 두고 싶지 않을 만한 이유가 있다.

당신과 연인은 필시 분노, 배신감, 죄책감을 헤쳐나가는 얼마간의 시간을 함께 보내야 할 것이다. 당신의 여러 감정들이 어느 정도 통제가 된다면, 그때부터는 몇 가지 해결책을, 이왕이면 함께 진행해나가야 한다.

관계는 결별로 마무리될 수도 있고, 아니면 다시 모노가미로 돌아갈 수도 있을 것이다. 동네 서점에 가면 당신이 선택한 대안을 잘 할 수 있게 도와주는 책들이 많다. 하지만 이 책의 제목은 '윤리적 잡년'이다. 그러니 적어도 당신이 좀 더 개방적인 관계를 선택할 가능성을 고려하는 중이라고 전제한다.

말문 열기

이 상황의 관련자 모두가 지금 있는 곳에서, 화나고 두렵고 혼란스럽지만 새로운 어딘가로 가려면, 당신은 평온한 수준을 약간 넘을 정도로 자신을 밀어붙이겠다고 확약할 필요가 있다. 다른 누군가가 당신을 위해 추진하는 방식은 효과가 없다. 자신이 생각보다 얼마나 더 강한지를 발견할 수 있게, 각자가 자신을 밀어붙여야 한다.

좋은 시작 방법은 편안한 장소에 함께 앉아 개방적인 미래에 관한 전망을 비교해보는 것이다. 관계가 완전했고 완벽하게 편안했으면 어땠을지 각자 글로 써볼 수도 있겠다. 노트를 비교해보라. 서로의 전망이 크게 다르다는 사실을 알게 된다. 한 사람은 섹스 파트에서 잡년의 여왕이 되고 싶을 수 있고, 다른 사람은 배낭여행을 가거나 등산을 좋아하는 연인을 찾고 있을 수도 있다. 그리고 당신 중 한 명은 어떤 의무도 수반되지 않는 익명의 섹스를 갈구할지 모르고, 또 다른 한 명은 가족이 될 수 있는 한두 명의 사람들과 관계를 유지하고 싶을지도 모른다.

당황하지 마라. 모두가 완전히 같은 걸 원할 필요는 없다. 모두가 자신의 꿈을 이루기 위한 합의를 만들 수 있다.

실현할 방법을 알 수 없는 꿈을 그리면 감당하기 어려운 기분을 느낄지도 모른다. 그러면 잠시 시간을 가지자. 당혹감이 가시게 자신을 가만둔다. 다음 단계는 이쪽에서 저쪽으로 가는 방법을 모색하는 것이다. 목적지까지 곧바로 공간이동 하지 않아도 괜찮다. 한 번에 한 걸음씩 움직이면 된다. 바다에 바로 뛰어들어서 수영을 배우지는 않으니까. 익숙해지지 않는다는 이유로 자신을 책망하면서 상황에 익숙해지지는 말라.

· 연습 ·

난이도의 위계

다음은 당신이 밟을 첫 단계를 선택하는 연습이다.

약간 걱정되는 문제들 중 하나를 골라서 집중할 구체적인 목표로 정한다. 다자관계 사안에는 개인 광고 함께 보기, 서로의 연인 소개하기, 데이트하기, 외박하기, 더 안전한 섹스에 관해 대화하기가 포함될 수 있다. 상대적으로 편하게 느껴지는 연습용 사안을 선택하라.

목표 달성을 위해 밟아야 할 단계들을 생각해보라. 합의, 협상, 바라는 것 요청하기, 일정 계획, 아이 돌보미 찾기 등등. 각 단계를 색인 카드에 쓴다. 어떤 단계가 너무 거대해 보인다면 작게 쪼개 몇 개로 나눈다. 세 살짜리 아이들에게 쿠키 굽는 법을 가르치는 것처럼, 각 단계를 아주 단순하게 만든다.

그다음 카드를 펼쳐 놓는다. 카드를 볼 때 느껴지는 강렬함의 정도를 기준으로 가장 쉬운 것부터 가장 힘든 순서로 또는 가장 안전한 것부터 가장 무서운 순서로 배열한다. 이 과정에서 자신에 관한 새 정보를 얻을지도 모른다.

이제 가장 안전하고 쉬운 카드를 꺼낸다. 이 단계를 향해 어떻게 첫걸음을 내딛고 나아가 전진할 수 있을지를 찾아보라! 이 단계를 달성하라. 이 과정에서 무엇이든 배웠다면 다음 단계를 진행하라. 이제 가장 쉬운 단계를 넘어선 셈이다.

항상 가장 쉬운 단계만 선택하라.

학습 곡선

잡년들이 감정적인 안전지대를 다루고자 맺는 합의사항은 크게 두 가지 범주로 나뉜다. 두려운 감정을 피하기 위한 합의, 그리고 무섭지 않아도 불편하거나 꺼려지는 감정이 주는 위험을 감수하려는 합의다. 합의사항으로 고려해볼 만한 항목을 모두 목록으로 작성하고 '회피'와 '위험'으로 나누라.

회피 전략에는 다음과 같은 항목들이 포함될 수 있다: 묻지도 말하지도 마라,* 평지풍파를 일으키지 마라, 내가 찾아내게 하지 마라, 네 연인과 만나지 않을 것이다, 내가 혼자 집에 있는 일이 없도록 내가 연인과 외출하는 목요일 밤에만 너의 다른 연인을 만나라. 이런 항목은 용기를 최대한 밀폐해서 최소한의 위험만 감수하며 이 길을 떠나려는

---

* Don't ask, don't tell(DADT): 미국 성소수자의 군 복무와 관련된 제도에서 나온 말. 입대 지원자의 성 정체성을 묻지 못하게 하라는 정책이다.

사람들에게 적합한 합의일 수 있다. 우리는 이렇게 학습 곡선을 짠다.

그러나 줄곧 회피 전략만 선택하면 현재 상태에 자신을 가둘 수도 있다. 회피 전략의 관건은 안전감이다. 반면 위험 전략의 관건은 어떻게 성장하느냐다.

자신의 행위를 서로에게 비밀로 해야 하는 경우 당신은 음, 큰 비밀을 갖게 된다. 비밀이 서로를 더 가깝게 만들어주지 않는다. 오히려 비밀은 종종 더 멀어지게 한다. 가령 당신이 외부의 연인과 싸웠을 때, 당신의 반려자는 당신이 화가 났다는 사실을 감지할 수 있다. 이 상황에서 어떻게 당신의 외적 영역을 철저하게 비공개로 유지할 수 있을 것인가? 또한 당신은 커뮤니티의 다른 모든 사람들이 알고 있는 사실을 전혀 모르다가, 당신이 당연히 이 사실을 알고 있다고 착각한 친구를 통해 전해 듣고서야 상황을 파악하게 될지도 모른다. 정보가 없을 때, 사람들은 자신의 머릿속에서 현실이 아닌 두려움을 발견하기 마련이다. 무슨 일이 벌어지는지 모르는 채, 어떻게 안심할 수 있는가?

많은 사람들은 애인이 다른 사람과 하는 애정 행위의 구체적 내용을 듣지 않는 편이 더 낫다고 생각한다. 우리는 이런 생각이 큰 문제라고 여기지 않는다. 언젠가 당신이 거기서 흥분을 느낄지도 모르지만, 그런 공유가 여러분 중 한 명에게 중요하지 않다면 굳이 거기에서 관계를 시작하거나 거기까지 관계가 다다를 필요는 없다. 완전한 공개는 멋진 이상이면서 동시에 매우 불편한 현실이니까.

종종 '과도하게 즐기지 않기'로 귀결되는 합의사항들에 대해 좀 더 깊이 생각해보라. 더 안전한 섹스에 관한 합의는 당연히 필요하다. 하지만 여기에는 약간의 문제가 있다. 예를 들어 당신의 연인이 누군가와 키스하지 않기로 한 합의나 하지 말아야 할 길다란 목록이 있다고 해서 안전하다고 느껴지지는 않을 것이다. 이것으로 당신이 얻는 것이라고는 합의 준수 여부에 대한 끈질긴 의심과 잘 유지되지 않을 때의 야단법석뿐이다.

당신은 연인이 당신의 존재를 잠재적 파트너에게 공개할 거라고 기대한다. 당연한 일이다. 이렇게 함으로써 장래의 파트너가 한 명의 후보자보다 여러 사람에게 더 매력적인 존재가 된다는 사실을 알고 당신의 연인은 놀랄지도 모른다. 외부인은 그들과 즐길 수 있지만 부담은 없는 것이다. 당신과 당신의 애인이 바라는 관계에 대해 솔직할 때, 비로소 당신은 이 삶의 현실에 대처할 준비가 된 이들을 유혹할 수 있다.

노련한 잡년들과 이어지면 좋은 점이 많다. 그들의 지식은 매우 유용하다. 하지만 장래의 외부 애인이 폴리아모리에 생소한 사람이라면, 당신은 또다시 필요한 합의를 논의하면서 이 관계에 대한 학습 곡선을 만들어야 할 것이다.

소소한 위험에 도전해보기

입문단계 위기 관리 전략으로 예를 들어 인터넷 개인 광고를 함께 볼 수 있다. 각자 어떤 광고 사진에 감응하는가? 어떤 기분인가? 당신이 매력을 느끼는 사람을 당신의 파트너는 어떻게 보는가? 혹은 함께 클럽에 가라. 거기서 눈에 보이는 섹시한 사람과 플러팅을 하면 어떨지를 이야기해볼 수도 있다.

일종의 실험처럼 두려운 감정 한 가지를 일부러 유도하는 위험을 감수해봄으로써, 어떤 기분이 되는지 보고, 자신을 알게 되고, 질투심이 치밀어 오를 때 자신을 챙기고 서로 안도감을 줄 수 있는 방법을 모색할 수 있다. 어떤 기분인지 글로 한번 적어보라. 그 기분을 불러일으키는 환상을 해도 좋고, 만족스러운 위기 해결책을 찾아내는 유능한 인물로 자신을 상상해도 좋다.

우리가 권하는 위험 사항을 시도하려면, 바쁜 생활 중에도 이 모든 것에 어떤 기분이 드는지 대화할 시간을 내야 한다. 이 책에 의사소통에 관한 연습 사항이 많으니 한번 시도해보기를. 다음 장에서는 힘든 감정을 놓고 이야기할 수 있는 또 다른 대본도 살펴보자.

서로의 취약함을 공유하는 것만큼 친밀감을 형성하는 일은 없다고 앞에서 말한 바 있다. 그러니 위험을 무릅쓰기 시작할 때는 서로를 열어주는 그 모든 친밀감을 누려보라고 권한다.

23장에서 제시한 연습 항목을 활용해도 된다. 다만 이번에는 폴리 생활을 시작하고 유지하는 일과 관계가 있는 모든 것들의 목록을 만든다. 커피 데이트, 광고 응답하기, 파티에서 전화번호 교환하기, 플러팅, 그리고 실제 데이트, 외박, 다양한 종류의 에로틱한 활동까지 쭉 이어진다. 당신이 '예'라고 판단한 항목은 시작해도 되는 것이다. 그다음 '어쩌면' 목록을 보면서 무엇이 불안을 조성하는지 협상할 수 있다. '아니요' 목록은 현재는, 그리고 어쩌면 영원히, 당신에게 절대적인 한계선이 어디인지를 말해준다. 이 작업을 앞에서 설명한 '난이도의 위계' 카드와 비교해보라. 이러한 연습은 폴리아모리 생활의 어떤 부분에도 필요하다. 숙달될수록 모든 항목의 두려움 수준이 달라지므로 거듭해서 활용하게 될 것이다. 새로운 무언가를 배울 때마다 당신은 더 강해지고 자신감을 얻을 수 있다.

20분 동안 싸우기

합의가 이뤄지지 않는 주제에 관해 20분 동안 의논하기로 파트너와 약속한다. 집중할 수 있는 시간, 그리고 집중 이후에 스트레스에서 벗어날 수 있는, 예를 들어 영화 관람하기에 좋은 시간대를 찾는다.

연습 삼아 작은 의견 차이, 하지만 과열되지 않을 주제를 찾아 시도해보자. 논의가 아직 끝나지 않은 상황에서 20분이 지나버렸다. 어떻게 멈출 수 있을까? 가장 심한 의견 차이는 몇 시간 동안의 대화와 논쟁과 고함으로도 해결되지 않을 것이다. 어쩌면 몇 주나 몇 달이 지나도. 어려운 안건은 해결까지 시간이 걸리기 마련이다. 그러므로 여기서 중요한 기술은, 논쟁을 개시한 다음에도 다음 시간까지 논쟁을 중단하고 덮어두는 것이다.

타이머를 설정한다. 20분이 경과하면, 논쟁이 어느 지점에 있든 몇 번의 심호흡 뒤 흘려보낸다. 멈추는 법은 매우 유용한 기술이다. 기진맥진하고 골을 내며 잠들기 전까지 서로에게 소리치지 않기로 하고서 토론하는 편이 훨씬 안전하다. 논의를 중단하고 당신과 파트너가 나눈 대화를 다시 생각한다. 하루나 이틀이 지난 뒤, 당신의 느낌과 구체적이고 실효적인 방법에 관한 새 아이디어가 떠오를지도 모른다. 다음 주, 2차 '20분 싸움'을 위해 만났을 때 서로가 얼마나 더 서로를 이해하고 수용하게 됐는지를 알고 크게 놀랄 수도 있다.

우리는 일부러 굉장히 쉽게 시작할 수 있는 모험들을 제안했다. 같이 광고를 보거나 함께 클럽에 가서 춤추는 뭇 킹카/퀸카들을 이야기하는 것 같은. 이런 일들은 경미한 위험을 감수하는 매우 안전한 방법들이다. 감정의 발생에 주의를 기울이고 그것들을 이야기하라. 감정은 흘러가기 좋아한다는 사실을 기억하길. 오늘의 기분이 계속 이어질 거라고 가정하지 않으면 좋겠다. 이 모든 노력의 목적은, 당신의 감정에서 선택의 폭을 넓히는 것이다.

어려워서 놀랄 수도 있고 쉬워서 놀랄 수도 있다. 쉬울 때는 자신에게 '참 잘했어요' 도장을 찍어주자. 그것은 당신이 이미 가지고 있는 힘이다. 힘든 무언가를 직면하며 고민하는 당신 자신에게 도장 하나를 더 찍어주라. 이것은 당신이 착수하려고 하는 일이다.

동반자 관계를 행복한 잡년생활로 전환해서 전개하는 법은 20장과 23장에서 더 논할 것이다. 검색엔진은 당신에게 비심판적 절친이 되어준다. 인터넷을 활용하라.

이 모두 시간과 에너지가 드는 일이다. 하지만 이미 당신 곁에 있는 파트너와 함께 즐거운 경험을 나누는 일에도 시간과 에너지를 할애해야 한다. 부디 잊지 말기를. 함께 춤추고, 해변을 걷고, 좋아하는 영화를 보고, 같이 즐길 수 있는 게임을 하고, 단골 레스토랑에 가서 멋진 식사를 하라. 이 모든 근사한 탐험의 기초는 함께하는 즐거움을 나누는 일이다. 이메일 확인은 잠시 잊어라, 미뤄두라.

4부

잡년들의 사랑

Slut in Love

19 연결하기

Making Connection

성소수자는 파트너나 친구를 찾는 데 유독 애를 먹는다. 그리고 잡년 혹은 잡년 지망생은 의심의 여지 없이 성소수자에 속한다. 폴리아모리는 대부분의 사회에서 선뜻 이해되거나 수용되지 않는다. 게이, 레즈비언, 양성애자, 무성애자, 트랜스젠더, 크로스 드레싱이나 BDSM과 같이 섹슈얼리티가 특화된 영역에도 솔깃하다면, 어려움은 두세 배로 커진다. 하지만 꿈꾸는 연결 맺기는 가능하고, 나아가 멋지게 이룰 수도 있다. 숱한 잡년들이 풍성하게 관계를 맺으며 살아가는 모습이 이 사실을 기꺼이 증언해준다.

하지만 이 일이 항상 쉬울 것이라고는 결코 말하지 않겠다. 우리는 성공하기 일보 직전에 좌절하고 만, 너무나 슬프고 실망스러운 이야기들을 듣고 겪었다. 열린 관계에 문제가 없다가 누군가 사랑에 빠지자 그 시점에서 기겁해 모노가미를 요구하는 파트너들, 원칙적으로는 성적 개방과 자유연애를 열광적으로 말하면서 현실과 직면하고 무너지는 파트너들, 폴리아모리는 잘 해나가는데 요구와 욕망 및 한계선이 잘 맞지 않는 시기에 봉착한 파트너들 등의 이야기들을.

하지만 많은 사람이 가벼운 만남에서 평생에 이르는 관계로 이어지는 대상을 찾는 데 성공한다. 그렇다면 가치관과 신념을 공유할 뿐만 아니라 정서적으로, 지적으로, 성적으로 당신과 잘 맞는 친구, 연인, 잠재적 파트너를 어떻게 찾을 수 있을까?

무엇을?

당신이 바라는 관계를 상상하는 일부터 시작하라. 당신은 함께 집을 사고 가족을 이룰 수 있는 누군가를 원하는가? 연중행사로 역할 플레이를 즐기며 진한 주말을 보낼 수 있는 누군가를 원하는가? 아니면 언제라도 부르면 나와줄 사람을 원하는가? 원하는 바를 미리 알아두면, 나중에 오해받고 상처받는 일을 꽤 막을 수 있다.

그 누구도 당신이 줄 수 있는 것을 원하지 않을 것 같다는 걱정은 하지 마라. 물론 세컨더리 파트너 또는 역할 플레이를 할 수 있는 상대 혹은 당신 자녀의 부모가 되고 싶어 하는 사람을 찾기는 힘들다. 하지만 가능하기도 하다. 실제로 당신이 원하는 바로 그 상황을 모색하는 사람 몇몇은 분명히 존재한다.

"만나는 사람들을 있는 그대로 받아들이는 게 좋다. 그러면 간혹 느껴지는 실망감에 대한 보상을 넘어서는 수준의 멋진 놀라움에 이를 수 있다."

하룻밤 만남과 결혼 사이의 공간에는 숱한 관계가 있다. 오늘 밤 흥미를 끄는 이 사람과 어떤 관계로 발전할지 미리 알 수 없다. 당신이 인생에서 채우고 싶은 그 어떤 관계의 공간과도 맞지 않는 사람일지도 모른다. 그러니 만나는 사람들을 있는 그대로 받아들이는 게 좋다. 그러면 간혹 느껴지는 실망감에 대한 보상을 넘어서는 수준의 멋진 놀라움에 이를 수 있다. 선입관을 조심하라. 열린 마음과 가슴으로 새 사람들에게 다가갈 준비를 하라.

상황은 달라지기 마련이라고 기대하라. 그저 가끔 만나 즐기는 상대일 뿐이라고 생각했던 사람이 당신의 풍경 속에서 훨씬 더 중요한 인물로 진화하기도 한다. 이런 일이 벌어질 때에는—저자인 우리 둘다에게 일어난 일이다—그 사람, 그리고 관련된 사람 모두에게 당신이 겪는 감정적 변화를 속속들이 계속 알려주는 게 중요하다. 당신의 친구도 당신처럼 느낄지도 모르고… 이것은 아름다운 우정의 시작이 될 수 있다. 아니면, 당신이 욕망하는 대상이 감정에 기반한 서약에 적극적이지 않을 확률도 존재한다. 어쨌거나, 이 변화하는 관계를 마치 새로운 관계인 듯 다루라. 어떤 면에서는 새로운 관계다. 두 사람은 원래의 가벼운 관계를 유지할 수도 있다. 혹은 처음의 균형을 찾기 위해 잠시 떨어져도 된다. 이럴 때 마음을 챙기고 충분한 공감과 진솔한 의사소통을 하라고 권한다. 뜨겁고 멋졌던 추억들이 도움이 된다. 그런 다음, 새로운 관계—아마도 같은 사람과의—를 위한 공간을 준비하라.

누구를?

그리고 당신이 찾는 사람에 관해 생각하라. 요령은 너무 구체적이지도 막연하지도 않아야 한다는 것이다. 당신의 '누구' 목록에 살아 숨쉬는 자와 당신과 섹스할 의사가 있는 자를 모두 포함시켰다면, 그것은 너무 넓다. 당신이 젠더, 나이, 외모, 배경 또는 지적 능력에 대한 호불호는 없다 해도, 적어도 거짓말을 하거나 훔쳐가거나 상처를 입히거나 악용하는 사람을 원하지는 않을 것이다. 건강, 정직, 존중은 우리 목록의 기본에 가깝다. 당신에게 정말로 중요한 선호 사항을 인정하면 매우 좋다. 그 누구도 당신이 여자보다 남자를 선호한다든가 나이 차이가 많은 사람보다 또래를 선호한다고 해서 성차별로 신고하지 않는다.

다른 한편으로 당신의 '누구' 목록에 젠더, 나이, 체중, 키, 인종, 옷차림, 학력, 가슴의 크기, 음경의 크기, 킹크 취향 같은 세부 내용이 있다면, 짐작건대 당신은 진짜 살아 있는 사람이 아닌 자신의 환상과 사랑을 나누고 싶은 것인지도 모른다. 우리 중에는 다소 비현실적인 외모와 행동 기준에 성적으로 반응하도록 길들여진 사람들이 많다. 포르노 스타들은 영상이 재미를 선사할 뿐이지 우리의 거실에 나타날 일은 드물다. 새 애인이 아름답고, 지적이며, 사랑스럽고, 항상 성적으로 왕성하기를 기대한다면 평생 실망만 하게 되리라. 이런 기준을 달성할 사람은 거의 없다. 그리고 아무도 그 상태를 하루 종일 유지하지 못한다.

건강한 선호 사항이 비현실적 욕망으로 바뀌는 적확한 지점을 알려줄 수는 없다. 오직 당신의 내면만이 알 수 있다. 우리는 신체적 외관과 경제적 부와 사회적 신분은 그리 중요하지 않다고 생각한다. 그 기준 중 어떤 것이 당신의 '누구' 목록의 높은 곳에 위치한다면, 당신은 자신의 환상에 붙들렸는지도 모른다. 이런 기준과 상관없는 사람들을 알아보라. 당신이 그들을 알고 좋아하게 되면, 그들에게 누군가 알아차리기를 기다리고 있는 고유한 아름다움이 있다는 사실을 발견하게 되리라고 예상한다.

공항 게임

공항이나 쇼핑몰 같은 공공장소에 가라. 사람들의 이목을 끌지 않으면서 그들을 볼 수 있는 자리에 앉아라. 다음 당신의 시선에 들어오는 사람들마다, 이들의 연인이 그들의 어떤 점을 가장 좋아할지 상상해보라. 발걸음이 씩씩한가? 달콤한 미소를 가졌는가? 눈이 반짝이는가? 어깨가 듬직한가? 촉감이 부드러워 보이는 머리칼을 지녔는가? 대부분의 사람들은 누군가의 사랑을 받았거나 받고 있다. 물론 방금 당신이 지켜본 사람들은 당신의 그런 시선이 익숙하지 않을 것이다. 당신은 그저 자신이 특정한 사람들을 사랑스럽고 탐낼 만하게 만드는 점을 볼 수 있는지 확인하라.

여기서 하나 짚고 가자. 아름답거나 부유하거나 가슴이 풍만하거나 이런저런 매력을 가진 사람들은 대부분 자신의 아름다움과 지갑 또는 젖가슴이 자신의 가장 큰 매력 요소라고 생각하지 않으려 한다. 성공적으로 그들과 짝이 된 사람들은 상술한 요소들을 기분 좋은 보너스로만 생각한다. 처음 그 사람들을 선택한 이유와는 거의 또는 전혀 상관없다는 것이다.

어디서?

잡년들은 어디에서 모이는가? 당신이 원하는 침대 친구와 플레이 친구 또는 인생 친구를 찾는 데 최적의 현장은 어디인가?

처음 이 책을 쓰고 20년이 지나자 위 질문에 대한 답이 크게 변했다. 이제 **폴리아모리**는 옥스포드영어사전에 수록된 단어다. 전 세계의 신문, 잡지, 웹 사이트가 이 낯설고 새로운 생활 양식을 해설하는 상세한 기사를 실었다. 미국의 모든 주요 대도시와 많은 소도시에 폴리아모리 그룹이 생겨났다. 여러 종류의 컨퍼런스가 정기적으로 열려 전 세계의 연결 지향적인 잡년들을 끌어들인다.

당신이 활용할 수 있는 폴리아모리 관련 현장을 모두 나열하기는 힘들다. 지금 폴리아모리 관련 현장은 너무 많고 다양하며 **빠르게** 변한다. 다만 인터넷 포털 검색 엔진을 가까이하면 좋다는 이야기를 전하고 싶다. 유용한 검색 용어로는 폴리아모리polyamory, 열린 관계open relationships, 스윙잉swinging, 윤리적 잡년ethical slut, 비모노가미nonmonogamy, 대안적 관계가 있다. 여기에 구체적인 용어(지역, 젠더, 성적 지향 등)를 함께 입력하면 당신에게 유용한 인터넷 공간을 발견할 때 큰 도움이 된다.

아, 작은 주의사항 한 가지. 이 단어들에는 대부분 사람들이 단어를 사용하는 숫자만큼 많은 정의가 있다. 당신이 스윙잉, **살 친구**fuck-buddy 그룹, 캐주얼 섹스를 하든 그룹 섹스를 하든 그 행위를 다르게 정의하는 사람들을 맞닥뜨리게 될지 모른다. 사례 하나를 보자. 폴리아모리에 관한 가장 보수적인 정의는 장기간에 걸친 서약한 다자 관계만을 뜻하는 것이다. 다른 많은 경우처럼, 여기서 중요한 질문은 '당신의 그 말은 정확히 무슨 뜻인가요?'이다.

만일 이런저런 이유로 당신의 추구와 온라인 커뮤니티가 어울리지 않는다고 생각된다면, 직접 다른 잡년들을 찾아나설 선택지도 많다.

댄스 클럽에서 잡년을 발견하기는 어렵다. 크게 울려퍼지는 음악 속에서는 생각과 꿈을 나누기 힘들다. '윤리적 잡년', '폴리아모리'와 '먼치', '밋업'이라는 키워드를 지역명과 함께 웹에서 검색하여, 삶의 방식에 대해 이야기하기 좋아하는 사람들을 만나보라. 대안적 현실을 탐구하는 많은 윤리적 잡년들을 만날 수 있을 것이다. 당신 지역에 있는 '창의적 시대착오 협회' 및 기타 역사 재연 그룹들과 접촉해보라. 많은 '르네상스 페어'가 사실상 잡년들의 무역 회의와 같다는 사실도 알아두라. 그리고 공상과학소설 모임이나 라이브 액션 롤플레잉 게임 모임도 체크해두면 좋다. 혹 당신의 잡년성이 영적인 경향을 가진다면 전통적인 유대교, 기독교보다는 훨씬 더 개방적이고 대안적인 생활양식으로 살아가는 많은 신흥종교 단체들을 접촉하라(그렇지 않은 경우도 많으니 사전에 꼼꼼히 체크하라).* 무신론자와 회의론자 단체들에도 잡년성 탐구에 관심을 두는 사람들이 적잖다.

찾아볼 만한 또 다른 장소는 인간의 섹슈얼리티 및 친밀감을 다루는 워크숍, 세미나, 사교 모임 등이다. 이런 활동 중 일부는 크루징을 허용하지 않는다. 그럴 만도 하다(폴리아모리와 관련한 자신의 고민을 털어놓는 어려운 일을 하는 중에 예기치 못한 관계 진전은 대비해야 할 대상이기 때문이다). 하지만 수료생들은 해당 과정이 끝난 후에도 계속해서 사교를 이어가는 경우가 많다. 섹슈얼리티와 친밀감에 관한 여러 지역 및 국가의 컨퍼런스에는 생각이 비슷한 잡년들이 많이 참석한다.

마음이 통하는 동지들을 만날 수 있는 행사에 참석할 때는 약간의 시간을 투자해야 한다. 먼저 해당 그룹의 회원이 돼야 하기 때문이다.

---

* 이 문장은 종교와 생활 양식이 연동해서 작동하는 미국 사회 문화의 특징에 기반한다. 한국의 경우 미국과 상황이 다르다. 주의하길 바란다.

친구를 사귀기 시작할 때 당신의 마음이 동하는 사람에게만 친절하게 대하지 마라. 가능한 많은 친구를 사귀어라. 그러면 사람들이 당신을 신뢰하기 시작할 것이다. 추천하고픈 초기 전술 중 하나는 이상형에 가까운 사람이 아니라 자신과 비슷한 사람들을 찾아서 친구가 되는 방법이다. 그들은 당신이 좋아하게 될 사람들을 이미 알고 있다.

숱한 열성적 자원봉사자의 지원으로 이런 행사의 모임 장소 확보와 실제 행사 진행이 가능하다. 그러니 당신이 좋아하는 그룹의 사람들과 가까워지는 가장 좋은 방법은 모임이 필요로 하는 일에 자원하는 것이다. 문 앞에서 사람들을 맞이하고 다과 준비를 돕고 청소에도 참여하라. 당신은 많은 사람을 만날 것이고 그들은 당신에게 고마워하며 다가오리라. 우리도 관련 단체의 활동을 지원하려 노력했다. 모임 일손을 거들고 거실을 모임 장소로 제공하며 여러 커뮤니티의 중요한 회원으로 거듭났다(이러면 모임 때마다 집 밖으로 나갈 필요도 없다).

개인 광고

지난 수십 년 동안 잡년들은 개인 광고를 통해 서로를 찾아냈다. 인터넷 접근성이 광범해지자 개인 광고로 파트너를 찾는 방식은 엄청나게 확장됐다.

도시나 주 이름과 함께 '폴리아모리 개인 광고' 키워드를 검색하면, 모든 젠더 및 성적 지향의 사람들을 대상으로 한 폴리 및 대안적 관계 개인 광고를 호스팅하는 웹 사이트들이 나온다. 또 다른 무료 옵션은 BDSM과 같은 특정한 성적 관심을 공유하는 사람들을 대상으로 한 온라인 소셜 미디어 사이트다. 이 사이트들은 일반적인 개인 광고(흔히 지역에 따라 정렬되는)를 제공할 뿐만 아니라 특별 관심 그룹도 호스팅한다. 여기서는 특정한 관심사와 킹크 취향을 공유하는 사람을 만날수 있다. 이런 유의 많은 그룹은 간혹 함께 오프라인 모임을 주최한다.

지역별로 마음 맞는 사람들을 찾아주는 애플리케이션을 모바일 장치에 설치해서 써도 된다. 어떤 것들은 주로 즉석 만남용이다. 하지만 다른 애플리케이션은 지속되는 접촉에 관심 있는 사람들을 선사해줄 가능성도 크다. 불편한 오해를 피하기 위해서는 사전에 애플리케이션의 특징을 알아두는 편이 좋다.

중매를 전문으로 하는 사이트들도 있다. 이 사이트들은 보통 비용을 요구하는데, 장기적인 관계를 추구하는 사람들을 주 대상으로 삼는다. 또 다른 사이트들은 특정한 종교 성향, 직업적 지위, 인종 범주, 나이 또는 개인적인 생활 양식에 따른 맞춤형 서비스를 전문으로 제공한다. 지금 이런 서비스의 상당수는 비모노가미를 지원하지 않는다. 폴리아모리를 언급하는 광고를 삭제하려는 사이트도 일부 있다. 폴리족들이 더 세상에 드러나서 이 현상이 달라지기를 기대해본다.

광고 내기

많은 사람들이 소셜 미디어에 프로필이나 페이지, 개인 광고를 만들어 올리기를 상당히 어려워한다. 마음을 불편하게 만드는 자기 마케팅과 어느 정도의 자기 진단이 필요하기 때문이다. 자신을 마케팅 제품으로 생각하고 싶은 사람은 거의 없다. 하지만 광고안을 작성할 때, 당신이 하고 있는 일이 바로 그것이다. 전직 광고 카피라이터였던 우리 저자 중 한 명은 여러분이 다소 괴로울 수도 있는 제안을 몇 가지 하겠다.

가능한 많은 적격자를 찾고 싶은가? 아니면 몇 명이면 되는가? 그 답변에 따라서 광고 문구 전략이 달라질 것이다. 젊음, 시스젠더 cisgender, 이성애자 또는 양성애자, 날씬함, 여성, 건강함. 여기에 해당된 다면 그물을 넓게 치는 광고를 내면 일일이 회답하기도 힘들 만큼 많은 응답을 받게 된다. 따라서 '한정된 지역 방송'을 내보내 부적절한 응답자의 눈을 딴 데로 돌릴 만한 개인 정보를 포함하는 것이 더 나은 전략일 수 있다(부적절한 응답은 여전히 많겠지만, 광고에 삽입할 단점 덕분에 어느 정도는 골라낼 수 있다. 재닛은 한동안 개인 광고를 냈었는데 자신을 중년, 통통함, 양성애자, 부치butch, 파트너 있음, BDSM 톱top으로 묘사했다. 그런데도 그녀가 여자이고 적극적이라는 점에만 주목한 남자들 수십 명이 연락해 왔다).

반면에, 당신이 수요가 좀 적은 부류에 속한다면—사실을 인정하자. 우리 대부분이 그렇다—그물의 폭을 알아서 결정해야 한다. 당신이 매력적이고 원만하며 사고가 열려 있고 똑똑한 사람임을 알고 있다면, 광고 독자들은 당신의 몸무게가 목표치보다 조금 더 나간다거나 때로는 마음만큼 즐길 수 없는 건강 상태라는 사실을 지금 당장 알 필요는 없다(하지만, 당신에게 연인이 있고 그 연인이 당신의 연애 생활에 의견을 내는 관계를 이미 맺고 있는 경우라면, 미리 언급하는 것이 일반적이다).

광고에 사진을 넣고 싶은가? 사진이 있는 광고가 더 반응이 좋으므로, 당신의 전략에 따르면 된다. 많은 사람들이 개인 정보 노출 위험 때문에 바로 알아보기 어려운 사진을 고르는 경향이 있다. 얼굴을 돌린 사진이나 그림자가 드리워진 사진 정도는 나름의 타협이다. 가급적 최신 사진, 그것도 본모습과 유사한 사진인 편이 낫다. 광고 독자 중 한 사람은 어느 시점에는 만나기를 희망하고 있지 않은가. 그런데 당신에게 속았다고 느끼는 사람과 관계를 시작하고 싶지는 않을 것이다. 단지 즉석 만남을 찾고 있는 것이 아니라면 야한 사진은 쓰지 않는 편이 좋다. 설령 즉석 만남을 찾고 있다고 해도, 사람들은 기분이 상한다.

예전의 잡지 및 신문 개인 광고와 다른 온라인의 장점 하나는 광고를 바라는 대로 조정할 수 있다는 것이다. 혹시 광고 이후 적합하지 않은 반응이 쇄도한다면 당신의 몇 가지 기벽과 결함을 끼워넣어라. 반대로 응답이 충분하지 않다면, 여기서 몇 가지를 빼라.

아직도 고착 상태인가? 그러면 친한 친구에게, 아니면, 더 좋게는, 서로 좋은 사이로 지내는 옛 연인에게 도움을 요청하라. 어쩌면 서로 광고 문안을 써줄 수도 있다. 그 내용을 그대로 사용하지 못할 수도 있지만, 가장 친한 친구가 당신의 어떤 면을 사랑하는지 파악하는 데 큰 도움이 된다. 당신의 그 면은, 언젠가 만날 새 연인 또한 분명 사랑할 것이다.

어떤 선택을 하든 자기 자신이 되는 것이 좋다. 그래야 있는 그대로의 당신에게 눈길을 주는 사람을 만날 수 있다. 과도한 열정으로 광고를 내면, 당신이 아닌 다른 어떤 사람에게 환장하는 누군가와 함께 아침을 맞이하는 결과를 낳을 수도 있다. 아무 도움이 되지 않는 일이다.

> 어떤 선택을 하든 자기 자신이 되는 것이 좋다. 그래야 있는 그대로의 당신에게 눈길을 주는 사람을 만날 수 있다.

다음은?

개인 광고를 활용해 사람을 만나면 대개 단계적으로 서로를 알아가게 된다. 이메일에서 어쩌면 전화통화, 그다음에는 커피와 식사를 즐기며 편하게 만난다. 가급적 부담 없이 상대방을 천천히 알아가는 방식이다. 이 사람에 관해 알고 있는 정보는 컴퓨터 화면 속 문구밖에 없다. 그러므로 낯선 사람을 만날 때처럼 적당한 경계가 필요하다.

특별한 사례: 혹시 모노가미를 원하는 사람과 사랑에 빠지면 어떻게 될까? 순탄치 않을 것이다. 이런 의견 불일치는 타당하며 또한 기본적인 차이점임을 우리는 잘 알고 있다. 그런데 어떨 때는 더 경솔해져서 태평스레 이런 생각을 한다. 내 마음을 가져간 이 멋진 사람이 일단 윤리적인 잡년생활이 해볼 만하다는 생각을 하기만 하면, 당장 잡년생활에 합류하고 싶어질 것이라고 말이다. 하지만 항상 그렇게 되지는 않는다. 누구는 옳고 누구는 그른가의 문제가 아니라, 관계를 구축하는 방식 두 가지에 관한 문제로, 어떤 방식도 타당하다. 당신은 이 관계가 소중하고 어떻게 진화하는지 보고 싶은 마음에, 설사 언젠가는 실망하더라도 당분간은 계속 탐험하기로 결정할지도 모른다. 이때는 서로 원하는 바가 뭔가 다르다는 점은 인지하고 있다는 정도로만 두루뭉술하게 두기로 합의할 필요가 있다. 파트너를 변화시키려고 계획하는 동안에 새로운 관계를 맺기 시작한다면 사랑하는 사람에 대한 예의가 아니며, 나중에 큰 골칫거리로 비화될 수 있다.

지금 당장 어떻게 살 것인지에 대해 '잠정적 합의'를 맺고, 서로의 입장을 이해하는 데 도움이 되는 지식과 경험을 모색하라. 이 책과 친밀감에 관한 좋은 책을 읽으라. 서로의 선택을 존중하라. 함께 워크숍에 참가하라. 가령 다자 관계 워크숍 한 곳, 열렬한 모노가미 워크숍 한 곳, 관련 주제를 다루는 온라인 커뮤니티 등등에 가입하고, 여기서 얻은 정보를 시간을 투자해 논의하라.

당신이 선택할 수 있는 넓은 관계의 스펙트럼을 고려하길. 어쩌면 자신에게 가장 적합한 선택지와 자신이 추구해온 선택지가 다를 수 있다. 반면 당신이 이 특별한 관계에 많은 것을 소중하게 새겼고 두 사람이 하고 있는 사랑의 가치가 두 사람의 차이를 크게 능가한다면, 아마 당신은 잠재적인 어려운 상황과 마주하게 되리라는 생각이 든다. 이 사이가 친구, 연인, 배우자 또는 당신만의 어떤 다른 관계로 귀결되더라도, 그 사랑을 계속 소중히 간직할 수 있는 방법을 찾기를 바란다.

20 커플과 그룹

Couples and Groups

잡년들은 당신의 상상만큼, 아니 그보다 더 많은 조합과 스타일로 관계를 맺는다. 이처럼 멋진 가능성을 포괄할 수 있는 관계 유형론이 있는가? 당연히 없다. 모든 관계는 그 자체로 고유하다. 그러므로 유형과 형태를 중심으로 관계를 사유하려는 시도마저도 사람을 사랑할 때 생기는 일의 핵심적 진실을 표현하지 못한다.

우리가 소중히 여기는, 특별하고 꽤 이례적인 관계가 있다. 바로 우리 관계다! 우리 저자들은 25년 동안 연인, 공동 저자 및 절친이었으며, 한 번도 함께 살지 않았다. 그 긴 세월 동안 둘 다 다른 파트너와 살았고, 아주 짧은 기간만 둘 다 독신이었다. 우리 관계는 둘도 없는 귀한 보물이며, 다른 어떤 파트너도 이의를 제기하지 않는다. 오랫동안 그러했고 그만둘 의사도 없다. 물론 우리가 함께 살고 싶었다면 십중팔구 지금 그렇게 살고 있을 것이다. 그래서 서로의 반려자 누구에게도 우리는 위협이 되지 않는다(저자 두 사람이 함께한 성적 모험을 상세하게 다룬 책을 읽었는데, 그중 한 명이 당신의 파트너여서 위협을 느낀다면 몰라도. 그래봤자 몇 사람에게만 해당하는 문제다). 이 파트너 관계가 시종일관

그토록 보람 있고 평온하며 친밀하고 탐험적이었다니 기적 같다. 함께 살면 오히려 이 좋은 것들을 망칠 수 있는 끔찍한 위험에 처한다는 점에 우리는 동의한다.

누구나 공저자가 필요하다. 하지만 당신이 설사 글 쓰는 사람은 아닐지라도, 여기서 다루는 여러 형태의 관계 중에서 당신이 맺고 있는 관계를 연상시키는 것도 있을지 모른다.

이 책이 앞에서 다룬 기본 원칙에 따라 모든 연결을 진행할 수 있다. 반면 새로운 기술과 개념은 빛나는 잡년들이 날마다 개발한다. 이 잡년들은 자신의 고유한 맞춤형 생활 스타일이라는 보상과 이에 따르는 도전 과제를 탐구하려는 사람들이다. 여기서 우리는 개방적 성생활 양식을 탐험하면서도 관계를 지속가능하게 만드는 몇 가지 방법을 다룬다. 이런 짝짓기 방법들과 당신이 원하는 것들이 서로 공통점이 없어 보인다 해도 끝까지 읽어보기를 권한다. 누군가의 경험에는 우리를 위한 아이디어가 있기 마련이다. 때로는 어딘가에서 들려오는 목소리가 찾고 있던 퍼즐 조각을 내놓는다.

우리는 모두, 마치 스포츠와 같은 감정 없는 섹스 관계와, 검은 머리 파뿌리가 되도록 함께하기로 맹세하는 결혼 관계, 그 사이에는 어떤 형태의 관계도 존재하지 않는다고 말하는 가정에서 자라왔다. 이 사이의 광활한 영토를, 우리를 비롯한 온갖 유형의 관계 개척자들이 발견하게 남겨둔 셈이다. 이 두 극단 사이에서 우리와 당신은, 사람을 만나는 어떤 흥미로운 방법을 찾을 수 있을까? 우리가 맺는 연결의 **모든** 방식을 관계라는 그림 안에 포함시키면, 관계의 정의는 확장된다.

"모든 관계는 나두면 알아서 그 수위를 찾아가기 마련이다."

모든 관계는 놔두면 알아서 그 수위를 찾아가기 마련이다. 이 원칙을 작동시키면서 파트너 개개인을 있는 그대로 맞이하면 된다. 그들이 다른 어떤 사람이 되거나, 어떤 특별한 재주나 기술을 가질 필요는 없는 것이다. 파트너가 나와 함께 테니스를 칠 마음이 없다면 나는 다른 사람에게 요청하면 되고, 함께 본디지 플레이를 할 마음이 없다면 역시 마찬가지다. 관계의 수위가 그 때문에 낮아지지는 않는다. 우리가 함께 나누는 것은 그 자체에 가치가 있다.

우리는 섹스에 너그러운 태도를 좋아하지만, 흔히 말하는 '가벼운 섹스'가 의미하는 바는 너무 거만하다. 가벼운 섹스란 서로 거리를 두어야 한다는 말처럼 들린다. 가령 '너무 가까워지지 말아라. 너무 많이 기대하지 말아라. 친밀감이나 취약함을 드러내지 말아라' 같은 태도다.

요즘에는 연인들 중 특정한 사람들을 칭할 때 '섹스를 나누는 친구'라는 흥미로운 개념을 사용한다. 우리는 친구들과 이미 사랑과 경의와 신의와 뇌락을 나누며 지낸다. 그런데 섹스를 자연스러운 그 일부로 포함시키면서, 섹스의 여러 가지 유익함을 친구들과 나누면 안될 이유가 있는가?

우리는 삶에 등장하는 모든 사람을 있는 그대로 우리 삶에 받아들인다. 뇌리에 '관계'라고 규정된 그림 안에 그들을 억지로 끼워넣으려 하지 않는다. 이럴 수 있을 때 가장 많이 배웠고 즐거웠으며 아름답고 풍요롭게 누군가와 접속했었다. 독신, 커플, 집단 가족의 일부, 모든 경우에 해당되는 사실이다. 창의적이고 사랑스러운 잡년들이 고안한 무수한 관계 맺기 방식 중 하나에 참여할 때도 마찬가지다.

연결 장치

우리는 사람들이 '사랑에 빠질' 때까지는 즐거운 잡년생활을 기쁘게 받아들이곤 한다는 이야기를 너무 자주 듣는다. 그러다가 사랑과 결혼은 같고 결혼은 모노가미와 동일하다는 문화적 메시지의 부추김을 받는다. 이렇게 전통적인 생활 양식으로 뛰어든다. 결과는 대부분 재앙에 가깝다. 이 책의 저자인 우리 둘 다 이런 프로그래밍에 면역력이 없었다는 사실을 삶으로 입증한 적이 있다.

주의할 단어: 아무리 멋진 섹스와 로맨스라도, 장기적 관계의 만족감과 평정심을 예측하는 신뢰성 있는 요소가 되지 못한다.

결혼을 한다고 해서 당신의 오래된 패거리들을 해체시킬 필요는 없다. 많은 잡년은 동반자 관계의 서약이 주는 안정성과 타인과의 섹스 및 친밀감의 즐거움을 결합할 수 있다고 생각한다.

물론 서약한 관계 속에서 잡년이 되기가 유독 어렵다는 사실은 의문의 여지가 없다. 이 문제를 잘 아는 사람들조차도 종종(때로는 그들도 놀라면서) 서약한 관계에 대한 그들의 기대에 파트너의 삶의 여러 측면을 통제할 권리가 포함될 수 있다는 점을 뒤늦게 발견한다.

보다 명료한 서술을 위해 주로 커플에 관해 썼지만 모든 원칙은 3인, 4인, 그리고 더 많은 관계에 똑같이 적용된다. 관계는 자신만의 고유한 형태를 지닌다. 하지만 가장 좋은 관계는 몇 가지 기본 원칙을 공유하는 경향이 있다. 바람직한 경계, 마음 챙김, 모든 당사자의 행복을 바라는 상호적인 마음 등이다.

이미 짐작했겠지만, 우리는 관계 서약이 상호 존중과 돌봄을 넘어서는 무언가에 대한 누군가의 권리를 명기한다는 생각들을 좋아하지 않는다. 낭만적 사랑을 소유권 개념에서 분리시키면, 무슨 일이 일어나날까? 한 번도 열린 관계를 가져본 적 없는 여성 지인 한 명은, 열린 관계 이후 자신의 오래된 습관 중 많은 부분이 어느덧 무의미해졌다는 사실에 깜짝 놀랐다. "왜 부정의 흔적을 찾기 위해 쿵쿵 냄새를 맡으며 베개의 머리카락을 훑어야 하는 고생을 해야 하나? 다른 사람과 섹스하고 나서 그냥 말해줄 텐데." 그러나 여전히 경계, 책임, 예의라는 쟁점이 남아 있다. 이것들은 소유권을 보완하고 지속가능성을 증진시킨다. 대처해야 할 문제들이다.

자, 사랑에 빠진 잡년들은 어떻게 인생을 함께 만들어나갈까?

루스와 에드워드는 이렇게 기억한다:

> 우리는 16년가량 모노가미 관계로 살다가 관계를 개방하고 다른 사람들과 교류하기 시작했다. 우리는 이제 다른 사람들과 할 때 편안한 부분과 우리만의 관계를 위해 남겨둘 부분을 파악하려고 노력 중이다. 안전지대의 경계를 설정하는 유일한 방법은 그 경계를 넘었을 때의 불편함을 느끼는 것이다. 우리는 작은 발걸음으로 고통을 최소화할 수 있도록 한다. 우리는 확실히 서로에게 헌신하고, 한 명이 위협을 느끼는 일은 단호히 멈출 것이다.

다음은 커플 관계의 잡년들에게 생길 수 있는 몇 가지 중요한 문제들이다.

관계가 저마다의 수준에 맞게 진행될 때 어떤 관계는 평생 동반자 관계로 귀결된다. 여기에는 생활 공간과 재산 및 부모 역할의 공유를 포함한다. 다른 형태를 띤 관계도 있다. 가끔씩 데이트하는 사이, 우정, 진행형인 낭만적 서약 관계 등이다. 그런데 여기서 많은 사람이 별 생각이나 의도 없이 관계를 평생 동반자 관계로 가차 없이 흐르게 내 버려둔다는 습관에 빠져 있다는 사실을 알게 된다(어떤 똑똑한 사람이 이 패턴을 두고 **관계 에스컬레이터**relationship escalator라는 신조어를 만들었다. 일 단 한발 내디뎠다 하면 끝까지 가기 전에는 내릴 수 없기 때문이다). 선의를 가진 친구들과 지인들이 아직 하나가 되기로 결심하지도 않은 당신과 당신의 친구를 커플이라고 가정하고, 커플이 되도록 추동하는 주력자 노릇을 할지도 모른다. 게다가 적지 않은 사람은 계획하지 않은 임신, 한쪽이 집을 잃고 다른 쪽의 집에 들어가 거주하는 '더부살이 로맨스' 또는 단순한 편리함을 원해서 우연히 부부가 된다. 다음은 재닛의 이 야기다:

대학 신입생 때 한 남학생을 깊게 좋아했다. 그는 조용하고 수줍음을 탔다. 하지만 나는 그가 입을 떼면 흘러나오는 그 이야기와 목소리가 정말 좋았다. 핀과 나는 몇 차례 데이트하고 몇 번 섹스했다. 학기가 끝나자 우리는 여름 내내 편지를 주고받았다. 그러다 가을이 왔고 나는 기숙사 밖에서 살 곳을 둘러보기 시작했다. 내가 찾아낸 딱 하나의 방은 2인실이었지만 혼자 감당하기에는 주머니 사정의 여의치 않았다. 누군가 필요했다. 그래서 핀에게 전화를 걸었다. 그에게 방 가운데 파티션을 세워 각자의 매트리스에서 자면서 방을 같이 쓰자고 제안했고, 그는 동의했다.
그곳에서의 첫날 밤, 핀은 자기 매트리스를 구했고 나는 아직 매트리스가 없었다. 결국 나는 그날 핀의 매트리스를 함께 썼다. 이후 우리는 다른 매트리스가 필요 없어졌다. 몇 해 동안 함께 살다가 그와 결혼했다. 이 매트리스 부족으로 15년의 결혼생활을 함께하며 아이 둘을 낳았다.

우리는 이런 선택을 하는 커플을 환영한다. 다만 보다 신중하게 선택하는 모습이 보고 싶다. 자신이 정말 원한 게 아닌 무엇에 자신을 빠지게 놓아두기 전에, 먼저 이 특별한 관계에서 가장 적합한 형태를 혼자서 그리고 함께 깊이 생각하고 대화하라고 제안한다. 사랑이 당신에게 의미하는 것과 서로의 삶에 어떻게 적응할지를 함께 이야기해 보라.

함께 있는 시간을 즐기고 멋진 섹스를 하는 동안, 주택, 돈, 재산 등에 관한 습관이 크게 달라지는 자신의 모습을 발견하게 될 것이다. 이럴 때 당신은 수세대에 걸쳐 사람들이 해왔던 것을 한다. 살림을 합치고 서로를 변화시키려 노력하면서 세월을 보내고, 그 과정에서 좌절감과 분노를 갖게 된다. 혹은 암묵적인 가정 중 일부를 재고할 수도 있다. 함께 살아야만 하는가? 왜? 반대로 당신이 좋아하는 점을 지닌 친구와 함께 시간을 보내고 다른 것들을 공유할 다른 누군가를 찾으면 안 되는가? 잡년생활은 그 무엇보다도 당신의 모든 욕구를 특정 1인에게만 의존할 필요가 없다는 것을 의미한다.

커플생활로 미끌어지듯 진입해버리는 경향이 있다는 사실을 알고 있다면, 이런 패턴에 빠지게 되는 원인과 이 패턴을 벗어나기 위해 무엇을 바라는지 모색하는 데 시간을 할애하라고 제안한다. 혼자 사는 법을 배우는 것은 매우 좋은 생각이다. 커플이 아니더라도 자신의 필요를 충족시킬 수 있어야 한다. 그러면 자신의 욕구를 대체할 파트너를 구하려 애쓰지 않아도 된다. 과거와 다른 일부 관계를 실험해봐도 좋다. 완벽한 솔메이트 찾기에 집착하지 마라. 그리고 좋아하고 신뢰하지만 꼭 사랑하지 않아도 되는 사람들 혹은 요란 떨지 않고 차분한 방식으로 사랑하는 사람들과 만나보라.

핵심은 자기만의 내적 안정이다. 자신을 좋아하고, 자신을 사랑하고, 자신을 잘 챙겨라. 그러면 다른 관계를 크리스털처럼 완벽하게 스스로 준비할 수 있다. 당신의 결합과 그 과정에 당신의 의도가 녹아 있어야 한다.

커플이 만나게 되는 어려움

우리 문화에서 관계의 가장 일반적인 형태는 커플이다. 지금, 그리고 가까운 미래에 친밀감과 시간, 나아가 공간과 재산을 공유하기로 선택했을 두 사람. 커플 생활은 삶에 대한 많은 노력이 필요하다. 손을 거들면 일이 수월해진다. 이때는 평범하지 않은 도전들이 수반된다.

명료한 전달을 위해 관련 아이디어를 2인 커플에 준하여 작성했다. 하지만 대부분의 내용이 3인 커플threesome과 다자 커플moresome에게도 똑같이 적용된다.

경쟁

잡년 파트너들 사이에 더러 발생하는 문제 중 하나는 인기 경쟁이다. 우리 대부분이 중학교 졸업 이후 심리의 밑바닥에 이 고민을 깔아두고 있을 것이다. 때로 파트너들은 누가 가장 많은 득점을 하는지 혹은 누가 가장 매력적인지 서로 경쟁한다. 추한 모습이다.

아무리 반복해도 지나치지 않다. 이것은 경연이나 경주가 아니다.

경쟁심을 없애는 전략 중 하나는 서로가 서로에게 주선자 노릇을 하고, 자신의 성적 행복에 쏟는 것만큼 파트너의 성적 행복에도 노력하는 것이다. 마치 자신을 쏟아붓듯이. 일부 폴리족은 **컴퍼션**compersion이라는 단어를 사용한다. 파트너가 다른 사람과 성적으로 행복한 모습을 볼 때 생기는 기쁨이라는 뜻이다.

인터넷으로 만난 새 친구와 커피를 마시던 재닛의 기억을 따라가 보자. 재닛의 새 친구는 애완동물 역할극이라는 성적 판타지를 이야기했는데, 당시 재닛의 파트너의 판타지와 깜짝 놀랄 만큼 비슷했다. 이후 재닛은 새 친구와 자신의 파트너가 주말 데이트를 즐기도록 주선했고, 이 두 사람은(나중에 합류한 재닛과 함께) 오랫동안 강렬한 관계를 이어갔다.

크러시

앞에서 지적했듯이 어떤 관계에서 감정의 깊이를 측정하기는 불가능하다. 열린 관계가 처음인 많은 사람은 외부의 성적 만남을 가벼운 기분전환용으로 제한하려고 노력한다. 파트너가 다른 사람과 사랑에 빠지거나 홀딱 반하는 모습이라는 두려운 풍경을 피하고 싶기 때문이다. 물론 때로는 외부 관계가 프라이머리 관계로 바뀌어 기존 파트너의 자리가 달라지기도 한다. 이런 일이 생기면 관련자 모두 참담해진다. 남겨진 파트너는 더 그럴 것이다. 몇 달 또는 몇 년 동안 자신의 질투를 인정하려 애쓴다. 이처럼 버려진다는 공포를 이기려는 노력은 정말 지랄맞고, 실제로 버림받기까지 한다.

하지만 언제 누구에게 홀딱 반하거나 감정이 깊어질지 예상할 수 없는 노릇이다. 그런 감정은 대부분 시간이 흐르면 지나가기에 이별로 이어지지 않아도 된다. 우리는 합의사항의 경계를 조여서 좋아하는 사람들을 모조리 배제하고 싶지는 않다. 게다가 우리 자신의 감정으로부터 우리를 보호해주는 규칙은 없다. 따라서 해결책과 안전감에 대한 규칙 너머를 바라보는 시각이 필요하다.

당신이 지닌 환상과 기대에 대해 현실성 체크를 해보면 좋다. 새로운 관계는 짜릿하기 십상인데, 신선한 데다 성적 각성sexual arousal으로 이글거리기 때문이다. 시간과 함께 형성되는 진정한 친밀감에는 갈등과 혼란이 불가피한데 이것이 드러날 만큼 겪어보지 않아서이기도 하다. 모든 관계에는 허니문 단계가 있으며, 허니문은 영원하지 않다. 어떤 이들은 이 허니문(리머런스limerence 또는 NRE라는 말을 들어보았을지도 모르겠다. NRE는 **새로운 관계의 에너지**New Relationship Energy의 두문자어다)에 중독되어 이 파트너에서 저 파트너로 옮겨 다니는 처지가 된다. 늘 다음 파트너는 완벽하리라 상상하면서 말이다. 이 불행한 사람들은 누군가와 결코 오랫동안 함께하지 못한다. 그래서 친밀한 관계의 사람들이 관계의 어려움에 함께 직면하여 싸우고 정복하면서 얻는 깊은 친밀감과 심오한 안전감을 발견하지 못한다.

우리의 친구 캐롤은 이와 관해 현명한 기록을 남겼다:

우리 대부분에게 성적인 시간이란 친밀감을 나누는 시간과 같다. 우리는 다양한 종류의 감정적 지지를 원하고, 그래서 파트너에게 기댄다. 반려자와 감정적으로 섹시하지 모든 어려운 일들— 공동생활의 모든 일들, 아플 때와 건강할 때, 더 부유하고 더 가난할 때의 문제*—을 반려자와 나누는 양상을 보이면서 다른 파트너들과도 최대한 잘 지낸다. 장기 관계를 유지하려면 미지의 파트너가 주는 달콤한 흥분을 포기해야 하는 것처럼 보이기도 한다. 하지만 그 대가로 얻는 친밀감 역시 매우 뜻깊다. 2주 전에 만난 사람과는 나눌 수 없는 감정이다. 요령은, 자신의 삶에 공유의 친밀함과 색다름의 열기熱氣라는 두 가능성을 드러낼 수 있는 길을 찾는 것이다.

환상은 현실이 아니라는 점을 부디 잊지 말고, 서약을 지키면서 환상도 즐기기 바란다. 크러시라는 경험이 멋지지만 짧은 것이라고 생각할 때, 오래된 견실함과 서로에 대한 애정을 파괴하지 않으면서 비교적 차분하게 크러시를 견디어낼 수 있다.

따로 또 같이

모든 커플이나 그룹이 함께 살지는 않는다. 최근 커플 간의 길고도 친밀한 동반자 관계가 두 개 이상의 가정, 더러는 다른 도시까지 걸치며 확장되는 양상이 흔해졌다. 이런 상황은 우연을 계기로 만들어진다. 가령 학교나 직장 때문에 지리적인 거리가 발생할 수 있다. 혹은 의식적인 선택 때문이기도 하다. 우리가 아는 한 커플은 각각 다른 곳에서 생활하기로 결정한 후 10년 간의 결속 관계를 유지했다. 이들은 그 결정이 자신들의 관계를 구했다고 말한다.

우리는 앞으로 이런 방식의 선택이 더 흔해지리라고 생각한다. 재

---

* 미국에서 혼인 서약서에 주로 들어가는 말

정적으로 안정성을 추구하는 이 시대에 굳이 한 집에 살아야 할 경제적 필요가 없다. 위와 같은 협정을 맺은 개인들은 굳이 혼자 살면서 자원을 낭비하지 않고 하우스메이트와 집을 같이 쓸 수 있다. 그들 중 일부는 폴리아모리이고 다른 일부는 어느 정도 모노가미적일 수도 있겠다. 다들 자기 방이 있으면 누가 어디서 자는지 따질 필요가 없을 것이다. 물론 상술한 내용들이 따로 살기로 결정한 주된 이유는 아니다. 그들 중 대부분은 자기들의 관계가 이런 방식으로 더 잘 작동한다고 생각한다. 이를테면 우리는 25년 동안 함께 책을 쓰고 연인 관계를 유지했지만 단 한 번도 동거하지 않았다. 우리는 관계가 일상 생활을 부숴버릴지도 모르는 마법 같은 선물이라고 이해하고 있다. 설거지에 대한 도씨의 이해 못할 요구가 효과를 발휘하지 않았다면, 납부기한 지난 고지서에 대한 재닛의 될 대로 되라는 식의 태도가 분명 그랬으리라.

이러한 관계가 친밀감이나 서약의 실패를 보여주는 것이라고 전제하면 안 된다. 무엇이 문제인지를 찾기보다는 이런 협정에 적응할 수 있는 방법이 무엇인지, 그리고 이러한 전제에 도전하는 파트너십으로 발전시킬 수 있는 특별한 기술이나 지혜를 살펴보기를 바란다.

파트너들은 떨어져 있을 때도 자신들의 연결을 유지하는 의식을 만든다. 전화 통화에 대한 합의, 만나서 뭉칠 때와 작별할 때 사랑을 재확인하는 방법, 서로의 근황 파악하기, 하나의 공간이나 시간을 '그들의 것'으로 삼고 다른 공간과 시간은 각자가 알아서 하기 등이다.

이런 협정을 만들 때는 일정을 잡고 시간 약속을 지키는 기술이 필요하다. 시간 준수와 약속 엄수에 대한 개인 간 차이점이 해결되어야 한다. 가령 매일 밤 같이 있지 않으므로 성욕 패턴의 차이가 문제 될지도 모른다.

어떻게 하면 이 협정 속에서 파트너의 공간을 존중하고 자신만의 공간에서 편안할 수 있을까? 약간의 거리가 필요할 때는 집에 가야 하는가? 아니면 파트너의 집에서도 당신만의 공간을 유지하는 방법이 있는가? 그곳에 당신의 물건을 얼마나 가져다 놓는가?

떨어져 있을 때 연락 빈도에 대해서도 생각이 다른 경우가 많다. 어떤 사람들은 전화나 문자 메시지, 그리고 온라인 메시지로 하루에 몇 번은 연락을 주고받아야 한다고 생각한다. 반면 다른 사람들은 잦은 연락이 정신을 산만하게 만든다고 여긴다.

모든 동반자 관계가 관리해야만 하는 차이점은 파트너들이 따로 산다고 해서 사라지지 않는다. 사람들과 어울리기 좋아하는 정도, 깔끔함, 취침 시간, 근무 스케줄, 직업 집중 정도, 돈에 대한 태도, 어머니를 저녁 식사에 초대하는 빈도의 차이. 이 항목들 중 어떤 것도 의견이 완벽하게 일치하기는 힘들다. 더구나 모든 항목에 동일한 패턴을 가질 리 만무하다. 그리고 미안하지만, 따로 산다고 해서 침대 죽음*으로부터 자동적으로 보호되지도 않는다. 반대로 함께할 때마다 자동적으로 섹스하는 계기가 되는 것도 아니다.

따로 생활하는 커플의 성생활과 함께 사는 커플들의 그것은 그리 다르지 않을 것이다. 하지만 별거는 함께하는 시간을 한결 더 특별하게 만들어주기도 한다. 그래서 사람들은 이 시간을 존중하며 특별하게 보내려 약간의 노력을 기울이는 경향을 보인다.

---

* 미국의 사회학자 페퍼 슈워츠Pepper Schwartz가 '레즈비언 침대 죽음bed death'이라는 말을 쓰면서 생긴 신조어다. 레즈비언 커플이 다른 커플 유형보다 섹스를 적게 하며, 관계를 오래 지속할수록 성적 친밀감이 낮아진다는 개념이다. 지금은 관계가 오래 지속될수록 성적 친밀감이 낮아지는 현상을 가리키는 관용어로 쓰인다.

여기에 관해 사람들은 자주 묻는다. "그러면 당신들이 동반자 관계라는 사실을 어떻게 알 수 있지?" 하지만 이 커플들은 서로에 대한 감정, 그리고 서로 삶을 얼마나 공유하는지 알고 있다. 우리는 모든 관계가 존중받고 가치 있게 여겨지는 세상, 동반자 관계의 사랑과 그들이 함께하는 여정이 집 한 채에서가 아니라 두 채 이상에서 발생한다는 이유만으로 홀시하지 않고 이해하려는 세상을 보고 싶다.

메타모어 관계

메타모어metamour는 연인의 연인과 맺는 상호 관계를 설명하는 신조어다. 메타모어에게는 에티켓의 대모 에밀리 포스트Emily Post조차 상상하지 못했을 에티켓 문제가 대두된다.

도씨의 기록이다:

나는 프라이머리 파트너가 있는 남자와 사귄 적이 있다. 이 남자의 파트너를 만나지는 않았다. 나는 그에게 그녀를 만나게 해달라고 부탁했다. 그녀가 날 만날 만큼 이 남자와의 관계에 안정감을 느끼고 있을지 생각하면서. 그들의 협정은 패트릭이 나와 데이트할 때 루이자는 그녀의 다른 연인과 데이트하는 것이었다. 그래서 모두 안정감과 관계에서의 보살핌을 감각하려 했다. 그런데 안타깝게도 루이자의 다른 연인은 자주 그녀를 바람 맞혔다. 이러면 패트릭도 나를 바람 맞힐 공산이 커진다. 나는 용납하기 어려웠다. 한참 실랑이를 벌인 이후, 루이자는 나와의 만남을 승락했다. 우리의 첫 만남은 딱히 따뜻하거나 다정하지 않았다. 오히려 서먹서먹한 분위기

속의 고역에 가까웠다. 그래도 그녀는 자신의 데이트 여부와 상관없이 패트릭과 내가 만나도 된다고 동의해줬다. 대신 우리는 그녀에게 데이트 일정을 잘 알려주고 패트릭이 제 시간에 귀가하기로 했다. 이렇게 그녀를 더 많이 지지하기로 다짐하는 합의에 이르렀다. 이 과정에서 루이자와 나는 갈수록 가까워졌다. 어느 날 밤이 기억난다. 패트릭이 옆방에서 자고 있었다. 루이자와 나는 패트릭을 걱정하며 밤늦도록 그에 관해 이야기를 나눴다. 루이자와 나는 절친이 됐다. 함께 일하면서 워크숍과 극장 공연을 했다. 이후 패트릭과 나는 연인으로서는 멀어지게 뇌었다. 하지만 루이자와의 우정은 계속 이어졌다.

메타모어를 만나야 하는가? 우리는 찬성표를 던진다. 만약 그들을 만나보지 않는다면, 당신은 거의 틀림없이 할리우드의 에로틱 스릴러 영화를 제외하면 범접하기 힘들 정도로 섹시하고 탐욕적이며 위협적인 누군가를 상상하게 되고 말 것이다. 게다가 누가 알겠는가? 당신이 그들을 좋아하게 될지도.

첫 만남 때는 점심 식사나 커피, 산책, 영화(그러면 무슨 말을 해야 할지 몰라도 영화를 주제로 대화를 나눌 수 있다) 같은 편안하고 스트레스 없는 환경을 골라라.

호감을 갖도록 최선을 다해보자. 파트너의 연인에게 비호감/반감을 가지면, 상황이 지저분해지고 행복한 균형 지점을 찾기 힘들다. 때로 우리는 연인이 당장 마음에 들지 않아도, 시댁이나 처가 식구들에게 하는 것처럼 시간을 두고 지켜본다. 남동생의 아내나 어머니의 새 남편이 딱히 마음에 들지 않을 수도 있다. 하지만 그 사람이 가족 구성원이 되었고 누구나처럼 권리와 감정이 있다는 사실을 인정하므로, 모임에서 만나면 호의를 갖고 대한다.

우리의 절친 중 몇몇은 우리가 동침했던 누군가가 그들과도 동침하면서 만나게 된 사람들이다. 당신은 이 사람과 동맹 형성을 고려하고 있는 자신을 발견할지도 모른다. 열린 관계를 처음 경험한 한 여성과의 대화가 기억난다. 그녀는, 그녀의 여자 친구와 동침하는 여자와 사랑에 빠지면서 열린 관계로 진입했다. "내 여자 친구는 성미가 까다로워요."라고 말하며 그녀는 얼굴을 찡그렸다. "지금 우리는 긴밀한 관계의 가족이 됐지만, 여기까지 오는 데 십 년이 걸렸죠." 우리는 당신의 동기가 복수심이나 경쟁심인지 아니면 사랑이나 욕망인지를 확실히 하기 위해 자기 분석을 해보라고 제안한다. 만일 '검사 결과 이상 없음'이라면 밀고 나가라. 당신의 파트너가 좋아하는 사람을 당신도 좋아하게 되는 건 그다지 놀라운 일이 아니다. 정말이다. 이와 같은 상호 끌림은 오래 지속되는 작은 부족의 핵심을 형성할 수 있다.

때로 우리는 연인의 연인과 성적인 관계여야 한다고 생각하는 잡년들을 만난다. 어떤 경우에는, 동반자 관계의 양 당사자가 제3자와만 플레이하기로 합의한다. 이런 합의는 두 파트너가 잠재적인 세 번째 구성원과 편하게 지낼 것을 요구하는 것이다. 매력을 느끼지 못하거나 혹은 불쾌한 상대와 성적 관계가 되는 것은, 당신에게나 그들에게나 매우 나쁜 생각이다.

파트너가 그 사람을 워낙 좋아하고 욕망하기 때문에 나도 그래야 한다고 생각할 수도 있다. 파트너의 죄책감을 덜어주거나 공평함이라는 어떤 막연한 느낌을 만족시키기 위해서 말이다. 제발 그러지 마시길. 연인의 연인에게 끌리지 않으면, 예의상 섹스해야 하지 않겠나 하는 생각을 하지 마라. 섹스가 아니더라도 훌륭한 방법은 많다. 근사한 저녁 식사를 대접하거나 함께 영화를 보러 가거나 카드 놀이를 해도 된다. 당신의 삶에 그 사람이 받아들여졌다는 느낌을 줄 만한 다른 방법을 찾아라.

여기서 중요한 질문 하나. 연인의 연인이 안전하고 환영받는 느낌을 받도록 돕는 일에 당신은 얼마나 많은 책임이 있는가? 우리는 둘 다 '그래, 정말 괜찮아, 그리고 좋은 시간 보내'라며 메타모어를 안심시켜주는 긴 통화로 많은 시간을 보냈다. 우리는 자신의 진짜 바람이 스스로에게 가장 중요한 것이어야 한다고 생각한다. 당신이 진심으로 그들을 환영하고 지지할 수 없다면, 기본적인 예의로도 충분하다. 그리고 우리는 당신이 굳이 이를 악물고 억지 미소를 지어야 할 필요가 없을 정도로는, 최대한 친절하게 그들을 대하는 게 품위 있다고 말하고 싶다. 최소한, 이 관계는 경쟁이 아니다. 당신 삶의 어떤 영역도 다치지 않는다. 그리고 당신은 자신의 감정을 돌볼 수 있다. 이런 확신을 스스로에게 주려고 노력하라. 다시 말해, 당신의 것을 자신에게 귀속시켜 제3자를 비난하지 않겠다는 다짐 말이다. 어쨌든 그러한 사람들이 당신의 삶에 들어오는 이유는, 당신과 그들이 매우 중요한 어떤 것을 공유하기 때문이다. 바로 당신의 파트너가 가장 멋지다는 믿음. 그들은 당신의 행복을 어떻게 파괴할지 구상하며 빈둥거리는 사람들이 아니다. 그들은 아마 자신의 다른 일들에 시간과 에너지를 쏟을 것이다.

어떤 커플들은 장래 파트너가 될 사람들과의 만남을 무척 진지하게 받아들인다. 폴리아모리 가족이 새 파트너를 포함시키려 할 때 우리는 다음의 방식을 제안한다. 예를 들어 자녀가 있는 사람들은 집에 들락거리고 아이들의 삼촌이나 이모가 될 수 있는 사람에 대해 신경을 많이 쓴다. 어떤 폴리들은 이런 문제가 다 처리될 때까지 연인과 섹스하지 않는다. 새 구성원이 당신의 생활 양식에 맞을 때에야 그들과의 장기적 관계가 괜찮다고 판단한다.

번갯불처럼 불꽃 튀는 사랑의 기간이 끝났다. 이때 사람들은 미처 예상하지 못했던, 오래 이어지는 사람들의 자리를 발견한다. 당신의 아이가 좋아하는 삼촌이나 당신 파트너의 동업자가 된 연인 같은 경우다. 혹 어떤 이들은 떠나는데, 따스하게 이별한 경우에는 다시 돌아오기도 한다. 당신의 삶에 그들의 자리가 또는 그들의 삶에 당신의 자리가 다시 마련될 때다. 이렇게 무한하게 연결되는 폴리아모리 잡년들이 자신의 대가족 및 부족의 거미줄을 쳐나간다.

우리가 아주 좋아하는 잡년 두 명은 서로 사랑하고, 동시에 다른 멋진 사람들을 사랑하면서 거의 20년을 함께 보냈다. 어느 해, 트레이스는 우리 생각에 잡년에게는 최고가 될 생일 선물을 티나에게 선사했다. 멋진 공연 시리즈 시즌권 3장. 하나는 티나 몫, 다른 하나는 트레이스 몫, 그리고 나머지 하나는 티나가 초대할 수 있는 티나의 연인 몫이었다(덕분에 도씨는 라비 샹카르Ravi Shankar 공연을 즐길 수 있었다!).

나란히 나란히 나란히

역량 있는 잡년들은 둘 이상의 프라이머리 관계를 유지하기도 한다. 도씨도 이 범위에 속하는 잡년이다. 우리는 약 40년 동안 커플 관계를 유지한 로버트와 셀리아를 알고 있다. 그들은 이전의 관계에서 얻은 두 아이를 함께 키우며 몇 명의 손주들도 얻었다. 두 사람은 각각 다른 프라이머리 파트너가 있다. 대개는 양쪽 파트너 모두 여성이다. 이들은 자신들의 전 연인들 모두와 가족 관계를 이룬다. 로버트의 외부 파트너인 메이는 1985년에는 셀리아의 연인인 주디의 연인이었다. 그러다가 셀리아와 연인이 된 것이다. 그리고 마침내 로버트와 맺어졌다. 그들은 1988년부터 지금까지 함께하며 미래를 그리고 있다. 몇 해 전 미란다와 셀리아는 위층에 살았고, 로버트와 메이는 아래층에 살았다. 지금은 셀리아의 옛 여자친구 중 한 명인 셰릴이 위층에서 살며 손주 돌보는 데 손을 거든다. 셀리아의 또 다른 옛 연인인 미란다는 교외에 거주하는데 셀리아의 집 근처 학교에서 근무하기 때문에 일주일에 두 번 정도 방문한다. 아, 벌써 어지러운가? 이 모든 사람들, 그리고 현재로도 역사적으로도 다양한 친밀도를 가진 그들의 많은 친구와 연인들, 나아가 이들의 연인들까지. 이들 대부분은 아주 오랫동안 대가족을 형성하며 거의 40년 동안 함께 살며 서로 사랑하고 아이들을 키웠다. 그리고 이제 서로의 노년을 챙긴다. 감동적이다.

결혼에 관하여

잡년 커플은 '결혼'이라는 특별한 법적 동반자 제도에 들어갈 것인가 하는 문제에 마주하고는 한다. 동성 간 관계도 마찬가지인데, 이 질문에 답할 의무가 없는 나라는 점점 줄어들고 있다. 최근 미국, 캐나다, 유럽의 여러 나라 및 다른 지역의 몇 개 나라에서 동성 결혼이 합법으로 승인됐다. 우리도 이런 변화를 환영한다. 하지만 우리는 또한, 아메리칸 파이의 결혼 권리 조각에 도달할 때 빵 껍질 밑에 무엇이 있는지 모든 사람이 아주 자세히 관찰해봐야 한다는 사실도 중요하다고 믿는다.

오늘날의 결혼 제도는 정부가 사람들이 성적 관계나 가족 관계에서 삶을 영위하는 방식에 대한 일률적인 지침을 제정하고, 그 기준을 사적 영역에 강요한 결과다. 이 제도는 고정된 결혼 양식만을 지원한다. 가령 젊어서 결혼하여 자녀를 갖고, 배우자 중 한 명은 일하고 다른 한 명은 가사를 돌보는 결혼생활 같은 양식 말이다. 이 양식은 많은 결혼생활에 적합하지 않다. 현행법은 다양한 결혼 양식을 뒷받침하지 않는다. 많은 주에는 부부 공동재산법이 있다. 배우자가 결혼생활 동안 창출한 모든 빚이나 부채가 두 배우자 모두에게 귀속된다는 법이다. 한 여성의 '곧 전남편이 될' 남편은 의도적으로 파산했다. 그녀가 이혼을 계획했기 때문이었다.

사람들은 결혼이 성스러운 일이라고 말한다. 신앙과 공동체가 여러분의 결합을 축복하는 사랑스러운 의식이라는 이야기다. 그렇다면 왜 우리의 정부는 결혼에는 자신들의 인가가 필요하다고 주장하면서 '의회는 종교를 만들거나, 자유로운 종교 활동을 금지하는 어떠한 법률도 만들 수 없다'*라고 말하는가? 결혼이 성스러운 것이라면—우리는 그렇게 생각하기에—, 상속 및 친권과 같은 특권을 비롯하여 관계에 대한 법적인 인정은 왜 다른 그림을 그리며 자신의 삶을 만들어 나가려는 사람들에게 제한적인가? 그리고 왜 결혼을 낭만적인 동반자 관계로만 가정하는가? 절친과 인생을 함께 보내고 싶다면, 왜 그들과 결혼해서는 안 되는가? 도씨와 가장 오랫동안 보금자리를 꾸렸던 파트너는 게이 남성이었다. 그는 도씨와 함께 그녀의 딸을 키웠다.

만약 우리가 세상을 경영한다면, 법적 개념으로서의 결혼을 폐지할 것

---

* 미국 수정 헌법 제1조: 의회는 종교를 만들거나, 자유로운 종교 활동을 금지하거나, 발언의 자유를 저해하거나, 출판의 자유, 평화로운 집회의 권리, 그리고 정부에 탄원할 수 있는 권리를 제한하는 어떠한 법률도 만들 수 없다.

이다. 법적 파트너십이라는 다른 형태가 이미 법으로 알맞게 규정되어 있으니 그 법에 따라 계약 관계를 맺도록 하는 것이다. 견본 계약서는 기관, 법적 대리인, 교회, 출판사 및 지원 네트워크가 제공할 수 있다. 결혼을 혼인성사로 치르고 싶은 사람은 자신에게 잘 맞는 종교 단체나 사회 단체의 도움을 받아서 하면 된다. 그와 같은 시스템에서 당연시되는 합의는 없다. 성적 배타성, 자산 공유, 상속, 그리고 경직된 결혼 관련법에 현재 규정받고 있는 기타 모든 사안은 법률에 의해서가 아니라 의식적으로 결정하여 합의를 맺는다.

물론 자녀와 다른 부양 가족에 대한 성인의 기본 책임에 관한 법률은 언제나 필요하다. 자녀와 도움이 필요한 노인을 돌보는 사람들은 세금 감면 및 기타 지원을 활용할 수 있어야 한다.

사랑은 훌륭한 것이다. 우리 모두 책임감 있는 성인으로 행동하면서 삶에 필요한 물리적, 재정적 기초를 차분하게 준비한다면 훨씬 더.

----

21 독신 잡년

The Single Slut

대부분의 문화권에서 독신 생활은 흔치 않다. 사람들은 대체로 자신의 독신 생활을 임시적인 것이나 뜻하지 않은 것으로, 그리고 되도록 빨리 끝내야 할 무엇으로 본다. 당신은 이별을 슬퍼하면서 가장 최근의 연애에서 회복 중일지도 모른다. 혹은 직장 때문에 너무 바빠서 로맨스를 좇을 여력이 없다. 그래서 지금 당장은 주변에 괜찮은 후보자를 찾기 힘들다. 곧 뭔가 더 나은 사람이 반드시 나타나리라… 그러니 기다린다. 지금 살아가는 방식과 다른 생활 양식을 만든다는 생각은 하지 않는다.

의도적인 독신, 혼자 사는 일정 기간의 설정은 무엇일까? 잠재적 파트너는 그들을 기대할 때 불쑥 등장할 수 있다. 만사가 쌍으로 구성된 문화는, 그 안에 다양한 삶이 녹아 있는 어떤 관계도 커플이 되는 에스컬레이터로 간주한다. 이 상황에서, 어떻게 독신으로 지내야 하는가?

당신의 사회적 지원망은 어떤 모습을 띨까? 친구, 연인, 가족, 멘토, 그러니까 당신의 사적 네트워크로 당신을 충족하며 사랑과 안정을 느낄 수 있을까?

혼자서 네트워크를 구축하는 작업은 처음에는 힘들 수도 있다. 당신 말고는 아무도 전화를 걸지 않고, 식사 약속이나 영화 데이트 일정도 잡지 않는다. 연락하며 지내는 사람도 없다. 당신 자신을 가족으로 만들고 열린 마음으로 낯낯하게 돌보는 것은 당신에게 달렸다.

자신과 맺는 관계는 평생 가는 서약이다. 독신일 때 당신은 자신과 맺은 그 관계를 심화하고, 자신이 누구인지 알아내며, 인생을 여행하며 거쳐갈 어떤 관계에서의 여정을 축하할 수 있는 특별한 기회를 갖는다. 독신으로 살면서 많은 이들과 사랑하는 것은 자기 발견으로의 항해다. 그리고 자신을 알아가고 삶에서 원하는 모든 변화를 위해 일할 수 있는 기회이기도 하다. 처음 질투심에 휩싸였던 당시 도씨는 독신이었다. 모든 일을 혼자서 처리해야 했다. 이때 도씨는 책임을 타인에게 돌리지 않고 자신의 내면을 봤다. 그러면서 자신의 의도로 자신의 감정에 대처하고 결정할 수 있었다.

커플이 되느냐 독신이 되느냐는 양자택일의 문제가 아니다. 그런데 우리 문화는 독신 생활 양식을 얕잡아보는 경향이 있기에, 소수의 사람만이 독신으로 남는다. 이는 독신자에게 돌아갈 사회적 자원과 지위가 한정적이라는 의미다. 만일 독신 생활 양식이 문화적으로 수용되고 나아가 가치를 인정받는다면, 아마도 독신 간 동반자 관계의 선택지는 크게 넓어질 것이다. 커플 생활을 구원으로 여기며 그렇게 되려는 기본적인 인식과 필사적인 노력도 함께 줄어들 확률이 높다.

파트너가 되면 삶의 기초적인 부분들을 서로 공유하게 된다. 공동 목표에 따라 함께 일하고 공동 출자하며 함께 자녀를 양육한다. 힘들 때도 마찬가지다. 우리는 누군가가, 우리가 가장 멋지지 않을 때도 여전히 사랑스럽다고 알려주기를 바란다. 독신 잡년의 난제는 평생 동반자 관계가 아닌 관계에서 친밀감을 심화하는 일이다.

독신은 온전히 자기 그대로의 모습으로 시간을 보낼 수 있다. 탐험할 수 있는 더 많은 자유와 더 적은 의무, 그리고 구멍난 티셔츠 차림으로 비디오 게임을 하며 아무 생각 없이 집에서 빈둥거릴 수 있다는 사실을 즐긴다.

> "독신은 온전히 자기 그대로의 모습으로 시간을 보낼 수 있다."

어쩌면 당신이 독신인 데는 부정적이지만 타당한 이유가 있을지도 모른다. 마지막 연애는 재앙이었고, 다시 시도하기조차 무섭다. 자기만의 통장과 부엌과 생활을 통제할 수 있어야 안심이 된다. 관계를 유지하는 방법으로 당신이 알고 있는 것이라고는, 누군가의 완벽한 아내, 남편, 연인, 또는 부양자가 되려고 노력하는 것이다. 당신은 이제 자신이 아닌 누군가가 되려고 애쓰는 데에 지쳤다. 당신은 이별에서 회복 중이다. 슬퍼할 시간이 필요하다. 당신은 정말로 함께 살고 싶은 사람을 찾지 못했을 뿐이다.

어쩌면 당신은 인생의 이런 시기를 맞아, 독신으로 살겠다고 흔쾌히 선택했을지도 모른다. 혼자 살면 눈앞에 나타나는 어떤 유형의 관계도 자유로이 탐험할 수 있다. 당신은 좋은 파트너가 되지 못하는 누군가를 사랑해도 된다. 이미 파트너가 있는 누군가를, 당신이 주택 융자 상환을 도와주거나 아이를 치과에 데려다 주거나 하지 않아도 되는 누군가를 말이다. 헌팅의 즐거움, 플러팅의 마술, 새로움이 주는 뭇 신비와 흥분을 사랑하는 까닭에 독신을 선택했을 수도 있다. 좋아하지만 사랑하지 않는 사람들과 성적으로 연결되는 방법, 소유하지 않고도 사랑하는 방법, 결합하지 않은 채 연결되는 수많은 관계를 탐험하려 들지도 모른다. 굉장히 개성적인 사람을 만날 때마다, 그들은 새로운 거울이 되어 당신 자신을 새롭게 보게 해준다. 연인이 새로 생길 때마다 세상에 대한 지식뿐만 아니라 자신에 대한 인식도 향상시켜준다.

독신 잡년의 윤리

독신자 성애 파트너는 어떤 권리와 의무가 있는가? 권리로 시작하자. 당신은 권리가 있고, 그것을 주장해야 한다. 우리 문화는 독신 파트너를 너무 쉽게 '두 번째', '외부', '불륜', '가정파괴자'로 간주하고, 독신 파트너의 삶은 관계 또는 지역 사회에서 무시당하기 일쑤다. 이 세상에서 독신 파트너가 진지한 존재로 인정받고 수용되려면 무엇을 해야 하는가? 만약 당신의 삶이 이 지점에 걸쳐 있다면, 권리와 책임을 고민하는 좋은 출발점은 자신과 각자의 감정에 대한 존중과 예우 및 배려다.

권리

- 당신은 존중받을 권리가 있다. 독신이 절반의 인간인 것은 아니다.
- 자신의 감정을 누군가가 듣게 하라. 당신은 존중과 응답을 받을 권리가 있다.
- 원하는 모든 것을 요구할 권리가 있다. 요구를 받은 대상은 그것을 주지 않을 수 있다. 하지만 당신은 질문할 권리를 가진다.
- 당신의 스케줄과 계획은 존중돼야 한다. 제3자가 나이가 많다는 등의 이유로 변경되면 안 된다.

- 아플 때 보살핌을 받을 권리가 있다. 응급 상황이 생겼을 때 응급실에 데려다준다거나 차가 고장났을 때 필요한 도움 같은 보살핌을 받을 권리. 당신의 연인들은 당신의 친구들이다. 친구들은 문제가 생겼을 때 서로 돕는다.
- 명절이나 주말을 당신과 연인 자녀들이 함께 보내는 문제를 협의할 권리가 있다. 당신은 사귀는 사람의 가족 구성원이다. 당신이 관계를 맺은 사람과 그 가족의 가치에 따라 결론은 각양각색이겠지만, 당신이 누군가의 비밀로 존재하는 것 이상을 요구할 권리가 있다는 점은 분명하다.
- 당신은 한계선을 설정할 권리가 있다: 당신이 할 일과 하지 않을 일, 당신의 정서적 평안과 개인적 환경을 위해 협의할 수 있는 것과 없는 것.
- 관계 문제에 관한 다른 사람들의 비난을 받지 않을 권리가 있다.
- 누군가의 결혼생활에 대한 하소연 등을 거부할 권리, 즉 감정의 쓰레기통이 되지 않을 권리가 있다. 당신의 연인이 얼마나 이혼을 바라는지 듣고 싶지 않을 수도 있는 것이다. 게다가 당신은 그래야 할 의무가 없다.
- 당신은 중요한 존재가 될 권리가 있다. 누구에게나 중요하다. 당신에게도 마찬가지다.
- 당신은 한 명의 훌륭한 인간으로서 가치와 환영과 존중을 받을 권리가 있다.

책임
- 당신은 경계를 견고하게 만들어 유지할 책임이 있다. 경계는 당신

이 끝나고 옆사람이 시작하는 지점을 알려준다. 좋은 경계란 튼튼하고 명확하며 유연하다. 나쁜 경계는 약하고 흐리며 부서지기 쉽다.

- 합의를 분명히 할 책임은 당신에게 있다. 시간, 공적 및 사적 행동, 공공 장소에서의 예의 등에 관해 합의하고 유지하라.

- '아니요'라고 말하고 싶을 때 분명히 말할 책임이 있다. 어물거리지 마라. 그리고 지킬 수 없거나 지키지 않을 약속은 하지 마라.

- 이 관계를 털어놓을 사람을 선택할 책임이 있다. 험담은 파괴력으로 작동할 확률이 높다. 다만 우리 대부분은 누군가와 자신의 문제를 이야기할 수 있어야 한다. 그 대상이 어떤 사람들일지 분명히 하라.

- 당신의 연인들의 다른 관계, 특히 그들의 평생 동반자와 연인의 관계를 존중하라. 이 사람들을 존중, 공감, 뇌락磊落으로 대할 책임이 있다.

- 당신은 더 안전한 섹스를 할 책임이 있다. 잠재적인 파트너와 논의하라. 당신이 수용할 수 있는 위험 수준을 스스로 결정하라. 타인들의 결정도 존중해야 한다. 또한 필수품인 '고무 제품' 사용에 익숙해져라.

- 당신은 자신의 감정을 자기에게 돌릴 책임이 있다. 자신의 위기를 관리하라. 그리고 이때 당신에게 시간을 내주는 사람들에게 신뢰와 지지를 받는 방법을 배워라.

- 당신은 의사를 직접적으로 표현할 책임이 있다. 연인에게 거리낌 없이 애정을 표현할 때, 상대방은 당신이 주는 것보다 더 많은 애정을 기대할지도 모른다. 당신은 자신의 애정과 욕망과 의사를 정

확하게 말하고 분명하게 전달해야 한다.

- 다른 사람이 듣고 싶지 않을 말을 하는 방법을 찾는 것 역시 당신의 책임이다. 독신 잡년들은 통상적인 친밀함이 없는 관계에서도 여러 민감한 논의를 할 수 있어야 한다. 불편한 진실을 말해야 할 수도 있다.
- 당신은 모든 관계에서 친밀함을 다져나갈 책임이 갖는다. 독신이라는 단어가 모든 상황에서 상처받지 않고 냉담해져야 한다는 의미라면, 당신은 차갑고 냉정한 세상에서 살게 될 것이다.
- 당신의 모든 연인은 멋지고 훌륭하며 개성적인 인간이다. 그러므로 당신은 그들을 소중하게 대하고 환대할 책임이 있다.

연결의 무지개

독신 잡년은 수많은 다른 사람들을 수많은 다른 패턴으로 만난다. 우리가 경험했고 당신 역시 그럴 만한 몇 가지 패턴을 살펴보자.

독신과 연결되는 관계

독신자를 일컬어 '가용 시간이 많은' 사람들이라고 부르다니, 재미있지 않은가? 어디에 무엇을 가용한다는 말인가? 당신이 독신일 때, 당신의 연인들 역시 다른 독신들일 수 있다. 그렇다고 해서 그 관계들 하나하나가 다 동일하지는 않다.

어떤 개인과도 자주, 정기적으로, 비정기적으로 또는 간헐적으로 데이트해도 된다. 양과 질이 항상 비례하는 것은 아니다. 모든 사람이 독신이고 그 누구도 파트너 오디션을 하지 않을 때, 각 관계는 자유롭게 그 관계에 해당하는 수준으로 진행된다. 두 사람에게 적합한 관계로 흘러가는 데 장애물이 줄어든다는 뜻이다.

당신이 독신이고 당장 이 생활을 바꿀 계획이 없다고 해서, 연인들을 당연하게 여기지 말라. 당신에게 그들이 얼마나 소중하고 귀중한지 알려주라. 관습은 우리에게 더 조신하게 행동하라고 말하지만, 우리는 그 관습을 바꾸자고 답한다. 우리는 뜨거운 데이트를 좋아하고, 적당한 온기도 사랑한다.

파트너와 연결되는 관계

이미 결혼했거나 동거하는 장기간의 평생 동반자가 있는 누군가와 데이트를 하게 될지도 모른다. 그 사람과 만날 때는 다른 누군가의 감정을 고려해야 한다.

어쩌면 누군가를 기만하고 있는 사람과 동침하는 입장에 설지도 모른다. 이 상황에 관한 윤리를 당신이 어떻게 생각하든지 간에—이에 관해서는 잡년마다 선택하는 윤리가 다르다—, 연인의 파트너가 당신들의 만남을 모를 때 어떤 어려움이 발생하게 되리라는 사실은 분명하다. 그 사람이 알아내지 못하게 하려고 속임수가 필요하게 될 수도 있다. 세상의 모든 영리함과 신중함을 동원해도, 그런 큰 비밀을 영원히 간직할 확실한 방법은 없다. 이런 비밀은 심각한 한계로 이어지기 마련이다. 누군가와의 관계가 '아무도 몰라야 하는' 모텔에서의 주간 밀회로 채워져 있다면, 실제로 얼마나 깊고 진한 사이로 발전할 수 있겠는가? 관계가 좀 더 깊어지면, 누군가는 좀 더 바라게 될 상황이 등장할 확률이 높다. 이 경우, 들키면 버림받게 될 가능성이 크다. 즉 은밀한 불륜 관계 중인 '외부' 연인인 것이다.

아마도 당신의 애인은 '묻지도 말하지도 말라(DADT)'는 정도의 태도를 취할 것이다. 비모노가미에 생소한 많은 커플이 이 태도를 더 안전하게 생각하고 시도한다. 우리 경험으로는, 이 태도는 종종 모든 관련자에게 더 큰 문제를 일으킨다. 첫째, 많은 사람이 자신의 사회적 네트워크에서 연인들을 찾는다. 그러므로 이 상황에 관련된 모든 사람들을 분리하고 유지하는 것은 어렵거나 불가능하다. 합의를 보호하려면 거짓말을 해야 한다. 결국 앞에서 다룬 기만 패러다임으로 되돌아가는 것이다. 누군가 당신에게 이런 상황을 요구하더라도, 거짓을 유지하는 것은 어떤 관계에서도 거리가 발생하기 일쑤다. 그리고 비밀 유지가 훨씬 더 어려운, 동거하는 동반자 관계에는 해를 끼칠 수도 있다.

반면 관련자 모두가 당신에 대해 알게 되면 상황은 매우 간단해진다. 시작은 거북하다. 하지만 공개를 통해 편안해지는 법을 배우게 될 가능성도 생긴다. 당신의 연인이 노련한 폴리 또는 가족의 일부인 경우, 관련자 모두가 자신들의 경계에 맞는 한계선을 알려주고 더 명확하게 만들 수 있다. 만약 그들이 이런 종류의 관계가 처음이라면, 진심과 문제를 놓고 대화하려는 의지가 대부분의 어려움을 극복하게 해준다.

저자들은 모두가 진실을 알고 인정할 때 가장 행복하다는 사실을 알게 됐다. 이때 기본적인 예의는 필수적이다. 경쟁이나 우월 의식의 기미를 보이는 모든 것을 철저히 피하라. 여자들의 말싸움은 포르노에서나 재미있다.

우리는 가능하면 우리 연인들의 파트너들을 만나서 친구가 되는 쪽을 선호한다. 때로는 그들이 우리와 친구가 되고 싶어 하는지 확신하기 힘들다. 더러는 그러지 않는 편이 좋다고 확신한다. 하지만 대부분은 인내심과 신의를 통해 생각을 바꾼다. 결국 우리에게는, 적어도 하나의 공통점이 있다. 우리 모두 같은 사람을 사랑한다는 것이다.

우리의 이해 관계와 연인의 파트너들이 가진 이해 관계에 반해야 할 이유는 없다. 우리 모두 존중받고 각자의 바람을 충족하고 자신의 욕망을 실현할 수 있는 행복한 결과를 만들기 위해 협력하기를 원한다. 긴 안목으로 보면 우리 모두는 같은 편이다.

"우리 모두는 같은 편이다." 노련한 잡년은 겁에 질린 파트너들에게 부드럽고 열린 마음으로 다가선다. 서로에게 질투와 불안을 느끼는 취약함은 친밀감의 고유한 형태이기도 하다. 이때 가장 효과적인 반응은 아마도 따뜻한 감정일 것이다.

파트너의 파트너와 섹스를 나누면서 그들을 챙긴다는 것은 당사자의 선택 사항이다. 누군가가 소외감을 느낄까 봐 그 사람과 친밀해지는 것은 그다지 좋은 생각이 아닌 경우가 많다. 간혹 당신은 어떤 커플에게 반해서 그들의 연인이 될지도 모른다. 다만 진짜 좋아하지 않거나 전혀 원하지 않는 교제에는 힘을 쓰지 마라. 질투를 달래주려는 섹스는 동의를 통해 이루어져도 아무 쓸모가 없다. 질투는 거의, 절대로 사라지지 않는다. 당신은 자신의 한계선을 잘 지키면서 지지와 따스함을 전하며 연인의 연인을 환대할 수 있다.

특별한 경우 당신은 평생 동반자 파트너와의 섹스가 없는 사람과 관계를 맺게 될 수 있다. 그들의 관계가 세월이 자나서 열정이 식었든, 혹은 질병이나 장애 때문에 섹스가 불가능해서든 말이다. 그런 사람과 데이트할 때는 그 파트너에게 더 많은 친절과 존중을 보이며 다가가야 한다는 사실을 명심하라. 그들은 당신이 그들의 파트너를 행복하게 만들어준다는 점에 만족하겠지만, 그 역할을 자신이 할 수 없다는 사실에 어느 정도의 슬픔을 가질 것이다. 그 사람이 관계에 기여한 가치를 인정하고 존중하라.

상대의 파트너로 인해 역할이 제한되는 관계

때로는 플레이하는 역할에 의해 관계가 정의될 수도 있다. 누군가의 다른 파트너들이 원하지 않거나 즐기지 않는 역할을 당신이 담당하는 경우다. 여기서 당신의 역할과 관계는 TV 축구 중계 시청을 좋아하는 것만큼 단순할 수도 있고, 어쩌면 더 복잡할 수도 있으며, 이성 간 결혼을 한 사람에게 동성 파트너가 되는 것일 수도 있다. 당신이 나누는 역할은 BDSM, 에로틱 역할극, 젠더 탐구, 영적인 여행 또는 그 사람의 동반자 관계 파트너가 제공하지 않는 다른 영역에 관한 것일지도 모른다. 이때 당신의 역할은 당신을 한 가족 환경의 일부로 만들어준다. 당신은 그 생태계의 원활한 작동을 돕는 셈이다. 이는 가볍게 생각할 수 없는 기쁨이자 책임이다.

커플과 연결되는 관계

성적 연결은 때로는 스리섬threesome, 쿼드quad, 또는 더 많은 사람과 아름답게 어우러지기도 한다. 운 좋게 이 경험을 하게 된다면, 이 특별한 경험에 참여할 수 있는 특권을 준 관계를 존중하게 될 것이다. 섹스는 매우 호화로울 것이다. 여분의 손들이 할 수 있는 것들을 상상해보라! 2대 1 또는 2대 2 또는 3대 1… 로 된 다양한 구성이 그런 섹스의 특징이다. 다수의 사람이 당신을 어루만지는 게 얼마나 달콤한지, 다른 사람들과 적극적으로 사랑을 나누는 것이 얼마나 근사한지, 당신이 그것을 할 때 울려퍼지는 거장의 교향곡을 느껴보라.

이때 누군가는 할 일이 별로 없어 소외감을 느끼기도 한다. 이런 일이 당신에게 일어날 때, 다른 사람들이 무엇을 하고 있든지 간에 남은 당신의 두 손이 무엇을 할 수 있는지 생각하면서 부드럽게 합류하라. 도씨도 이런 경험이 있다. 도씨의 연인 두 명이 삽입섹스를 하는 동안 도씨는 잠시 소외됐다. 그녀는 약간 민망해하며 이 섹스에 어떻게 다시 합류할지 고민했다. 곧 도씨는 몇 해를 같이해온 이 두 사람의 깊숙한 연결이 놀랍도록 기품 있다는 사살을 알아차렸다. 그래서 도씨는 자리를 잡고 그들을 바라봤다. 그리고 그들이 자아내는 아름다움에 만족했다. 섹스가 끝나자 그들은 도씨를 껴안았다. 즐거움이 이어졌다. 기다릴 만한 가치가 있었다.

당신의 선택에 따라 당신은 마음껏 즐길 수 있다. 힘든 일들은 함께 귀가할 파트너들이 맡아도 된다. 혹은 그들의 아이들이 수두에 걸렸을 때 도와주고 싶을지도 모른다. 외부 파트너는 특권을 가진다는 사실을 잊지 마시라. 친구 한 명은 말했다. "나는 디저트가 되는 거야!"

그룹과 연결되는 관계

연인에게 파트너가 많을 때, 이 관계를 조율하는 합의 과정은 마치 어떤 조약을 두고 진행되는 협상 과정과 같다. 연인의 다른 파트너들을 직접 만나서 이야기를 나누고 싶을 것이다. 그러면 일이 한결 쉬워진다. 어떤 멤버들은 외부 파트너가 그룹의 한계선과 경계, 특히 더 안전한 섹스에 관해 또렷하게 이해하기를 바랄 게 분명하다. 이건 훌륭하다. 일부 폴리아모리 그룹은 매우 사려 깊은 방법으로 많은 시간을 할애하며 새로운 사람과 연결된다. 이런 모습을 볼 때면 매우 기쁘다.

어떤 그룹은 어떤 식으로든—그룹 섹스, 그룹과 함께하는 생활, 그룹 결혼의 일원 등—합류하기를 바란다. 그 방식이 당신과 맞을 수도 있고 아닐 수도 있다. 그들의 요구를 꼼꼼하게 살펴보고 자신의 욕망과 한계선을 정해야 한다.

관련 당사자들 모두가 개방적으로 사고하며 성의를 갖고 임하면, 초기의 의견 불일치는 결국 협의되기 마련이다. 그런데 만약 그렇지 않은 사람들이라면, 초장에 바로 그걸 아는 편이 낫다. 내 친구 하나가 만난 사람은 두 명의 프라이머리 파트너가 있었고 내 친구를 세컨더리로 원했다. 그런데 만약에라도 내 친구가 그들에게 프라이머리 파트너가 된다면 어떻게 되는지 묻자, 그들은 이렇게 답했다. "아, 그건 안 돼." 그래서 친구는 거기서 손을 뗐다.

우리가 경험한 그룹 결혼과 서클은 대부분 훨씬 더 유연한 편이어서 새 파트너들과의 관계가 원만했다. 그래서 시간을 두고, 차근차근, 결국에는 대부분이 그룹에 합류했다. 도씨는 딸이 아직 아기였을 때 이런 가족 한 군데에 속해 있었다. 공식 회원이 되기 위한 자격 요건은 없었으며, 파트너십으로 모두 함께 적응하고 함께 성장해나갔다. 자체 시간표를 만들었고 모두 함께 아이들을 돌봤다. 이런 관계는 꽤 여러 해 동안 잘 돌아갔다. 영원히 이어지지는 못했지만, 행복하고 기억에 남는 긴 시간이었다.

독신의 독백

다음은 도씨의 글이다:

워크숍에서 이런 질문을 받은 적이 있다. "혼자 살면 외롭지 않나요?" 그가 내 기분을 상하게 할 의도는 아니었음을 바로 이해했다. 그는 무심결에 나를 아프게 한 것이다. "예, 물론 외롭죠"라고 답할 수밖에 없었다. 그럼에도…

나는 성인이 되고 나서 지금까지의 세월 절반가량을 독신으로 살았다. 어떤 일들은 혼자 하기 힘들다. 몇 해 전 처음으로 내 집을 샀다. 이때 나는 파트너를 얼마나 갈망했던가! 하지만 나는 혼자서 어찌어찌 이 일을 해냈다. 부동산 중개인과 주택금융 중개인, 지붕 기술자 및 점검반뿐만 아니라 내 두려움에도 대처했다. 그리고 이제 숲속의 사랑스러운 작은 내 집을 가졌다. 내 삶처럼, 집은 다른 이들과 공유할 수 있는 나의 것이다. 언제, 그리고 어떻게는 내가 선택한다.

누군가 노년기를 혼자 보내는 게 두렵지 않은지 질문했다. 나는 지금 70대. 당연히 두렵다. 이런 내게는 롤 모델이 있다. 바로 아버지보다 얼추 30년을 더 오래 살았던 나의 어머니다.

영원한 것은 없다. 나는 아직도 사랑에 빠질 때의 전율을 간절히 원한다. 너무 신비로워서 절대 가시지 않는 로맨스의 꿈. 그리고 나는 이제 예전보다 그것을 더 잘 알고 있다. 하지만 나는 달콤한 이성보다는 불타는 열정을 더 좋아하는 인간이며, 내가 타협에 능숙하다고 생각하지 않는다. 생존을 위한 나의 타협은 독신으로 살아가는 법을 배워서 잘 사는 것이다. 나 자신에게 한 평생의 서약이기도 하다.

1969년, 나는 의도적인 잡년이자 초보 페미니스트였다. 이때 나는 이후 5년 동안 독신으로 살기로 결심했다. 누군가의 아내가 되기 위해 애쓰지 않을 때에야 비로소 나는 내가 누군지 발견할

수 있었다. 하지만 어떻게 이 생활을 유지할 수 있을까? 나는 애정과
친밀함이 없는 냉정한 세상에서 살면서 아이를 키우고 싶지 않았다.
그래서 원래 함께 살고 싶지 않았던 연인들과 사랑을 나눌 방법을
궁리해냈다.

내가 '확신'을 주지 않았던 사람들과 애정을 공유하는 위험천만한
행보를 할 수 있는 방법을 고안한 것이다. 나는 그들에게 내가
좋아하는 것들을 말했다. 게다가 나는 논쟁에 강한 편이었다. 내
논리를 증명할 방법을 찾아나섰다. 연인들 중 한 명에게 내가 품었던
감정을, 그 감정의 진정한 이름인 사랑으로 불렀다. 용기를 내
사랑하자 더 많은 사랑을 돌려받았다. 이때부터 사랑하는 사람과
대상에 열린 애정을 나누는 것이 내 삶의 기초가 됐다.

나는 이 접근법이 사람들의 삶에 어떻게든 적용 가능하다고
확신한다. 우리 모두, 인연을 맺는 모든 사람을 존중하고 소중하고 가치
있게 여기며 그 사실을 밝힌다면 정말로 멋진 세상이 되지 않을까?

나는 그런 세상에 살고 있다. 바닷가를 걷거나 작은 산 정상에서
세상을 바라보거나 2천 년 묵은 나무가 위엄 있게 서 있는 산길
모퉁이를 탐험할 때 마음이 열리는 듯한 사랑을 느낀다. 나는
필사적이지 않다. 매달리고 싶은 욕망도 없다. 그저 행복할 따름이다.

나는 때때로 외로운가? 물론 그렇다. 나는 내 인생을 사랑하는가?
굉장히 사랑한다. 가끔은 내가 세상에서 운이 가장 좋은 사람인 것
같다.

22 관계의 밀물과 썰물
The Ebb and Flow of Relationships

우리는 현재 친구들 안에 얼마나 많은 연인들이 있는지 기쁘게 지켜본다. 성애 관계가 가족 관계로 발전하는 모습에 경탄한다. 물론 현실적 한계도 있다. 연애에 쏟을 수 있는 시간은 하루 최대 24시간이다. 이 시간에 일도 하고 잠도 자야 한다. 그러니 각각의 연인들에게 쏟을 시간은 한정될 수밖에 없다. 그래서 당신의 삶은 몇 명의 사람들과만 연결되고 제대로 대할 수 있다.

대부분의 사람들은 각자의 기분에 따라 파트너들이 오고 가는 데 문제가 없다. 대가족적 성애 관계는 깨진다기보다는 따로 자라나는 쪽에 가깝다. 성적인 우정 관계의 근사한 점 하나는, 짧은 연애 기간을 포함하는 오랜 교류의 세월 동안 쌓인 그들만의 특색과 고유한 친밀함이다. 이런 친밀감은 자전거 타기를 배우는 방식으로 만들어진다. 시행 착오를 겪는다. 미끄러지고 넘어진다. 그러다가 결국은 함께 달린다. 자전거 타기처럼 이 과정에 녹아내린 특별한 친밀감과 자신의 모습은 결코 잊히지 않는다. 심지어 무척 쓰라렸던 이별 후에도 갈등이 해소되고 시간이 상처를 치유하고 나면, 오래된 편안한 장갑을 끼

듯 당시의 관계로 스윽 돌아갈 수 있다는 사실을 알게 될지도 모른다.

반대로 친밀한 관계에서 갈등은 쉽게 장기화되거나 해소가 힘들어진다. 친밀한 관계라서 생기는 문제가 친밀한 관계의 기초를 위협하는 것이다. 우리는 여러분이 행복한 관계에 적용하는 높은 수준의 윤리와 관심을 갈등이 발생한 관계에도 적용하기 바란다.

관계에서 발생하는 주요 갈등에 책임 회피로 대응하고 싶은 유혹은 항상 솔깃하다. 우리는 어린 시절, 전권을 가진 부모들에게 벌을 받으면서 고통은 잘못의 대가라고 배웠다. 그래서 우리는 상처를 받으면 누군가의—되도록이면 다른 사람의—잘못 때문이라고 여기면서 상황을 이해하려 노력한다.

기억해야 할 중요한 점은 대부분의 관계가 깨지는 이유는 관련 파트너들이 서로 행복하지 않아서이다. 그 누구의 탓도 아니라는 이야기다. 당신도, 당신의 파트너도, 당신의 파트너의 연인의 탓도 아니다. 설령 누가 나쁘게 행동하고 정직하지 않았다 해도, 그것 때문에 당신의 프라이머리 관계가 무너지지는 않는다. 관계는 그 자체의 내적 스트레스 때문에 종결되기 마련이다. 우리 저자들조차도 쓰라린 이별의 한복판에 서 있을 때는 이 점을 기억하는 데 애를 먹는다.

자신을 비난하고 싶어지면 관계 상담에서 들었을 진리를 기억하면 도움이 될 것이다. 모든 문제는 관계 그 자체에 속한다는 진리 말이다. 누가 '옳고' 누가 '그른지'를 규명하려고 애쓰는 것은 쓸데없다. 문제는, 앞으로 어떻게 해야 하는지이다. 잘못을 따지는 대신에 해결해야 할 문제라고 갈등을 인식하기 시작한다면, 당신은 문제 해결의 중요한 첫걸음을 내디딘 셈이다.

어떤 이들은 모든 사람의 정서적 안녕에 관한 책임을 습관적으로 부담하며, 무엇이든 자신의 잘못이라고 느낀다. 그들은 모두의 고통과 고민을 마술처럼 사라지게 할 수 없다. 그런 사람들은 자신의 몫만 자기 것으로 삼고, 다른 사람들이 그들의 몫을 지니게 가만 놓아두는 법을 배워야 한다.

파트너 한쪽이 너무 적은 책임을 지는 것 또한 흔한 일이다. 관계 유지 능력에 자부심을 가진 사람은, 헤어지고 싶을 때 자신을 정당화시키기 위해 파트너에게 악역을 맡기곤픈 욕구를 느낄 수 있다. 이 전략은 두 사람 모두에게 부당하다. 이는 관계에서 모든 힘을 그 '악당'에게 수고 '피해자'를 무력화시킨다. 파트너가 너무 끔찍해서 떠날 수밖에 없었다는 이야기는, 당신이 항상 선택할 수 있었다는 사실을 부정하는 것과 같다. 우리 경험으로는, 관계의 갈등은 대부분 양면적이다. 문제에서 자신의 책임을 인정할 수 있다면 해결을 위해서도 노력할 수 있다.

중요한 예외가 있으니, 바로 누군가가 물리적 또는 성적인 폭력을 쓰거나 정서적 또는 언어적 학대를 하고 있는 관계 문제다. 파괴적이지 않은 방법으로 갈등을 해결할 때는 전문적인 도움을 받아야 한다. 인터넷으로 몇 분만 검색해보면 폭력 피해자와 가해자 모두를 지원하는 지역 단체와 연락하는 법이 나온다. 오직 당신만이 당신이 얼마나 위험한지를 정확히 알 수 있다. 위험에 처했다고 생각되면 확실히 떠나야 한다. 약물 남용에 대처할 때도 전문적인 도움을 받는 게 좋다. 아무리 훌륭한 파트너라도 사랑만으로는 알코올 중독 같은 문제는 해결할 수 없다. 어떤 식으로든 아동이 학대받는다면 안전이 최우선이다. 지금 당장 떠나야 한다. 당신은 안전한 거리를 확보한 후 이런 문제들을 계속 해결할 수 있다.

이별

일어날 일은 일어난다. 좋은 관계 기술과 높은 윤리 기준이, 파트너 또는 파트너들과 영원히 함께할 수 있게 된다는 의미는 아니다. 우리의 경험으로는 관계는 변화하고 사람은 관계에서 벗어나며 모든 게 달라진다. 예리한 통찰력으로 되돌아보면, 어떤 이별은 개인의 성장과 더 건강한 삶으로 가는 건설적인 행보였다. 하지만 그 당시에는 그저 끔찍했을 따름이었다.

이별이 당신과 옛 연인이 무시무시한 뭔가를 했다는 의미는 아니다. 이 점을 기억하면 지금 당신의 삶에 도움이 된다. 우리 중 대부분은 삶에서 여러 차례의 이별을 겪을 것이다. 우리가 뭘 잘못했는지 고민하면서 자신을 고문하기보다는, 우리 삶에서 이별이 어떤 것이었으면 하는지를 미리 생각해본다면 어떨까?

전통적인 결혼이 깨졌다고 해서 그 파국을 모노가미가 제대로 작동하지 않는다는 증거로 생각하는 사람은 아무도 없다. 그런데 왜 사람들은 잡년의 이별을 두고 자유연애가 불가능한 징표라고 생각하는가? 당신의 이별은 당신이 맺는 관계의 개방성과 아무 상관 없이도 생길 수 있는 일이다. 이별이 잡년의 길을 갈 수 없다는 증거는 아니다. 애초에 당신이 잡년생활을 원한 게 아니라면, 이 삶의 요구하는 온갖 노력을 기울이지도 않았을 것이다.

> "왜 사람들은 잡년의 이별을 두고 자유연애가 불가능한 징표라고 생각하는가?"

관계의 극적인 변화를 겪는 사람들이 이별도 애정과 평정심으로 할애 가능하다는 사실을 차분하게 느낀다면 좋을 것이다. 하지만 동반자 관계는 가혹한 형태로 깨지기 마련이다. 고통스럽고 화가 나 상처받고 쓰라릴 때가 너무 많다. 깊이 의지했던 관계를 상실하는 슬픔은 깊은 상처를 낳는다. 달갑지 않은 결별이 주는 고통스러움 속에서 잘 지낼 수 있는 사람은 거의 없다. 친구들과 연인들로 구성된 관계의 별자리 전체도 파트너 둘의 이별로 영향을 받을 수 있다. 당신이 아닌 다른 사람과의 이별로 슬퍼하는 한 연인을 도와달라는 요청을 받을지도 모른다.

애도를 생산적인 작업으로 여기면 도움이 된다. 상실은 당신의 삶에 구멍을 남겼다. 이때는 새로 파인 빈 공간을 어떻게 채우고 상처를 꿰매고 싶은지 파악하면서 당신이 가치 있게 여겼던 것들을 세심하게 들여다볼 필요가 있다. 이 과정은 당신의 옛 연인이 대신할 수 없다. 오늘 휘몰아치는 압도적인 슬픔, 버려짐, 분노, 원망의 감정은 몇 개월이 지나면 아픔 속에서도 다룰 수 있을 것이다. 격렬했던 감정이 잦아지면, 헤어진 연인과 다시 소통하기에 괜찮은 시간을 만들 수 있다. 커피를 마시거나 영화를 관람하는 등등. 이 이별에서 우정이 생기지 않는다면 몹시 안타깝다. 그 모든 것을 나눈 후에.

21세기의 이별 에티켓

슬프게도, 관계를 끝내면서 마치 드라마를 찍어도 좋다는 허가라도 받은 듯이 구는 사람들이 많다. 게다가 어떤 사람들은 좋은 모습으로 떠나지도 못한다. 그들은 자신을 괜찮은 사람으로 느끼거나 양심의 가책을 덜고자 악당, 가해자, 나쁜 사람으로 비난할 누군가가 필요하다.

인터넷은 우리에게 사람과 사람 사이의 드라마를 실현할 수 있는 멋진 신기술을 제공했다. 친구 추가와 친구 삭제, 최근 사랑한 사람에 관해 현명하고 사악한 판단을 게재하기, 만사에 용암 같은 분노를 퍼뜨리는 기술 말이다.

따라서 웹 서핑을 하는 동안 인터넷은 새로운 기회, 그리고 수많은 정보, 숱한 즐거움을 현대 잡년의 삶에 선사한다. 또한 이별을 둘러싼 민감한 시기에 행동으로 옮길 수 있는 전례 없는 기회도 준다.

믿고 털어놓을 수 있는 사람이 누구인지를 우리에게 알려주는 규칙들은, 전자 통신이 관련될 경우에는 세 배로 증식된다. 블로그 또는 소셜 네트워크 페이지를 개인 일기로 사용하는 습관이 있는 경우, 별도의 페이지에 쓰는 것을 고려해보기 바란다. 온라인을 활용하려면 비밀번호를 설정해서 보안에 신경쓰도록 하라. 우리는 종이를 좋아하는 편이다. 분노, 비난, 슬픔, 그리고 모든 종류의 온라인 커뮤니티와 공유하기 부적절한 중요한 다른 모든 감정을 쏟아낼 수 있다. 그다음 이 종이를 불태우면 된다.

때때로 온라인 친구를 몽땅 삭제하는 대하드라마를 찍게 되기도 한다. 누가 당신의 개인 정보를 알아채는 게 싫다면, 얼마 동안은 당신의 정보를 덜 노출시켜라. 정보 공개가 꼭 필요하다면, 당사자나 다른 누구에게 댓글을 달지 말고 그냥 친구 목록에서 그 사람을 삭제하면 된다. 하지만 누군가를 친구 목록에서 삭제하면 당신은 그 사람의 뒷담화를 할 수 있다. 이런 뒷담화는 어리석고 무례한 일이다. 왜냐하면 그 사람은 공동의 친구에게서 그 이야기를 듣게 될 테니까.

20세기 초의 상담 칼럼을 보면, 타자기로 편지를 쓰는 무례함을 지적하는 내용이 꽤 많이 등장한다. 신기술은 비인간적으로 보이기 쉽상인데, 전자우편 역시 예외가 아니다. 전자우편과 소셜 미디어로 소통하면 얼굴이나 몸을 쓰지 못해서 불편하며 이모티콘도 그다지 도움이 되지 않는다. 이러한 기술은, 직접 음성으로 소통하자니 너무 감정적이거나 위험하게 느껴지는 지점을 분명히 해둘 때는 큰 도움이 되지만, 의도하는 바보다 훨씬 더 가혹한 말로 들릴 수도 있다. 당신의 호의적인 미소가 어디론가 가뭇없이 사라질 수 있기 때문이다.

친구들은 누구의 편인가?

개방적 성애 생활이 주는 즐거움 중 하나는 모두가 대가족, 성애 집단, 또는 이 부족 안에서 서로 연결되는 경향이 있다는 것이다. 한 커플이 아파하면서 헤어지면 온 집단이 영향을 받는다. 고통을 당하는 사람은 사생활이 사라진 것처럼 느낄 수 있다. 당신의 친구들과 다른 연인들은 누구의 잘못인지에 대한 생각으로 머릿속이 가득차게 될지도 모른다. 그들은 당신의 고통을 느끼며 아프다. 때문에 집단 전체가 비난할 대상을 찾기 시작할 수 있다.

"헤어지는 커플은 자신들의 커뮤니티에 얼마간의 책임이 있다. 집단 역시 그 커플에 관해 일단의 책임이 있다고 봐야 한다."

윤리적인 관점으로 보면 헤어지는 커플은 자신들의 커뮤니티에 얼마간의 책임이 있다. 집단 역시 그 커플에 관해 일단의 책임이 있다고 봐야 한다. 이 차단기가 공동체를 갈라놓아서는 안 된다. 다시 말해, 친구들이 당신의 옛 연인과 나누었을 모든 우정을 단절하라고 모두에게 요구하지 마라. 커뮤니티를 당신 편과 반대편으로 가르지 말아야 한다.

그 누구도 가십으로 가득찬 결과를 바라지 않는다. 그래서 사생활은 까다로운 문제다. 하지만 우리 모두, 고민을 이야기할 수 있는 믿을 만한 친구가 필요하다. 어려운 시기에는 특히 그렇다. 이별하는 커플은 이 고민을 털어놓아도 괜찮은 사람과 그렇지 않은 사람에 관해 의논하고 합의할 수 있다.

당신과 당신의 옛 연인은 한동안은 같은 파티에 참석하면 안 된다고 생각할 수 있다. 함께 그 문제를 해결하라. 함께 그 문제를 해결하여 초대한 파티 주최자에게 고함치지 않도록 해야 한다. 파티의 주최자에게 연락해서 옛 연인을 초대하지 말라고 요구하거나 이미 초대됐다고 옛 연인에게 연락해서 참석하지 말라고 위협하는 행동은 특히 비윤리적이다. 친구들에게 당신의 일을 떠넘기는 것과 같다. 만일 당신이 헤어진 연인과 사람들이 어울리는 곳 어디에서든 기분이 나빠진다면, 떠날지 머무를지는 당신의 선택이다. 당신이 몹시 참여하고 싶은 행사에 옛 연인의 참석 문제를 대처해야 한다고 결정한다면, 그건 좋다. 옛 연인과 사교 공간을 공유하는 연습을 조금 하는 셈이다. 그리고 당신들 중 한 명이 아프리카의 팀북투로 이사하지 않는 한 결국에는 해야 할 일이기도 하다. 결국 직접 경험하면서 옛 연인에 대한 감정에 더 잘 대처할 수 있을 것이다. 그리고 이 모든 게 덜 아프게 된다. 고통스러웠던 이별을 겪은 당신은 단단함, 그리고 어쩌면 우정까지 얻을 수 있다.

이때 친구 및 가족 집단은, 분열되지 않아야 하며 판단을 내리지 말고 이야기를 들어줄 책임이 있다. 그리고 이별하는 동안에는 고약한 생각을 하기 마련이라는 점을 이해해주어야 한다. 친구의 힘든 마음을 인정해주고 심한 비난을 해도 걸러서 들어라. 이 규칙에서 예외는 강간,

가정 폭력, 파괴적인 약물 남용과 같은 심각한 사안 때문에 이별하는 경우다. 이런 문제는 모두가 과감하게 판단을 내려야 한다. 물론 쉬운 답은 없다. 하지만 대부분의 경우, 비난의 내용은, 이별한 파트너가 생각 없고 이기적이고 무심하며 요구사항이 많고 못돼먹었으며 정직하지 않고 교묘하고 수동 공격형이고 무례하고 멍청한 얼간이라는 것이다. 우리 모두 한두 번씩은 이런 경험이 다 있으니, 이해하고 용서하자.

해피 엔딩

이별은 누구에게나 힘겹고, 얼마 동안은 몹시 화나고 슬프고 함부로 취급당하며 버림받은 기분이 든다. 하지만 곧 옛 연인이 될 그 사람은 당신이 한때 사랑했던 멋진 사람과 변함없이 같은 사람임을 부디 잊지 말기 바란다. 건너온 다리를 불태우지 말고 남겨두자. 다음은 재닛의 말이다:

> 이혼 후 핀은 내게 매우 화가 났다. 심각한 우울에 빠지기도 했다. 나는 큰 죄를 지은 기분이 들었다. 하지만 우리는 공동 양육권을 갖고 있었던 아이들을 위해 서로 예의를 지키며 지냈다. 그로부터 30년이 흐른 지금, 나는 그를 절친으로 생각한다. 2년 전 그는 중병을 앓았다. 나는 당시 그를 도와주는 사람 중 한 명이었다. 그렇게 됐다. 상처가 아물지 않았고 모두 힘들었던 그때, 우리가 서로에게 지독하게 굴었다면 우리의 좋은 사이는 존재하지 않았을 것이다. 우리 둘 다 소중하고 가치 있는 우정을 놓쳤을지도 모른다.

똑똑한 잡년들은 갈등이 고조된 상태에서 기억하지 못하더라도, 이별이 관계의 종말을 의미해야 할 필요가 없다는 사실을 알고 있다. 만일 이별한 연인과 다른 유형의 관계로 나아가면 당신은 점잖은 지인 또는 친구를 얻는다. 심지어는 연인 관계로 다시 돌아갈 수도 있다.

도씨는 이렇게 말한다:

나는 빌과 2년 동안 만났다. 그동안 우리 관계는 모든 면에서 훌륭했다. 특히 강렬한 성적 접속이 그랬다. 우리는 많은 것을 함께 처음 탐험했다. 결국 우리는 함께 살았다. 이 동거는 6개월 동안 지속되다가 한바탕의 큰 싸움을 거치면서 막을 내렸다. 우리의 인생 목표는 정말이지 너무 달랐다. 하지만 이별 후 1년 정도가 지나 우리는 다시 어울렸다. 다시 데이트를 했다. 섹스는 이전보다 더 뜨겁고 깊어졌다. 그 이후 9년 동안, 우리는 좋은 친구와 연인 사이로 한 달에 한 번씩 만났다. 그때마다 우리가 나누었던 사랑스럽고 열정적인 섹스를 이어갔다.

• 연습 •

건강한 이별

건강하고 건설적인 이별에 관한 짧은 이야기 세 개를 만들어보자. 각 인물이 힘든 감정을 어떻게 헤쳐나갈 것인지 상세하게 적는다. 이별 직후, 이별 6주 후, 이별 6개월 후를 위한 합의사항을 고민해 보자.

윤리적인 잡년이어서 좋은 점 한 가지는 관계를 양자택일하지 않아도 된다는 것이다. 친구와 연인의 숫자만큼, 관계 맺는 방식은 다양하다. 일단 이별을 극복하면 더 나빠질 것도 별로 없다. 옛 연인과의 관계는 진정한 안정감이자, 당신이 최악일 때의 모습을 본 누군가와 나누는 우정이다. 우리가 옛 연인이라는 사람을 그 결점까지 포함하여 깊이 알고 있을 때, 오랫동안 계속 변화하고 성장하며 지지를 주고받을 수 있는 관계, 진정으로 친밀하고 중요한 관계의 기반을 갖게 된다. 시인 에드나 빈센트 밀레이Edna St. Vincent Millay는 이렇게 썼다.

> 끝내, 친애하는 옛 사랑이여,
> 이제 내 마음을 받지 못하네,
> 사랑이 아니었다고 우리가 말해야 하나,
> 그것이 사라졌다고 해서?*

---

* 빈센트 밀레이의 시 「참새는 죽었다Passer Mortuus Est」의 일부

23 섹스와 즐거움
Sex and Pleasure

섹스는 멋진 것이며 즐거움은 당신에게 좋은 것이다. 이미 앞에서 말했지만, 이런 이야기는 거듭해도 괜찮다. 우리는 자연스럽고 편안하게 섹스 그 자체를 즐겨왔다. 하지만 마냥 쉽지만은 않았다는 사실을 여러분들이 알아주기를 바란다. 섹스가 저속하고 추잡하고 더럽고 위험하다고 가르치는 문화 속에서, 자유로운 섹슈얼리티로 가는 길은 찾기 어렵고 위험투성이일 수 있다. 만일 당신이 이 길을 가기로 결정했다면, 우리는 당신을 출하하며 지지와 격려 그리고 가장 중요한 것인 정보를 제공하겠다. 우리와 구애받지 않고 섹스를 즐기는 사람들은 모두, 자라난 사회의 터부를 감당하면서 이렇게 될 수 있었다. 이 사실을 알아두기를. 그 말인즉슨, 당신도 우리처럼 배울 수 있다는 뜻이다.

무엇이 섹스인가?

섹스라는 단어는, 모두가 그 의미에 동의하고 있는 것처럼 사용된다. 하지만 섹스할 때 실제로 무엇을 하느냐고 물어보면, 굉장히 다양한 종류의 행위와 상호작용을 그 대답으로 들을 것이다.

섹스는 모든 것의 일부이며 모든 것이 섹스의 일부라고 앞에서 이야기한 바 있다. 이제 대부분의 사람들이 섹스라고 부르는 분야, 그러니까 입술과 유두와 클리와 자지와 오르가슴에 관련된 분야를 다뤄보자. 이 분야는 섹스에 포함될 수는 있으나, 그 자체가 섹스인 것은 아니다. 성기나 다른 성감대는 '무엇'이 아니라 '어떻게'의 문제이기 때문이다.

섹스가 실제로 무엇인가 할 때의 '무엇'을 말하자면, 섹스는 의식의 특별한 상태로 가는 여정이다. 그곳에서는 외부 세계로 향한 다이얼을 바로 그 순간의 감정과 감각에 맞추고, 달콤한 흥분의 영역으로 여행하여, 깊은 연결 속으로 젖어든다. 이 여정은 각성으로 가는 항해인데, 환희의 느낌을 전달하는 신경이 잠들어 있다가, 깨물거나 어루만지는 동작에 반응하여 불꽃으로 타오른다.

우리가 전희라고 부르는 것은 아마 우리가 얼마나 깨어날 수 있는지 보는 방법이기도 하다. 발가락 끝에서부터 머리카락 끝까지 흐르는 짜릿한 집중, 머릿밑을 쑤시는 느낌, 발바닥의 찌릿찌릿함, 성적인 해부학의 찬란한 기적은 사타구니, 입술, 유두, 엉덩이, 자지, 보지를 팽창시킬 수 있다. 이는 우리 안에 잠재된 훨씬 더 강렬한 신경계를 깨운다. 마침내 우리는 불꽃처럼 불붙는다.

섹스라는 기차를 움직이게 하는 건 무엇이든지 하거나 상상하는 일이다. 영화의 한 장면, 거리에서 마주친 섹시한 사람, 초원에 피어나는 야생화의 부풀어오르는 꽃봉오리, 코를 틔워주는 향기, 뒤통수에 와닿는 따스한 햇살. 그다음, 이 멋진 섹시한 느낌을 밀고 나가고 싶다면 불어나는 긴장과 관능적 집중을 더하면 된다. 인간이 생각해낼 수 있는 어떤 종류의 무엇이라도 상상하고 만지고 말하면서. 이를테면 애만지고, 키스하고, 깨물고, 꼬집고, 핥고, 진동을 주고, 에로틱한 그림과 춤과 섹시한 음악. 당연히, 우리의 살갗과 다름없는 실크 속옷까지.

그러니 섹스는 오르가슴으로 이끄는 성기 자극보다 훨씬 더 넓은 영역에 걸친다. 피상적인 전회만을 거친 후 오르가슴으로 직행하는 고속철로의 질주는, 쾌락을 즐기는 인간 능력에 대한 모욕이다.

> "피상적인 전회만을 거친 후 오르가슴으로 직행하는 고속철로의 질주는, 쾌락을 즐기는 인간 능력에 대한 모욕이다."

섹스란 무엇이냐는 질문에 대답하는 행복한 방식은 다음과 같다.

어떤 순간에 지금 내가 섹스를 하고 있는 건가 아닌가 궁금하고 있다면, 당신은 하고 있는 중이다. 우리는 생식기와 인터코스와 삽입을 넘어서며, 그리고 단연 빼놓으면 서운할 오르가슴으로 가는 자극을 훌쩍 넘어서는, 섹스의 확장된 정의를 사용하고자 한다. 우리는 감정을 함께 나누는 것부터 오르가슴을 함께 향유하는 것까지, 이 모든 관능적인 자극을 섹스라고 생각하고 싶다.

섹스의 개념을 확장하여 그로부터 즐거움을 얻을 때, 우리는 이른바 수리학의 횡포에서, 발기에 시간을 맞추는 수고에서 자유로워질 수 있다. 피임하느라 방해받을 필요도 없다. 간접 성교를 그 자체로 완벽하게 훌륭한 섹스로 본다면 말이다.

즐거움은 당신에게 좋은 것이다. 그러니 당신이 즐거운 일을 하라. 다른 사람이 당신의 즐거움을 당신에게 알려주는 일은 없도록 하라.

해맑은 사랑을 섹스에 가져오기

이 책의 앞부분에서 다룬 '해맑은 사랑'—현재에 있으며, 기대하지 않는—을 기억하는가? 해맑은 사랑은 성생활에 응용할 수 있는 기술이며, 현재에 집중하고 자신을 수용하는 데 바탕을 둔다.

지금도 행복하게 기억되는 어린 시절의 어떤 순간으로 마음을 되돌려보라. 아이들은 천진난만하게 현재에 머무른다. 당시의 인식을 되찾으려면 공원에 가서 흙에서 발견한 흥미로워 보이는 나뭇가지를 살펴보라. 해변에 가서 신발을 벗고 물가를 걸어보라. 물풀, 모래, 파도에 닿는 발가락에 어떤 느낌이 드는가? 밀물이 밀려오는 동안 모래에 구멍을 파보라. 당신의 주변과 당신의 경험에 관심을 기울이라.

그런 다음, 방금 감각한 것과 같은 몰두하기와 기쁨에 찬 관심을 사랑하는 사람에게 기울여보라. 분명 기분이 좋아질 것이다. 그러니 조금 더 하라. 당신은 멋진 사람이고, 당신이 사랑하는 이도 그렇다. 그리고 당신들 모두 기뻐할 자격이 충분하다.

손으로 살갗을 어루만지는 것은 현재로 진입해서 연결되고, 사랑으로 빠져드는 훌륭한 방법이다. 로션으로 연인의 발을 마사지하라. 교대로 해준다. 이것이 섹스로 이어질 것인가 하는 미래 여행은 일단 제쳐두라. 무슨 상관인가? 당신들은 발을 감각하면서 지금 이 순간에 머무른다.

우리 저자들은 성기 섹스의 강렬한 아름다움을 결코 반대하지 않는다. 하지만 우리 모두, 우리가 감각하는 것들을 연인에게 연결시키는 방법에 관심을 기울일 필요가 있다. 미래를 계획하는 동안에는 현재에 온전히 머무를 수 없다. 다음에 무엇이 일어날지를 예상하기 급급하면 아름다운 관능적 기쁨은 미로에 빠진다. 신비를 즐기는 방법을 배워라. 흥미진진한 무언가로 향하는 길 위에 있다는 사실을 깨달았을 때 등골에 흐르는 전율. 그 길을 따라가며 어디에서 에움길로 접어드는지 찾아보라. 기적에 감사하라. 고속도로처럼 가능한 빨리 가랑이로 질주하면서 내뿜는 열기 속에서 순간의 찬란함을 놓치지 마라. 지금 우리는 효율성을 찾는 게 아니다.

발이 나른하다. 무아지경의 신음 소리가 들린다. 그 아름다운 다리까지 손이 미끄러져 올라가야 하는가? 그만! 그쪽은 놔두고 다시 부드럽고 민감한 발로 돌아가라. 그다음 순서를 걱정한다면 긴장 때문에 발을 감각할 수 없다. 발의 느낌에 더 집중할 때, 당신은 현재에 있다. 당신의 파트너도 마찬가지다. 발등이 낫낫해지고 얼얼한 희열에 젖는다. 이제 파트너의 위로 올라가 발을 힘껏 감싸안고 몇 분을 더 음미하기에 좋은 시간이 왔다. 그리고 속삭인다. '더 가볼까?'

'더'가 무엇이든, 그것과 함께 현재에 머무르겠다고 다짐하라. 완벽한 현존과 수용은 이상적이다. 완벽에 다다를 수 없다 해도, 노력 자체로만도 남다르다. 지금 당장 필요하지 않은 것들은 놓아두라. 이제껏 당신이 경험한 것과 기대의 뭇 모래와 먼지를 씻어내라. 마음을 온전히 열고 기다리면서 다른 사람과의 만남에 자신을 할 수 있는 만큼 오롯이 열어놓는 즐거운 연습이다.

장애물은 무엇인가?

좋은 섹스는 쉬운 것처럼 보인다. 하지만 우리 경험으로는 대부분 그렇지 않다. 무지에서 산만함까지, 모든 것이 책임감 있고 즐거운 섹스에 걸림돌이 될 수 있다. 여기에 우리의 재미를 방해하는 A급 훼방꾼 목록이 있다.

성 부정주의 문화

우리 대부분은 부끄럽고 당황하여 멍해지기 시작한다. 섹스 때문에 당황하기 싫다는 생각을 하고 나서조차도 그렇다. 몸, 욕망, 섹스를 더럽고 나쁘다고 가르쳤던 그 믿음 때문에 성적 자존감을 개발하는 게 매우 어렵다. 다른 사람과 만나는 경험을 어떻게 할 수 있기 한참 전인 청소년기를 성욕, 성적 판타지, 자위 행위에 대한 죄책감에 사로잡혀 보낸 사람이 많다. 많은 이들이 타인과 접속할 때 자신의 수행 능력에 집착하며 시간을 보낸다. 혹 잘못하는 건 아닌지 걱정하느라 바쁘다. 이게 얼마나 좋은 느낌인지 알아차리지도 못한 채.

우리의 욕망과 환상이 이성애자와의 모노가미 결혼을 넘어 뻗어나갈 때, 우리는 자기 수용에 관한 추가 공격에 시달린다. 일부 사람에게 우리는 섹스에 미친 변태이자 경멸의 대상이다. 타인의 눈에, 그리고 우리 자신의 눈에 아주 많이 그렇다. 신조차 우리를 미워할 거라고 말하는 사람들도 있다. 이 때문에 기분이 나쁜 나머지 자신을 그저 숨기고 싶어진다면, 섹슈얼리티의 풍부함을 흠씬 느끼기 어렵다.

신체 이미지

그 누구도 완벽하게 섹시해 보일 수는 없다. 광고 및 패션 산업은 자신들의 주머니를 채울 심산으로 우리가 우리 몸에 불만족을 느끼게 만든다. 타인에게 더 괜찮게 비치려고 필사적으로 애쓰면서 옷과 화장

품을 더 사들이고 심지어 성형수술까지 하게 만드는 것이다. 젊고 날씬하며 아리따운 운 좋은 사람들조차도 자신이 다른 이들에게 어떻게 보일지 끊임없이 걱정한다. 그들이 대체 왜 성형외과와 미용시술사에게 몰려간다고 생각하는가?

함께 섹스를 나누고픈 사람이 많아질수록, 당신의 벗은 몸을 보는 사람들이 많아진다. 자, 답은 여기에 있다. 자유로운 섹슈얼리티를 즐기려면, 당신의 이 몸을 받아들여야 한다. 무한정 시간을 들여 10킬로그램쯤 살을 뺄 때까지 기다리기 싫다면, 혹은 젊어 보일 때까지 기다리고 싶지 않다면, 숨을 참지 말라. 당신의 섹시함은 당신이 자신을 어떻게 느끼는지에 달렸다. 어떻게 보이는지가 아니라.

> "함께 섹스를 나누고픈 사람이 많아질수록, 당신의 벗은 몸을 보는 사람들이 많아진다."

나이와 장애

신체적 장애가 있는 사람은 섹스를 즐기지 않는다는 예단은 어리석고 무례하다. 다른 방식으로 할 수 있는 사람은, 다른 방식으로 구성된 형태의 섹슈얼리티에 참여할 수도 있는데, 그렇다고 해서 전혀 섹스가 아닌 것은 아니다. 목 아래의 감각을 다 잃은 척수 손상 환자도 오르가슴을 느낀다고 한다. 우리의 귀와 입술이 실제로 얼마나 민감해질 수 있는지 알려주는 교훈이다.

신체적 장애가 있는 사람의 섹스 역시 다른 어떤 섹스와 크게 다르지 않다. 할 수 있는 것에 초점을 맞춰라. 그리고 느낄 수 있는 것과 기분이 좋은 것, 그리고 이 소중한 몸이 느낄 수 있는 가장 강렬한 감정을 경험하는 방법에 집중하라. 다른 누군가들이 하는 것처럼 당신의 몸에 대해 배워라. 움직이고 가닿는 데 무엇이 당신을 지원할 수 있는가? 의료기구를 어떻게 다룰 수 있는가? 어떤 주의 사항을 명심해야 하는가?

가장 중요한 것. 당신은 무엇을 좋아하는가? 사고로 신체 감각을 잃은 사람들은 새로운 몸이 할 수 있는 것과 느낄 수 있는 것을 재발견하는 데까지 오래 걸릴 수 있다. 기분이 좋아지는 것을 찾는 일은 이 여정의 즐거운 한 구간이다. 태어나면서부터 혹은 어린 시절부터 장애가 있는 사람들은 성욕이 없는 존재로 취급되기 일쑤다. 그들은 자신의 섹슈얼리티를 발견하기 위해 일정한 노력이 필요할 수도 있다.

도구 사용의 이점을 잊지 마라. 바이브레이터는 전력을 빌려 힘과 지구력을 대신하게 해준다. 게다가 반복사용스트레스증후군이 생길 가능성도 전혀 없다. 팔이 닿지 않는 부분에는 도구가 닿을 수 있다. 팔다리를 받쳐야 할 때면 베개를 쓰면 된다. 신체적인 문제를 어떻게 할 수 없는 사람의 경우 음담패설과 폰 섹스처럼 목소리로 섹스를 하라. 질을 유연하고 촉촉하게 유지시켜주는 호르몬, 발기 유지에 도움이 되는 약품은 노화나 건강이 유발하는 성적 변화에 대응하게 해준다.

가능성을 조사해보라. 장애가 눈에 보이든 보이지 않든(천식이나 당뇨병처럼), 당신에게 효과가 있는 방법을 모색하고 파트너의 협력을 얻어라. 이렇게 신체의 온전히 할 수 없는 일들을 해결해나가라.

신체적 어려움을 가진 사람과 연인이 된다는 게 상상조차 되지 않는다면, 언젠가 당신도 늙을 것이라는 점을 잊지 마라. 당신은 몇 살에 섹스를 그만둘 예정인가? 욱신거리는 고통으로 격렬한 섹스를 방해하는 관절염이 발병하면? 어떤 방식으로든 당신의 섹슈얼리티를 파악하

라. 그 작업에 이 책이 도움이 되길 바란다. 가장 중요한 성애 기관은 언제나 당신의 머릿속에 소재한다는 사실을 기억하라.

잘못된 섹스 정보

이 도정에서 만날 수 있는 또 다른 장애물은 바로 부정확하거나 나쁜 섹스 정보다. 오랫동안 성적 행동 및 기본적인 기능에 관한 정보는 대부분 성적 쾌락에 대한 논의와 더불어 검열됐다. 현재 당신이 살고 있는 지역 문화의 특성에 따라 좋은 정보를 얻을 수도 그렇지 않을 수도 있다. 우리는 정확하고 바람직한 섹스 관련 정보를 얻을 권리를 보호하기 위해 싸우는 활동가여야 한다.

성 기능과 성반응 주기*의 기본 지식을 다룬 책을 읽어라. 섹스 관련 서적에는 섹스가 작동하는 방식과 섹스가 원활하지 못할 때 조처할 수 있는 대응에 관한 정보가 많다(당연히 여기서 우리가 제시할 수 있는 것보다 훨씬 더 많다). 발기나 오르가슴, 시간 조절, 조루나 지루에 대한 고민과 흥분되지 않을 때 어떻게 해야 하는지와 관련된 자기 관리 훈련 등이 제공된다. 더 안전한 섹스와 피임 전략을 배우고 더 많은 언어를 배우면 섹스에 수반되는 모든 즐거움에 관해 파트너들과 더 수월하게 대화할 수 있다. 똑똑한 잡년들은 적합한 책 한 권을 골라 파트너와 함께 일주일에 한 챕터씩 읽는다. 금요일 즈음 저녁 식사를 하면서 책을 두고 도란도란 이유기를 나누기도 한다. 주말을 준비하는 좋은 방법이다.

최근에는 인터넷에 정보와 토론이 많다. 우리는 이런 정보 자유화

---

* 마스터스 앤드 존슨이 제시한 성적 자극을 받을 때 나타나는 생리 반응 모형. 흥분기, 고조기, 절정기, 쇠퇴기의 4단계로 구성된다.

에 박수를 보낸다. 다만 인터넷에서 접하는 섹스 정보의 많은 부분이 부정확할 것이므로 주의하기 바란다. 더욱이, 인터넷에서 다루는 섹스는 대체로 포르노에 관한 이야기다. 그것은 교육이 아니라 자극을 목적으로 이야기를 만들고 연출하여 극적인 효과를 노린 것이다. 실제 사람들이 실제 몸으로 실제 침실에서 할 수 없는 비현실적인 행동을 보여주기 일쑤다. 성과학은 새로운 종류의 과학이다. 사람들이 실제로 섹스에서 무엇을 어떻게 하는지에 관한 연구는 자료 수집이 어렵고 쉽게 결론을 내릴 수 없다. 따라서 섹스 방면에서는 동화가 넘쳐나고 현실을 직시하는 정보를 찾기 힘들다. 얻을 수 있는 모든 정보를 수집한 후 당신에게 맞는 정보를 사용하라. 이때 적당히 걸러가며 수용하는 게 좋다.

섹스 학습에서 가장 좋은 것은, 당신이 숙제를 좋아하게 될 것이라는 점이다.

말하지 않는다

만약 섹스를 말할 수 없다면, 어떻게 섹스를 생각할 수 있는가? 섹스 담론을 검열했던 역사는 우리에게 또 다른 무능력을 남겼다. 침대에서 벌어지는 일을 말로 하기 어려워진 것이다. 섹스를 제대로 말할 수 없는 무능력인 셈이다. 많은 이들이 성 기능 방면에서 문제를 느낀 적이 있지만, 이 문제에 관해 친구들과 연인들에게서 응원과 지원을 받기는 힘들었다. 성기능 장애sexual dysfunction는 우리를 부끄럽게 만드는 비밀이 됐다. 더 나아질 수 있는 방법을 모색하기가 사실상 불가능해진 것이다.

섹스를 논하는 몇 되지 않는 언어에는 부정적 인식이 점철돼 있다.

외음부나 음경 삽입 같은 의학적 언어로 표현하거나, 마치 욕설처럼 들리는 비속어(씹하는 보지, 단단한 좆)로 이야기하거나, 어찌됐든 둘 중 하나다. 말할 수 없는 것은, 여간해서 생각하기 어렵다. 단어를 사용하지 못하므로, 사람들은 종종 단어 없는 소통에 의지하려 든다. 파트너의 머리를 아래로 누르고, 엉덩이를 움직여 혀의 위치에 딱 맞게 가져가려고 하면서, 손이 어설픈 방향으로 정처 없이 헤맬 때 황홀한 척하고… 얼떨떨한 파트너가 자신의 요구를 파악하기를 간절히 희망하면서. 그냥 이렇게 말할 수 있다면 더 쉽지 않을까? "손가락을 내 클리 위아래로 움직이지 말고, 그 둘레로 원을 그려주면 정말 좋을 거 같아."

목표 지향

수리학의 횡포는 근사한 섹스에 엄청난 걸림돌이다. 물론 특정 의약품 제조사가 주장하는 그런 측면을 말하는 것은 아니다. 발기한 페니스가 있어야 성적인 일도 생긴다고 믿는 사람이 많다(물론 레즈비언은 이 믿음에 격렬히 반대한다). 페니스 소유자 대다수는 페니스가 말랑한 상태에서는 전희조차 불가능하다고 생각하고, 그들의 파트너는 말랑한 페니스에 모욕감을 느끼기도 한다. 하물며 문제의 페니스가 아직 남은 활동에 적합하지 않은 시점에 방출하기로 결정하면 상황은 더 난감해진다. 마치 사정 후에는 섹스가 없다는 듯이 말이다. 우리는 당신에게 발기의 수리학을 넘어서 생각하라고 권하고 싶다. 참여자가 성반응 주기 중 어느 지점에 있더라도 놀고 싶어 하는 모험심이 흘러가는 대로 됐으면 좋겠다.

섹스가 목표 지향적이 되면, 우리는 애오라지 오르가슴으로 돌진

하느라 오르가슴 전에 (그리고 사실은 그 이후에) 오는 그 멋진 감각들은 전혀 감지하지 못한다. 성기 섹스에 몰두하여 우리 몸의 나머지 부분을 배제한다면, 이 활동에서 우리 자신의 대부분을 배제하고 있는 셈이다. 누릴 수 있는 즐거움의 대부분을 외면할 때, 성기능 장애가 생길 가능성이 커진다. 그리고 달콤한 경험의 여러 기회도 놓치고 만다.

젠더 역할

진정 자유로이 성적 잠재력을 최대한으로 탐험하려면, 자신과 동일한 젠더의 사람들이 섹스란 즐기는 것이라는 점을 어떻게 배웠는지 알아볼 필요가 있다. 많은 사람들이 남성은 성적으로 공격적이고 여성은 수동적인 응답자 노릇을 하는 게 자연스럽다고 배웠다. 우리 저자들은 이 두 가지 역할 모두와 여러 다른 역할 또한 좋아한다. 즐거움 앞에서, 우리는 모두 아주 개별적인 인간이다.

수용적이 되지 못하게 강요받으면, 전희를 하지 못하거나 어떤 감각적 입력sensory input을 전혀 요구하지 못한다. 파트너와 함께할 때 자동적으로 흥분되지 않는다면 자칫 스스로가 발기불능이라고 느끼게 될 수도 있다. 사실 필요한 것이라고는 귀를 살짝 깨물어주는 것 정도인데 말이다.

수동적이 되도록 양육받은 사람은 잠자는 미녀의 함정에 빠질 수 있다. 언젠가 나의 왕자님은 절정에 다다를 거야, 그리고 나도. 그러나 현실 세계는 다르다. 주고받기가 가능한 능동적 파트너가 될 수 있는 사람이, 자신과 연인이 정말로 달아오르는 데 도움이 되는 것들을 찾아 나서는 길에 오른다.

젠더에 의존하지 않을 때, 능동적 역할과 수용적 역할은 모두 나름대로 좋다. 오럴섹스를 생각해보자. 69 자세가 그것을 즐기는 유일한 방법일까? 아니면, 교대로 하는 게 더 짜릿한 쾌락을 줄까? 주도하는 역할에 집중할 때 우리 모두는 멋진 연인이 된다. 이때는 파트너가 즐기는 모습에서 흥분을 느낀 수 있다. 그리고 받을 차례가 온다. 이때 우리는 지금 받고 있는 선물에 깊이 감사하게 된다. 뒹굴고 비명지르고 혹은 그러지 않는다. 이 근사한 느낌에 완전히 몰입하며 형언하기 힘든 해방감에 빠져든다.

> "젠더에 의존하지 않을 때, 능동적 역할과 수용적 역할은 모두 나름대로 좋다."

주도할 때는 얼마나 사랑스러운 섹스를 주어야 할지, 그리고 파트너가 내게 얼마나 많은 것을 주는지를 모든 사람이 실감하는 그런 세상을 보고 싶다.

훌륭한 섹스를 배우는 법

신화에 의하면, 일단 섹스를 하기 시작하면 저절로 다 될 것이고, 그렇지 않다면 분명 뿌리 깊은 심리적 문제가 있는 것이라고 한다. 왜 섹스만 그런지 도무지 이해할 수 없다. 요리에서부터 테니스와 천체물리학에 이르기까지, 뭐든 능숙해지고 싶다면 시간과 노력을 들여 그 방법을 배워야 한다.

친구 한 명은 서른네 살에 처음으로 오르가슴을 경험했다. 1970년대 초에 인기 있었던 섹스 해설서 한 권에서 자위를 해도 괜찮다는 내용을 처음으로 읽고 나서였다. 그녀는 자위를 하면 병에 걸리거나 미치게 된다고 말하던 시대에서 자랐다. 끔찍한 일화다. 잘못된 정보 때문에 얼마나 오랜 세월 동안 오르가슴을 모르고 살았단 말인가?

지금은 어떤 것이라도 어디서 어떻게든 배울 수 있는 세상이기에, 원한다면 새롭고 생경한 섹스 기술과 습관도 배울 수 있다. 학습은 약간의 노력을 요구하지만 훌륭한 보상이 있다. 당신은 용감하고 끈기 있게 배울 것이다. 섹스 기술과 레퍼토리를 확장하는 데 도움이 되는 관련서들을 활용해도 좋다.

야한 말

섹스에 관해 이야기하라. 그들의 경험을 물어보고 당신의 경험을 공유하라. 우리 친구 하나는 큰 자지를 빨면 뺨이 아픈 사람은 세상에서 자기뿐이라고 믿었다. 그러다 친구 몇 명과 이 문제를 털어놓은 뒤 그녀는 자신이 다수파에 속한다는 것을 알게 됐다. 친밀한 사람과 친구에게, 또는 존경하는 주변 사람과 대화를 나눠라. 어색함을 깨기가 겁날 수도 있다. 하지만 친구와 연인과 섹스를 논했을 때의 당혹감을 무릅쓸 만한 가치가 있을 것이다. 친구나 연인과도 섹스를 주제로 친밀하고 솔직하게 대화할 수 없다면, 어떻게 문제를 해결하거나 새로운 무언가를 시도할 수 있는가?

섹스가 더는 섹시하지 않다면

잘하지 못할까 봐 두려워서든, 상대의 요구와 환상을 충족하지 못해 낙담해서든, 누구나 섹스에 거부감이 생길 수 있다. 일단 섹스의 어떤 부분이 어려워지면, 대화하고 대처해야 원망이 쌓이지 않는다. 계속 밀고 나가면서 파트너의 신호를 무시하는 것으로 그 거부감에 대응하는 것은 절대로 답이 아니다. 상대가 당신을 원하지 않을 때, 당신에게 반하게 만드는 일은 영화에서나 가능하다. 당신이 할 수 있는 일은 상대에게 쾌락의 정원을 함께 산책하자고 초대하여 두 사람 모두에게 즐거운 일을 찾아나서는 것이다.

모든 사람이 섹스에 대해 완벽하게 똑같은 욕망을 갖는 경우는 매우 드물다. 모든 사람이 똑같은 패턴으로 정리정돈을 해야 한다고 주장하는 것과 같다. 한 파트너는 섹스에 굶주리고 다른 파트너는 잠에 굶주리는 시기를 헤치고 나아가려면, 자위를 긍정적으로 대하는 태도가 큰 도움이 될 것이다. 세상에서 가장 훌륭한 연인이 되고 싶고 파트너를 가장 즐겁게 만드는 게 무엇인지 정확히 알고 싶다면, 같은 방에서 자위를 해보라. 누가 알겠는가? 당신은 지켜보며 짜릿해질지도 모른다. 그러면 우리는 엄청나게 흥분한다. 지켜보거나 보여주면, 상대방의 개인적 쾌락 패턴을 가르치고 배울 수 있다. 아마 서로 가장 완벽하게 만족하는 연인들이 될 것이다.

따라서 섹시함을 유지하는 최고의 잡년 기술은, 각자에게 적합한 실질적인 부분에 관해 대화를 나누고 문제를 극복하기 위한 계획을 함께 세우는 것이다. 지식은 가장 강력한 최음제다.

당신이 원하는 것은?

어떤 연인은 두 사람 모두에게 확실하게 작동하는 섹스 대본, 즉 애창곡을 개발한다. 새로운 감각을 시험해본다고 해서 이 애창곡을 포기할 필요는 없다. 당신의 근사한 레퍼토리에 새로운 요령을 더하면 된다. 원래 좋았던 것은 좋은 그대로 남아 있고, 샘에는 달콤한 물이 계속 솟아나며, 당신은 그리로 다시 또다시 돌아갈 것이다.

18번이 판에 박힌 일과처럼 느껴지고 반복되는 실망의 근원으로 전락한 상황이라면, 선택 가능한 영역의 확장에 대해 이야기할 때다. 한 번도 시도해보지 않았지만 해봤었으면 하는 것들을 포함시켜라. 이 책에 적어둔 연습 '예, 아니요, 어쩌면'을 사용하기에 알맞은 시간일지도 모른다. 연인들이 적어둔 목록을 보는 것으로 시작하라. 약간의 충격을 받을 수 있다. "당신이 그걸 싫어하는 줄 몰랐어!" 그러나 놀란 마음이 가라앉고 나면, 모두에게 도움이 될 많은 정보로부터 미래로 나아갈 수 있다. 당신이 내심 바랐던 것들을 드러내는 작은 위험을 감수하는 것은 커다란 흥분이기도 하다.

서로의 욕망 패턴을 비교하라. 특히 짧은 만남부터 출연자 전원 합창production numbers*에 이르는 스펙트럼을 살펴보라. 당신은 친절하고 따뜻하며 포근한 섹스를 하고 싶은가? 방출을 위해 급상승하는 로켓 여행을 하고 싶은가? 토요일을 통째로 보내고도 모자라 어쩌면 일요일 아침까지 걸릴 황홀한 여행을 꿈꾸는가? 좋은 섹스는 맨밥에서부터 만드는 데 시간을 필요로 하는 황홀한 디저트에 이르는 지대를 여행하는 것이다. 출연자 전원 합창은 분명 매일 일어나기는 어렵다. 그러나 다행스럽게도 선택해야 할 필요는 없다. 각자 알아서 얼마간 먹으면 된다.

즐거움을 위해 따로 시간을 내는 것부터 시작하라. 시간 내기가 생각보다 어려울 수 있다. 하지만 이 부분은 매우 중요하다. 아이들이 잠에 빠지기까지 기다리고, 이메일에 답장하고, 모든 소셜미디어를 확인

---

* 뮤지컬이나 쇼에서 무대에 전원이 나와서 부르는 곡을 말함

한 다음, 저녁 뉴스에 나오는 끔찍한 세태에 혀를 차는 것. 이 모두는 실망할 수 있는 비결과 같다. 다른 중요한 일정을 계획할 때와 같은 방식이 필요하다. 가장 밀도 높은 에너지를 쏟을 수 있는 일정을 잡아라. 그리고 가능할 때마다 일정에 충실하라.

함께 흥분 스위치 찾기

흥분 스위치 켜기turn-on는 발기hard-on와 다르다. 흥분 스위치 켜기는 특정 분위기로 진입하는 것, 관능적이고 궁극적으로 성적 감각에 집중할 준비를 하는 것이다.

우리 중 많은 사람은 흥분 스위치 켜기가 날씨와 같다고 생각한다. 우발적으로 일어나는 어떤 것이라는 뜻이다. 여기에 당신을 위한 한 마디. "난 내 스위치가 여기 어딘가에 있다는 사실을 알아. 어떻게 찾는지도 알아낼 수 있어."

흥분 스위치는 시각적, 언어적 또는 관능적일 수 있다. 감촉, 소리, 냄새 또는 근육이 늘어나고 줄어드는 감각과 연동하기도 한다. 흥분 스위치를 올리는 방식은 수천 가지가 넘는다. 좋아하는 스위치 켜기의 목록을 만들어라. 어떻게 내리는지가 아니라 어떻게 발동하기 바라는지 적으면 된다. 스위치를 켠다는 것은 기분이 고조되고 깨어나고 예열된다는 이야기다. 얼마간의 시간이 걸린다. 기분이 좋다. 흥분 스위치를 찾으려 애쓰는 모습은 아주 취약하게 느껴지기도 한다. 그러나 갑옷과의 섹스는 대부분 만족스럽지 않다.

성적 각성을 연구하는 성 분야 전문가들은 흥분 스위치가 안전과 위험이라는 두 가지 요소에 의존한다고 말한다. 당신은 해로움으로부터 안전함을 느껴야 한다. 또한 당신의 조건이 충족되고 요구들이 존중될 것이라는 보장이 필요하다. 나아가 기적에 가까운 강력한 무언가의 문턱에서, 당신은 스키 점프 꼭대기 서 있는 듯한 느낌을 가져야 한다. 새로운 관계는 위험요소가 많기 때문에 매우 뜨거울 수 있다. 반면 성숙한 관계는 약간의 위협을 감수해야 한다. 편안하고 친근한 인상을 넘어설 수 있는, 새롭고 약간은 도전적인 방법을 얻기 위해 말이다.

무한한 가능성

흥분 스위치를 찾는 행위는 관계를 풍요롭게 만드는 방법을 모색하는 일과 매우 비슷하다. 다음은 이때 유용하게 쓸 수 있는 몇 가지의 가능성 목록이다.

- 옷을 차려 입고, 씻고, 잠에서 깬다.
- 멋진 침대 시트, 양초, 음악 등 적절한 환경을 준비한다.
- 시간을 충분히 비워둔다. 외부에서 3시간 일찍 데이트를 시작한다.
- 섹스숍에 간다.
- 당신의 판타지에 대해 이야기한다(계속해 봐. 그리고 얼굴을 붉힌다).
- 에로틱한 보드 게임을 한다.
- 좋아하는 오일로 부드럽게 마사지한다. 천천히… 한 사람… 아니면 둘 다의 눈을 눈가리개로 가릴 수도 있다.
- 바보처럼 군다.
- 십 대들처럼 차 안에서 목을 껴안는다.
- 울면서 서로를 잡는다.

- 저녁 식사를 차리고 손가락으로 먹는다.
- 아주 좋은 초콜릿을 먹은 뒤 서로의 입술을 맛본다.
- 크게 소리내어 야한 책을 함께 읽는다.
- 둘 다 섹시하다고 생각하는 영화를 본다.
- 스트립 클럽에 함께 간다.
- 스파에 가서 뜨거운 욕조에 몸을 담근다.
- 자연 속에서 뭔가를 잘 해본다.
- 당신의 데이트를 가능한 한 특별하게 만든다.

연결을 먼저 하라

데이트에 보통 저녁 식사가 포함되는 데는 이유가 있다. 레스토랑에서든 집에서든, 저녁 식사는 연결하기에 좋은 자리이기 때문이다. 대화하고, 서로 사로잡히고, 그런 다음에 어쩌면 어떤 모험을 도모하게 된다. 저녁 식사 하러 외출하면 섹시한 옷차림을 할 기회도 생기니까, 설거지보다 훨씬 더 재미있다.

데이트 중인지 아닌지를 구분하라. 설거지를 하면서 데이트 기분이 나지 않는 사람도 있다. 물론 그렇지 않은 사람도 있다. 그러니 이에 대해서도 대화해야 한다.

· 연습 ·

즉흥 데이트

함께 외출해서 서로 하고픈 것을 하기로 결의한다. 데이트하는 동안에는 둘 사이의 관계 · 직장 · 자녀 · 경제 문제 등은 제쳐둔다.

어떤 커플은 외출해서 저녁 식사를 하고 춤을 췄다. 마치 첫 데이트인 것처럼 말이다. 그들은 십 대처럼 춤을 추고 멋진 섹스를 하려고 집으로 돌아왔다. 그리고 어쩐지 새롭게 느껴지는 섹스를 했다.

침대에서

침대 안에서 꼭 똑같은 흥분 상태가 될 필요는 없다. 시간을 좀 들이고 신나게 서로 도우면서 함께 그 상태에 이르면 된다. 보다 준비된 사람이 연인을 인도하며 도울 수도 있다. 섹스 치료사들이 **비요구 쾌락화 기법**nondemand pleasuring*이라고 부르는 것을 시도해보라. 비요구 쾌락화는 진도를 나가라고 압박하지 않으면서 파트너가 좋아하는 것들을 한다. 수용 파트너가 선택하는 방식으로, 다른 파트너를 자극하기로 한 여러 실험들을 해보라. 효과가 없어도 괜찮다. 그 누구도 탓하지 말라.

훌륭한 섹스는 당신에게서

제목 그대로다. 1950년대 후반에 매스터스 앤 존슨Masters and Johnson** 은 성 기능 연구를 시작했다. 그들은 성기능 장애 연구를 위해 먼저 좋

---

* 키스, 포옹, 손잡기 같은 애정 표현과 삽입섹스 사이 어디쯤 있는 것. 꼭 삽입으로 이어질 필요 없이, 육체적 친밀감과 관능적 감각 자체를 즐긴다.

** 산부인과 의사 매스터스Masters와 심리학자 존슨Johnson이 1957년에 만든 성과학 연구팀. 여성의 멀티 오르가슴과 클리토리스 오르가슴, 성 기능 장애 치료법을 연구했다. 인간 성 반응human sexual response 연구의 선구자다. 책 『인간의 성반응』(1966)에서 성적 자극에 대한 연구 대상자들의 반응을 '성반응 곡선'으로 분석했다. 이 곡선은 흥분기, 고조기, 절정기, 해소기의 4단계로 구성된다.

은 섹스를 연구한다. 그래서 남자 382명과 여자 312명을 선택했다. 여기에는 276명의 이성애자 커플이 포함됐고, 모두 흡족한 성생활을 영위하는 사람들이었다. 이때 밝혀진 놀라운 사실 한 가지는 성적으로 만족하는 이 모든 사람들이 자위를 하고 있다는 현황이다. 자위 동인은 파트너와의 섹스 여부와 무관했다.

다음과 같은 말을 거울에 써둔다: 성적으로 성공한 사람들은 자위를 한다. 당신이 패자라서, 파트너를 찾지 못해서, 오르가슴이 절실해서 혼자 자위하며 끙끙대는 게 아니다. 당신은 즐거움을 누릴 자격이 있기 때문에 자신과 사랑을 나눈다. 그리고 자신과 놀면 기분이 좋아진다.

> "다음과 같은 말을 거울에 써둔다: 성적으로 성공한 사람들은 자위를 한다."

· 연습 ·

자신과의 뜨거운 데이트

별도의 두세 시간을 마련하자. 전화기를 끄고 현관문을 잠근 뒤, 주의를 산만하게 하는 것들을 치운다. 다음은 언젠가 당신이 몹시나 흥분했던 누군가와의 데이트를 준비하는 것처럼 준비한다. 깨끗하고 부드러운 시트를 침대에 펼친다. 좋아하는 섹스 토이들을 손 닿는 곳에 둔다. 그다음 양초를 켜고 뜨거운 거품 목욕이나 호화로운 샤워를 하며 좋아하는 음악을 틀어놓는다. 머리를 매만지고 향수를 뿌린다. 손톱을 다듬고 로션을 발라 피부를 보드랍게 한다. 온몸의 촉감이 산뜻하다. 실크 팬티나 섹시한 잠옷을 입는다. 원한다면, 포도주 한 잔을 마신다.

이 모든 준비를 마치고 조명을 은은하게 방을 휘감는 정도로 낮추고 눕는다. 나긋나긋한 손길로 온몸을 약 올리면서, 완벽한 연인의 손길인 듯 자신의 손길을 느낀다. 서두르지 않는다. 손과 입, 어쩌면 장난감 한두 개까지. 이 모두를 사용해서 자신에게 전희를 듬뿍 선사한다. 스스로 감질나게 만든다.

절대로, 더는 버틸 수 없을 때만—누구라도 있다면 사정시켜 달라고 간청하게 될 듯할 때—사정한다. 원하는 만큼 여러 번, 절정에 이르게 될지도 모른다.

그대로 누워 있다. 천천히, 그리로 깊숙하게 이 즐거움을 느끼기에 충분한 자기애의 따스하고 풍부한 감정에 흠씬 젖는다. 당신의 완벽한 애인은 항상 당신을 기다리고 있다. 바로 거기, 당신 자신의 살갗에.

자신과의 관계는 다른 사람과의 관계로 이어진다. 그것은 당신이 개인적으로, 정서적으로, 성적으로 나누어야만 하는 것이다. 좋은 오르가슴은 신경 화학 계통을 변화시키고 자존감을 키워준다. 자신에게 더 섹시해질수록 연인에게도 더 섹시해진다.

자신과 성애를 즐기는 사람들은 훌륭한 연인이 될 수 있다. 자신과의 섹스는 새로운 자극의 원천을 탐색하기 좋은 시간이다. 자기 몸의 곳곳을 만지고 섹스 토이를 사용하며 새로운 체위를 시도해볼 수 있다. 기분 좋은 그 느낌을 알아채지 못할 리 없다. 그러니 항상 가장 즐거운 방법으로 하게 된다. 이때 당신의 모습을 보고 당황할 사람도 없다. 그러니 자위는 흥미로운 온갖 것들을 연습하는 하나의 기회이기도 하다. 예를 들어, 절정에 이르기 전에 더 많은 섹스를 즐기는 게 하나의 목표라면 자위를 통해 느긋하게 섹스하는 연습을 하면 된다. 원하는 만큼 속도를 늦추고 높이는 법을 배우게 될 것이다. 만일 당신이 절정에 이르지 못하는 상황을 걱정한다면, 자위할 때 무엇이 효과적인지를 관찰하라. 그리고 그 결과인, 내가 선호하는 성적 자극을 파트너에게 알려줄 수 있다. 다른 리듬과 자극을 시도해서 한 가지 감각에서만 오르가슴을 느끼지 않게 하라. 연습해야 완전해진다. 자위를 많이 하라.

자존감을 북돋우고 당신의 보금자리인 몸을 개발하는 데 에너지를 쏟아부어라. 거기서부터 출발하라. 매일 운동하고 상추만 먹고 살면서 내년을 기약하는 몸이 아니라 오늘의 몸. 당신의 몸에 고함만 질러서는 당신의 몸과 잘 지내기 어렵다. 당신의 몸에 향응을 베풀어라. 거품 목욕, 사우나, 마사지, 실크 속옷, 기분이 좋아지는 모든 것을. 당신의 몸에 상냥하라. 그다음 상냥하게 대할 다른 사람의 몸을 찾으러 가라. 그러면 누군가도 당신의 몸을 상냥하게 대할 것이다.

자신에게 원하는 만큼의 오르가슴을 선사하며 스스로 행복해본 사람은, 성적으로 절망적인 상태에서도 절대 잘못된 관계에 접근하지 않는다. 성적인 자족은, 너무 꼴린 나머지 잘못된 사람과 놀 가능성을 한결 적게 만들어주는 중요한 잡년 기술이다. 당신 자신의 최고 연인이 되라.

모두를 위한 장난감

잊지 말 것. 어른들도 장난감을 갖고 논다. 훌륭한 섹스 장난감의 종류가 아주 많다. 민망하다면 온라인으로 구입해도 된다. 하지만 가급적이면 미국 전역의 크고 작은 도시에 등장한 수백 곳의 에로틱한 부티크에 방문해보기를 강력히 권한다. 이러한 매장들은 편안하고 안전하고 저속하지 않은 환경에서 쇼핑할 수 있게 해준다. 이때 선반에 놓인 신비로운 장치들을 잘 알고 있는 직원들이 도움을 준다.

바이브레이터를 한 번도 사용해본 적이 없다면, 지금도 늦지 않았다. 배터리로 작동하는 바이브레이터는 플러그인 및 충전식보다 강력하지 않다. 그러니 다양한 종류를 미리 확인하라. 옷을 입은 상태에서도 작동하므로 실험은 그리 어렵지 않다(외음부 소유자들만 이것들을 사용하는 것은 아니다. 숱한 페니스 소유자들이 회음부에 대는 바이브레이터로 인생이 바뀌었다). 그 어떤 요구도 충족할 수 있는 다양한 크기와 모양의 삽입형이 있다. 인조털로 된 장난감이나 젤, 새틴 눈가리개 및 벨벳 구속 등도 뺄 수 없다. 그리고 어울리는 책과 영화를 엄선해 비치해뒀다. 이런 섹스숍이 지하실에 숨어 있을 이유는 없다.

섹스 토이는 즐거움을 더해줄 뿐만 아니라 해보지 못했던 것들을 가능하게 해준다. 만일 항문 플레이에 호기심이 있다면 작은 것으로 시작하면 좋다. 바이브레이터는 많은 여성이 이전에는 불가능했던 오르가슴에 대한 확신을 줬다. 물론 많은 여성은 원하는 섹스를 나누고 있다. 하지만 피곤해서 오르가슴을 만나지 못할 때는 좋은 친구와 바이브레이터를 갖고 몸을 웅크리면 된다. 확실한 해결책이다.

준비하기

아기가 잠들었는지, 문은 잘 잠겼는지, 커튼이 쳐져 있는지, 또는 신경쓰이는 여러 가지 걱정거리가 있으면 즐거움에 집중하기 어렵다. 당신이 편하게 느낄 수 있는 조건을 파악해서 온전히 섹스를 즐길 수 있도록 필요한 것들을 미리 조처하라.

더 안전한 섹스 또는 피임에 관해 파트너와 합의하라. 임신과 성병 예방은 한계선 논쟁에 포함되지 않는다. 가장 보수적인 사람의 한계선을 존중하라. 우리 모두의 안전이 보장될 때 섹스는 한결 더 재미있기 때문이다. 개인마다 한계는 다를 수 있다. 그건 괜찮다. 도씨는 청결함에 약간 집착한다. 그래서 깨끗한 시트를 깔아놓고 샤워하기를 즐기는데, 아주 상쾌하고 산뜻하다. 반면 다른 사람들은 이 정도는 아닐 수 있다. 그러면 어떤가? 섹스를 준비하는 올바른 방법은 여러 가지다. 자신의 요구사항을 파악할 수 있는 권한을 자신에게 주어라. 그게 당신을 자유롭게 할 것이다.

때로 여러분은 자신의 조건이 생각했던 것과 다르다는 사실을 알게 된다. 그리고 새로운 조건이 어떤 특별한 즐거움을 줄 수 있다는 사실을 발견한다. 다음은 재닛의 기억이다:

그날 밤, 나는 서로 연인인 나의 연인 두 명과 함께 콘서트에 갔다. 그중 한 명은 최근 꽤 값나가는 물건을 취득했다. 스튜디오 아파트 크기만 한 64년형 링컨 컨티넨털 자동차였다. 돌아오는 길, 우리는 강가에 차를 세우고 달빛을 감상하기로 했다. 우리도 모르는 사이, 어느새 우리는 링컨의 앞 좌석에서 본격적으로 난교 파티를 벌이고 있었다. 평소 카섹스를 좋아하지 않는다고 생각했던 나는 어느덧 앞좌석으로 몸을 뻗어 파트너 한 명의 무릎에 내 머리를 가져갔다. 내 어깨 너머의 그를 손으로 애무했다. 다른 파트너는 운전석 아래 공간에 무릎을 꿇고 그녀의 머리를 내 다리 사이에 밀어넣었다. 이때 내 마음이 달라졌다. 히스테릭한 웃음이 퍼져나갔다. 내가 수음해주던 파트너는 절정에 다다르고 있었다. 그의 몸이 오르가슴이 주는 경련을 일으켜 경적을 건드리고 말았다. 60년대 디트로이트 스타일의 경적이 거대한 폭발을 일으켰다. 아마 수 마일 떨어진 곳의 사람들도 다 깨웠으리라. 우리는 그 순간 좌석에서 떨어졌다!

대화

우리 대부분은 의사소통을 하면서 가장 공포스러운 문제 앞에 말문이 막힐 때가 있으니, 바로 우리가 원하는 바를 요구하는 문제다. 더 강하게 또는 부드럽게, 더 느리게 또는 빠르게 자극을 받고 싶을 때 파트너에게 차마 말하지 못한 경험이 없는 사람이 우리 중에 한 사람이라도 있는가? 조금 더 닿을 듯 말 듯, 옆쪽에, 양쪽에, 위아래 또는 둘레를, 아니면 뭐든지 간에 우리를 건드리는 자극을 원할 때 말이다. 장담컨대 훌륭한 연인으로 평가받는 방법은, 상대방의 선호를 물어보고 정확히 어떻게 해야 맞는지 시연하게 하는 것이다. 일단 처음의 거북함을 통과하고 나면 쉬워진다. 이때 당신은 사랑받는 연인이 될 것이다.

> "우리 대부분은 의사소통을 하면서 가장 공포스러운 문제 앞에 말문이 막힐 때가 있으니, 바로 우리가 원하는 바를 요구하는 문제다."

예, 아니요, 어쩌면

자신과, 또는 아주 친밀한 연인과 함께 이 연습을 한다. 이윽고 편안해지만 새로운 연인과도 해본다.

먼저 당신뿐만 아니라 그 누구라도 하고 싶어 할 성적 활동을 모조리 목록으로 만든다. 이는 언어 개발 훈련이기도 하다. 당신은 이 언어들 앞에서 느끼는 당혹감에 주의를 기울인다. 당혹감 때문에 멈추고 싶은가?

당신이 편안하게 여기는 언어가 무엇인지 파악한다. 인터코스인가 퍼킹인가? 오럴섹스인가 밑으로 가기인가? 빨기인가 먹어치우기인가? 당신은 자신의 성적 기관을 무어라고 부르는가? 페니스, 자지, 물건, 막대기… 보지, 질, 음핵? 잘 생각나지 않는다면, 활동을 묘사하는 어떤 단어를 찾으려고 약간 노력해보라. 그다음 심호흡을 하고 그 단어들을 다섯 번 반복해서 말한 뒤 다시 호흡한다. 되도록 완벽하게 목록을 만들어라. 여기에는 당신이 좋아하는 것과 그렇지 않은 활동도 포함시킨다. 기성품 목록은 온라인에서 얻을 수 있다. 하지만 그러면 제대로 말해내지 못했던 여러 기쁨에 이름 붙이는 경험을 놓치게 된다.

그런 다음 각자 따로 작은 종이를 가져와서 '예, 아니요, 어쩌면'으로 세로열을 만든다. '예'는 내가 좋아하는, 이미 내가 즐기는 것들이다. '아니요'는 이 행동이 내 한계선 밖에 있으며 가까운 시일 내에 시도할 마음이 없다는 의미다. '어쩌면'은 여건이 되면 시도할지도 모르는 것들이다.

지금 당신의 한계선에 맞게, 큰 종이에 적힌 모든 행동을 이 세로열 중 하나에 적어 넣는다.

파트너를 만나서 서로의 목록을 읽는다. 서로 잘 맞는 부분과 그렇지 않은 차이에 대해 토론한다. 여기에는 어떤 옳고 그름이 없다. 마치 아이스크림의 맛처럼 좋아하거나 싫어하는 것일 뿐이다.

당신의 '예' 목록에서 두 사람 모두 좋아하는 부분이 얼마나 풍부한지 확인해보라. 시간이 지나면 당신의 한계선도 변경된다. 그러니 두 번 이상의 연습이 필요하다. 이 연습을 통해 우리는 특정 파트너와 어떤 섹스를 나눌지 확인할 수 있다.

이것들은 섹스에 관해 분명하게 의사 소통하기 시작하여 합의를 끌어내는 방법에 대한 아이디어다. 합의는 모든 관련자의 즐거움과 이익 및 행복을 위한 능동적 협력이라고 우리는 정의했다. 합의란 제안된 활동에 참여자 전원이 동의해야 하며 또한 원하면 거절해도 좋다는 안정감이 충분해야 한다. 거리낌없이 '아니요'를 말할 수 있어야, '예'를 진짜로 말할 수 있다. 또한 참여자 모두가 이 두 가지 대답의 의미를 이해하는 것이 중요하다. 누군가의 순진함을 이용해서는 안 된다.

이 말은 아무리 해도 지나치지 않는다. 당신은 자신의 한계선을 정할 권리가 있다. 당신이 좋아하지 않거나 편안하지 않다면, 어떤 형태든 모든 섹스를 거부해도 괜찮다. 한계의 설정은 당신이 억압되어 있거나, 깐깐하거나, 즐길 줄 모르거나, 미국 청교도주의의 영원한 희생자라는 사실을 의미하는 게 아니다. 그저 당신이 무언가를 좋아하지 않는다는 뜻이다. 또한 당신이 무엇을 좋아하고 싶다면, 죄책감이나 수치심이나 노골적인 괴롭힘에 굴복하는 것보다 더 나은 방법이 있다. 원하지 않는 것에는 '아니요'라고 말하라. 그리고 새로운 도전을 결정했다면 파트너의 지지를 듬뿍 받도록 노력하라. 그리고 당신 스스로 당신의 요구에 충실하면서 스스로를 친절하게 대하라. 긍정적인 강화야말로 학습의 가장 좋은 방법이다.

성 관련 워크숍 및 단체활동이 있다. 피임 클리닉과 성 건강 지원 단체뿐 아니라 심지어 교회에도 이런 활동이 운용된다. 이 워크숍의 목적은 모든 이들의 경계를 존중하며 새로운 정보를 배우고, 보다 편안하게 자신의 감정과 경험을 이야기하는 것이다. 우리는 만인에 의한, 만인과 함께 하는, 만인을 위한 의사소통을 응원한다.

· 연습 ·

예, 아니요, 어쩌면 심화편

일단 목록을 작성했다면 그것으로 할 수 있는 활동들이 더 많이 있다.

- 당신의 목록을 날마다 볼 수 있게 냉장고나 화장실에 붙여둔다.
- 두 사람의 '예' 목록에 있는 항목을 전적으로 참고해서 다음 데이트에 쓸 수 있는 시나리오를 작성한다.
- '예' 목록을 참조해서 주중에도 할 수 있는 만족스러울 30분의 데이트 대본을 만들어보라. 예를 들면 번개 섹스 계획 같은.
- '어쩌면' 목록의 항목을 시도할 수 있을 만큼의 안정감을 확보하기 위해 필요한 것들과 파트너가 당신과 함께할 수 있는 방법

을 찾는다.

당신의 조건은 다음과 같을 것이다.

- 충분히 안전하다고 느낀다면
- 충분히 흥분한 상태라면
- 중간에 멈춰도 괜찮다는 것을 알고 있다면
- 충분히 천천히 한다면
- 우리에게 차선의 계획이 있다면

다음은 파트너를 탐험으로 가득한 이 항해에 초대할지를 결정한다.

- 파트너의 '어쩌면' 목록에서 몇 개 항목을 선택하라. 상대가 그 항목을 감행할 수 있도록 어떻게 유혹해야 하는지를 상상해본 다. 그리고 파트너에게 이 환상에 대해 말한다. 지금은 '놀랐 지!' 하며 깜짝 소리칠 때가 아니다.

흥분 스위치를 찾아라

사랑을 나누려고 섹스에 돌입하는데 막상 흥분 스위치를 찾을 수 없었던 경험이 있는가? 자, 당신은 교묘히 달아나는 흥분을 찾아 헤매 고 있다. 연인이 평소 당신이 좋아하던 것을 하고 있는데도 당신은 아 무 반응이 없다. 가끔은 떠도는 감각을 찾는 노력이 성가시기조차 하 다. 당신은 지금 뭐가 잘못된 건지 궁금해하고 있다. 어떤 이들은 왜

젖지 않는지 의아해하고 또 어떤 이들은 발기부전 때문에 고민한다. 다들 아닌 척하거나 당황하거나, 둘 중 하나다. 모두에게 일어나는 일이다. 정말로, 당신만 그런 게 아니다.

어떤 사람은 초조할 때 흥분하지 못한다. 새로운 파트너 앞이거나 새로운 상황에 직면했을 때 말이다. 또 다른 사람들은 친숙함이 성적 각성을 떨어트린다. 그래서 그들은 가장 가깝고 사랑하는 사람들과의 관계에서 자신의 욕망에 매달리는 데 애를 먹는다.

흥분은 육체적으로나 정신적으로 다른 의식 상태로의 전환을 요구한다. 매일 밤 잠자리에 들 때 당신은 이런 전이 과정을 거친다. 조명을 줄이고 헐렁한 옷을 입고 누워서 조용히 책을 읽거나 TV를 보면서, 깨어 있는 의식 상태를 의도적으로 졸린 상태로 바꾸는 것이다. 이 과정이 자동으로 가능한 사람들이 있는가 하면, 잠드는 데 노력을 기울여야 하는 사람들도 있다.

> "우리가 어떻게 흥분되는지 그리고 성적 각성이 저절로 일어나지 않을 때 무엇이 효과가 있는지 알아야 한다."

이와 같은 맥락에서, 우리가 어떻게 흥분되는지 그리고 성적 각성이 저절로 일어나지 않을 때 무엇이 효과가 있는지 알아야 한다. 우리의 신화는 이 일을 의도적으로 하는 게 아니라고 말한다. 욕망 혹은 다른 뭔가에 휩쓸리려 드는 게 잘못되었다는 이야기다. 정말 이 사람과 사랑을 나누고 싶지 않다. 끔찍한 실수를 저질렀다. 아이들과 어떻게 살아야 하나? 어떤 사람들은 파트너가 조금만 어찌해도 흥분되어야 하고, 감각적인 자극 없이도 빳빳하게 발기해야 한다고 들어왔다. 또 다른 누군가들은 사랑하는 파트너가 자극하면 반응해서 흥분해야 한다고 배웠다. 그렇지 않은 경우 우리는 서로 냉담해지거나 어쩌면 적대감까지 느낀다. 이 모든 내용이, 아마 여러분이 배웠을지도 모르는 파괴적인 교훈의 일부다.

욕망이 천둥처럼 내려치며 찾아오지 않을 때 가장 먼저 해야 할 일은, 이 문제에 성공적으로 대처한 많은 잡년들을 기억하는 것이다. 당신도 할 수 있다. 우리가 어떻게 애써 흥분하게 되는지 살펴보자.

어떤 사람들은 그냥 달려든다. 성적인 자극을 바로 시작해서 흥분이 따라올 때까지 이어간다. 이 방법은 시간이 든다. 도씨는 야영을 즐기며 차가운 산정 호수에 뛰어들기 좋아하는 파트너를 사귄 적이 있다. 그는 손발을 휘저으며 몸부림치기만 하면 끝내는 따뜻해진다고 주장했다. 반면 어떤 사람들은 한 번에 한 발가락만 물에 담그고, 서서히 감각적으로 워밍업하기를 좋아한다. 자신의 성반응 주기로 서서히 이동하면서 그에 따라 일어나는 감도의 변화를 소중히 여기는 시간. 많은 경우, 그저 속도를 줄이면 흥분이 서서히 일어날 기회가 된다. 일단 한번 흥분 지점을 찾으면, 속도 내기는 쉬워진다.

과민반응hypersensitivity을 겪는 사람이 많다. 이는 성적 각성으로 향하는 여정의 초기 단계에서 너무 집중적이고 강렬한 감각으로 들어가려 할 때, 간지럽고 안절부절못하고 성가신 느낌을 받는 상태다. 이런 상태는 완전히 흥분했을 때 사라졌다가 오르가슴 직후에 다시 나타날 수 있다. 과민반응에 대처하는 법은, 간지럽거나 스치는 애무로 모든 사람이 흥분하는 것은 아니라는 사실을 기억하는 것이다(차가운 호수에 뛰어들기를 좋아하는 도씨의 파트너는 누가 간지럼을 태우면 좋아했다. 그렇다. 물어봐야 한다). 과민반응, 당신이 섹스 초입에 즐기는 감각들, 그리고 후반에 이르러 달라지는 느낌까지 연인에게 모두 이야기하라. 대부분의 과민반응은 차분한 손길과 점진적 접근으로 치유 가능하다. 등과 어깨와 몸의 덜 민감한 부분을 어루만지며 시작하라. 충분한 흥분을 확실히 확인한 후, 신경이 더 풍부한 부분을 만져나가라.

무엇이 당신을 흥분시키는가? 연인과 이야기하라. 환상, 이야기, 손가락이나 발가락을 살짝 깨물거나 빨아주는 것? 그리고 당신의 연인들을 흥분시키는 것은 무엇인지 확인하라. 목 깨물기, 머리칼 넘겨주기? 흥분시키는 모든 것들의 목록을 각자 작성하고 공유하면서 이 대화를 준비할 수 있다. 이 대화에는 약간의 위험이 따른다. 그리고 위험은 그 자체로 짜릿하기 마련이다.

온욕, 거품 목욕, 따스한 불가에 맨살 쬐기, 마사지 같은 관능적인 환희와 함께 몸에 열중해보라. 이것들을 육체의 즐거움에 집중하고 분주했던 두뇌가 서서히 환상으로 떠날 시간을 주는, 보다 느린 희열이다. 헐떡이는 숨, 물결치는 엉덩이를 생각하는 시간이 아니다. 지금은 황홀하면 되는, 그런 시간이다.

판타지는 많은 이들의 커다란 흥분 스위치다. 그렇다. 파트너가 당신에게 야한 행동을 하는 동안에 환상에 젖는 것은 완벽하게 정상이다. 또한 많은 사람들이 에로틱한 만남을 갖기 전, 실제로 만지는 시간 전에 추진력을 모으며 혼자 환상하기를 좋아한다. 아마 당신들도 그럴지 모른다. 종종 에로틱한 비디오를 보거나 성인 문학을 서로 읽어줄 것이다. 좋아하는 판타지를 서로 이야기해줘도 괜찮을 듯하다.

한 사람의 정욕이 다른 사람과의 섹스로 온전히 만족되는 일은 드물다. 노련한 잡년은 이 스위치가 양도될 수도 있다는 사실을 안다. 다음 주말에 빌과 하려고 계획 중인 섹스가 주는 흥분은, 오늘 밤 제인과의 시간에 불을 지르고는 한다. 성적 각성은 당신이 원하는 모든 대상에 사용할 수 있는 육체적 경험이기 때문이다. 마음 속의 정욕은 지속된다. 그러므로 빌과 함께할 때도 그 정욕은 여전할 것이다. 약속한다.

흥분은 느릿느릿 관능적인 온기로 시작된다. 워밍업이 시작됐을 때 귀, 목, 손목, 발가락, 또는 혀의 민감을 탐험하면서 점점, 더욱 강렬한 흥분으로 향하는 문이 열린다. 호흡이 더 깊어지고 엉덩이가 제풀에 움직이기 시작한다.

그렇다면 이 흥분이 바로 오르가슴 방출로 가는 급행열차에 올라타야 하는 시간인가? 섹스를 즐길 수 있는 육체적 준비가 됐다고 해서 섹스를 서둘러야 한다는 의미가 아니다! 시간을 좀 더 가져보면 어떨까? 이건 기분 좋잖아, 그렇지 않나? 조금 더 흥분하고 이 기분을 더 느끼면 안 될 게 뭔가? 고등학교 시절, 몇 시간 동안 키스할 수 있었는지 기억하라.

천천히 천천히

누구나 손이 느린 연인을 원하지 않는가? 섹스할 때 저지르는 가장 흔한 실수는 초조하여 서두르는 것이다. 긴장하면 우리는 가속하는 경향이 있고, 대부분의 사람들은 오르가슴에 다다를수록 근육을 단단히 죄면서 더 속도가 붙는다. 이제 진짜 준비가 되면 그저 끙끙거리고 움켜쥐고 탄성을 지르다가 발가락을 꽉 오므리며 오르가슴행 급행열차에 오른다. 그러나 섹스에는 오르가슴보다 더 많은 것이 있다. 그러니 점점 더 자극하고 긴장을 쌓아가며 유혹하고 감각을 일깨우는, 몸의 구석구석을 탐험하는 일을 빼먹지 말자. 다 우리가 원하는 것들이다. 관능적이고 성적인 친밀감의 전체 범위를 탐험하려면 속도를

늦추는 기술을 배워야 한다

　속도를 줄이는 첫 번째 기술은 매우 간단하다. 숨을 깊이 들이 마시고 참아라. 복부에 손을 대고 근육의 단단함을 느껴보라. 그런 다음 천천히 숨을 내쉰다. 몸통의 근육이 편안해진다. 긴장하면 헐떡거리며 공기를 꿀꺽 삼켜서 호흡한다. 그 호흡이 근육과 마음의 긴장을 유지한다. 반대로, 숨을 내쉬면 이완된다. 그러니 어떤 상황에서든지 긴장할 때마다, 숨을 들이 마시는 만큼 완전히 내쉬어라. 세 번, 길고 천천히 심호흡을 하면 긴장을 약간 풀 수 있다.

　어떤 종류라도 괜찮다. 요가 수업을 받고 관능적인 마사지를 연습해보라. 탄트라 기법을 시도해도 되겠다. 기분이 좋을 때 느껴지는 것에 집중하는 일이 얼마나 재미있는지 알 수 있을 정도로 충분히 속도를 늦춰라. 긴장 완화가 무엇인지 배울 수 있다.

　섹스에 관해 이야기를 나누면 긴장감을 줄일 수 있으며, 섹스 중에는 호흡만으로도 속도가 늦춰진다. 흥분한 상태에서 천천히 호흡하면서, 의식을 몸 안으로 가라앉힌다. 발끝에서부터 온몸을 마음으로 훑으면서, 몸의 각 부분을 감각한다. 예전에는 미처 몰랐던 느낌을 많이 발견할 것이다. 섹스 치료사들이 말하는 **감각 집중 훈련**sensate focus인데, 특히 절정에 이르기 전에 자신의 반응을 늦추고 섹스를 더 즐기고 싶을 때 좋다고 한다. 호흡하고 이완하며 몸의 긴장을 줄이는 데 집중하면 신체의 성 반응 속도를 늦출 수 있다. 우리는 절정에 이르기 전에 근육을 온통 긴장시키기 때문만이 아니라, 근육이 이완되면 절정에 이르지 못하는 사람도 많기 때문이다. 따라서 오르가슴을 통제하려면 끙끙거리고 견디기보다는, 오히려 이완하고 자신을 즐겨야 한다.

　속도 늦추기는 새로운 시도와 긴장에 대처할 때도 유용하다. 맨

디라는 친구는 콘돔 사용을 둘러싸고 겪은 옛날 일 한 가지를 들려
주었다:

롭과는 여러 해 동안 이따금 만나는 연인 사이였는데, 오랜만에
만났을 때의 일이다. 그때 우리는 안전 섹스에 대해 거의 아는 바가
없었지만, 이런저런 경험 덕분에 섹스를 하려면 콘돔을 사용해야
한다고 결론을 내렸다. 이론상으로는 다 괜찮았다. 그런데 두어 차례
짜릿한 간접 성교를 적당히 한 뒤에 콘돔을 씌워야 할 순간이 왔을
때 문제가 생겼다. 롭이 콘돔의 끝부분을 어렵사리 잡자마자 발기가
풀려버린 것이다. 여러분은 이런 일을 한 번도 겪지 않았겠지만.

잠시 장난치며 놀다가 시도했는데도 마찬가지였다. 롭의 마음과
그의 자지는 합의를 이루지 못했다. 나는 더 능동적인 의식 상태로 나
자신을 끌어들여 성인 성교육에서 배웠던 것을 써보기로 마음먹었다.

그를 눕히고 환경을 만들었다. 넘어뜨리지 않을 만한 곳에 양초를
조심스레 켜두고, 윤활제와 수건을 곁에 뒀다. 찢어질 때를 대비한
두세 개의 콘돔과 느릿느릿한 관능적 음악이 길게 담긴 음반도 함께.
나는 그의 다리 사이에서 편안하게 자세를 취했다. 시간을 넉넉히
갖고 싶었고, 허리가 아프거나 어깨에 쥐가 나서 방해받고 싶지
않았기 때문이다.

나는 그의 허벅지, 배, 다리를 아주 부드럽게 오랫동안 쓰다듬기
시작했다. 마침내 그의 몸이 긴장을 풀었고 그런 다음 발기로
반응했다. 나는 조금 더 기다렸고, 그래서 그는 진도를 나가야 한다는
부담 없이 발기 상태를 즐길 수 있었다. 그러고 나서 나는 그의 성기로
손길을 가져가, 페니스가 아니라 그 주위를 어루만졌다. 발기는

가라앉았고 그래서 나는 다시 뒤로 물러나 그가 다시 단단해질 때까지 관능적으로 몸을 계속 쓰다듬었다. 나는 다시 조금 더 지속하다가 다시 그의 성기 언저리를 어루만졌다. 이번에는 잠시 동안만 발기가 사그라졌고 금방 다시 단단해졌다. 그때쯤 그는 거칠게 호흡하고 있었고 나도 마찬가지였다. 내게는 매우 관능적이고 황홀경 같은, 따스하고 즐거운 경험이었다. 굉장한 흥분 스위치였던 셈이다

나는 계속해서 오랫동안 그의 자지가 아니라 그 주위를 만져나갔다. 아니나 다를까 그가 아주 단단해졌다. 그가 내게 손을 뻗었고 나는 그의 손을 찰싹 때리며 뿌리쳤다. 집중해줘요. 당신한테 이걸 하고 있잖아, 알겠어요? 더는 못 버티겠다 싶은 순간 나는 그의 좆 위로 손을 살짝 가져갔다. 그는 어깨를 으쓱했다. 그의 자지를 애무하고 불알을 살며시 당기자 그는 더 흥분하며, 신음을 내뱉고 땀을 흘리기 시작했다. 내가 콘돔을 집어 들면서 제대로 펼치고 있는지 확인하는 순간, 그의 발기는 다시 사그라들었다. 나는 다시 그의 자지 주위를 애무했고, 그는 참지 못하고 다시 뛰어올랐고⋯ 하지만 나는 그를 기다리게 했다. 한참 그의 좆을 가지고 놀았다. 그가 절정에 이르지 못한다는 사실을 깨달을 만큼 충분히 부드러운 손길이었다.

내가 다시 콘돔을 가까이 가져갔을 때, 그는 전보다는 조금 나은 상태였다. 아주 조금만 풀죽은 상태였다는 뜻이다. 나는 조금 더 만졌다. 이 과정이 두어 차례 더 이어지자 그는 너무 흥분한 나머지 더는 이런저런 생각을 할 수 없었다. 내가 콘돔을 씌우는데도 자지가 멋지게 똑바로 서 있었다. 그는 새로운 감각에 익숙해져갔고, 우리는 함께 계속 즐겼다.

그때 나는 굉장히 흥분하여 인내심이 바닥났다. 내가 명령을

내리자 그는 성난 황소처럼 굴었다. 빠르고 거친 섹스가 이어졌다. 그렇다. 기다릴 만한 가치가 있다!

좋은 섹스를 하는 기본적인 기술은 이완하고 속도를 늦추는 것, 그런 다음 긴장하고 속력을 내는 것이다. 일단 이 방법을 터득하면, 견딜 수 있는 한 잠시 중단했다가 다시 하기를 여러 차례 반복할 수 있다. 그러면서 매 순간을 즐기고 대단원으로 가는 짜릿함을 구축한다. 호흡과 몸을 편안하게 하면, 몸과 쾌감에 중점을 둘 수 있다. 그리하여 싱생활을 더 다양하게 즐길 수 있다.

· 연습 ·

소리 내라

그간 이웃들이 섹스하는 소리는 왜 들리지 않았던가? 왜 그들은 당신의 소리를 들은 적이 없을까? 당신의 파트너는 신음을 내야 하고 당신은 그러지 않아야 한다고 믿는가? 왜 그런가? 가능한 큰 소리를 내며 자위하라. 엉덩이를 호흡의 리듬에 맞춰 들썩여라. 입과 목젖을 최대한 열어라. 거칠게 숨쉬고 끙끙대며 비명 지르고 외쳐라. 다음에 사랑을 나눌 때, 당신과 파트너가 얼마나 크게 소리를 내는지 보라. 그리고 이웃을 마주칠 때 미소 지어라.

여운

때로 우리는 험난한 급류를 헤치며 제대로 된 방향으로 목적지까지 가야 한다는 과제에 집착한다. 그래서 정작 도착한 장소에 기울여야 하는 주의는 잊어버린다. 여운과 격렬한 동작과 외침 뒤에 따라오는 꿈 같고 기진맥진한 달콤한 상태는 맛난 시간이다. 그 여운을 즐겨라. 파트너와 함께 몸을 옹그린 채, 그 안에서 쉬어라. 엉망진창인 침대는 잊고, 깊은 휴식 안에서 빈둥대라. 결합된 에너지라는 따스한 물속을 함께 떠다니며, 만족스러운 사랑의 안온함에서 빙글빙글 돌며 파트너와의 연결감을 만끽하라. 기분이 좋다.

24 공개 섹스, 그룹 섹스, 섹스 파티

Public Sex, Group Sex, and Orgies

난교하는 잡년이 되고 싶은가? 이는 선택 사항이다. 당신이 무슨 말을 들었을지 몰라도, 그룹 섹스는 열린 관계의 의무가 아니다. 우리가 아는 요란하고 멋진 잡년들 중 난교 파티에 가지 않으며 집에서도 3인 혹은 4인 섹스를 즐기지 않는 사람도 많다. 반대로 우리가 아는 어떤 모노가미 커플은 섹스를 감상하는 청중이 있는 특별하고 섹시한 장소를 찾아 섹스한다. 공개적인 섹스를 할 수 있는 곳을 찾아다니는 것이다.

다섯 명이 당신과 사랑을 나누거나, 사랑을 나누는 사람이 한 명 더 있거나, 충동을 느낄 섹시한 대상이 아주 많거나, 당신이 기쁨에 겨워 격렬하게 움직이고 소리지르는 모습에 전율할 청중 앞에서 행위를 하는 환상을 가져본 적이 있다면… 다시 말해, 혹시 당신이 섹스 파티라는 개념에 끌린다면 이 장은 당신을 위한 것이다. 좋은 시간을 보낼 수 있는 방법과 이 과정에서 겪을 수 있는 어려움을 대처하는 기술을 알려주겠다.

우리는 섹스의 탈사유화가 급진적인 정치적 행동이라고 믿는다.

여성의 종속화, 다른 종류지만 남성에게 나쁜 문
화적 의무, 문화적 소수자 및 성소수자에 대한
타자화 같은 우리 문화의 숱한 억압은 대부분
성에 대한 수치심에 근거한다. 이러한 모든 종류
의 억압은 마치 가족과 섹스는 아무 관련이 없다

"섹스의 탈사유화는
급진적인 정치적
행동이다"

는 듯, 가족 보호라는 미명으로 구축되고 당연시된다. 우리는 어떤 식
으로든 우리의 욕망과 몸과 섹슈얼리티가 부끄러운 것이라고 배워왔
다. 이런 억압을 물리치려 할 때, 공동체에 모여 섹스의 경이로움을 찬
양하는 것보다 더 좋은 방법은 무엇인가?

섹스 파티 참석은 흥미진진한 도전이다. 극도로 성적인 환경에서
하는 섹스를 정성들여 계획하고 준비하는 멋지고 두려운 긴장감, 그리
고 무대 공포증과 수행에 대한 불안 등. 여기에 대처하면서 뻗어나가
고 성장할 수 있는 기회다. 하나같이 긴장한다. 그 취약함을 공유함으
로써 성적 각성이 늘어난다. 우리는 모든 장애물을 극복하고 뜨거운
성적 만남을 성공할 때 느끼는 아찔한 정복감을 사랑한다. 난교에는
내숭과 수치심이 자리할 공간이 많지 않다. 여러 사람들 안에서 놀 때,
우리는 섹스가 좋은 것이고 아름답다고 느끼며 동시에 스스로를 핫하
고 섹시하다고 여길 수 있다. 이렇게, 강력한 심리적 강화를 얻는다.

왜 공개 섹스인가?

우리 저자들은 둘 다 모두 공개 섹스public sex를 즐긴다. 그리고 넓은
섹스와 에로티시즘을 즐기려는 사람들이 모이는 파티에 정기적으로
참석한다. 다른 사람들의 흥분이 우리의 흥분을 북돋운다. 이때 우리

의 성적 각성은 배가된다. 우리를 둘러싸고 벌어지는 이 모든 행복한 섹스에 연결감을 느끼고 흥분한다.

그룹 섹스는 친구들로 둘러싸인 안전한 환경에서 새 파트너를 체험해볼 기회를 준다. 그들이 다른 사람들과 사랑을 나눌 때 흥분을 가져다 줄 사람들을 미리 확인할 수도 있다. 그룹 섹스는 자신에게 도전하는 기회다. 우리의 섹슈얼리티를 두려움과 수줍음을 넘어 많은 지지와 함께 공개적으로 이끌어낸다. 뭇 친절한 사람들이 우리의 환희에 뜨거운 박수를 보낸다.

그룹 섹스 환경 속에서 우리는 많은 응원과 함께 새로운 섹스를 배울 수 있다. 판타지 속에서만 볼 수 있었던 섹스를 누군가가 하는 현장. 새로운 섹스에 대해 물어볼 수도 있다. 난교에서 안전한 섹스 기술을 많이 배웠다. 차단법은 난교의 필수 조건이다. 참여자의 안전과 건강을 보장하기 위한 지원을 제공한다. 그래서 대부분의 공개 섹스 공간에는 콘돔, 고무 장갑, 안전한 섹스를 위해 필요한 여러 물품이 갖춰져 있다.

플레이 파티를 통해 나쁜 몸 이미지를 깰 수 있다. 모든 연령대의 사람들이 온갖 몸으로 섹스를 즐긴다. 난교 모임이라면 모두 이렇다. 누드 해변이나 온천을 들르는 것은 난교를 준비하는 좋은 방법 중 하나다. 옷을 입지 않은 사람들의 실제 모습이 어떤지 미리 확인하고 동시에 공공장소에서 알몸인 스스로를 경험하기 위해서다. 잡지나 포르노에 등장하는 몸과 다른 많은 몸들에서 아름다움을 발견하게 된다 (19장에서 배운 '공항 게임' 연습을 해보기에 좋은 시간이기도 하다). 몸의 모든 부분에 구석구석 와닿는 태양과 미풍 덕분에 느낄 수 있는 관능적인 기쁨은 보너스다.

우리는 몇 년 동안 공개적인 곳에서 섹스를 했다. 대부분의 사람들이 타인의 섹스를 본 적이 없다는 사실은 놀랍기만 하다. 우리는 그들이 걱정스럽다. 심각한 박탈처럼 보인다. 공중에 다리

"대부분의 사람들이 타인의 섹스를 본 적이 없다는 사실은 놀랍기만 하다."

를 들고 있는 우리의 모습과 황홀한 비명 속에 일그러졌을 우리의 얼굴이 누군가에게 어떻게 보였을지 걱정했을 때가 떠오른다. 실제 섹스 중인 사람들을 직접 보면 섹스 때 당신의 모습과 행위, 그리고 자신이 누구인지를 한결 더 잘 느낄 수 있다. 나아가, 흥분에 빠진 사람들은 하나같이 아름답다는 사실까지도 알게 될 것이다. 섹스 파티에서 우리 모두는 별이 된다. 빛난다.

파티 장소

섹스 클럽은 매우 특별한 파티 공간이라고 할 수 있다. 대부분의 미국 주요 도시는 선택의 폭이 아주 넓은 다양한 난교 환경을 자랑하고 있다. 여성 전용·남성 전용·커플·BDSM 애호가·드랙과 코스튬 애호가를 위한 파티 공간, 상상할 수 있는 모든 성행위에 특화된 파티 공간 및 그런 섹스는 보는 사람이 있어야 한다고 믿는 사람들을 위한 파티 공간이 존재한다. 그룹으로 만나서 좀 더 안전하게 연결을 맺는 참신한 방법으로는 포옹 파티cuddle party(껴안기 파티snuggle party라고도 한다)가 있다. 이 파티의 참석자들은 파자마를 입고 서로 껴안으며 강렬한 친밀감을 탐험하지만, 실제 섹스로 이어지는 것은 아니다. 어떤 도시

들에서는 자위 마라톤 대회Masturbate-a-Thons*가 열린다. 자기 사랑self-loving 모임의 후원자를 찾고 성 긍정주의 운동 기금을 모금하는 행사다.

이런 파티는 공개 광고, 특정 그룹 광고, 초대장을 통한 비공개 모임 등 다양한 방식으로 진행된다. 24시간 연중 무휴로 운영하는 게이 남성 사우나 같은 공개 클럽도 있다. 한 달에 한두 번 집주인의 주도로 지하의 빈 공간에서 열리는 파티도 많다. 다른 친선 단체들은 회원들의 거실에서 열리는 비교적 작은 비공개 모임을 후원하기도 한다.

여러 도시에 파티 하우스가 있다. 1~2층 규모의 건물에 사교 공간과 파티용 플레이룸이 마련되어 있는 공간이다. 비공개 그룹에게 공간을 대여해주기도 하여, 특정한 손님들을 대상으로 한 달에 한 번쯤 파티가 열린다.

파티에서 어떤 행위를 하게 되든지 간에 그에 대해 참석자 모두는 강요 없이 냉철하고 완전한 동의를 받아야 한다는 점을, 파티 공간은 각별히 신경 쓴다. 이때 서명하는 양식에는 그 장소의 규칙이 나와 있을 것이다. 어깨에 손을 얹는 것 같은 행동도 미리 상대의 의사를 확인해야 하는지, 원하지 않는 접촉에는 '노 땡스'라고 답하면 되는지 등의 규칙들이다. 이해가 되지 않는 부분은 파티 주최자를 찾아 규칙을 확인한다. 그리고 대부분의 파티 공간에는 술과 약물에 대한 엄격한 규정이 있다. 얼마간 허용하는 파티도, 취한 듯 보이면 바로 쫓아낼 것이다. 어떤 파티는 일절 허용하지 않는다. 모두가 참여해도 안전하다고 느낄 때만, 멋진 일들을 계속할 수 있기 때문이다. 그렇게 될 수 있는 유일한 방법은 모든 사람이, 자신이 원하지 않는 것을 거절할 수 있고

---

* 1999년 미국 샌프란시스코의 성인용품 회사가 시작했다. 자위에 대한 죄의식과 금기를 없애자는 취지의 행사다.

동시에 상대의 '아니요'를 들을 수 있다는 확신을 가지는 것이다.

도씨가 처음으로 참석한 그룹 섹스 파티는 베티 도슨Betty Dodson*이 주최한, 샌프란시스코의 공동 아파트에서 열린 파티였다. 아파트의 주민들은 모두 페미니즘, 동성애 해방, 성해방에 헌신한 사람들이었다. 그들의 코뮌은 우리가 섹스를 즐기는 조건을 근본적으로 바꾸려는 의식적인 실험이기도 했다. 그들은 다락층의 문과 가구를 다 들어내고 공간을 하나로 텄다. 그곳의 평소 모습은 이랬다. 테라스에서 누드로 일광욕하는 몇몇 커플, 저녁 식사를 준비하는 사람들, 체스 게임에 몰중하는 한두 명, 섹스 중인 한 커플, 방 건너편에서 바이브레이터로 오르가슴을 향해 가는 누군가. 해마다 서너 번 큰 파티가 열렸다. 그 파티는 여럿이 또는 둘씩, 혹은 혼자서 사랑을 나누는 사람들로 빼곡했다. 여기저기서 마사지를 주고받았다. 탄트라 수행자들의 '옴—' 하는 만트라 소리와 끊이지 않고 울리는 바이브레이터의 윙윙거림이 조화를 이루었다. 여기는 사적인 공간이었다. 6~7명 정도였던 거주민의 친구들과 연인들까지만 사용할 수 있었다. 그들 사이에서 생긴 친구와 연인들이 많았다.

대형 공개 클럽이든 작은 파티 하우스든 쾌적한 성적 공간이 공개 섹스 환경의 공통점이다. 그룹 섹스 환경의 장식과 가구는 성적 상상력의 종류만큼이나 다양하지만, 대부분의 파티 공간은 유사한 기본 조건이 있다. 당신의 신분을 확인하는 문지기와 서명을 전제하는 책

---

* 미국의 성 교육자로, 주류 페미니즘이 남성에 과도하게 적대적이고 불필요하게 정치적이라고 보는 섹스친화적 페미니즘 운동의 선구자다. 여성 자위의 중요성을 일찍이 인식했으며, 행복한 섹스를 위해 먼저 자신의 몸을 사랑하자는 '자기 사랑' 운동을 펼치고 있다. 『네 방의 아마존을 키워라Sex for One: The Joy of Selfloving』를 집필했다.

임포기각서 또는 기밀유지계약서, 그리고 앉아서 사람들과 이야기하고 만날 수 있는 자리를 갖추고 스낵과 음료 뷔페를 제공하는 사교 공간 등. 사교 공간에서는 보통 섹스하지 않는다. 쑥스러운 사람은 용기가 날 때까지 거기서 시간을 보낼 수 있다. 또한 사물함과 외투 걸이와 선반 등 입고 있던 옷과 가진 전자제품을 보관할 수 있는 곳도 마련되어 있다(많은 파티 공간은 전화기를 별도로 보관하거나 휴대폰 카메라에 테이프를 붙인다). 맨몸으로 참석하는 파티도 있고 성적 환상을 충족시킬 수 있는 화려한 일련의 의상이 특징인 파티도 있으니 참고하라. 그리고 욕실 사용 등과 관련한 청결 조약이 있기도 하다. 아, 최소 하나 이상의 플레이룸이 있을 것이다.

플레이룸의 종류는 다양하다. 섹스하기에는 충분한 작은 침대가 있는 아담한 칸막이 방, 거울 벽이 있고 바닥에는 퍼피 파일puppy pile*이 널브러진 방, 그룹 그롭group grope 및 기타 난교 활동을 위해 천이 깔려 있는 큰 방까지. 그리고 크루징하고 휴식할 수 있는 뜨거운 욕조와 한증막 및 정원과 춤추는 공간이 있으리라. 강렬한 비트의 음악이 당신의 본능적인 리듬을 일깨우며 청각적으로 프라이버시를 느끼게 해주어서 옆사람의 거친 숨소리나 탄성에도 정신이 산만해지지 않는다. 조명은 은은하고 빨간색이나 주황색인 경우가 많아서 우리는 모두 약간 그을린 듯 보이고 어쩌면 조금 더 섹시해 보인다. 상상력을 발동하여 고안한 섹스용 가구가 있는 방도 있는데, 건강 검진용 테이블, 슬링 의자, 거울 달린 침대, 킹키 판타지용 감옥, 출렁임을 좋아하는 사람들을 위한 거대한 물침대 같은 것들이다.

---

* 바구니에 강아지들이 서로 엮여 잠든 모습처럼 껴안고 서로 애무하는 사람들을 지칭하는 말

최근 몇 년 동안, 다양한 생활 양식을 즐기는 그룹들의 회의를 개최하는 호텔들이 온갖 파티 공간을 지어 고객들이 즐길 수 있게 하고 있다. 심지어 감옥까지도 짓는다. 이 파티들은 회의 개최 측에서 운영하고 자원 봉사자를 배치한다. 이때 호텔 직원의 협조를 받아 비공개로 진행된다. 많은 호텔들이 우리의 이 모임을 좋아한다. 우리는 과음하지 않고 직원들에게 친절하며 팁에 후한 편이다. 그리고 멋지게 차려 입는다. 섹스를 탈사유화하는 급진적인 정치 행동에 관해 이야기하라! 이제 주요 호텔 체인은 우리를 지원하는 플레이 파티 정책을 구비했다! 야호!

플레이 파티는 공동체를 형성하기도 한다. 사람들은 거주 지역에서 다양한 파티를 시도한 후 마음 맞는 한두 그룹에 들어간다. 서로를 알아가고 성적 연결이 주는 특별한 친밀감을 공유하면서, 종종 친구가 돼 대가족을 형성한다. 섹스 파티 클럽이 사고를 당했거나 중병을 앓는 회원에게 혜택을 주는 모습은 이례적이지 않다. 이들은 공동체다. 공동체는 자신을 돌본다.

스윙잉

이성애자들은 성 역할gender role과 모노가미 문화에 다른 이들보다 더 많은 압박을 받고 민감하기 마련이다. 그럼에도 이들은 공개 섹스를 위한 자신의 공간과 문화를 만들어냈다. 예전에는 비모노가미 이성애적 교류를 **아내 교환**wife-swapping이라고 불렀다. 성 차별적 편견이 내재된 이 용어를 우리는 불쾌하게 생각한다. 지금 프라이머리 관계 바깥에서 부담없이 할 수 있는 섹스를 찾는 이성애자들은 종종 스윙 공동체를 찾는다. 이성애자 남성과 여성이 주류 모노가미 문화가 정한 '그래야만 하는 것'의 밖에서 어떻게 교류하는지, 그들을 통해 배울 수 있다.

스윙잉swinging은 매우 다양한 방식의 교류를 정의하는 폭넓은 의미의 용어다. 두 커플의 장기적 짝짓기부터 토요일 밤의 퍼피 파일 같은 자유분방한 형태까지 포괄한다. 스윙어swinger들은 주로 이성애자다. 여성 양성애자는 비교적 흔하지만, 남성 양성애자는 일부 스윙 공동체에서서 눈총을 받는다. 최근 이런 기조가 변화기 시작했다. 자랑스럽게 자신을 '바이'라고 칭하는 남자들 이야기가 많이 들려온다. 스윙어에는 커플이 가장 많다. 정치, 생활 양식 및 개인적 가치 면에서 다른 부류의 잡년들보다 주류에 속한다. 어떤 스윙 공동체는 활동을 성적인 교류로만 국한하고 프라이머리 커플 외부의 감정적 연결을 장려하지 않는다. 반면 모든 형태의 낭만적·성적 친밀함을 장려하는 곳도 있다.

많은 이성애자 여성들이 스윙잉을 통해 처음으로 죄책감 없이 자유로운 섹슈얼리티를 탐험할 수 있었다. 우리가 듣기로는, 그 여성들은 처음에는 마지 못해서, 두 번째는 주저하면서, 그리고 이후부터는 열렬하게 기쁜 마음으로 스윙 파티에 간다. 또한 우리는 상징과 행동의 패턴을 발전시켜 성적인 관심사를 소통하는 스윙 공동체의 그 세련됨을 좋아한다(지금은 없어진 베이 지역 스윙 클럽은 문과 창문을 열어 다양한 방식으로 의사소통을 하게 했다. 이때 매력적인 코드를 사용한다. '거리를 유지하시오', '보기만 하고 만지지는 마시오' 또는 '들어와서 우리와 함께하시지요' 같은).

그룹 섹스 때 지켜야 할 것들

우리는 당신이 난교 현장에서 어떻게 행동해야 하는지 학교에서 배우지 않았다는 사실을 알고 있다. 당신의 어머니 또한 가르쳐주지 않았으리라 장담한다.

공개 섹스 환경에서는 차단법 사용을 요구받기 마련이다. 그게 예의이기도 하다. 누구나 그 안에서는 평소에 지키는 경계를 내려놓고 서로 가까워지려고 하기 때문이다. 보통 사교적인 경계는 사람 간에 예측 가능한 거리를 유지하기 위한 것이고, 그래서 우리는 개인적인 공간을 안전하게 느낀다. 그룹 섹스에는 멋지고 섹시한 사람들과 아주 친밀한 시간을 보내는 동안 안전하고 편안해지는 방법을 찾아야 하는 난제가 있다. 따라서 새로운 경계를 개발하고 학습하고 존중해야 하며, 그리하여 플레이하기에 모두가 충분히 안전하다고 느낄 수 있다.

보통 파티하우스는 입장할 때 규칙 사항을 제시하거나 벽에 붙여 둔다. 그것들을 읽어라. 대부분 안전 섹스 조항을 구체적으로 명기해 놓으며, 콘돔, 장갑, 윤활제, 덴탈 댐 등을 제공한다. 체액 모노가미 관계인 파트너와 동행하더라도, 공개 섹스 환경에서는 차단법 사용을 요구받기 마련이다. 그게 예의이기도 하다. 윤리적인 잡년은 집에서의 관례를 불문하고, 참석하는 파티의 규칙을 준수한다.

그리고 기밀 유지는 모든 그룹 섹스의 의무다. 지난밤 난교에서 애무했던 사람을 슈퍼마켓에서 마주쳐도 미소로 목례하고 가던 길을 가라. 그들은 지금 어머니와 쇼핑하는 중인지도 모른다. 누군가 일상에서 쓰는 이름과 성적 공간에서 쓰는 이름이 다르다는 사실을 알고 있다면, 그 사람들과 함께하는 공간에서 적합한 이름으로 부르도록 각별히 주의하라. 또한 상대의 동의 없이 지난 밤의 근사한 장면에 대한 이야기를 나누는 것 역시 비윤리적이다. 그런 이야기는, 근사한 장면을 가능하게 해준 공간에서 영구적으로 쫓겨나는 좋은 방법이기도 하다.

엿보기에 대한 책임도 주의사항이다. 당신은 섹스파티에서 사람들을 지켜볼 수 있겠지만, 항상 적당한 거리여야 한다. 참가자가 당신의 존재를 의식한다면, 당신은 너무 가까이 있는 것이다. 지켜보면서 자위하는 행동의 가능 여부는 장소에 따라 다르다. 다만, 그런 멋진 장면을 만드는 중인 사람들이 산만해지지 않도록 자신의 흥분을 사려깊게 유지하는 것이 예의다. 그들은 지금 당신을 위해 섹스하는 게 아니다. 또한 플레이 중인 사람들과 가까울 때, 그들이 당신의 말을 들을 수 있다는 점을 항상 주의해야 한다. 이곳은 당신의 상사가 얼마나 끔찍한지 또는 얼마 전에 갔던 항문외과가 어땠는지 친구와 이야기 나누기에 적합한 장소가 아니므로.

사교 공간과 플레이 공간 사이의 경계는 매우 중요하다. 플레이 공간에 입장하면 지성에서 벗어나 아주 빨리 몸의 영역으로 진입하는 또 다른 의식 상태로 들어간다. 그러니 플레이 공간에서 말을 너무 많이 하면 안 된다. 일상적이고 언어적이며 성적이지 않은 의식 상태로 휙 돌아갈 수 있다.

활발한 크루징은 괜찮지만 무작정 밀고 들어가면 안 된다. 정중한 요청과 정중한 응답이 이상적이다. 이 말은 즉, 무엇이든 상대의 의사를 물어봐도 된다는 뜻이다. 또한 '고맙지만 사양합니다' 같은 대답도 괜찮다. 난교 파티에 참석하는 사람들은 교양을 갖췄고 자신이 무엇을 원하는지 알기 때문에 그곳에 있다는 점을 잊지 마라. 당신이 매력을 느끼는 사람이 지금 당장 당신과 플레이하고 싶어 하지 않는다면, 마음을 편히 갖고 다른 사람을 찾아라. 섹스 파티에서 누군가를 괴롭히는 행동은 두말할 필요도 없는 무례다. 그 즉시 당신은 외부 세계로 가는 초대장을 받게 될 것이다.

그룹 섹스 파티에서의 크루징은, 조금 더 솔직하고 직설적이기는 해도 다른 곳에서 일어나는 크루징과 별반 다르지 않다. 대개는 자신을 한 명의 인간으로 소개하는 것으로 시작한다. "안녕하세요, 저는 딕Dick입니다, 당신 이름은요?"가 "안녕하세요, 내 큰 자지dick가 마음에 드나요?"보다 훨씬 낫다. 약간의 대화와 플러팅 이후 더 직접적으로 묻는다. "나와 플레이 하실래요?" 만약 대답이 "예"라면, 협상이 뒤따른다. "뭘 하고 싶으신가요? 싫어하는 것이 있습니까? 더 안전한 섹스라는 단어가 우리 둘 모두에게 같은 뜻인지 확인해볼까요? 그건 그렇고 나는 이런 환상이 있어요…" 같은.

이런 식으로

섹스 파티에 처음 가는 기분이 어떨지 알고 싶다면, 여기 누군가의 놀라운 모험담을 참고하라:

준은 한번도 플레이 파티에 가본 적이 없었다. '캘리포니아에서 난교라고 부르는 그게 분명한데. 뭐, 그나마 레즈비언 난교잖아.

도대체 내가 어떻게 난교 파티의 초대 손님이 된 걸까?' 하고 그녀는 의아했다.

사실 준은 그 답을 알고 있었다. 샌프란시스코에 사는 친구 플래쉬를 방문했을 때, 플래쉬는 주말 동안 별장을 쓸 수 있게 되었으며 별장에서 파티를 열어 친구들에게 준을 소개하고 싶다고 선언했다. 준은 재밌겠다는 생각이 들었고… 그러자 플래쉬는 다가오는 봄을 축하하는 의식을 치르는 것에 관해 이야기하기 시작했다. 거실 가운데에 매트리스를 깔고 안전 섹스 용품을 갖다 놓는다는 계획이었다.

준은 반대했지만, 플래쉬는 원하지 않으면 누구와도 섹스할 필요가 없다는 점을 강조하면서 그녀를 설득했다. 준은 감당할 수 없으면 책을 들고 동네 커피숍까지 산책하러 간다는 단서를 덧붙이며 동의하고 말았다. 그리하여 플래쉬는 성적 쾌락을 즐기기 편하게 별장을 꾸몄고, 준은 부엌에 틀어박혀 딥 소스를 만들고 있었는데, 그나마 할 줄 아는 파티 준비였다.

손님들이 하나둘 모습을 드러내기 시작하자, 준은 과연 자신이 이 일을 감당할 수 있을지 궁금해졌다. 준은 자신이 이제껏 본 것 중 가장 요란한 다이크dyke 행렬에 소개됐다. 팜므femme와 부치butch*들은 새처럼 밝은 날개 같은 옷차림이었다. 문신이 드러나게 디자인한 이국적인 의상을 뽐내며, 준이 상상조차 하기 싫은 신체 부위에 번쩍이는 장신구를 달았다. 그리고 그들은 죄다, 아주 어렸다! 준은 마흔여덟 살이라는 자기 나이의 무게를 오롯이 느꼈다. 그녀는

---

* 다이크dyke, 부치butch, 팜므femme는 여성 동성애자의 유형이다. 다이크와 부치는 능동적인 성향, 팜므는 그 반대의 성향을 띤다.

예의바르게 굴면 잘못될 일이 없다고 생각했다. 다른 곳에서처럼 '안녕하세요' 하고 인사하며, 이 열정적인 난교꾼들 중 한 명이 자신에게 '안녕하신지'라고 실제로 말한다면 어떻게 할지 궁금해했다.

이윽고 부끄러운 기색이라고는 손톱만큼도 없어 보이는 중년 여성 두 명이 다가왔다. 그중 캐롤은 준의 고모할머니 메리와 판박이였다. 만일 메리 왕고모가 부츠와 카우보이 모자 차림으로 부치 의상을 차려입었다고 가정하면 말이다. 준은 공감대가 있는 여성 한 명이 등장하자 비로소 마음이 놓였다. 그때 캐롤은 눈부신 미소를 지으며, 준의 보지에 손을 넣고 싶다고 말했다.

준은 가쁜 숨을 삼키면서도 단호하고 정중하게, 자신은 정말로 그럴 준비가 되어 있지 않다고 간신히 답했다. 그러자 캐롤은 쾌활하게 "괜찮아요. 그럼 나중에 다시 확인해봐요."라고 대꾸해왔다. 이 위대한 여신들은 정말이지 피할 수가 없군, 하고 준은 생각했다. 준은 질이나 직장에 손을 삽입하며 즐기는 피스팅fisting을 알고 있었다. 좋아하는 연인과 하면 좋고 안전하다는 사실까지도. 하지만 통성명한 지 30분밖에 안 된 사람을 알아가는 방법으로는 이상해 보였다.

그때 로티가 들어왔다. 그녀의 나이는 준과 비슷했지만, 옷차림은 그렇지 않았다. 염색했음이 분명한 불타오르듯 붉은 웨이브의 머리칼이, 육감적인 흰 몸이 훤히 보이는 검은색 시폰 원피스, 검은색 스타킹, 검은색 가죽 코르셋을 더욱 돋보이게 했다. 로티는 파격적으로 노출한 차림의 사람들 사이로 포옹하고 키스하고 이야기하며 다녔고, 그러는 동안 준은 로티가 저 하이힐을 신고 어떻게 균형을 잡는지 궁금해졌다. 이때 로티가 자신의 50번째 생일을 맞아 열린 난교 파티에 참석했던 여러 여성에게 고맙다고 인사하는 말들이 들려왔다. 이 사람들은 함께 만나서 섹스는 하지 않는지 준은 궁금해졌다.

준이 앉아 있던 소파 앞 바닥에서 퍼피 파일이 형성되기 시작했다. 여성들은 되는 대로 무리지어 목을 껴안고 애무하며 미소 짓고 있었다. 그들 사이에 섞여 있는 로티와 캐롤이 눈에 들어왔다. 준은 테라스로 몸을 피하기로 했다. 욕조에 몸을 담가 이 공포를 씻어 벗겨내리라는 심산이었다.

온수 욕조는 보다 조용했다. 여기서 준은 몇 명의 여성과 대화를 나누며 좀 더 편안해졌다. 그때 로티가 등장했다. 원피스, 스타킹, 신발을 벗은 채로 말이다. 준은 자신이 로티의 보지를 궁금해한다는 사실을 발견했다. 그러자마자 다른 누군가가 자신의 시선을 눈치챘을지 궁금해졌다. 로티는 따뜻한 물 속으로 미끄러져 들어왔다. 그녀는 목이 뻣뻣하다며 준에게 좀 만져달라고 부탁했다. "물론, 기꺼이." 하고 답하는 자신의 목소리가 들렸다. 아, 안 돼, 내가 무슨 짓을 한 거지. 준은 당황했다.

손가락 아래로 느껴지는 로티의 피부는 따스하고 매끄러웠다. 준은 로티의 피부를 문지르며 진정시켰다. 마사지의 리듬에 따라 준의 기분은 점점 느긋해졌다. 그리고 로티가 보통의 대화 주제— 그녀의 직업과 준의 직업, 삶에 대한 그들의 철학, 준의 불교, 로티의 이교—에 관해 이야기하자 안도감이 들었다. 마침내, 로티의 목은 긴장을 풀었다. 온수 욕조가 덥게 느껴졌다. 로티가 실내는 어떻게 되어가는지 보자고 제안했다. 로티는 욕조에서 나와 스타킹과 힐을 신고서 실내로 들어갔다. 미네르바 여신이여, 내가 저기 따라갈 수 있을까. 준은 잠시 고민하다가 아니, 난 못해 하고는 마음을

고쳐먹었다. 준은 안뜰에 놓인 탁자에서 별을 감상했다. 단호한
자세로.

이때 로티도 한두 가지 고민에 빠져 있었다. 친구들이 소파에서,
안락의자에서, 벽난로 앞에서 즐겁게 놀고 있는데도, 로티는 준을
떠올렸다. 그녀의 무엇이 나를 이렇게 흥분시키는 것일까? 그녀는
나를 좋아할까? 그녀는 나와 플레이할까? 그녀는 이런 파티에서의
플레이가 익숙하지 않은 거 같던데. 아, 참. 항상 첫경험이 있기
마련이지. 지금 그 소녀는 어디로 갔지?

로티는 거실을 훑었지만 준은 거기 없었다. 거실도 꽤 재밌어
보였다. 로티는 추적을 단념하고 플레이를 즐길 친구를 찾기로
결정했지만, 결국 호기심이 이겼다. 그녀는 주방으로 갔다. 행복에
빠진 여러 사람들을 뛰어넘으며, 특별하고 흥미진진한 움직임들을
감상하며 서성댔다. 그러다 딥 소스를 점검하고 혈당을 보충하려고
잠시 멈춰서서 창밖을 내다봤다. 거기 안뜰에, 준이 숨어 있었다.

로티는 접시에 과자를 좀 담아서 준과 함께 먹으려고 바깥으로
달려갔다. 꽤 화기애애한 대화를 나누면서도, 로티는 서로가 아직
연결되지 않은 느낌이 들었다. 로티의 유혹적인 멘트에도 준은 도무지
반응하지 않았다. 준은 겁에 질려 심호흡만 하면서 의도적으로 최대한
숨을 참고 있었다. 로티는 낙담하여 대놓고 말하기로 결심했다.
"당신이 정말로 매력적이라고 생각해요. 나와 플레이하고 싶어요?
어떤 걸로 하고 싶나요?" 준은 다시 궁지에 몰려, 더듬거리며 답했다.
"나는 아직 공개 섹스를 할 준비가 되지 않은 듯해요. 미안해요."

바로 그때였다. 어디선가 셔츠를 잃어버리고서 부츠만 신고 있던
캐롤이 어슬렁거리며 탁자 위에 앉았다. 준이 어떻게 하면 어색해

보이지 않게 덤불 속으로 사라질 수 있을지 고민하던 동안, 로티는 자신의 허벅지를 캐롤의 무릎 위에 올려놓으며 캐롤에게 인사했다. 캐롤은 이럴 때 어떻게 행동해야 하는지 아는 여성이었다. 그녀는 로티의 다리를 쓰다듬으며 감탄했다. 로티는 복수심 때문이 아니라 그저 이 좋은 파티를 놓치기 싫은 마음으로 캐롤에게 물었다. "오늘 밤 당신 스케줄 어때? 내 자리가 있을까?"

캐롤은 로티에게 어떤 성적 판타지가 있는지 물었다. 로티는 섬세한 주먹을 바란다고 답했다. 그러자 캐롤은 지금 당장 그걸 하면 좋겠지만 먼저 수지와 의논해야 한다고 말했고, 둘 다 기분 좋게 자리에서 일어섰다. 준은 다시 혼자 남았다. 그녀는 안도했던가 아니면 궁금했던가… 꼭 어느 쪽이라고 꼬집어 말하기 힘들었다. 하지만 그다음 무슨 일이 일어날지 보려고 캐롤을 따라 거실로 들어갈 만큼의 호기심은 있었다.

몇 분 후 로티는 창가에 앉아 등을 옆으로 돌리고 발을 가운데 모으고 있는 캐롤과 준의 모습을 보고 놀랐다. 로티는 기회를 잡는 데 능숙한 사람이었다. 미끄러지듯 방을 가로질러 둘의 발 위에 올라타고는, "내가 왔다!"고 소리쳤다. 팜므 방식에 정통한 캐롤은 장갑과 윤활제를 달라고 말하더니 로티를 준의 무릎으로 밀었다. "나를 위해서 그녀를 좀 잡아줄래요?" 준은 로티의 꿈틀거리는 몸을 살며시 잡고 있었다. 준은 생각했다. 멋지구나, 그냥 멋져. 그녀는 로티를 꽉 붙잡으며 깊은 숨을 내쉬었다. 로티는 놀이 기구를 타고 있었다.

준은 계속 침착한 척하면서 창가에서 벌어지는 일을 구경하려고 앉아 있는 여성 몇 명의 미소를 못 본 척했다. 그동안 캐롤은 능숙하게 로티를 흥분시키다가 윤활제를 바르고 절정의 끝까지 보내버렸다.
"헉, 어떡하지? 나는 지금 거의 모르는 여성의 유방을 애무하고 있어.
능숙한 척 해야 하나." 하고 준은 생각했다.

　　로티는 캐롤의 어깨 너머 창틀에 발을 대고 힘껏 버티며, 캐롤의
손에 자신을 힘차게 내던졌다. 캐롤의 손이 로티에게 스윽 들어갔다.
로티는 큰 신음을 뱉었다. 곧 둘 다 소리를 내지르며 섹스하기
시작했다. 준은 로티가 몸을 비틀어 자신의 손아귀에서 벗어나지
않게 최선을 다했다. 드디어 로티가 절정에 이르렀고―소리가 아주
컸다고 준은 생각했다―, 준은 자신이 잠시 숨을 멈추고 헐떡였음을
알아차렸다. 세 명 모두 창가에 시체처럼 늘어져 좋은 기분에 잠깐
젖었다.

　　자명한 현실. 로티는 일어나서 정중하게 이번에는 캐롤 차례라고
이야기했다. 하지만 캐롤은 "고맙지만 괜찮아. 수지와 약속이 돼
있어"라고 사양했다. 그들은 다소 놀란 상태의 준을 창가에 혼자
남겨두고 각자 다른 곳으로 떠났다. 나는 다른 우주에 떨어진 게
분명해, 준은 감탄했다. 재미있었어. 그리고 괜찮았던 것 같아. 하지만
좀 버거웠어. 이제 집에 가서 자는 게 낫겠어.

　　하루가 지났다. 로티는 준에 대한 생각을 멈출 수 없는 자신을
발견했다. 그래서 플래쉬에게 전화를 걸었고, 준이 그날 아침
샌프란시스코를 떠났다는 사실을 알게 됐다. 이틀 후, 준은 지금 손에
놓여 있는 이 편지를 받았다.

　　친애하는 준, 나는 산 위에서 아름다운 아침을 맞이하는 중이에요.
태양이 삼나무 사이를 비추고 있네요. 어제는 산등성이를 걷다가,

큼직한 산토끼가 앙증맞은 밝은 꽃밭 사이로 정처없이 노니는 모습을 봤어요. 혹 이 산이 당신의 마음을 움직였다면, 나를 방문해주겠어요?

그런데 당신은 대체 누구인가요? 불교신자로서 어떻게 욕망과 열정에 대처하나요? 내 영적인 길은, 욕망을 붙잡아서 교감하는 상태로 달려가는 거예요. 나는 이런 생각이 당신에게 수용되지 않을까 봐 걱정스러워요. 난 많은 이들의 거부에 익숙하긴 하지만, 당신은 그렇지 않기를 바라요.

우리가 플래쉬의 집에서 연결됐던 그 경험이 정말 마음에 들어요. 편지를 써서 당신을 보여주세요. 섹스, 예술, 자연에 대한 당신의 생각은 뭔가요? 잠들기 전에 어떤 꿈을 상상하나요?

당신이 여기에 있었으면 좋겠어요. 당신에게 편지를 쓰려니 떨려요. 당신을 껴안고 싶어요. 얼마나 멀리 갈지 결정하려고 애쓰면서 이 편지를 다시 읽으니, 이미 내가 너무 멀리 갔다고 깨닫게 되네요. 아, 뭐, 나는 늘 그래요.

사랑을 담아,

로티.

약 3천 달러 정도의 전화요금 청구서와 충동적으로 지불한 얼마간의 항공료와 함께 8개월의 시간이 지났다. 준은 자신의 전 재산을 트럭에 실었다. 로티는 준을 만나러 날아갔다. 그들은 그레이트 디바이드 산맥을 넘어 달콤한 작은 시골집으로 달렸다. 거기서 그들은 몇 해를 행복하게 보냈다.

젠더 차이

우리는 왜곡된 섹스관을 가르치는 사회에 살고 있다. 소녀들은 사랑에 빠져야 성적이 된다고 배우고, 소년들은 섹스가 타인에게서 획득하는 상품이라고 배운다. 그룹 섹스는 참여자 모두를 한 인간으로 인정할 때에만 작동한다. 목적을 위한 수단으로 취급당하고 싶은 사람은 없기 때문이다. 그래서 남성과 여성을 다 포함하는 그룹 섹스 환경에서는, 초대하는 독신 남성의 수를 제한하거나, 파트너가 없는 남성은 환영하지 않는 경우가 많다. 불쾌한 현실에 대처하는 서글픈 궁여지책인데, 개념 없는 사람들의 주제넘은 행동 때문에 선의의 남성들이 불이익을 받고 있는 셈이다. 그 불이익이 부당하다는 의견에 동의하지만, 현실 역시 무시하기 어렵다. 이 상황을 개선하는 유일한 방법은 우리 스스로 잘 처신하고, 배운 것들을 친구와 연인에게 알려주는 것이다.

> "그룹 섹스는 참여자 모두를 한 인간으로 인정할 때에만 작동한다."

크루징은 젠더별로 다른 양상을 띤다. 게이 남성의 환경을 레즈비언 난교를 비교해보고, 이성애자 또는 양성애자 그룹과 비교해보면 그 차이점이 도드라진다. 게이 남성은 익명의 섹스를 더 안전하게 느낀다. 사우나나 클럽에서 크루징하는 게이 남성은 비언어적인 경우가 더 많다. 한 남자가 다른 남자의 눈을 사로잡고 미소 짓고 방을 가로질러서 어깨를 만지다가, 언어 소통 없이 덥썩 껴안을지도 모른다. 레즈비언은 더 조심스러워하고, 플레이룸에서 섹스하기 전에 잠깐 대화하기를 좋아한다.

모든 그룹 섹스 환경에서, 여성은 남성보다 익명 섹스에 덜 개방적이고 소통과 개인적 연결을 선행하고 싶어 하는 경향을 보인다. 여성들이 낯선 이와의 섹스에서 안전이 부족하다고 느낄 심각한 이유가 있었는지도 모른다. 혹은 경계심을 내려놓고 편해질 수 있는 어떤 도움이 필요하기 때문일 것이다. 이 상황에는 어떤 옳고 그름도 없다. 혹은 이 잘못의 원인이 우리의 역사에 있는지도 모른다. 그것은 우리가 쉽게 바꾸기 힘들다.

트랜스젠더들은 많은 환경에서 신중해야 할 필요성을 느낄지도 모른다. 사람들은 자신이 매력적으로 느꼈던 사람이 놀라운 젠더였다는 사실을 알고 화내기 십상이다. 하지만 끌렸던 매력은 분명 실재하지 않았던가? 기겁까지는 하지 않기를 바란다.

트랜스젠더와 논바이너리들이 플레이 파티에 가져오는 것 중에 우리가 좋아하는 게 하나 있다. 그들은 젠더에 관한 뭇 성가신 규칙에 예외를 제시한다. 그리고 어떻게 자유로이 스스로 원하는 사람이 될 수 있는지에 대한 살아 있는 예다. 우리는 이들의 끊임없는 경험을 좋아한다. 젠더와 지향의 방향과 유형을 불문하고, 모든 사람들은 안전하고 자유롭게 섹스를 누릴 권리가 있다.

동의 받기

동의는 절대적인 필요 사항이다. 단순한 사람들은 두어 명이나 서너 명이 이미 섹스를 하고 있는 도중에 스윽 합류하여 누군가를 애무해도 괜찮다고 생각하기도 한다. 그런데 대부분의 파티에서 그런 행동은 괜찮지 않다. 물어보지 않았으므로, 상대가 원하는 것과 상대의 한계선을 모르기 때문이다. 따라서 당신은 잘못된 행동을 할지도 모른다. 그리고 사람들은 하고 있던 재미난 일을 당신 때문에 멈춰야 한다. 화를 내는 게 당연하다. 바로 당신에게 말이다.

한창 뜨겁게 섹스 중인 사람들에게 어떻게 동의를 얻을 것인가? 어깨를 톡톡 두드리며 "잠시만 멈춰 주시겠습니까? 합류해도 되는지 묻고 싶은데요."라고 말한다? 참여자 전원과 연인 관계가 아닌 이상, 이미 시작된 성적 활동에 합류할 수 있는 방법은 없다. 연인 관계라 하더라도 신중해야 한다. 플레이를 이미 시작한 우리의 친구들에게 합류 여부를 물어보고 싶을 때는, 보통 누군가 우리의 눈을 보며 신호를 보내거나 아니면 합류 가능할 때까지 적당한 거리에서 지켜봐야 한다. 모두 자유롭고 구속 없이 플레이하기에 충분히 안전하다고 느끼려면, 앞서 말했듯 경계 존중이 필요하다. 그 터를 불안하게 만드는 사람이 되지 마라.

누군가 파티에서 플레이 중인 당신의 공간을 침범한다면, 그 사람에게 비키라고 말해야 한다. 정당한 일이다. 또한 주제넘은 사람들과 들이대는 유혹자들의 존재를 파티 주최자에게 알려주라. 파티 주최자는 그들에게 적절한 행동에 관해 사람들과 대화하는 기술과 에티켓의 필요와 이유를 설명한다. 만약 그들이 이 내용을 배울 생각이 없다면, 주최자는 초대 명단에서 그 사람을 제외할 권한이 있다.

무리하지 마라

대부분의 사람들은 두려움, 판타지, 그리고 일어날지도 모를, 더 심각하게는 일어나지 않을지도 모를 일에 대한 격렬한 예상에 휩싸인 상태로 첫 그룹 섹스 파티에 간다. 우리는 당신이 어떤 일이 일어날지 실제로 모른다는 점을 인정한다. 그리고 문을 열고 걸어 들어가는 데 성공하면 스스로 자랑스러울 것이라는 예상을 갖고 파티에 가라고 권한다. 만일 1시간 동안 그 파티에 머무르고 지켜봤다면 '참 잘했어요' 도장감이다. 자신을 누군가에게 소개하고 대화를 이어가는 데 성공했다면, 자신에게 명예 훈장을 수여하라.

난교 파티 참석은 정말로 어려운 일이다. 긴장하고 걱정하게 될 것이라고 예상하라. 패션 때문에 난감해질 수도 있다고 예상하고 적어도 두 시간은 차려입는 데 공들여라. 힌트를 주자면, 실크, 가죽, 라텍스 같은 관능적인 느낌을 주는 소재의 복장을 준비하라. 당신 역시 관능적인 느낌을 추구하는 게 좋다. 옷을 입은 채로 섹스하고 싶다면 바스러지는 골동품 같은 옷이나 디자이너가 제작한 비싼 옷은 피하라. 섹시한 기분이 들고, 보기 좋고, 편안한 옷차림을 하라. 배가 조여 속이 울렁거리면 좋지 않다. 꼭 끼이는 구두도 필요 없다.

파티에는 도착해야 하는 시간이 있다. 문을 열고 닫는 시간이 특정되는 경우가 많다. 이런 규칙이 없다면 긴장한 모든 사람들이 용기를 내고 복장을 갖추느라 지각할 게 분명하다. 당연히 파티 주최자는 플레이할 기회를 놓쳐버릴 것이다.

"패션 때문에 난감해질 수도 있다"

처음 참가하는 파티라면, 여유를 가져라. 누군가가 너무 불편해지면 자리를 뜨겠다고 자신과 동행에게 약속하라. 팔꿈치에 손을 댄다거나 하는 신호를 정해서 따로 이야기하러 나갈 필요가 있을 때나 도움이 필요한 상태라는 사실을 동행들에게 알려라. 크루징, 플러팅, 플레이 하고 싶은 사람이 있다면, 그 사람에게 자리를 정리하는 시간이 필요하다는 걸 이해하라. 자리를 뜨고 싶다는 의사를 전할 때는 위와 다른 신호를 사용하는 게 좋다.

지인 몇 명을 사귀고, 파티에서 벌어지는 일들과 그 일들에 반응하는 법을 익힌다는 목표를 갖고 파티에 참석해라. 플레이에 관한 영감을 얻고 함께할 만한 사람을 발견하면 좋겠지만, 그렇지 않더라도 괜찮다. 당신의 첫 번째 파티일 뿐이다. 앞으로 참가하게 될 많은 파티의 첫걸음이라는 점을 항상 기억하라. 꼭 오늘 밤에 일생 일대의 판타지를 경험하지 않아도 된다. 앞으로 남은 인생 동안 해나가면 된다. 첫걸음을 내딛는 것만으로도 충분하다.

다 함께 갈 때

파티에 가기 전에 먼저 현재의 연인(들)과 의논하라. 이것은 중요한 문제다. 연인을 데려가서 내 섹시함을 뽐낼 것인가? 두 사람 각자, 아니면 모두와 사랑을 나눌 사람을 크루징할 것인가? 아니면 각자 개인의 자격으로 참석해서 사람들과 만나고 섹스를 나눌 것인가? 여러분 중 한 명이 섹시한 누군가와 연결된다면, 다른 한쪽이 합류해도 좋은가? 새로운 사람과 플레이하기 전에 나머지 한 명의 동의가 필요한가? 당신이 함께 파티에 참석한 연인에게 확인을 받기 위해 플러팅을 잠시 멈춘다면, 노련한 잡년들은 당신의 사려 깊음과 진실함에 감탄할 것이 분명하다. 함께 귀가하기로 약속했는가? 아니면 외박해도 괜찮은가? 그리고 모두가 원한다면 아기 돌보미를 잠깐 고용하면 어떨까? 이 모든 것을 미리 결정해야 하는 이유는, 사람들이 모인 장소에서 이런 종류의 일을 다루는 것이 너무 볼썽사납기 때문이다. 생각이 달라서 당황스럽고 화가 나서 꼴사나운 야단법석을 일으킬 가능성이 있다.

우리의 친구 두 명은 파티에 대한 의견이 달랐다. 둘 다 파티에 가고 싶어 했지만, 한 명은 가서 특정한 한 명과 놀고 싶었고 다른 한 명은 여러 사람과 실컷 놀고 싶었다. 어떻게 해야 할까? 음, 이 동네에서 파티는 적어도 한 달에 한 번은 열린다. 그러니 한 달은 커플로 참석해서 같이 놀고, 다음 달에는 각자 참석해서 크루징하고 서로의 **윙맨** wingman 역할을 하며 상대가 괜찮은 사람과 놀 수 있게 돕기로 했다.

우리는 파티에서 커플들이 사랑을 나누는 모습을 관찰하는 게 좋다. 그들의 친밀함이 느껴진다. 서로의 방식을 얼마나 잘 알고, 얼마나 아름답게 어울릴 수 있으며, 오랜 시간 이어온 애정 행위가 얼마나 절묘하게 조율될 수 있는지 볼 수 있다. 엿보기는 멋진 경험이다. 서로에게 전문가인 사람들을 보며 많은 걸 배울 수 있기 때문이다. 여러분이 자아낼 수 있는 경이로운 아름다움을 보여주는 것은 다음 번 파티를 위한 훌륭한 광고이기도 하다. 새로운 파트너를 맞이할 준비를 하고 참석할 다음 파티에서 말이다.

또한 플레이 파티는 두려움과 질투를 처리하는 기회가 되기도 한다. 사랑하는 누군가가 다른 사람과 섹스하는 모습을 보면 어떤 기분인가? 정말 끔찍한가? "엄청 괴로우리라 생각했는데, 실제로는 그렇지 않은걸!"이라고 읊조리면서 꽤 중립적으로 관조하는 자신을 발견하고 놀랄지도 모른다. 연인이 그들을 움직여나갈 때 얼마나 강력해 보이는지, 그리고 절정에 이를 때 얼마나 격렬한지 등의 관찰이 좋아질 수도 있다. 나아가 흥분될지도 모른다. 위험을 무릅쓸 때 나오는 성적 각성은 분명 존재한다. 그룹 섹스는 숱한 자극이자 시도해볼 만한 새로운 아이디어다. 이 자극과 아이디어는 자신의 집을 난교만큼 뜨겁게 만들려는 동기와 에너지를 준다. 어떤 이들은 난교 파티가 집에서의 성생활에 활력이 된다는 사실을 발견한다.

버튼과 편견

누군가 당신의 버튼을 눌러 화내게 만들 거라고 예상하라. 또, 당신의 편견을 알아채리라고 예상하라. 그룹 섹스 파티에서 당신은 낯선 사람들의 무리와 전례 없는 친밀감을 공유하게 된다. 더러는 어려운 순간도 있을 것이다. 당신에게는 처음인 젠더를 포함한 스리섬을 시작할 수도 있다. 그 행위는 섹시할 수도 있지만 자칫 당신의 버튼을 누르는 것일지도 모른다. 그렇다. 우린 알고 있다. 당신들 둘 다 파트너와 사랑을 나누기 시작했다. 그런데 여기, 새로운 사람이 있다. 그리고 여러분과 함께 성적인, 분명 육체적인 접촉을 하는 중이다. 기분이 어떤가?

우리는 범성애자 그룹 섹스 파티 참석을 좋아한다. 게이, 레즈비언, 양성애자, 트랜스젠더… 누구든 참석할 수 있다. 그리고 이들은 보통 편안하고 행복하게, 자신과 욕망과 정체성이 완전히 다른 사람들과 함께 플레이한다. 우리는 항상 생소함에 관한 문제에 부닥친다. 남자들 앞에서 옷을 벗어본 적조차 없는 레즈비언, 여성들의 평가와 이성애자 남성들의 폭력이 두려운 게이 남성, 그리고 자신에게 끌린 저 사람이 내 치마 속에 뭐가 있는지 아는지 모르는지 혹은 알고 난 뒤 신경 쓰는지 아닌지, 나아가 신경 쓴다면 어떻게 할 것인지가 궁금한 트랜스 여성.

당신의 선입견이 무엇이든 간에—이 파티의 사람들은 너무 나이

들었고, 너무 어리고, 너무 남자 같고, 너무 여자 같고, 너무 퀴어 같고, 너무 이성애적이고, 너무 뚱뚱하고, 너무 말랐고, 너무 희고, 너무 전통적이고 등등—, 그 편견보다 더 커지는 법을 배우는 건 당신에게 정말 좋은 일이다. 게다가 섹시하다.

상상조차 하지 못했던 것들

판타지 속에서 우리는 모두 열정의 흐름을 타면서 음악에 넋을 잃는 프레드와 진저*만큼 매끄럽게 서로 어우러진다. 그럴 때도 있을 것이다. 하지만 당신 역시 프레드와 진저와 마찬가지로 처음에는 연습이 필요하다. 당신의 발기는 진실의 순간에 가까워지면 협조를 거부할 수도 있다. 콘돔을 착용해야 한다는 생각이 불현듯 들 때는 특히 그렇다. 친숙하지 않은 파트너와 시끄러운 환경에서의 오르가슴은 집중하기 더 어려울지도 모른다. 누군가와 플레이를 시작했는데 흥분되지 않는다면 어떻게 할 것인가?

내적인 당황 때문이라면 호흡을 권한다. 속도를 늦춰라. 이것은 올림픽이 아님을 기억하라. 당신은 뭔가를 증명할 필요가 없다. 당신과 당신의 새 친구는 몸이 기분 좋아하는 것들을 하려는 참이다. 촉감이 좋다. 어루만지면 기분이 좋다. 여유를 가지면 느낌이 좋다. 천천히, 가능한 천천히 하라. 그렇게 당신이 하는 것들을 진정으로 느낄 수 있게 하라. 앞일에 대한 걱정은 당신에게 도움이 되지 않는다. 현재 느끼는 것에 집중하라. 발기와 오르가슴은 올 수도 오지 않을 수도 있다. 하

---

* 미국의 전설적인 댄스 듀오인 프레드 아스테어Fred Astaire와 진저 로저스Ginger Rogers를 말한다.

지만 기분이 좋은 것을 하면 결코 잘못되지 않는다.

　소란하고 분주한 파티의 에너지 때문에 사람들은 서두르고는 한다. 하지만 느리게 움직이면 더 쉽게 흥분의 지점으로 나아갈 것이다. 다양한 사람들이 아주 다양한 방식으로 흥분한다. 이럴 때 유용한, 매우 중요한 자기 인식이 있다. 바로, 무엇이 자신을 흥분시키는지 아는 인식이다. 목을 깨무는 것이든 무릎 뒤를 빠는 것이든 간에, 무엇이 달콤한 물을 흐르게 만드는지 알 때 당신은 그것을 요구할 수 있다. 이때 당신의 플레이 파트너 역시 당신을 흥분하는 방법을 알고서는, 자신을 흥분시키는 요소들도 기탄없이 말해줄 것이다. 그러면 당신이 알아차리기도 전에, 당신들 모두는 흥분에 빠져 고삐 풀린 정욕의 강물로 떠내려간다.

정치 운동과 공동의 이상, 멋진 게이 전통

　성소수자라는 딱지가 붙은 우리 모두, 여러 영역에서 주류 문화로부터 쫓겨나는 추방자가 된다. 우리는 직장에서 커밍아웃할 수 없다. 가족들은 추수감사절 저녁 식사에 우리가 두 명의 파트너를 데려오도록 용인하지 않는다. '정상적인' 척하지 않으면 우리가 다니는 교회에서도 환영받지 못할 때, 우리는 가족, 종교, 공동체의 지지에 대한 접근권을 상실한다. 게이 남성들은 이 문제에 분명한 해답을 발전시켜왔다. 그 답은 바로 단결해서 자신들만의 공동체를 건설하는 것이다. 도씨는 30년 동안 이 공동체 안에서 살았다(재닛 역시 몹시나 그러고 싶었다. 하지만 당시 재닛은 이성애자, 바닐라,* 모노가미로 결혼한 엄마로 살기에 바빴다).

당시 사용된 언어가 오늘날의 용어와 아주 다르다는 점을 유의하라. 젠더 및 성적 지향에 관한 우리의 개념은 달라졌다. 이 변화의 상당 부분은 우리가 여기서 언급할 사람들 덕분에 가능했다. 그리고 우리는 주로 샌프란시스코 사례를 쓰려 한다. 우리가 가장 잘 아는 커뮤니티이기 때문이다.

퀴어 문화의 선구자들은 외형적으로 가장 이질적이어서, 게이 공동체 구성원 중에서도 가장 억압받는, 커밍아웃할 수밖에 없었던 사람들이었다(한눈에 봐도 다르기 때문에, 가만 있어도 옷장에 숨어 있기가 불가능하다는 말). 1950년대 후반, 젠더 스펙트럼의 양극단에 있는 훌륭한 두 남성이 지금 우리가 당연시하는 문화를 구축하기 시작했다. '잘못된' 젠더 복장을 입기만 해도 형사 처벌을 받기 일쑤였고, 동성 관계가 적발되면 (동성 투옥자들과 함께. 알 만하지?) 장기 투옥되기도 했던 시대였음을 기억하라.

1950년대 후반의 일이다. 호세 사리아José Sarria라는 여성 분장가(드래그 퀸drag queen)는 멈추지 않는 괴롭힘과 폭력과 체포에 지친 나머지, 요란한 옷차림으로 격렬한 정치적 운동을 하려고 거리로 나섰다. 경찰이 그의 패거리를 습격했다. 그러자 그는 우수한 변호사를 선임하여 맞서 싸웠다. 심지어 그는 샌프란시스코의 황후와 황제 칭호를 놓고 겨루는 남자들의 '미인 대회'를 설립했다. 이 타이틀을 얻으면 1년 동안 주요 자선 단체 기금 모금자 역할을 맡아서 지역 사회 모임을 조직하게 된다. 그들은 아주 재미있게 돈을 걷는 능력을 가지고 있었다. 이 운동은 널리 알려졌다. 현재 전 세계 도시에서 임페리얼 코트Imperial Courts**를 찾아볼 수 있다. 현란한 옷차

---

* 아이스크림의 기본 맛인 바닐라 맛에서 비롯되었으며, 무미건조하고 평범하다는 의미다. '바닐라 섹스'는 정상위로 하는 삽입섹스 같은 전형적인 섹스를 말한다.
** 1965년 샌프란시스코에서 호세 사리아가 설립한 비영리 단체. LGBT들은 화려한 복

림을 하고 어찌할 수조차 없는 규모의 사람들이 함께 모여, 파티를 크게 열고 자선 기금을 모으면서 여전히 우리의 자유를 위해 싸운다. 파티가 끝날 때에 경찰서 건너편에 모여든 팬들은 시리아가 그들의 애국가와 같은 '하나님, 넬리 퀸을 지켜주소서'*를 부르던 모습을 애정 어린 마음으로 기억한다. 유튜브에서 찾아보라.

한편 시카고에서는 게이 사진가이자, 전라·반라 사진을 주로 싣는 남성 육체미 잡지의 발행인 척 렌슬로Chuck Renslow가 1959년 골드 코스트라는 레더 바leather bar를 열면서 커밍아웃했다. 그는 훗날 시카고에서 가장 큰 행사 중 하나인 '국제 미스터 레더 경연대회International Mr. Leather'로 발전하는 연례 대회를 설립한다. 호텔 연회장에 던전dungeon이 지어졌다. 자선 기금이 대대적으로 모금되고, 주말 동안 도시의 호텔과 거리마다 하이 레더 드래그high leather drag 차림을 한 행복한 사람들로 가득하다.

1960년대 후반에는 '사랑의 여름Summer of Love' 운동이 일어났다. 많은 이들이 앞으로 세상이 더 자유로워질 것이라는 희망을 품게 된 현상이었다. 섹스와 젠더의 측면에서 표현의 자유도 가능해질 것이라고 보았다. 어떤 요란한 퀴어들은 공동 생활과 영적인 여행과 정치적 활동주의가 성행하던 그 시대에 굉장한 조직을 만들었다. '칼리플라워Kaliflower' 코뮌은 주간 정보지를 발행하고 샌프란시스코 베이 에어리어의 코뮌 전체에 손수

장을 하고 '황실'에 모여 성소수자 지역공동체 건설을 위해 기금 마련을 하는 연례 갈라를 연다. 포틀랜드, 시애틀, 밴쿠버 등 다른 도시로 확대되어 현재는 국제황실시스템 International Imperial Court System(IICS)으로 확대되었다.
* 'God Bless Us Nellie Queens'. 'God Save Us Nelly Queen'의 오기인 듯하다. '넬리'는 여자 같은 남자를 부정적으로 칭하는 말이다. '넬리 퀸'은 게이 남성 중에서도 과장되게 '넬리' 특유의 행동을 하는 사람을 지칭한다. '게이'에 대한 스테레오타입에 가까운 유형이다. 사리아는 영국 국가인 '하느님, 여왕 폐하를 지켜주소서'를 개사하여 '하느님, 넬리 퀸을 지켜주소서'로 불렀다.

배달했다. 젠더 벤더gender bender 운동의 선구자인 극단 '빛의 천사들Angels of Light'은 식료품 협동조합food conspiracy를 운영하고 젠더 벤더를 주제로 한 거리 공연을 펼쳤다. '코케트Cockettes' 극단은 무대 공연과 세계투어를 했다.

60년대 후반에는 베어bear, 부치, 드래그 퀸들이 밝은 색의 깃털을 꽂고 행진하며, 모든 지향의 남성과 여성이 함께 탐험하는 가능성의 세계를 열었다. 이 젠더 벤더들은 게이 해방의 최전선으로, 특히 1969년 스톤월 항쟁Stonewall riots에서 정점을 찍었다. 이 항쟁에서 트랜스젠더들—드래그 퀸과 부치—은 경찰의 탄압과 폭력에 맞서 싸웠다.

1970년대, 게이들은 지역사회 발전에 적극 참여해서 건물을 사들이고 사업을 시작했다. 샌프란시스코의 카스트로 지역과 다른 도시에서 게이가 주도하는 지역이 줄줄이 등장했다. 이 현상은 역사상 최초로, 퀴어인 사람들이 위장할 필요가 없이 일자리를 찾고 아파트를 빌릴 수 있는 새로운 자유를 얻는 데 크게 기여했다. 그리고 1970년, '샌프란시스코 게이 프라이드San Francisco Gay Pride'가 등장한다. 이는 샌프란시스코를 관통하는 승리의 행진이 되어 지금도 우리가 아주 크게 기념하는 행사가 됐다. 거대한 파티를 열어 정치적 활동과 자선 기금 모금을 위한 장을 다시 만들어가는 중이다.

1970년대 말, 전통적인 교회에서 쫓겨난 게이 커뮤니티는 자신들의 교회 설립에 나선다. 1968년 침례교 목사인 트로이 페리Troy Perry는 '메트로폴리탄 공동체 교회(MCC)'를 설립하여 모든 교파의 LGBTQ 신자를 맞이했다. 현재 전 세계 37개국에 걸쳐 222개의 메트로폴리탄 공동체 교회가 있다. 1978년에는 '영원한 방종 수도회Order of Perpetual Indulgence'가 설립되었는데, 수녀들의 습관을 절묘하게 패러디하고, '정상위 수녀Sister Missionary Position'와 '프리다 피플스 수녀Sister Frieda Peeples' 같은 재미있는 '성인' 이름을 지었다. 수녀는 서원을 하기 전에 지원자와 수련자로서 진지한 입회 과정을 통과해야 한다. 이 교단의 수녀들은 자선 활동, 교육, 정치적 거리 공연에 헌신하며 사람들을 돕는 존재다. 이들은 1980년대 전반에 걸쳐 더 안전한 섹스에 관해 대중을 교육하고 에이즈로 고통받는 사람들을 지원하기 위해 바쁘게 일했다. 1979년 즈음 '급진파 요정단'이 독특한 퀴어 영적 수련 프로그램을 갖고 모습을 드러냈다. '요정단'은 미개발지를 사서 캠핑장과 오두막을 짓고 사람들을 초청했다. 그들은 대안식일을 기념하고, 자신들에게 맞는 문화를 형성해서 '안식처'를 일구었다. 현재 미국에는 여덟 곳의 '요정단 안식처'가 있다. 다른 나라에도 몇 군데 운영 중이다.

에이즈 감염이 발생하면서 너무 많은 수의 용감하고 아름다운 게이 남성들이 병을 앓았다. 미국에서만 수십만 명이 목숨을 잃었다. 다시 한번, 게이 공동체는 팔을 걷어붙이고 나섰다. 구성원에게 치료를 보장해주려면 자체적인 사회적 서비스가 필요하다는 사실을 깨닫고 세운 최초의 기관이 '샌프란시스코 에이즈 재단(SFAF)'이다. 에이즈 운동가들은 정부에 연구 투자를 요구하며 적절한 치료 센터가 생길 때까지 항의했다. 1984년에는, '폴솜 스트리트 페어Folsom Street Fair'*가 열려 파격적인 섹슈얼리티의 연례 축제가 되었다. 그들은 그토록 잔인한 병의 실상에 맞서 지치지 않고 다채로운 방법으로 (당연히) 이 축제에서 자선 기금을 모았다. 이번에는 자선 기금이 우리의 자체 서비스 기관이 되었다.

통계를 보면 샌프란시스코 프라이드와 폴솜 스트리트 페어는 각각 캘리포니아에서 두 번째 그리고 세 번째로 많은 대중이 모이는 행사다. 호세 사리아와 척 렌슬로가 심은 씨앗에서, 삶의 변화를 가져오는 이 엄청난 행사들과 공동체가 피어나서 지금도 계속 꽃을 피우고 있다. 이는 퀴어 공동

---

* 매년 9월 샌프란시스코의 폴솜 스트리트에서 열리는 BDSM 축제

체의 능력과 힘이 성장하고 있다는 훌륭한 상징이자, 그들이 자신을 위해 만든 지원 시스템이다. 세계 속에서 그들이 수용되는 폭이 전반적으로 넓어지고 있다는 사실을 방증하기도 한다. 50년 전, 우리는 '벽장에서 나와 거리로!'라고 외치고 춤을 추면서 보도를 걸어가며 행진을 시작했다. 우리의 행동주의는 거리에서 시작되어 숱한 삶과 마음을 변화시켰다.

결론 잡년 유토피아

A SLUT UTOPIA

자, 당신은 여기까지 왔다. 당신을 세상으로 다시 내보내기 전에, 최종적인 개념 하나만 더 전하고 싶다. 이 개념은 당신이 원하는 종류의 섹스와 사랑이 가득한 삶을 디자인하면서, 사고를 형성해는 데 도움이 될 것이다.

둘에서 여럿으로

세상은 이분법을 아주 좋아한다. 흑과 백, 남과 여, 마음과 몸, 선과 악. 우리는 이러한 짝들이 서로 대립한다고 배워왔다. 올바른 방법과 잘못된 방법이 있고, 우리가 할 일은 옳은 것을 지키고 잘못된 것을 파괴하는 것이라는 배움. 이러한 사고방식이 법정, 정치, 토크쇼를 지배하며 때때로 황당한 결과로 이어진다. 예를 들어, 어떤 사람들은 혼외 섹스 또는 자기와 다른 유형의 결혼생활을 즐기는 사람들이 자신의 결혼과 삶을 공격한다고 믿는다. 무엇이든, 다르면 반대하고 적으로 삼는다.

옳고 그름이 유일한 선택지일 때는, 두 명 이상은 사랑할 수 없다거나 남과 다른 방식으로는 사랑할 수 없다거나 사랑하는 능력은 유한하다고 믿게 된다. '여럿'은 '하나'와 반대다, '사랑 중'과 '사랑 끝'에서 선택은 한 가지뿐이다, 라고 믿으며 사랑의 다른 정도와 유형은 들어설 자리가 없다.

우리는 다른 무언가를 제안하고 싶다. 무엇이 옳은지 또는 무엇이 잘못되었는지 따지며 안달하는 대신, 당신 앞에 있는 것이 무엇이든지 간에 다른 것에 대립한다고 생각하지 말고 그 가치를 매겨보라. 그러면 성적 선택과 방법이 인간의 숫자만큼 많다는 사실을 알게 될 것이다. 그것들은 모두 정당한 방식이다. 사귀고 사랑하고 젠더를 표현하고 섹스를 나누고 가족을 형성하고 세상에 존재하고 인간이 되는 무수한 방식… 그리고 이 중 그 어떤 것도 다른 것을 줄이거나 없애지 않는다.

대립 너머의 세상에 마음을 열면, 비현실적인 완벽함과 달성불가능한 목표 그 너머를 볼 수 있게 된다. 우리는 자신을 해방시킴으로써 이 세상에서 당장, 바로 여기, 지금, 우리가 얻을 수 있는 멋진 다채로움과 다양성에 대해 완전히 깨어 있을 수 있다.

따라서 잡년생활은 초탈로 가는 경로가 된다. 몸뿐만 아니라 마음과 정신의 해방이자, 우리가 세상에 존재하는 하나의 방식으로, 인식을 확장하고 영적 성장과 상상 이상의 사랑을 가능하게 해준다.

잡년 선언

우리가 어떤 존재인지에 대한 이해와 우리가 맺는 관계를 제한하는 문제들을 검토한다. 이를 통해 오늘날 많은 사람이 살아가는 방식에 맞는 사회에 대해 구상한다. 그 사회는 변화하고 성장하려는 요구에 부응하면서, 동시에 소속감과 가족에 대한 근본적인 욕구를 충족시키는 사회다.

우리는 모노가미가 언제나처럼 계속 번창할 것이며, 진정으로 모노가미를 선택한 사람들에게는 완벽하게 타당한 결정이라고 믿는다. 다만 모노가미만이 아니라 무수한 다른 선택지에도 시야를 열고 싶다. 여지를 키워서 계속 늘어나고 적응하며, 우리의 바람에 적합한 가족 및 사회 구조를 계획하는 선택지. 가족의 새로운 형태는 지금도 진화하고 있다. 이 가족은 핵가족을 대체하기 위해서가 아니라 새로운 가능성으로 보완하기 위해 진화한다. 가족과 섹스와 사랑을 공유하는 형태의 무수한 선택지. 우리는 당신이 살고 싶은 세상을 만들어나가게끔 자유롭게 해주고 싶다.

우리가 꿈꾸는 유토피아에서 현실과 가능성에 대한 믿음, 순간에 머무르고 미래를 계획하는 일에 대한 믿음의 토대는 온갖 형태의 자유로운 사랑이다. 사랑할 자유는 우리 삶을 있는 그대로 보게 도와준다. 정직함은 우리 자신을 명확히 인식하게끔 하고, 유동성은 우리의 요구가 변할 때마다 앞으로 나아갈 수 있게 해준다. 변화하고 성장하는 이 세계에서, 변화하고 성장하는 파트너와 함께 자신이 변화하고 성장하는 것이다.

우리는 윤리적인 잡년생활에서, 사회가 정한 경계의 규칙을 존중하고 예우하는 모습이 아니라 각 개인의 경계를 존중하고 예우하는 세상으로 우리를 이끄는 모습을 본다.

그리고 성생활의 확장에서, 선진적인 섹슈얼리티가 발달하여 우리가 더 자연스러우면서도 더 인간적이 될 것이라고 예견한다. 섹스와 친밀감은 사랑과 기쁨, 깊은 감정, 강렬한 친밀감, 심오한 연결, 영적인 인식, 믿을 수 없으리만치 좋은 느낌, 때로는 초월적인 황홀감 같은 물리적 실체가 없는 수많은 것들을 물리적으로 표현해준다. 우리의 유토피아에서 지성은 우리를 가두는 함정이 아니라 경험에 형태를 부여할 때 쓰는 훌륭한 도구다. 우리는 몸의 감각적 인식에 지성을 개방하여 본래의 자아를 해방시킨다. 이때야 비로소 자유로이 있는 그대로의 정신을 맞아들일 수 있다. 우리 자신, 상대방, 그 밖의 사람들과 교감하면서, 직관적이고, 오로지 경험 그 자체를 위해 기쁨을 경험하는 정신을.

우리의 꿈: 섹스와 사랑의 풍성함

우리는 모든 사람이 가능한 모든 방법으로 자유롭게 사랑을 표현했으면 좋겠다. 누구나 자신이 원하는 것—공동체, 연결, 터치와 섹스와 사랑—을 많이 가질 수 있는 세상을 만들고 싶다. 아이들이 대가족, 그러니까 현대의 소외 속에서도 서로 연결되어 있는 마을에서 자라기를 바란다. 거기에는 그 아이들과 서로를 사랑하는 어른들이 충분히 있기에, 사랑과 관심과 보살핌이 넘친다. 모두에게 골고루 돌아가고도 남는다. 환자와 노인은 사랑이 담긴 손으로 보살핌을 받으며, 서로를 아끼는 사람들이 자원을 공유하는 세상이었으면 한다.

채워질 가망이 없는 욕망에 시달리지 않고, 욕망이 수치스럽거나 꿈이 좌절되어 괴로워하지 않으며, 사랑이나 섹스의 결핍에 굶주리지 않는 세상을 우리는 *꿈꾼다*. 자신의 역량보다 적은 역량의 사람이어야 한다고 말하는 문화적 규칙에 제한받는 사람이 없는 세상을 바란다.

삶의 선택이나 누군가를 사랑하기로 한 선택이나 그 사랑을 표현하는 방식의 선택을 놓고, 자신과 연인 말고는 아무도 결정권이 없는 세상을 우리는 꿈꾼다. 누구를 사랑하든지, 얼마나 사랑하든지.

그리고 바라건대 우리 모두 평생의 꿈이 실현되기를.

잡년 용어집

새 단어와 전문 용어가 계속 만들어지기 때문에 우리 저자들이나 잡년들은 마찬가지로 곤혹스럽다. 하지만 이러한 진전은 불가피하다. 새로운 경험을 하고자 자유로워지려면 언어를 다듬어야 하는데, 어떤 선택을 할 때 그에 대응하는 언어가 없다면 명료하게 사고하고 결정하기가 거의 불가능하기 때문이다. 이 책에 등장하는 많은 용어는 생소할 수 있고 지역 및 사회마다 다르게 정의될 수도 있다. 게다가 걸핏하면 새로운 용어가 등장하고 기존의 용어는 쓰이지 않거나 의미가 달라지기도 한다. 이 용어집에서는 의미가 달라진 용어 및 신조어와 성적 공동체에서 수시로 접할 수 있는 용어를 다룬다.*

BDSM

한 사람이 다른 사람의 행동을 통제하고, 또는 그 사람을 묶고, 또는 강렬한 감각을 주는 활동. BDSM은 속박bondage과 훈육discipline 의 B/D, 지배dominance와 복종submission의 D/S, 사도마조히즘의 S/M(또는 SM, S&M)에서 온 말이다. 'Kink', '에로틱 파워 교환erotic

---

* 이 용어집에서 다루는 용어와 젠더 · 페미니즘 영역 용어는 직접 대응하는 한국 단어가 없거나 통일되지 않은 경우가 많다. 따라서 해당 용어 표기가 맥락과 사용 주체에 따라 다르기도 하다. 그러므로 독자들은 본인의 용법과 사용 맥락에 따라 해당 용어를 해석 및 사용하기를 권한다. 이를 위해 영어를 병기했다.

power change', 또는 그냥 'SM'이라고도 한다.

간접성교 Outercourse

성기(삽입)보다는 몸(의 애무)에 집중하는 섹스. 보통 이런 섹스는 삽입과 체액의 공유가 없다. 흔히 손과 입, 성인용품(섹스 토이), 함께 자위하기, 폰 섹스, 역할 연기 등을 즐긴다. (성병으로부터) 안전한 성생활과 피임을 위한 전략이고 자신의 성감대를 찾는 좋은 방법이며, 그 자체로 즐거움을 준다.

관계 무정부주의 Relationship Anarchy

중요도에 따라 자신이 맺은 관계의 순위/위계를 매기거나 만들지 않고, 관계에 대한 합의를 가급적 피하려는 관계 방식.

관계 에스컬레이터 Relationship Escalator

관계의 각 단계가 반드시 다음 단계로 이어지는 방식. 데이트 단계에서 배타적 성애, 약혼, 결혼, 자녀 갖기 등등. 대부분의 잡년은 이 '에스컬레이터'를 피하고자 (기꺼이) 숱한 계단을 오를 것이다.

그들 They/그들을 Them/그들의 Their

누군가의 젠더에 확신이 없거나, 기존의 젠더 구분과 일치하지 않을 때 사용하는 대명사들이다. 영어권은 젠더 중립적인 단수 대명사의 필요를 인정하고, 젠더에 대한 최근의 유동적 감각을 따라잡으려 애쓰는 중이다. 위키피디아 목록에는 십여 가지가 넘는 대체어가 적혀 있다. 일단 이 글을 쓰는 시점에는, '그들/그들을/그들의'가 젠더 중립적 대명사로 적절해 보인다. 이 책에서 우리는 '그들/그들을/그들의'를 쓰기로 했다. '젠더' 항목을 참조하라.

뇌락磊落, Openheartedness

자신을 방어하기보다는 연민을 갖고 세상을 대하는 것. 그게 무엇이든, 사랑이나 관계가 삶에 제시하는 것들 앞에 자신을 열어젖히는 마음.

드라마 Drama

오해, 상처, 감정 등을 수반하는 싸움을 다소 경멸적으로 표현하는 용어다. 사회가 기대하는 잘 포장된 도로 같은 관계를 피하기로 선택한 우리 중 일부는, 자신의 오솔길을 개척하기 위해 빽빽한 덤불 또는 드라마에 길을 내야 한다.

레더 Leather

BDSM과 그에 관련된 행동을 일컫는 다른 말. 보통 게이, 레즈비언, 퀴어 사회에서 더 널리 쓰는 용어다.

먼치 Munch

폴리족(폴리아모리스트)들이 식당 같은 장소에서 모이는 사회적 만남. 많은 온라인 커뮤니티에 먼치munch 모임이 있다. 이뿐 아니라 친목 모임meetup, 포트럭potluck, 회의 등에서 생각이 비슷한 사람들과 만나기도 한다.

메타모어 Meramour

연인의 연인. "나는 내 메타모어들과 가끔 만나서 브런치 먹는 걸 좋아해."

모노가미쉬 Monogamish

사회적으로 커플이지만, 다른 파트너와의 성적 접촉을 어느 정도 허용하기로 서로 동의하고 실행하는 관계 유형.

모노-규범성 Mononormativity

일부일처제가 정상이며, 다른 모든 선택은 일부일처제를 기준으로 정의된다는 문화적 믿음.

무성애자 Asexual

성적인 끌림을 경험하지 않는 사람. 미국 인구의 1퍼센트 이상이 무성애자로 추정된다. 무성애자 공동체에는 무성애자의 모든 특질과 유형에 대해 광범위한 어휘가 구축되어 있다. 인터넷에서 '무성애자Asexual'를 검색하면 다루어진 적이 별로 없는 이 성향에 관해 많은 정보를 얻을 수 있을 것이다.

범성애자 Pansexual

모든 젠더와 성적 지향을 포괄하는 용어. '양성애자'가 이분법적 젠더만 지칭한다(그렇지 않다)고 느끼는 사람들이 가끔 '양성애자' 대신에 이 용어를 쓴다.

병리화하다 Pathologize/병리화 Pathologizing

생소하다는 이유로 성적인 기능이나 관계 패턴을 포함하는 모든 행위를 장애나 질병으로 취급하는 것.

비심판적 Nonjudgmental

무분별하거나 부당하게 도덕을 들먹이지 않는 태도. 이 태도는 '모든 것을 다 받아들인다'는 의미가 아니다. 어떤 행동이나 관계를 판단할 때 절대적인 기준으로 옳고 그름을 따지는 것이 아니라, 그 행동이나 관계가 행위 주체에게 얼마나 적합한지를 고려하려는 자세를 뜻한다.

섹 친구 Fuck Buddy

게이 남성 커뮤니티에서 흔히 사용되며, 성적 연결을 기반으로 한 친근한 관계.

새로운 관계의 에너지 New Relationship Energy

관계를 새로 시작하는 "허니문" 단계 때 유발될 수 있는 격렬한 감정. '리머런스limerence'라고도 한다.[*]

서약 · 맹세 Commitment

일반적으로는 평생 일부일처제에 동의한다는 말인 모양이다. 물론 이 책에서는 다른 의미로 활용했다. 우리에게 서약은, 장래를 약속하고 그 약속을 지켜나간다는 뜻이다. 그 약속이 "당신만을 쭉"이든지, 일 년에 한 번 뜨거운 주말의 만남이든지 간에.

성 긍정주의 Sex-positive

섹스가 삶의 건강한 동력이라는 믿음. 이 문구는 1960년대 후반에

---

[*] 리머런스limerence는 심리학자 도로시 테노브Dorothy Tennov가 만든 신조어다. 다른 사람에 대해 낭만과 성적인 끌림을 느끼는 격렬한 감정 상태를 뜻한다.

전국섹스포럼National Sex Forum에서 한 성교육 교사가 만든 것이다. 합의한 모든 형태의 섹슈얼리티에 대해 낙관적, 개방적, 비심판적 태도를 견지하는 사람 또는 집단을 설명하는 말이다.

성 부정주의 Sex-Negative

섹스는 위험하고 성욕은 나쁘며, 여성의 섹슈얼리티는 파괴적이고 악하고 남성의 섹슈얼리티는 약탈적이고 통제할 수 없다는 신조. 문명화한 모든 인간의 사명은 섹슈얼리티를 매우 한정된 범위로 제한하는 것이라는 믿음. 섹스는 악마의 일이며 하나님은 섹스를 싫어하고… 감 잡았기를.

섹스 Sex

솔직히, 우리가 내리는 정의는 중요하지 않다. 섹스는 당신과 당신의 파트너들이 섹스라고 생각하는 그대로다. 그리고 당신이 섹스를 뭐라고 생각하든지 간에, 우리는 그에 동의한다. 합의한 형태의 모든 섹스는 멋진 것이기 때문이다.

섹스 중독 Sex Addiction

한 사람의 생활이 관계, 직장, 또는 삶의 다른 측면에서 건강하게 작동할 수 없을 정도로 강박적인 성행위를 일컫는 말. 종종 행복한 잡년slut을 병리화하는 수단으로 사용된다. 섹스테라피 공동체에서 열띤 논쟁을 부르는 주제다.

섹스를 나누는 친구 Friend with Benefits

평생 동안 낭만적 관계를 서약할 필요가 없고("Friend"인 측면) 섹스를 나누는("Benefits"인 측면) 사람을 일컫는 관용어.

씹 Fuck

일반적으로, 혹은 특별한 경우 모두 삽입섹스를 의미한다. 여전히 가장 강력한 반응을 부르는 ('갈보cunt'를 제외하고는) 상스러운 말이다. 하지만 이런 멋진 활동이 욕설로만 쓰이는 건 매우 유감스럽다.

열린 관계 Open Relationship

관계 바깥에 있는 사람과 섹스하고 사랑하는 데 어느 정도의 자유를 허용하는 관계. 그러므로 8명으로 구성된 그룹 결혼은 '열린' 관계일 수도, '닫힌' 관계일 수도 있다.

윙맨 Wingman

파트너 후보자를 당신에게 이끄는 데 도움을 주는 친구. 현재 또는 과거 연인은 윙맨 역할을 훌륭하게 해낼 수 있다. 당신을 매력적으로 만드는 법을, 당신에게 매력을 느꼈던 사람보다 누가 더 잘 알겠는가?

이성애 규범성 Heteronormativity

이성애를 정상으로 상정함. 따라서 이성애를 제외한 나머지 (성적) 선택은 비정상이므로 잘못된 것으로 치부하고 문화적으로 정의하는 믿음.

인터섹스 Intersex

둘 이상의 성별 신체적 특징을 지니고 태어난 사람. 이 사람들은 출생 직후부터 억지로 여성 젠더나 남성 젠더에 적합한 외과 수술 및 의학 치료를 감내하기보다는 타고난 신체로 성장할 자유를 위한 입법 운동을 주로 한다.

잡년 Slut

섹슈얼리티와 성애를 열린 마음으로 환대하는 사람.

잡년 낙인찍기 Slut-Shaming

자기 생각과 다르거나 과도한 방식의 섹스를 한다는 이유로, 누군가를 천박하게 취급하고 모욕하거나 해를 가하는 행위.

잡년 행진 Slut Walks

잡년 망신주기에 맞서 매년 여러 주요 도시에서 열리는 시위.[*]

재생하다 Reclaim/재생 Reclaiming

누군가 당신을 모욕하고 불쾌하게 만들고 싶어서 어떤 단어들을 사용한다. 당신은 화를 내거나 또는 오히려 그 단어들을 스스로 사용해서 그 단어들의 의미를 왜곡하고 모욕적인 의미를 삭제해 버릴 수도 있다. 이런 식으로 재생된 단어에는 '퀴어', '다이크dyke', '패것faggot', '트래니tranny' 그리고 아무렴, (우리의) '잡년'이 있다.

---

[*] 2011년 캐나다에서 잡년 망신주기slut-shaming에 대한 반격으로 시작된 '잡년 행진Slut Walk' 운동은, 이 책의 저자가 정의한 '잡년slut'이라는 단어의 개념이 사회적으로 확산된 사례다.

젠더 Gender

젠더를 연구하는 이들은 "섹스는 다리 사이에, 젠더는 머릿속에"라는 캐치프레이즈를 쓴다. 여성의 생식기와 염색체를 갖고 태어났으나, (아마도 외과적 수술이나 호르몬을 사용하여) 남성으로서 세계와 상호작용하기를 선호한다면, 남성 젠더인 사람이다. 이분법적 젠더binary gender의 양극단 사이 어디쯤에 위치하기를 선호하는 사람들, 또는 자신의 젠더를 장난스럽게 표현하기 좋아하는 사람들은 "논바이너리/제3의 성", "젠더퀴어genderqueer", "젠더플루이드gender- fluid" 또는 "젠더벤더gender bender"라고 불린다.

~ 중심주의자 Centrist

"그래야만 하는" 방식에 대한 암묵적인 기대로 주의를 환기시킬 때 사용한다. 우리는 이성애중심주의자, 유럽연합중심주의자, 남성중심주의자, 여성중심주의자, 퀴어중심주의자, 부부중심주의자 같은 용어를 쓴다. 예를 들어 부부중심주의적 믿음은, 커플을 문화의 기본 단위로 상정하고 부부가 아닌 사람들을 비주류로 위치시킨다.

(성적) 지향 Orientation

게이, 레즈비언, 양성애자, 이성애자, 또는 무성애자를 가리킨다. 자신이 선택한 성적 지향의 범위 바깥에서 섹스와 로맨스, 또는 친밀한 관계를 가지면서도 그(자신이 선택한) 성적 지향을 바꿀 필요를 느끼지 못하는 사람들이 많다. 성적 지향은 성(性)과 마찬가지로 문화와 관련이 많을 가능성이 높다.

체액 결합 Fluid Bonding

서약한 사이의 파트너들이 안전장치 없는 섹스를 서로와만 하는 것. 상대를 제외한 다른 모든 파트너들과는 콘돔 등의 차단법을 쓰거나 위험이 적은 성적 행동만 하기로 합의하는, 안전한 섹스를 위한 전략.

충실하다 Faithful/정절 Fidelity

이 책 밖에서는 한 사람과만 성관계를 하는 것을 뜻한다. 하지만 사전이 말하는 정절이란, "지속적인 충실함과 지지로 입증된 것"이며, 우리 역시 그렇게 생각한다.

컴퍼션 Compersion

연인이 다른 누군가와 즐기는 모습을 볼 때 발생하는, 행복하거나 심지어 에로틱하기까지 한 감정. 많은 사람에게 컴퍼션의 기쁨은 질투라는 고통스러운 감정을 줄이는 데 도움이 된다.

퀴어 Queer

원래 동성애자를 모욕하는 말로 쓰이다가 최근 새롭게 재생한 단어다. 어떤 사회에서는 퀴어를 '게이 또는 레즈비언'으로만 정의한다. 하지만 주류의 성적 기준에 딱 해당되지 않는 사람들은 퀴어를 정치적/성적인 자기 인식을 표현할 때 사용하기 시작했다. '젠더퀴어genderqueer' 또는 '레더퀴어leatherqueer'와 같이, 당신의 특성을 별다르게/정확하게 설명할 수 있는 말과 결합할 때가 많다.

킹크 Kink

주류 바깥에 있는 모든 형태의 성. 주로 BDSM, 레더 또는 페티시 fetish 플레이를 일컬을 때 쓴다.

트랜스젠더 Trans

자신의 젠더를, 염색체나 생식기가 나타내는 젠더와 다르게 인식하는 사람. 트랜스족Transfolk은 호르몬을 복용하거나 신체적 외모를 바꾸는 수술을 선택할 수도, 하지 않을 수도 있다. '젠더' 항목을 참조하라.

폴리아모리 Polyamory

흔히 '폴리'로 줄여서 쓰곤 하는 이 신조어는, 최근 몇 년 동안 많이 사용되고 있다. 이 용어가 일부일처제가 아닌 성적 관계의 모든 형태를 포함한다고 보는 사람도 있고, 장기간 서약한 연애 관계(그러니 파트너교환 스와핑/스윙잉, 가벼운 성적 접촉, 섹스 파트너, 다른 형태의 친밀한 관계는 제외된다)로 그 의미를 한정하는 사람도 있다. 우리는 이 말이 '비모노가미nonmonogamy'라는 말과 달리, 일부일처제를 규범으로 여기지 않는다는 점에서 마음에 든다. 다만, 아직 이 단어의 의미는 다소 모호하다.

폴리큘 Polycule

낭만적이거나 성적인 관계로 연결된 사람들의 네트워크. "별자리 constellation" 또는 "포드pod"라고도 부른다.*

---

* 트라이어드, 쿼드, 열린 관계 등 다양한 형태의 폴리아모리 관계가 분자 또는 별자리 모양으로 연결된 형태를 말한다

폴리피델리티 Polyfidelity

두 명 이상, 혹은 두 쌍 이상인 커플의 배타적 성애 그룹이다. 폴리아모리의 하위 그룹이라고도 할 수 있다. 안전한 섹스를 위한 전략으로 사용되기도 한다.

찾아보기

『윤리적 잡년』에 대한 찬사

"『윤리적 잡년』은 나의 섹슈얼리티를 해방시켜주고, 내가 성 치료 전문가가 되게 이끌어준 책이었다. 성적인 면에서 지적 능력을 확장시키면서 성적 자신 감도 키워줄 수 있는 책을 찾기란 쉽지 않다. 우리에게는 재닛 하디와 도씨 이 스턴 같은 훌륭한 작가가 필요하고, 우리를 자유롭게 해주는 이런 책이 더 필 요하다."

—크리스 도나후Chris Donaghue(*Sex Outside the Lines*의 저자, 팟캐스트 'Loveline'의 공동진행자)

"나는 윤리적 잡년으로서, 새로 업데이트되어 성적으로 다양해지고 눈이 휘둥 그레지는 이 파이를 먹어치우며 희열을 느꼈다. 잡년들은 윤리적으로 하나가 된다!"

—데이비드 헨리 스테리David Henry Sterry(베스트셀러 *Chicken: Self-portrait of a Young Man for Rent*의 저자)

"『윤리적 잡년』은 당신의 생활방식이 무엇이냐에 상관없이 관계지침서로 가 장 유용한 책이다. 의사소통, 질투, 원하는 바를 요구하기, 진정한 관계 유지 에 관한 훌륭한 정보로 꽉 차 있다. 사랑을 원하는 사람들에겐 절대적인 걸작 이자 필독서!"

—애니 스프링클Annie Sprinkle(성과학 박사, *Dr. Sprinkle's Spectacular Sex*의 저자)

"많은 사람이 성적으로 더 넓은 세상을 바라고 꿈꾸지만, 탐험할 용기를 내지 못한 채 살아간다. 이 책은 그 탐험에 대한 사려 깊고 실용적이며 사랑스러운 시선이다."

—데이비드 크로스비David Crosby(음악가, *Since Then*의 저자)

"이 책은 결혼 생활 및 다른 사람 물고 빨기에 대한 확실한 안내서다. 이 책은 나를 지금의 윤리적 잡년이 되게 했고, 나는 이 사실이 무척 자랑스럽다!"

—마가렛 조Margaret Cho(코미디언, 『내가 되고 싶은 사람은 바로 나I'm the One That I Want』의 저자)

"이 『윤리적 잡년』 개정판은 폴리아모리, 열린 관계, 대안적 관계, 모노가미와 같은 의식적인 모든 관계를 형성하고 유지하기에 확실한 안내서다. 이 책 없이는 새로운 관계를 시작하지 마라!"

—바바라 카렐라스Barbara Carrellas(*Urban Tantra*의 저자)

"도씨Dossie와 재닛Janet이 보여준 멋진 유머와 솔직담백함의 조화는 성적으로 복잡한 관계와 혼합된 가족 옵션에 대해 내가 만난 최고의 글이다. 흡인력 있고, 사람을 무장 해제시키며, 진솔하다. 윤리적으로 복잡한 결정을 내릴 만큼 충분히 용감한 우리를 위한 책이다."

—도로시 앨리슨Dorothy Allison(『캐롤라이나의 사생아Bastard Out of Carolina』의 저자)

윤리적 잡년

초판 1쇄 발행 2020년 5월 29일

지은이 재닛 하디 · 도씨 이스턴
옮긴이 금경숙 · 곽규환
펴낸이 권경옥
펴낸곳 해피북미디어
등록 2009년 9월 25일 제2017-000001호
주소 부산광역시 동래구 우장춘로68번길 22
전화 051-555-9684 | **팩스** 051-507-7543
전자우편 bookskko@gmail.com

ISBN 978-89-98079-33-8 03330

* 책값은 뒤표지에 있습니다.
* 파본은 구입하신 서점에서 바꾸어 드립니다.
* 이 도서의 국립중앙도서관 출판시도서목록(CIP)은 서지정보유통지원시스템 홈페이지(http://seoji.nl.go.kr)와 국가자료공동목록시스템(http://www.nl.go.kr/kolisnet)에서 이용하실 수 있습니다.(CIP제어번호: CIP2020020930)